Hans-Joachim Kadatz

Friedrich Wilhelm von Erdmannsdorff
1736 – 1800

Herausgeber:
Bauakademie der DDR
Institut für Städtebau und
Architektur

Hans–Joachim Kadatz

Friedrich Wilhelm von ERDMANNSDORFF

Wegbereiter
des deutschen Frühklassizismus
in Anhalt-Dessau

VEB Verlag für Bauwesen · Berlin

ISBN 3-345-00024-5

Copyright by VEB Verlag für Bauwesen, Berlin, 1986

Berlin · DDR · 1. Auflage 1986
VLN 152·905/41/86 · P 82/86
Printed in GDR
Gesetzt aus: Bodoni
Gesamtherstellung: Volksstimme Magdeburg
Lektor: Renate Marschallek
Hersteller: Heidemarie Tietz
Gesamtgestaltung: Rolf Kampa
DK 112.4 · LSV 8106
Bestellnummer: 562 200 6
09200

Inhaltsverzeichnis

Vorwort
7

Leben und Werk
9

1 F. W. v. Erdmannsdorff — Zeit und Gesellschaft
10

2 Herkunft, Jugend und Ausbildung bis zum Ende der ersten Italienreise (1736—1763)
21

3 Aufenthalte in Holland und England, erste bauliche Tätigkeit in Dessau und Wörlitz (1763—1765)
34

4 Die zweite große Reise nach Italien, Frankreich, England, Schottland und Irland (1765—1767)
44

5 Neue Bauaufgaben ab 1767. Schloß Wörlitz (1768—1773)
62

6 Der Wörlitzer Park und seine frühklassizistische Ausgestaltung (1764—1800)
86

7 Die Dessauer Parkanlagen Erdmannsdorffs (1774 bis nach 1780)
112

8 Städtebauliche Aufgaben in Dessau und Wörlitz (1780—1800)
126

9 Wirksamkeit in Potsdam und Berlin. Letzte Italienreise (1786—1790)
146

10 Ausklang seines Lebens
160

Selbstzeugnisse
167

Anhang
177

Wichtige Lebensdaten 178; Bauten und Entwürfe 179;

Verzeichnis der Originalzeichnungen 181;

Wichtige zeitgenössische Persönlichkeiten 184; Anmerkungen 188;

Literaturauswahl 190; Personenregister 194; Ortsregister 197;

Abbildungsnachweis 198

Vorwort

Noch im zweiten Jahrzehnt unseres Jahrhunderts stellte die „Deutsche Bauzeitung" in einer Rezension der Biographie, die E. P. Riesenfeld 1913 über Friedrich Wilhelm v. Erdmannsdorff verfaßte und die wiederum auf der ersten zeitgenössischen kurzen Darstellung von August Rode aus dem Jahr 1801 basierte, die bemerkenswerte Frage: „Wer kennt ihn, wer weiß, was er geschaffen? Er ist in der Kunstgeschichte fast unbekannt, und doch sind seine Person und seine Werke für die Entwicklung der Baukunst des Klassizismus in Deutschland von größter Bedeutung." [1]

Erdmannsdorff ist in den vergangenen 70 Jahren aus dieser Verborgenheit, in die ihn das ausgehende 19. Jahrhundert setzte, durchaus mit Souveränität herausgetreten. Trotzdem verwundert es, daß er zwar den ihm gebührenden Platz unter den großen Persönlichkeiten der Baugeschichte gefunden hat, aber über ihn nur relativ wenig in zusammenfaßter Form publiziert wurde. Das um 1954 von Karl Schulze-Wollgast im Rahmen eines Forschungsthemas der Bauakademie der DDR begonnene Vorhaben einer breiteren monografischen Würdigung ist in Folge des Todes des Verfassers nicht über eine torsohafte Materialsammlung und Textfassung hinausgelangt.

Die Wiederkehr des 250. Geburtstages des profilierten Baumeisters und Kunstgelehrten im Mai 1986 und die Gegebenheit, daß sich sein schriftlicher, zeichnerischer und architektonischer Nachlaß fast ausschließlich in der Deutschen Demokratischen Republik befindet, gibt daher besonderen Anlaß, dem in den „Grundsätzen für Städtbau und Architektur" [2] hervorgehobenen Anliegen zu entsprechen, sein bedeutsames künstlerisch-architektonisches Erbe — wie auch das anderer humanistischer Persönlichkeiten der Vergangenheit — auf der Grundlage des heutigen Erkenntnisstandes neu zu durchdenken und zu bewerten. So wurde versucht, Leben und Schaffensprozeß des Baukünstlers in enger Verbindung mit den progressiven bürgerlichen Strömungen der zweiten Hälfte des 18. Jahrhunderts darzustellen.

Im Mittelpunkt dieser Sicht steht die Würdigung seines Beitrages an den vielgestaltigen gesellschaftsreformerischen Bestrebungen der deutschen Aufklärung im damaligen Kleinfürstentum Anhalt-Dessau, ein Reformwerk, das von den führenden Geistesvertretern seiner Epoche getragen wurde und sich in neuen Prinzipien der Baukunst, Landschaftsgestaltung, weiterentwickelten landwirtschaftlichen und manufakturellen Betriebsmethoden, im Erziehungswesen, in der Militärtheorie und der Landesverwaltung äußerte. Die besondere Aufmerksamkeit gilt Erdmannsdorffs Anteil an der baulichen Gestaltung der ehemaligen Residenzstadt Dessau, bei der Anlage und architektonischen Staffierung des weltbekannten englischen Landschaftsparkes in Wörlitz sowie der Dessauer Anlagen des „Luisiums", des „Georgiums" und des „Sieglitzer Berges".

Diese Werke vergegenständlichen viele der damals politisch, ökonomisch, sozial und künstlerisch vorwärtsweisenden Gedanken und Empfindungen der Generation der Aufklärung, des Sturm und Drang, der Klassik und Romantik, wobei diese, kaum fest gegeneinander abgrenzbar, oftmals bis zur sentimentalen Schwärmerei und Illusion gesteigert wurden.

Unbestritten ist seit dieser Epoche Erdmannsdorffs bahnbrechende Leistung als einer der frühen Wegbereiter der Architektur des deutschen Klassizismus, einer Stilperiode, die bekanntlich in ihrer konsequent bürgerlichen Ausprägung erst einige Jahrzehnte nach Erdmannsdorffs Tod in der universellen Kunst Karl Friedrich Schinkels einen kaum übertroffenen Höhepunkt erreichte.

Die durch Erdmannsdorffs gestalterisch mitgeprägte, ausgedehnte Kulturlandschaft im Mündungsgebiet der Mulde zwischen Wörlitz, Dessau und Coswig mit ihren Park-, Schloß- und Deichbauten gehört neben anderen historisch ebenso bedeutenden Parkanlagen in Berlin, Dresden, Großsedlitz, Branitz, Muskau, Oranienbaum, Potsdam und Weimar zu den herausragendsten Denkmalen der Landschafts- und Gartengestaltung in der DDR. Für ihre Erhaltung, Rekonstruktion und Pflege werden erhebliche materielle Mittel aus dem Staatshaushalt aufgewendet, um jährlich Tausenden von Besuchern geistig-kulturelle Bereicherung, kunstästhetischen Genuß und Erholung zu bieten.

Wenn auch vieles — durch den Umfang der Darstellung begrenzt — nur andeutungsweise skizziert werden kann, wünschen sich Autor, Herausgeber und Verlag von diesem Buch, das auf gründlichem Studium vorhandener Quellen beruht, daß es zum weiteren, breiteren Verständnis der Persönlichkeit Erdmannsdorffs, insbesondere aber seiner Zeit und Gesellschaft beitragen möge. Ein größerer Anhang mit vielerlei Hinweisen ist geeignet, weiterführende Informationen zu erschließen.

Allen am Entstehen der Publikation Beteiligten sei an dieser Stelle Dank ausgesprochen. Er gilt im besonderen dem Direktor der Staatlichen Schlösser und Gärten Wörlitz, Oranienbaum und Luisium, Dr. Hartmut Ross, für eine Reihe wertvoller gutachterlicher Hinweise und der Direktorin der Staatlichen Galerie Dessau, Frau Dipl.-Phil. Ingrid Ehlert, in deren Händen die Betreuung des zeichnerischen Nachlasses von Erdmannsdorff liegt, für zur Verfügung gestelltes Bildmaterial.

Dr. sc. phil. Hans-Joachim Kadatz

„Sobald man das Dessauer Ländchen betritt,
glaubt man in einen Garten zu kommen.
Die Natur hat sehr wenig getan,
aber die Kunst desto geschmackvoller nachgeholfen …

Es kann nicht in Abrede gestellt sein,
daß der Fürst und sein Baumeister,
Herr von Erdmannsdorff, alles getan haben,
was bei einer von der Natur wirklich verwahrlosten
Gegend zu tun möglich war."

Georg Friedrich Rebmann
in „Hans Kiekindiwelts Reisen in alle vier Erdteile", 1795

Teil I

Leben und Werk

Abb. 1
Ansicht der anhaltischen Residenzstadt Dessau
vom östlichen Muldenufer. Kupferstich, Mitte 18. Jh.

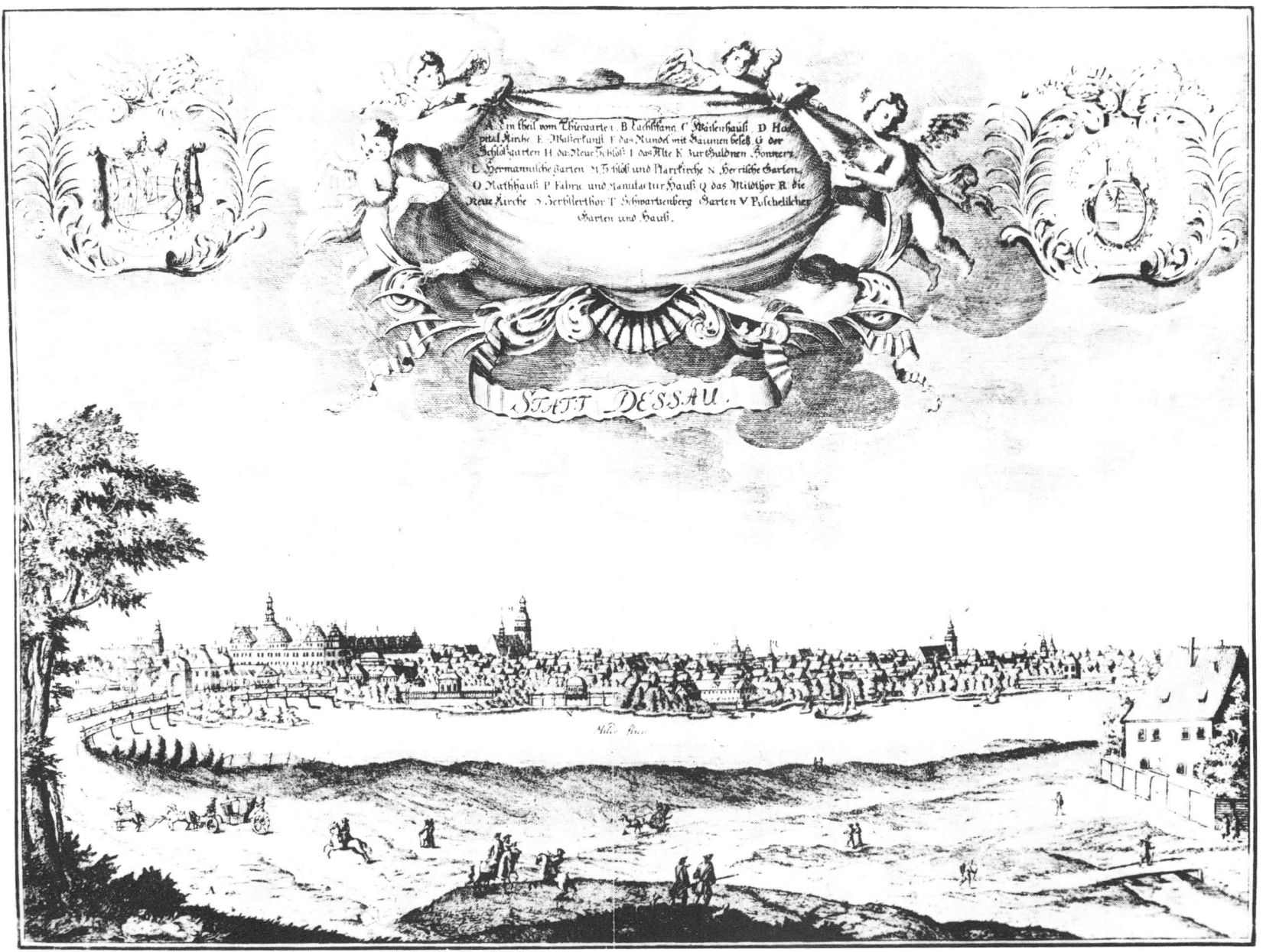

F. W. v. Erdmannsdorff – Zeit und Gesellschaft

Abb. 2
Natürlicher Auenwald im Niederungsgebiet
von Elbe und Mulde
zwischen Dessau und Wörlitz

Das historisch-faszinierende gesellschaftliche Entwicklungsphänomen des Kleinstaates Anhalt-Dessau in der zweiten Hälfte des 18. Jahrhunderts verbindet sich in besonderem Maße mit zwei herausragenden Persönlichkeiten der Zeit: mit dem „aufgeklärten", vielen Neuerungen in Kunst, Kultur, Ökonomie und Verwaltung erstaunlich aufgeschlossenen Landesfürsten Leopold Friedrich Franz und mit dem ihm zeitlebens eng und freundschaftlich verbundenen sächsischen Freiherrn, Kunstgelehrten und Baumeister Friedrich Wilhelm v. Erdmannsdorff.

Im Hauptwerk ihrer sich über Jahrzehnte erstreckenden gemeinschaftlichen Arbeit — dem Park und dem Schloß Wörlitz — entstand eine der bedeutsamsten gartenarchitektonischen Schöpfungen deutscher Aufklärung, in der sich auf konzentriertem Raum Anschauungen und praktische Umsetzung der oftmals sehr widersprüchlichen Ideengehalte einer der wichtigsten Phasen deutscher bürgerlicher Geisteskultur widerspiegeln. „Klassizismus und Neogotik, Klassik und Romantik, englisch-bürgerlicher Fortschritt, durchdrungen von italienischer Schönheit, revolutionäres Vorwärtsschreiten und retardierende 'Empfindsamkeit', Gegensätzlichkeiten, die in den Einzelheiten nicht zu einer Einheit verschmolzen werden konnten, begegnen uns auf unserer kultur-geschichtlichen Wanderung durch die Wörlitzer Anlagen und lassen uns Heutigen bewußt werden, was die Zeitgenossen bereits erkannten — wie sehr Wörlitz die bildhafte, künstlerische Ausprägung all der oft widersprüchlichen geistigen Strömungen des 18. Jahrhunderts ist." [3]

Schon während seiner Entstehung vor mehr als zwei Jahrhunderten wurde die Dessau-Wörlitzer Parklandschaft mit ihren frühklassizistischen Architekturen von namhaften zeitgenössischen Gesellschafts- und Gartentheoretikern als eine der edelsten in Deutschland, als Symbol des Fortschritts gepriesen [4]. Auch sonst fehlte es nicht an Superlativen, die „Elysäischen Felder" inmitten der sich über 30 Kilometer erstreckenden, fruchtbaren Dessauer Auenlandschaft, in der außerdem das „Georgium", das „Luisium", der „Sieglitzer Berg" und andere Parke entstanden waren, als ein Mekka der gebildeten Besucher zu feiern. Vornehmlich die Literatur — speziell die Dichtkunst der Goethezeit — schloß sich dem leidenschaftlichen Bekenntnis zur „natürlichen" Landschaft und zu neuer Architektur an, vertreten durch Jean Paul, Friedrich Matthisson, Ludwig Tieck, Charles-Joseph de Ligne, Carl August Boettiger, Jac Gottlieb Isaak Bötticher, August Rode, Friedrich Hölderlin, Novalis, Sophie Brentano, Johann Wilhelm Ludwig Gleim, Christian Grohmann, nicht zuletzt durch Goethe selbst, der achtmal in Wörlitz oder Dessau weilte. Künstler und Philosophen, Naturforscher, Ökonomen, Weltreisende und Diplomaten begannen interessiert — zustimmend oder zweifelnd — auf das Zwergfürstentum zu blicken, das sich unter der Herrschaft von Leopold Friedrich Franz zu einem aufsehenerregenden Zentrum progressiver bürgerlicher Kultur wandelte, in dem speziell auf den Gebieten der Agrarökonomie, der Militärtheorie, der Pädagogik, des Theater- und Bibliothekwesens, der Musik, Landschaftsgestaltung und Baukunst Ideengehalte Gestalt annahmen, die bis dahin im wesentlichen auf Frankreich, die Niederlande und England mit erheblich weiterentwickelten Gesellschaftsstrukturen beschränkt waren.

Die stille, mehr durch den zweifelhaften militärischen Ruhm Leopolds I. bekannte Residenzstadt Dessau mit etwa 7000 Einwohnern trat in der zweiten Hälfte des 18. Jahrhunderts rasch aus ihrer lokalen Bedeutung heraus. Sie wurde nach Christoph Martin Wielands Worten „Zierde und Inbegriff des 18. Jahrhunderts" oder nach J. G. I. Bötticher ein Ort, in dem „man freyer zu athmen meinte als in anderen Residenz Städten". [5] Dessau sollte sich noch vor Weimar vorübergehend zu einer der wichtigsten Stätten deutscher Klassik und des Klassizismus entfalten, zu einem Zentrum, das später durch die Bezeichnung „Dessau-Wörlitzer Kulturkreis"[6] charakterisiert wurde. Genährt durch die Ideen der französischen und englischen Aufklärung, sammelten sich hier in der Übergangsphase vom Feudalismus zum Kapitalismus, am Vorabend der Französischen Revolution, zahlreiche Vertreter des progressiv-bürgerlichen Geisteslebens, um viele überholte Ansichten der Vergangenheit abzustreifen. Man denke außer den bereits genannten an den Philosophen Moses Mendelssohn, an die Theologen Johann Kaspar Lavater und Johann Kaspar Häfeli, an die Pädagogen Johann Bernhard Basedow, Joachim Heinrich Campe, Ernst Christian Trapp, Christian Gotthilf Salzmann und Johann Christoph Friedrich GutsMuths, die Naturwissenschaftler Johann Georg Forster und Alexander v. Humboldt, ferner an den Kulturhistoriker Carl Julius Weber oder auch an den Offizier und Freiheitskämpfer Ferdinand Baptista v. Schill. Auf literarischem Gebiet sind vor allem die Dichter Johann Gottfried Seume, Wilhelm Heinrich Wackenroder und Wilhelm Müller zu nennen, auf dem Gebiet der Musik der Komponist und Kapellmeister Friedrich Wilhelm Rust. Wichtige künstlerische Akzente setzten unter anderen die Maler Johann Fischer und Friedrich August Tischbein, der Zeichner Daniel Chodowiecki, der Theatermaler und spätere Baumeister Carlo Ignazio Pozzi, der Baumeister Georg Christoph Hesekiel, nicht zuletzt auch die einheimischen Gärtner Johann Leopold Schoch d. Ä., Johann Georg Schoch d. J. und Johann Christian Neumark. Auch eine Reihe geistesverwandter Fürsten fand sich in Dessau und Wörlitz ein. Vor allem müssen Karl August von Sachsen-Weimar, in jungen Jahren Hermann Pückler-Muskau genannt werden. Es gab Kontakte zu Friedrich Wilhelm II., zu den Höfen in Dresden, Gotha, Kassel und Karlsruhe. Der Erbprinz Friedrich Ludwig v. Mecklenburg-Schwerin vermerkte 1796 voller Begeisterung in seinem Tagebuch: „Man könnte gleichsam das ganze Land einen englischen Garten nennen", wobei hier der Begriff des Gartens bereits als Synonym für die Gesamtheit der damals vorbildlichen Dessauer Agrar-

Abb. 3
Auenlandschaft im Mündungsgebiet der Mulde. Geographische Übersicht des Raumes zwischen Dessau, Roßlau, Coswig, Wörlitz und Oranienbaum

Abb. 4
Natürlich gewachsene Elbauenlandschaft zwischen Coswig und Wörlitz

wirtschaftsformen verstanden werden kann, die letztlich die Basis für die Befriedigung der Bauleidenschaft des Landesfürsten schuf.

Dem eifrigen Bemühen um ein profundes, von kirchlichen Glaubenslehren gelöstes sowie von den Naturgesetzmäßigkeiten und der Vernunft abgeleitetes Verständnis der Welt, der Gesellschaft und des Individuums entsprach der Rationalismus als wesentlichstes Element der Aufklärung. Er wurde bekanntlich zwischen 1740 und 1770 von der Strömung der Empfindsamkeit überlagert, die von subjektiven Gemütsregungen ausgehend, in die Tiefen der Natur- und Gesellschaftsbetrachtungen einzudringen suchte. Gerade in der deutschen Aufklärung spielte das Empfindsame eine besonders ausgeprägte Rolle; es nahm dadurch der Entwicklung im Gegensatz zu Frankreich die konsequent-revolutionäre Komponente, indem es mehr auf Reform des Bestehenden als auf Veränderung der feudalstaatlichen Verhältnisse orientierte. Nicht zuletzt aus diesem Grund begannen sich schon seit der ersten Hälfte des 18. Jahrhunderts einzelne Vertreter des Adels dieser bürgerlichen Richtung anzunähern. Einige „aufgeklärte" Fürsten gingen auf Teilforderungen des emanzipativen Bürgertums ein, um das feudale Staatsgefüge im ureigensten Interesse der Machtfestigung durch reformistische Maßnahmen, religiöse Toleranz — vor allem gegenüber den Juden —, durch Humanisierung des Bestehenden und vermeintliche „Klassenharmonie" den Erfordernissen wachsender kapitalistischer Wirtschaftsentfaltung anzupassen. Die Annahme, auf diese Weise die bestehenden und sich ständig weiter vertiefenden Klassendisproportionen in den durch Kleinstaaterei behinderten deutschen Ländern beseitigen zu können, blieb illusionär.

Der Entwicklung in Anhalt-Dessau kamen damals zwei wesentliche Voraussetzungen zugute: einmal die Ergebnisse der rigorosen grundherrlichen Politik, die der despotische „Alte Dessauer" bis zu seinem Tode 1747 betrieb. Als Generalfeldmarschall Friedrich Wilhelms I., Friedrichs II. und als Regimentschef in preußischen Diensten hatte er hohe materielle Ein-

künfte erworben, die es ihm ermöglichten, dem Adel seines Landes Agrargebiete abzukaufen und den Bauern große Teile des Bodens zu entziehen, so daß er zuletzt fast alleiniger Großgrundbesitzer seines domänenartigen Herrschaftsterritoriums war. Damit entstanden eine den englischen Landwirtschaftsverhältnissen angenäherte Situation und eine geeignete Basis für den Übergang zu reorganisierten, ertragsteigernden Bewirtschaftungsformen — eine Voraussetzung, die in anderen deutschen Ländern in dieser Zeit noch nicht existierte und die von Leopold Friedrich Franz bei der Herrschaftsübernahme 1758 voll erfaßt und genutzt wurde.

Ein weiterer begünstigender Faktor lag zweifelsfrei in der persönlichen Entwicklung des anhaltischen Fürsten, der seit seinem elften Lebensjahr elternlos und spartanisch in der seinen Neigungen widerstrebenden preußischen Militärordnung zum Ordonnanzoffizier Friedrichs II. erzogen wurde, um, wie er selbst voller Abscheu äußerte, „den Tag in des Königs Vor Cammer aufpassen" zu müssen. Als Autodidakt war er bildungsmäßig frühzeitig auf sich selbst gestellt und damit seit Anbeginn urteilsfreier als diejenigen Fürstensöhne, die voll in das feudal-klassenmäßige Bildungsprogramm der Höfe integriert waren. Für ihn, der sich 1757 aus preußischen Zwängen verabschiedete und sich auch im Siebenjährigen Krieg durch eine Neutralitätserklärung von Friedrich II. zu distanzieren suchte, galten seit den 60er Jahren die liberaleren Lebensformen der herrschenden Klasse Englands als Vorbild für seine Regierungskonzeption und als Anregung für die Hebung von Wirtschaft, Handel und Kultur. Nicht zu unterschätzen waren in diesem Zusammenhang die Auswirkungen fortschrittlicher niederländischer Traditionen, die sich seit dem Ende des 17. Jahrhunderts aus den dynastischen Verbindungen mit dem „verbürgerlichten" Fürstenhaus der Oranier und aus dem Zuzug vieler glaubensvertriebener Holländer ergaben.

Leopold Friedrich Franz, in den frühen Jahren von der Idealversion geleitet, es solle „alles, was die Erde hergibt und was der menschliche Geist schafft, Eigentum aller Menschen werden", förderte die Entfaltung progressiver gesellschaftlicher Tendenzen auf einer Reihe von Teilgebieten. Er verzichtete nicht nur auf die Einhegungen seiner Parke, sondern öffnete im Rousseauschen Sinne seine Gärten und Schlösser, Kunstsammlungen, Bibliotheken und Theater einer breiteren Öffentlichkeit in einer Weise, die — verglichen mit dem aufgeklärten Despotismus Friedrichs II. — damals keineswegs selbstverständlich war und daher dem Glauben des Bürgertums an die Allmacht von Bildung und Erziehung großen Auftrieb gab.

Der Höhepunkt dieser Entwicklung lag in den 70er bis 90er Jahren des 18. Jahrhunderts. Die schon

Abb. 5
Bildnis des Fürsten Leopold Friedrich Franz v. Anhalt-Dessau (1740—1817). Ölgemälde von Johann Georg Ziesenis, 1768. German. Nat.-Museum München

Abb. 6
Bildnis des französischen revolutionären Philosophen Jean Jacques Rousseau (1712—1778). Darstellung von David Martin nach Allan Ramsay, Mitte 18. Jh.

Abb. 7
Bildnis des Schweizer Theologen und Schriftstellers Johann Kaspar Lavater (1741–1801). Kupferstich, 2. Hälfte 18. Jh., Deutsche Staatsbibliothek Berlin

1762 eröffnete Dessauer Hofdruckerei ermöglichte das Erscheinen von 26 Zeitschriften. Dazu gehörten beispielsweise ein wöchentliches Nachrichtenblatt, die „Gazette pour la Jeunesse", die erste deutsche jüdische Zeitung „Sulamith", ein philanthropisches Journal. Sie erwiesen sich insbesondere als Sprachrohr der pädagogischen Bestrebungen der „Dessauer Aufklärung", die inzwischen Beispielcharakter angenommen hatte. Das 1774 von Johann Bernhard Basedow eröffnete Philanthropium in Dessau, die „Musterschule der Neueren Erziehungsart" oder „erste Normalschule der Menschheit" zog wißbegierige und neugierige Besucher aus ganz Europa an. Ebenso aufsehenerregend war die 1781 geschaffene „Allgemeine Buchhandlung der Gelehrten und Künstler", eine Einrichtung, die den Autoren unverminderten Gewinn an den Produkten ihrer geistigen Tätigkeit versprach. Schließlich konstituierte sich 1795 die „Chalkographische Gesellschaft", die in Konkurrenz zur kommerziellen englischen und französischen Kupferstichproduktion vielen Zeichnern und Stechern die

materielle Existenz garantieren und die Ausgangsbasis für eine später zu gründende Kunst- und Wissenschaftsakademie bilden sollte. Ebenso neuartig und bahnbrechend waren die Einrichtung einer „Buchhandlung der Philanthropen" und die Eröffnung des ersten deutschen Lehrerseminars 1779. Die Kultivierung des Musiklebens unter Leitung des Kapellmeisters Friedrich Wilhelm Rust, der Aufschwung der Theaterkunst durch Einrichtung einer ersten großen Bühne in der umgebauten Dessauer Reitbahn sowie der Bau des Hoftheaters in Dessau 1798 in Abkehr von den traditionellen Barockbühnen setzten ebenfalls in diesen Jahrzehnten große Maßstäbe. Man denke auch an die Vorhaben zur Verbesserung des Schulwesens im Zuge einer 1785 durchgeführten „Landschulreform", die das Unterrichtswesen von kirchlichen Einflüssen zu befreien suchte und der Einführung des Turnens als wichtigem Element der Körpererziehung große Bedeutung zumaß. [7]

Zu den Besonderheiten im Dessau-Wörlitzer Land zählten nicht nur die Garten- und Landschaftskunst, sondern auch die Ökonomie der Landwirtschaft, an deren Rationalisierung Fachleute beteiligt waren, die sich intensiv in England umgesehen hatten, wie beispielsweise der für die Gesamtverwaltung verantwortliche Direktor der Amtskammer G. F. Raumer und die Gärtner J. F. Eyserbeck, J. L. Schoch, J. G. Schoch und J. C. Neumark. Sie legten unter anderem in Gröbzig und Wörlitz beispielgebende Musterdomänen an, auf denen die Schafzucht eine dominierende Rolle spielte, nach Einführung der Fruchtfolge und der Großstallwirtschaft aber auch die Rinder- und Pferdezucht erstaunliche Resultate zeigte.

Durch die Gründung sogenannter Erwerbsschulen, wie beispielsweise der Spinnschule in Münsterberg, begann man Fachleute für landwirtschaftliche und frühindustrielle Vorhaben auszubilden. Verschiedenartige Maßnahmen auf dem Gebiet der Krankenpflege oder des Armenwesens, Steuerbegünstigungen zur Gewerbeanregung, Installierung neuartiger Verwaltungseinrichtungen, wie das 1814 gebildete Oberlandesdirektionskollegium als Landeszentralbehörde, ließen weitere Ideen zur Verbesserung des „Musterstaates" aufkommen. Sie wurden jedoch ab 1817 nach dem Tod des Leopold Friedrich Franz rigoros durch seine Nachfolger abgebaut und in restaurativer Form durch bewährte Einrichtungen des Feudalsystems ersetzt. Der für viele historische Details aufschlußreiche persönliche Briefwechsel des aufgeklärten Dessauer Fürsten wurde in diesem Zusammenhang vorsätzlich vernichtet. Erfreulicherweise existieren zahlreiche Korrespondenzen und einige Schriften Friedrich Wilhelm v. Erdmannsdorffs mit interessanten Hinweisen über Gesellschaftszustände, zu politischen, ökonomischen, künstlerisch-ästhetischen Zielen und Lösungswegen seiner Zeit. Sie beleuchten insbesondere das sehr enge Verhältnis des Kunstgelehrten und Baumeisters zu seinem fürstlichen Freund und Auftraggeber.

Friedrich Wilhelm v. Erdmannsdorff ragt weit aus der Vielzahl der Persönlichkeiten des Dessau-Wörlitzer Geistes- und Kunstlebens heraus; sein Anteil an der gesellschaftlichen Entwicklung des damals im europäischen Blickfeld liegenden, vorbildlichen Fürstentums Anhalt-Dessau ist hoch einzuschätzen. Er gehört zu den letzten „Kavalierarchitekten" des 18. Jahrhunderts in Deutschland, der am aufgeschlossenen Dessauer Hof seine Lebensaufgabe in vielseitiger Tätigkeit und in der teilweisen, ideellen und materiellen Verwirklichung programmatischer gesellschaftspolitischer Ziele fand.

Abgesehen von einer relativ kurzfristigen Ausbildung an der Dresdner Ritterakademie und dem darauf folgenden Universitätsstudium in Wittenberg, hatte er sich seine Fähigkeiten im Zeichnen und Entwerfen, Malen, Modellieren, seine sprachlichen und sehr umfassenden kunsttheoretischen Kenntnisse überwiegend als Liebhaber und Autodidakt angeeignet. Nur wenige Jahre älter als Leopold Friedrich Franz, war er frühzeitig und im geeigneten Augenblick, dauerhaft, aber ohne feste Bindung in fürstliche Dienste getreten, um als Gesellschafter, Freund, Berater, Reisebegleiter, Kunstsachverständiger und entwerfender Baumeister seine künstlerisch-ästhetischen Konzeptionen zu verwirklichen. Seine durch anspruchslose Bescheidenheit und breit ausstrahlende Menschlichkeit beherrschte philosophische Lebenshaltung sicherte ihm bei den Zeitgenossen Sympathie, hohe Anerkennung seiner Ansichten und weitgehendes Durchsetzungsvermögen, Eigenschaften, denen sich auch der Dessauer Fürst, besonders in den entscheidenden Anfangsjahren, nicht zu entziehen vermochte.

Als einer der bedeutendsten Wegbereiter des Frühklassizismus in Deutschland steht Erdmannsdorff am Anfang einer stilistischen Entwicklung, die von Karl v. Gontard über den älteren und jüngeren Langhans, über Heinrich Gentz, Vater und Sohn Gilly bis zum reifen Klassizismus eines Karl Friedrich Schinkel oder Leo Klenze reicht. In der Reihe der profilierten Baukünstler des 18. und frühen 19. Jahrhunderts nimmt er einen würdigen Platz neben seinem genialen Nachfolger Karl Friedrich Schinkel ein. Während jedoch Schinkel eine Generation später als Angehöriger der bürgerlichen Klasse grundsätzlich bestrebt war, den politischen Zielstellungen des Bürgertums künstlerisch und architektonisch zum Durchbruch zu verhelfen, nahm der adlige v. Erdmannsdorff zwar in seinen ästhetisch betonten Klassizismus bewußt bürgerliche Elemente auf, jedoch nur, um mit

Abb. 8
Bildnis der Fürstin Luise Henriette Wilhelmine v. Anhalt-Dessau (1750—1811). Ölgemälde von Johann Friedrich August Tischbein, zweite Hälfte 18. Jh., Staatliche Galerie Dessau

deren Hilfe die bestehende Feudalordnung zu „veredeln". Ihre Existenz stellte er als Angehöriger der herrschenden Klasse keineswegs in Zweifel. Insofern und in manchen rokokohaften Nachklängen, speziell bei seinen innendekorativen Entwürfen, stand er Auffassungen Knobelsdorffs zum Teil noch näher als denen der Generation Schinkels, obgleich er wie letzterer eine möglichst universelle, bis in die Gewerbeförderung reichende künstlerische Betätigung anstrebte. Die Wiederherstellung des allmählich geringer werdenden Verständnisses für edles handwerkliches Können war ein wesentliches Ergebnis seiner Englandaufenthalte und eine vorrangige Zielstellung bei der Ausführung der von ihm entworfenen Innenräume.

Selbst hervorragend zeichnerisch talentiert, sah er in der Beherrschung des Freihandzeichnens und der

Abb. 9
Selbstbildnis der Schweizer Malerin Angelika Kauffmann (1741—1807). Ölgemälde, zweite Hälfte 18. Jh.

Geometrie elementare stil- und geschmackbildende Mittel zur Qualifizierung der Künste und des mechanischen Handwerks. Überlegungen zu dieser Problematik flossen ein in seine 1771 formulierten „Gedanken über eine allgemeine vorbereitende Unterrichtsanstalt zu mechanischen Gewerben und zu bildender Kunst in Dessau". Seine Vorstellungen, unter Wiederaufnahme römischer und griechischer Stilelemente der Antike neue architektonische und kunsthandwerkliche Ausdrucksformen zu schaffen, die in ihrer Ruhe und Einfachheit den geistigen Auffassungen des Rationalismus entsprachen, leiteten bald zu der Erkenntnis über, daß Kunst eine nützliche Betätigung zur Schaffung ökonomischer und nationaler Werte sein müsse, eine Position, die später bei Schinkel und Gottfried Semper hohen Stellenwert einnehmen wird. Diese Auffassung inspirierte Erdmannsdorff auch ab 1796 bei seinen Aufgaben als künstlerischer Leiter im Direktorium der „Chalkographischen Gesellschaft", zu deren Zielstellung er sich im „Entwurf einiger Gedanken über die Führung unserer chalkographischen Arbeiten" äußert, wo es unter anderem

Abb. 10
Bildnis des jungen Dichters
Johann Wolfgang Goethe (1749–1832).
Stich nach Gemälde von G. O. May,
zweite Hälfte 18. Jh.

Abb. 11
Selbstbildnis des Malers
Johann Friedrich August
Tischbein (1750–1812)
mit Familie. Ölgemälde,
Ende 18. Jh.,
Gemäldegalerie Dresden

heißt: „Unser erster fester Grundsatz soll der sein, keine anderen als in ihrer Art gute Sachen ins Publikum zu geben. Wir dürfen freilich nicht daran denken, lauter Werke von der ersten Klasse schaffen zu wollen. Allein auch die von den Geringeren müssen sich von der zeither bei uns umgehenden Fabrikware durch Korrektheit und Stil auszeichnen." [8]

Das Zweckmäßigkeitsstreben verband sich bei Erdmannsdorff mit einem subtilen Gefühl für edle Details und Maßverhältnisse. Eine dogmenhafte „Nachahmung der griechischen Werke", wie sie 1754/55 J. J. Winckelmann forderte, lehnte er ab. Erdmannsdorff bevorzugte die schöpferische Übernahme antiker römischer und griechischer Details sowie abgewandelter, durch Renaissance und Palladianismus verarbeiteter antikischer Formen, die er seinen Schöpfungen wiederum inhaltlich und funktionell neu anzupassen suchte. Immerwährender Bezugspunkt seiner Ästhetik der Proportionen waren die Lehren von Vitruv, die Winckelmann verächtlich als „kindliche Einfalt, wenig verdaute aufgeschriebene Kenntnisse der Harmonie und einen Schusterstil" [9] abtat.

Gewisse Anlehnungen an strengere französische und niederländische Barockformen, die bei seinen frühen Dessauer Bauten und an Vorentwürfen für das Wörlitzer Schloß feststellbar sind, wurden gegen 1769 überwunden. Restaurative Stilangleichungen an das Mittelalter lehnte er ab. So entstanden auch die mit Assoziationen vergangener „hoher Zeiten höfischen Lebens" beladenen neogotischen Bauwerke im Umkreis von Dessau-Wörlitz, die sich der besonderen Vorliebe des Fürsten Leopold Friedrich Franz für die „Baronial mode" erfreuten, fast ausschließlich auf dessen Anregung nach Entwürfen des Baumeisters Georg Christoph Hesekiel.

17

Abb. 12
Bildnis des Dichters
Johann Wilhelm Ludwig
Gleim (1719—1803).
Kupferstich, um 1770

Die hohe Kultur der frühklassizistischen Architektur Erdmannsdorffs resultierte aus einem weitreichenden Feld geistiger Beschäftigung mit den Literaturquellen und baulichen Zeugnissen des antiken Italiens, des römerzeitlichen Frankreichs, des italienischen Cinquecentos, der französischen „architecture classique" und ihren vorklassizistischen Tendenzen, speziell aber aus der Beschäftigung mit dem europäischen Palladianismus.

Zahlreiche Bildungsreisen machten ihn mit einer Reihe von Ländern, insbesondere mit Böhmen, Schlesien, Pommern, der Schweiz, Italien, Frankreich, den Niederlanden, England, Schottland und Irland bekannt, wobei er immer wieder den Aufenthalt in Italien suchte. Das Ergebnis des „ewigen Roms" wurde zum Maßstaß und Prüfstein eigener Reife. Nur so konnte er sich immer erneut als persönlicher fürstlicher Baumeister ohne höfischen Titel behaupten und seinen Auftraggeber sowie die zu Bauausführungen berufenen Kondukteure, insbesondere Johann Gottlob Daumann, Georg Christoph Hesekiel und Wilhelm Peter Mann, von seinen Konzeptionen überzeugen.

Die fruchtbaren Aufenthaltsstationen seines Lebens in Deutschland waren Dresden, Wittenberg, Dessau und Wörlitz, vorübergehend auch Berlin und Potsdam. An diesen Orten, auf seinen Reisen, oftmals auch als Diplomat, persönlicher Gesandter des Fürsten und Kunstagent, konnte Erdmannsdorff zahlreiche Kontakte zu mannigfachen Persönlichkeiten aus Politik, Kultur, Wissenschaft und Wirtschaft schließen und viele Menschen in oft sehr schweren Arbeitsprozessen beobachten. Die gesammelten Erfahrungen, präzise verarbeitet und teilweise detailliert in seinem schriftlichen Nachlaß niedergelegt, bereicherten sein hohes geistig-künstlerisches Ausstrahlungsvermögen. Dieses war letztlich auch 1786 nach dem Tod Friedrichs II. ausschlaggebend für seine Ernennung zum Ehrenmitglied der Preußischen „Königlichen Akademie der Künste und mechanischen Wissenschaften" und für die Übertragung wichtiger Bauaufgaben durch Friedrich Wilhelm II. in Berlin und Potsdam. Sein Einfluß als „bester Kenner des antiken Stils" auf die Künstler des Berliner Frühklassizismus — Langhans, Friedrich Gilly, Gentz und Schadow — in der relativ kurzen Zeit zwischen 1786 und 1789 ist noch umstritten, verdient aber offensichtlich größere Beachtung und gründlichere Untersuchungen als bisher.

Mit den Berliner Aufgaben und der Errichtung des Dessauer Hoftheaters in den Jahren 1794 bis 1798 — dem letzten großen Bauvorhaben Erdmannsdorffs — vollzog er den Übergang zu den reifen Stilmerkmalen des deutschen Klassizismus. Ein Ölgemälde von Johann Friedrich August Tischbein, der ebenfalls zu den engeren Freunden des Baumeisters gehörte, aus

Abb. 13
Bildnis des Pädagogen
Johann Bernhard Basedow
(1723—1790). Kupferstich
von Johann Friedrich
Bause, Ende 18. Jh.

dem Jahre 1796 [10] zeigt Erdmannsdorff in dieser Zeit und im Alter von 60 Jahren als durchgeistigte Persönlichkeit mit der Ausstrahlung eines bürgerlichen Philosophen der Aufklärung.

Diesen Eindruck vermittelte auch die Ausstattung seiner letzten Wohnung im sogenannten Stentzschen Haus in der ehemaligen Straße Unter den Linden in Dessau, das bis zur Versteigerung unmittelbar nach Erdmannsdorffs schnellem Tod im Jahre 1800 eine der am sorgfältigsten zusammengestellten privaten Bibliotheks- und Kunstsammlungen der Aufklärungszeit enthielt, die nicht nur eigenen Studien- und Lehrzwecken diente, sondern auch anderen, mit ihm bekannten Künstlern, Gelehrten und Handwerkern zur Wissensbereicherung offenstand. Sie umfaßte viele Kupferstiche, Zeichnungen, Gemälde, Antiken und Gipsabgüsse, Meßinstrumente, Zeichentische und konstruktive Hilfsmittel bis zur Camera obscura für perspektivische und Proportionsstudien. Einen besonders wertvollen Fundus bildete seine umfangreiche Bibliothek, die etwa 1800 bedeutsame Werke humanistischer Literatur aus fast allen Wissensgebieten, insbesondere den Disziplinen der Philosophie, Naturlehre, Technik und Kunst aus dem gesamten Zeit-

Abb. 14
Bildnis des Herzogs Karl August v. Sachsen-Weimar (1757—1828). Ölgemälde von Heinrich Christoph Kolbe, Anfang 19. Jh.

Abb. 15
2 Manuskriptseiten des August v. Rode (1751—1837) zur Biographie „Leben des Herrn Friedrich Wilhelm von Erdmannsdorff", 1801

raum zwischen Altertum und spätem 18. Jahrhundert umfaßte. Hier fehlte kaum eines der Werke der führenden Architekturtheoretiker, angefangen von lateinischen Übersetzungen griechischer Werke der Antike über die Italiener der Renaissance, die Franzosen und Engländer des 16. bis 18. Jahrhunderts bis zu Leonhard Christoph Sturm, dem „Handbuch der Landbaukunst" des David Gilly und der vollständigen Sammlung Winckelmannscher Schriften. Hinzu kamen Ruinen- und Reisebeschreibungen, Biographien, Werke der französischen, englischen und deutschen Aufklärung und anderes mehr. [11]

Auf Betreiben August Rodes ist dieser Literaturbestand nach Erdmannsdorffs Tod der Dessauer Hofbibliothek einverleibt worden.

Es ist erstaunlich, daß man die Bedeutung Erdmannsdorffs für die Entwicklung der deutschen Baukunst des Klassizismus bis zu Beginn des 19. Jahrhunderts zwar allgemein vermerkte, aber außer der 1801 erschienenen Biographie Rodes über das „Leben des Herrn Friedrich Wilhelm v. Erdmannsdorff" ihm kaum eine kunsthistorische Betrachtung gewidmet hat. Es sollten wiederum mehr als 100 Jahre vergehen, bis E. P. Riesenfeld 1913 in seiner Darstellung „F. W. v. Erdmannsdorff und seine Bauten" den Künstler neuerlich in das Blickfeld vielseitiger Betrachtungen stellte, indem er unter anderem feststellte: „Sein Haus wurde eine Akademie, eine Handwerksschule, wo jeder Besucher Modelle, Muster und Werke großer Meister vorfand, wie sie in Deutschland noch nicht dagewesen und ausgelegt worden waren. Erdmannsdorff war durchaus nicht nur der feinsinnige Kenner des Altertums, er war ein Architekt von seltener Schaffenskraft... immer selbständig und groß in seinen architektonischen Zielen und im Detail von selten erreichter Feinheit." [12]

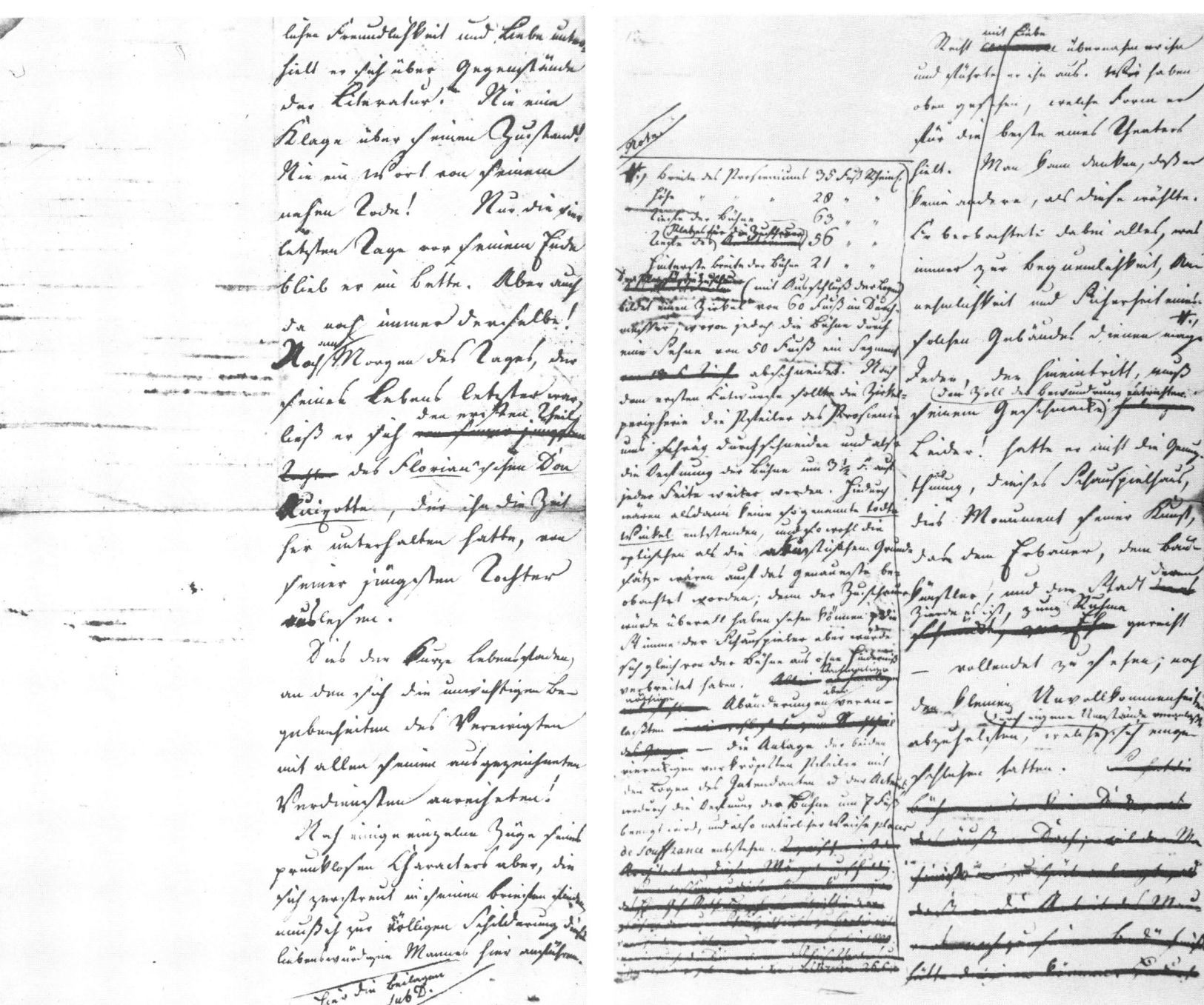

2

Herkunft, Jugend und Ausbildung bis zum Ende der ersten Italienreise (1736 – 1763)

Abb. 16
Kössern bei Grimma (Bezirk Leipzig), ehemals Erbgut der Familie v. Erdmannsdorff.
Flugbild um 1930, Deutsche Fotothek Dresden

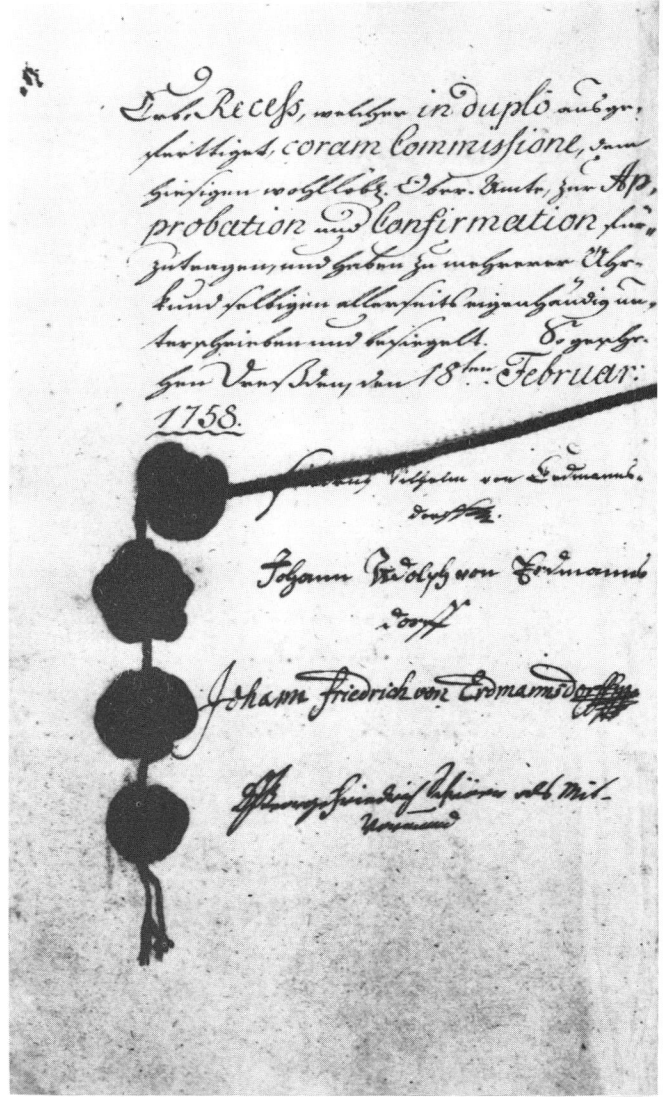

Abb. 17
Kössern, Erburkunde Erdmannsdorffs vom 18. Februar 1758

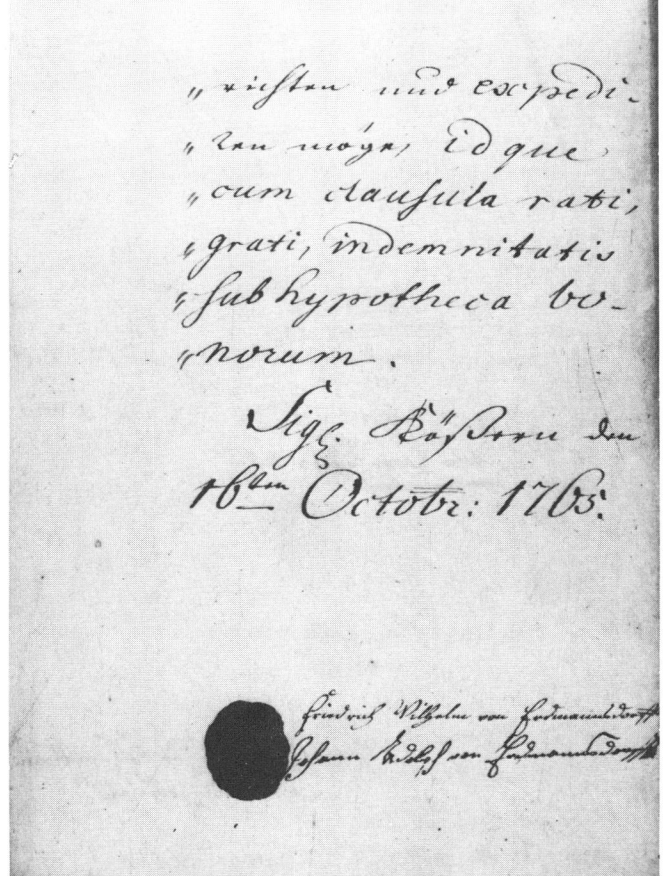

Abb. 18
Kössern, Hypotheken-Urkunde vom 16. Oktober 1765, unterzeichnet von F. W. v. Erdmannsdorff und dessen Bruder Adolph

Der Stammsitz der Erdmannsdorffs befand sich in Kössern, südöstlich von Grimma, hoch über dem romantischen Flußufer der Mulde gelegen: eine im Kern mittelalterliche Burganlage, auf deren Resten 1695 ein Herrenhaus und im Verlauf des 18. Jahrhunderts ein großes zweihöfiges Wohn- und Wirtschaftsgut entstand. Um 1711—1718 war außerdem am Eingang des malerischen Dorfes ein stattliches, ortsbeherrschendes zweigeschossiges Barockgebäude mit elf Achsen Frontlänge und betont hohem Walmdach erbaut worden. Dieses vermutlich nach Plänen von Matthäus Daniel Pöppelmann (1662—1736) errichtete „Kavalierhaus" mit repräsentativem Festsaal, Stuckdecken und mythologischen Deckenmalereien ließ der damalige Oberhofjägermeister Wolf Dietrich v. Erdmannsdorff als Absteige und Lusthaus für den sächsischen Landesherrn und für Angehörige des Hochadels einrichten, die des öfteren zu Besuchen und Jagdausflügen im fischreichen Muldental oder im wildreichen Thümmlitzwald weilten. [13]

Friedrich Wilhelm v. Erdmannsdorff hatte zum Kössener Rittergut keine engeren heimatlichen Bindungen. Er wurde am 18. Mai 1736 in Dresden geboren, drei Jahre nachdem der Thron Augusts des Starken (1670—1733) an Friedrich August II. (1696—1763) und die eigentlichen Staatsgeschäfte in Sachsen an den allgewaltigen Premierminister Heinrich Graf von Brühl (1700—1763) übergegangen waren.

Wie seine Vorfahren gehörte Erdmannsdorff zum reich begüterten sächsischen Lehnsadel, der seit Generationen einflußreiche Stellungen am Dresdner Hof bekleidete. Schon der Großvater des späteren Baumeisters und dessen Bruder hatten sich aus dem ländlichen Gutsbereich in das gesellschaftlich anregendere Leben der von vielen deutschen Territorialfürsten beneideten reichen, städtebaulich rasch aufblühenden Barockresidenz begeben. Erdmannsdorffs Vater, Ernst Ferdinand, nahm eine ähnliche Karriere gesellschaftlichen Aufstiegs vom Kammerjunker zum „Hausmarschall mit Sitz und Stimme im Marschallamte". 1746 ernannte man den als elegant, gebildet und äußerst wendig bekannten, mehrere Sprachen beherrschenden Höfling zum Kurfürstlich-Sächsischen Oberschenken. Nicht verwunderlich, daß schon die Wiege Friedrich Wilhelm v. Erdmannsdorffs von einflußreichen Paten umstanden war, unter ihnen Graf Joseph Anton Gabaleon v. Wackerbarth-Salmour, Geheimer Kabinettsminister und Pflegesohn des allgewaltigen Dresdner Festungskommandanten, sowie der Appelationsgerichtspräsident v. Bünau, ein Bruder des bekannten sächsischen Diplomaten und Historikers.

Erdmannsdorffs Vater war in Dresden durch den Hof ein um 1730 errichtetes, vollständig möbliertes städtisches Wohnhaus am Stallhof (ehem. Auguststraße 8, 1896 abgerissen) in unmittelbarer Nachbarschaft des Residenzschlosses zur Verfügung gestellt worden. In diesem geräumigen dreigeschossigen Gebäude mit relativ strenger, siebenachsiger Barockfassade französischen Stileinflusses verlebte Erdmannsdorff seine Kindheit. Sie war gezeichnet durch den baldigen Verlust seiner Eltern, denn seine Mutter Henriette Margarethe geb. v. Heßler, die aus Balgstedt bei Naumburg stammte, starb, als er kaum vier Jahre alt war; von zehn Kindern, die sie zur Welt brachte, überlebten nur zwei Töchter und drei Söhne die Geburt. Als auch der Vater 1746 plötzlich starb, war Erdmannsdorff gerade acht Jahre alt. Die sächsische Hofverwaltung gestattete den verwaisten Söhnen und deren Vormündern auch in den folgenden drei Jahren die Weiterbenutzung des „Hauses am Stall" für jährlich 600 Taler Miete. Über einige Details der Ausstattung informiert der am 5. Februar 1748 nachträglich ausgefertigte „Miths-Contract über das am Stalle alhier gelegene Erdmannsdorffische Hauß..." [14]

Schon in den frühen Jahren bis 1746 waren Friedrich Wilhelm v. Erdmannsdorff und seine Brüder, gefördert durch den Vater, mit Ansätzen aufklärerischer Bildung vertraut gemacht worden: Rationalität, Natürlichkeit, Einfachheit und Humanismus als Grundlagen neuer Lebensanschauung. Auf die erzieherische Rolle eines sonst nicht näher bekannten Professors Wüstemann, der ihn in die Anfangsgründe „klassischer Gelehrsamkeit" eingeführt haben soll, wird unter Bezugnahme auf Aussagen Erdmannsdorffs 1801 bei August v. Rode (1751–1837) hingewiesen. Seine ausgezeichneten französischen Sprachkenntnisse, die durch eigene Aufzeichnungen und Korrespondenzen belegt sind, soll er dem in Leipzig ansässigen Sprachmeister Professor Eleazar Mauvillon verdanken. Rode berichtet darüber: „Einige Jahre brachte darauf der junge von Erdmannsdorff zu Leipzig in der Pension des Professors Mauvillon zu. Hier machte er sich nicht allein die Französische Sprache ganz zu eigen, sondern bildete auch seinen, von der Natur mit jeder Annehmlichkeit begabten Körper in allen ritterlichen Übungen zu einem Grad der Vollkommenheit aus, der ihn sein ganzes übriges Leben hindurch überall, wo er erschien, auf das vorteilhafteste auszeichnete." [15] Leipzig war zu jener Zeit mit Gottsched (1700–1766) und Gellert (1715–1769) ein hervorragendes Zentrum deutscher Aufklärung, nicht zuletzt ein Grund, daß gerade Goethe diese Stadt für das Universitätsstudium wählte. In einem 1789 in Mantua verfaßten Brief glaubte sich Erdmannsdorff später rückschauend dunkel an Leipzig zu erin-

Abb. 19
Leipzig, erste Ausbildungsstätte Erdmannsdorffs vor 1746. Stadtansicht im Bereich des Grimmaischen Tores. Zeitgenössische Darstellung

Abb. 20
Dresden, Heimatstadt Erdmannsdorffs bis 1754. Gesellschaftliches Leben auf dem Altmarkt der sächsischen Residenzstadt. Kupferstich von Canaletto, 1752

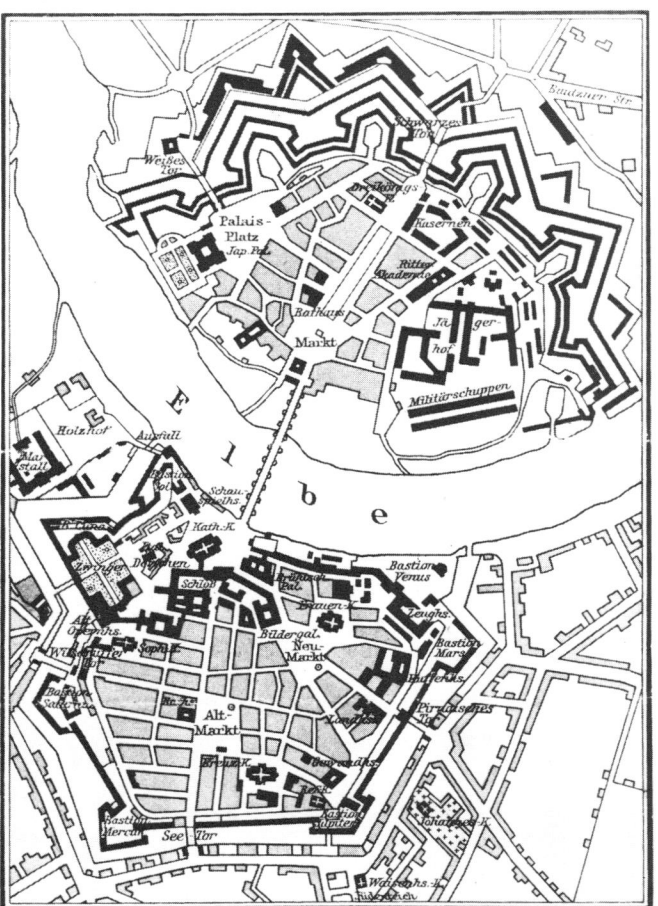

Abb. 21
Dresden zur Zeit Erdmannsdorffs. Schematisierter Stadtplan des 18. Jh. mit den Hauptgebäuden

nern, wo er unter schattigen Bäumen den antiken „Vergil", der seit der Renaissance als größter römischer Epiker galt, lesen und auswendig lernen mußte. [16]

Vor allem unter der Vormundschaft seines Onkels Johann Friedrich v. Erdmannsdorff und des Kurfürstlichen Prokurators und Stadtsyndikus Dr. Georg Friedrich Schroers begann sein eigentlicher, fachlich orientierter Entwicklungsweg. Seit 1750 besuchte er, wie vor ihm sein ältester Bruder August-Dietrich, das sogenannte Ingenieurcorps der Dresdner „Ritterakademie". Es war eine der angesehensten ständischen militärischen Ausbildungseinrichtungen in Sachsen für ausgewählte Adelssprößlinge, die 1726 durch den Generalintendanten für Bauwesen Graf August Christoph von Wackerbarth (1662–1734) gegründet und in einem nach ihm benannten, speziell seit 1725 für diese Zwecke durch Johann Christoph Knöffel (1686–1752) erbauten stattlichen Palais in der Neustadt (ehem. Niedergraben 5; 1945 zerstört) untergebracht wurde. Neben der Militärausbildung und der Einweisung in „höfische Sitten des Adels", wie Fechten, Reiten, Gesellschaftstanz, erfolgte hier nach einem relativ festen Lehrschema auch Unterricht in Mathematik, Geschichte, Moraltheorie und Sprachen.

Der später aus dieser Einrichtung übernommene reichhaltige Bestand an Werken der Bauwissenschaft dokumentiert, daß insbesondere der ingenieurtechnische Unterricht in „Civil- und Militärarchitektur" zu den wichtigsten Themen der offiziersmäßigen Grundausbildung der zukünftigen „Kavaliere" gehörte. Wertvolle praktische Übungen für Erdmannsdorffs baumeisterliche Qualifikation waren neben dem „Zeichnen von Rissen" das „Aufnehmen" und „Abstecken" bestimmter topographischer Situationen.

Bis 1748 übte der vielbeschäftigte Oberlandbaumeister Zacharias Longuelune (1669–1748) als einflußreichster Vertreter französischer akademischer „architecture classique" in Sachsen die Funktion des „Direktors des Bauwesens" an der Ritterakademie aus. Seine Ideen und Anregungen, die nicht nur theoretisch, sondern auch durch eine repräsentative Zahl erstklassiger Bauwerke praktisch-visuell vermittelt wurden, wirkten im Unterricht am Wackerbarthschen Palais noch fort, als nach Longuelunes Tod der Professor für Militärbaukunst Johann Christoph Glaser (1690–1773) die Nachfolge antrat. Erdmannsdorff war unter Glaser bis zu seinem 18. Lebensjahr (1754) Schüler und Kadett der Ritterakademie. Es ist bekannt, daß er als solcher unter anderem 1753 an der großen, mit viel Aufwand inszenierten Manöverschau der sächsischen Heere, dem „Lustlager von Übigau", teilnahm. Eine Offizierslaufbahn war offenbar für ihn nicht vorgesehen.

Die unterschiedlichen, durch die bürgerliche Frühaufklärung geweckten Einflüsse der griechischen und römischen Antike in Kultur, Kunst und Architektur des Barocks, die sich in den 30er bis 50er Jahren des 18. Jahrhunderts zunehmend verdichteten, gingen an dem Kreis, in dem Erdmannsdorff erzogen wurde, nicht spurlos vorüber. Wenn sich der aufgeklärte Absolutismus in dieser Zeit in Sachsen auch langsamer als beispielsweise in Brandenburg-Preußen entwickelte, so gehörte es doch seit der Herrschaft Augusts des Starken zu denjenigen Ländern Deutschlands, in denen durch aufklärerische Zugeständnisse versucht wurde, die antifeudalen Bewegungen des aufstrebenden Bürgertums, das vor allem durch das aufblühende Handwerk einen beachtlichen Stand gesellschaftlicher Entwicklung erreicht hatte, abzufangen. Wie Jahrzehnte zuvor in Frankreich suchten die Landesfürsten die bürgerlichen Erfolge auf den Gebieten der Wirtschaft, Kunst und Architektur weitgehend feudalen Interessen unterzuordnen. Ideelle und materielle Werte der Kunstschätze der Renaissance und des Altertums entfalteten nicht nur unter den reichen Bürgern, sondern auch bei den Fürsten seit der ersten Hälfte des 18. Jahrhunderts gesteigerte Sammelleidenschaft. Bekanntlich legten damals Friedrich August I. und August II. den Grundstock für die weltberühmte Dresdener Gemäldesammlung italienischer Meister des 16. und 17. Jahrhunderts, bei deren Ankauf sich der romkundige Graf Wackerbarth und der italienische Kunstkenner Graf Algarotti (1712—1764), bevor er später für Friedrich II. von Preußen in ebensolcher Mission tätig wurde, große Verdienste erwarben.

Der junge Erdmannsdorff konnte die neue Phase des Italieneinflusses aus unmittelbarer Nachbarschaft des Wohnhauses miterleben. 1744—1746 war der Stallhof zum wiederholten Mal umgebaut worden. In seinen Obergeschossen befand sich seit 1722 die erste galeriemäßige Unterbringung der wertvollen fürstlichen Bildersammlung, die bereits auf über 2000 Werke angewachsen war und durch den Erwerb antiker Skulpturen aus dem Besitz namhafter römischer Adelsgeschlechter erweitert wurde. Es ist anzunehmen, daß Erdmannsdorff diese Kunstschätze gesehen hat. Ebenso eindrucksvoll muß der Bau der Katholischen Hofkirche 1739—1754 durch Gaetano Chiaveri (1689—1770), dessen italienische Landsleute und den Longuelune-Schüler Julius Heinrich Schwarze in „vorklassizistischen" Barockformen auf ihn gewirkt haben, wie auch Erlebnisse glanzvoller italienischer Opernaufführungen, die bis in die frühen 60er Jahre das Kulturleben der sächsischen Residenz entscheidend mitbeherrschten. Auch hier wurde „Die deutsche Schaubühne nach den Regeln der alten Griechen und Römer eingerichtet", wie sie Gottsched 1740—1745 in sechs Bänden programmatisch beschrieb.

Die sich in der Architektur verstärkenden „gemessenen" Tendenzen frühklassizistischer bürgerlicher Auffassung, angeregt durch die geschichts-, staats- und kunstphilosophischen Werke der französischen Aufklärer, gaben in Deutschland ebenfalls Anlaß zu neuen architekturtheoretischen Überlegungen. Bekanntlich bewies auch hier Dresden eine führende ideologische Rolle: Oberland- und Hofbaumeister Friedrich August Krubsacius (1718—1789), ein Schüler Longuelunes, der ab 1764 als Professor für Baukunst an der gerade neu gegründeten Dresdner Kunstakademie wirkte, hat durch seine weitreichende Bautätigkeit, durch Publikationen, Lehr- und Architekturprogramme einen breiten Kreis junger Architekten progressiv beeinflußt. Schnelle Aufnahme fand damals sein 1747 veröffentlichter Artikel „Betrachtungen über den Geschmack der Alten in der Bau-

Abb. 22
Dresden, Augustusstraße 8, ehemals Wohnhaus der Familie des Ernst Ferdinand v. Erdmannsdorff. 1898 abgetragen

Abb. 23
Dresden,
Stallhof am
Residenzschloß. Ausbau
der Obergeschosse des
Gebäudes 1722 und
1744—1746 zur fürstlichen
Galerie und
Skulpturensammlung

kunst", in dem er sich mit der Formensprache des antiken Altertums befaßte, die gerade unter dem Eindruck der sensationellen Ausgrabungen in Pompeji in den Vordergrund neu geweckten bürgerlich-historischen Interesses rückte.

Noch während Erdmannsdorff als Kadett an der Ritterakademie weilte, erschien 1752 Johann Joachim Winckelmanns (1717—1768) vielgelesener Artikel über den antikischen Gehalt der „vorzüglichen Gemählde" in der neuen fürstlichen Bildergalerie „am Stall". Wenige Zeit später folgte seine aufsehenerregende Schrift „Gedanken über die Nachahmung der griechischen Werke in der Malerei und Bildhauerkunst" (1754/55), mit der er gleichsam zum Begründer der klassischen Archäologie in Deutschland wurde. Nach Aufgabe seiner langjährigen Tätigkeit als Bibliothekar des Grafen Bünau lebte er damals vorübergehend von Oktober 1754 bis September 1755 in Dresden im Hause des Malers Adam Friedrich Oeser (1717—1799). Oeser versuchte ebenso wie Anton Raphael Mengs (1728—1779) das Barocke in der Malerei durch das Antike zu ersetzen. Wenn sich auch für Erdmannsdorff in diesen frühen Jahren zu vielen Wegbereitern klassizistischer Architekturauffassung noch keine direkten persönlichen Beziehungen ergaben, so hat er doch vor allem an der Dresdner Ritterakademie durch die von bürgerlichen Lehrkräften vermittelten Auffassungen entscheidende Impulse für eine frühklassizistische Entwicklung empfangen.

Ab Mai 1754 setzte Erdmannsdorff seine Ausbildung an der Wittenberger Universität fort. Er war nicht gezwungen, sich einem „Brodstudium" zu widmen, sondern trug sich für „mathematische Wissenschaften, Naturlehre, Geschichtskunde und Philosophie" [17] in die Matrikel ein.

Für seinen gesellschaftlichen Status eines „eques Meniscus", das heißt eines Angehörigen der gehobeneren Adelskaste der ehemaligen Markgrafschaft Meißen, spricht, daß ihm damals ständig ein Hofmeister und ein weiterer Bediensteter zur Verfügung standen. Während er selbst mit seinen Begleitern die Reise von Dresden nach Wittenberg im Wagen vornahm, ließ er sein Gepäck auf dem Schiffsweg der Elbe befördern. Auf derartige Betonungen seiner Klassenangehörigkeit hat Erdmannsdorff auch in späterer Zeit nicht völlig verzichten wollen. Es geht jedoch aus seinen Ausgabebüchern hervor, daß er ansonsten keine kostspielige Lebensführung betrieb. Das gilt auch für eine Reihe kleinerer Reisen, die er während seines dreijährigen Studiums unternahm.

Vermutlich anläßlich seiner Teilnahme an der Hochzeit seiner älteren Schwester Charlotte Christiane mit dem Kurfürstlich-Sächsischen Stallmeister Gottlieb v. Nostiz in Torgau und aus besonderem traditionellen Familieninteresse an der Pferdezucht besuchte er im Februar 1755 das sächsische Gestüt Graditz bei Torgau, eine bereits damals berühmte Anlage, die ab 1722 durch Pöppelmann ausgebaut und in der Folge durch zahlreiche Vorwerke in den fruchtbaren Elbniederungen erweitert wurde. Anschließend an den Aufenthalt in Torgau und Graditz hielt sich der junge Erdmannsdorff bei einem seiner Verwandten, dem Fürstlich Anhalt-Dessauischen Oberstallmeister Adolf Heinrich v. Neitschütz, in Dessau auf. Dieser Zeitpunkt wird allgemein als Moment der frühesten Kontaktaufnahme zur unmittelbaren Umgebung des Dessauer Hofes angesehen.

Im Sommer 1756 besuchte er die Messe in Leipzig. Als er sich im Herbst des gleichen Jahres [18] erneut im Fürstentum Anhalt aufhielt, traf er in Dessau erstmals mit dem 16jährigen Erbprinzen Leopold

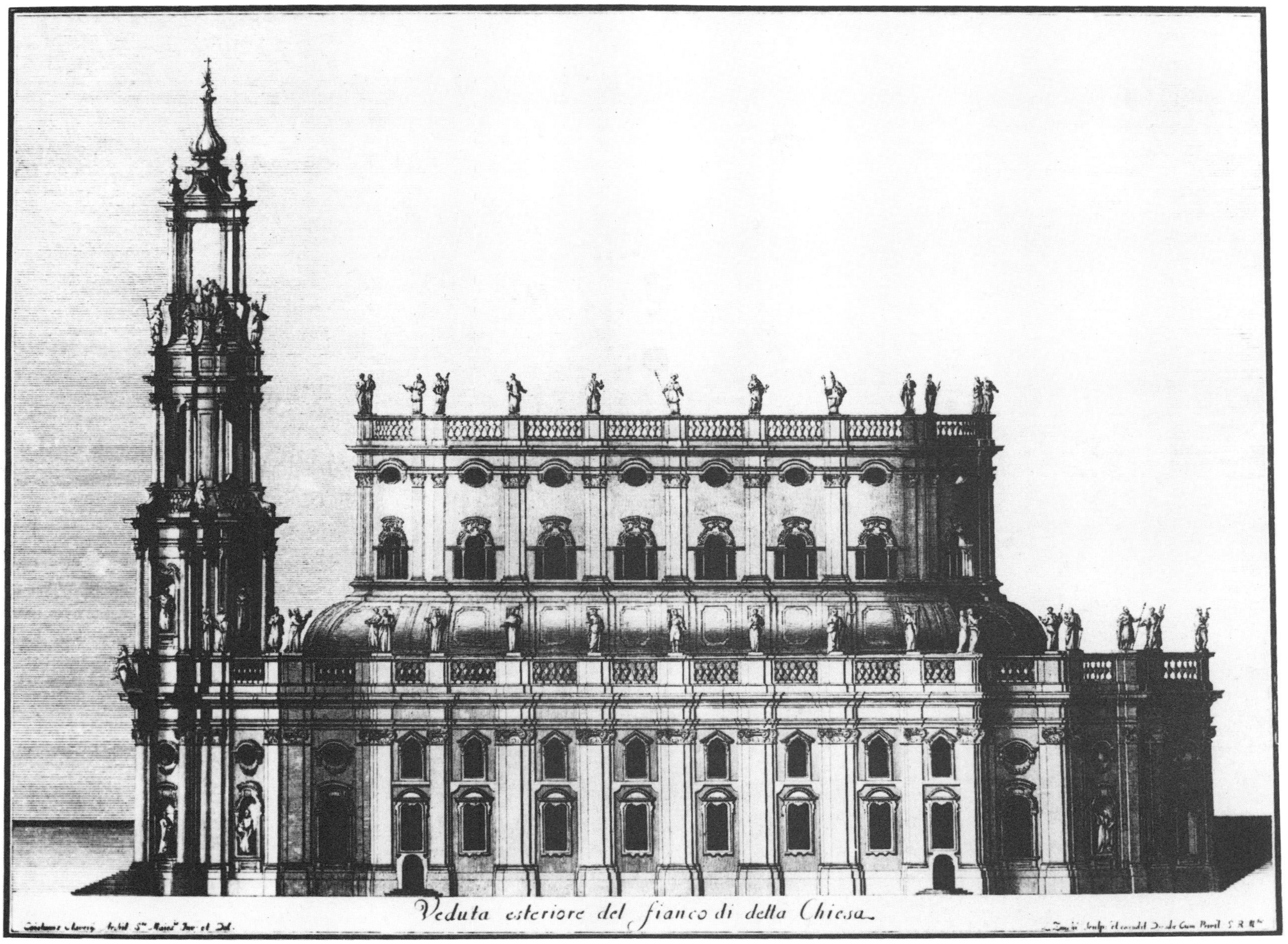

Abb. 24
Dresden, Nordseite der Katholischen Hofkirche, Entwurf von Gaëtano Chiaveri, Radierung von L. Zucchi, um 1738

Abb. 25
Dresden, Neubauprojekt für das Palais des Grafen Flemming. Fassadenentwurf des Longuelune- und Knöffel-Schülers Christian Friedrich Exner, um 1760

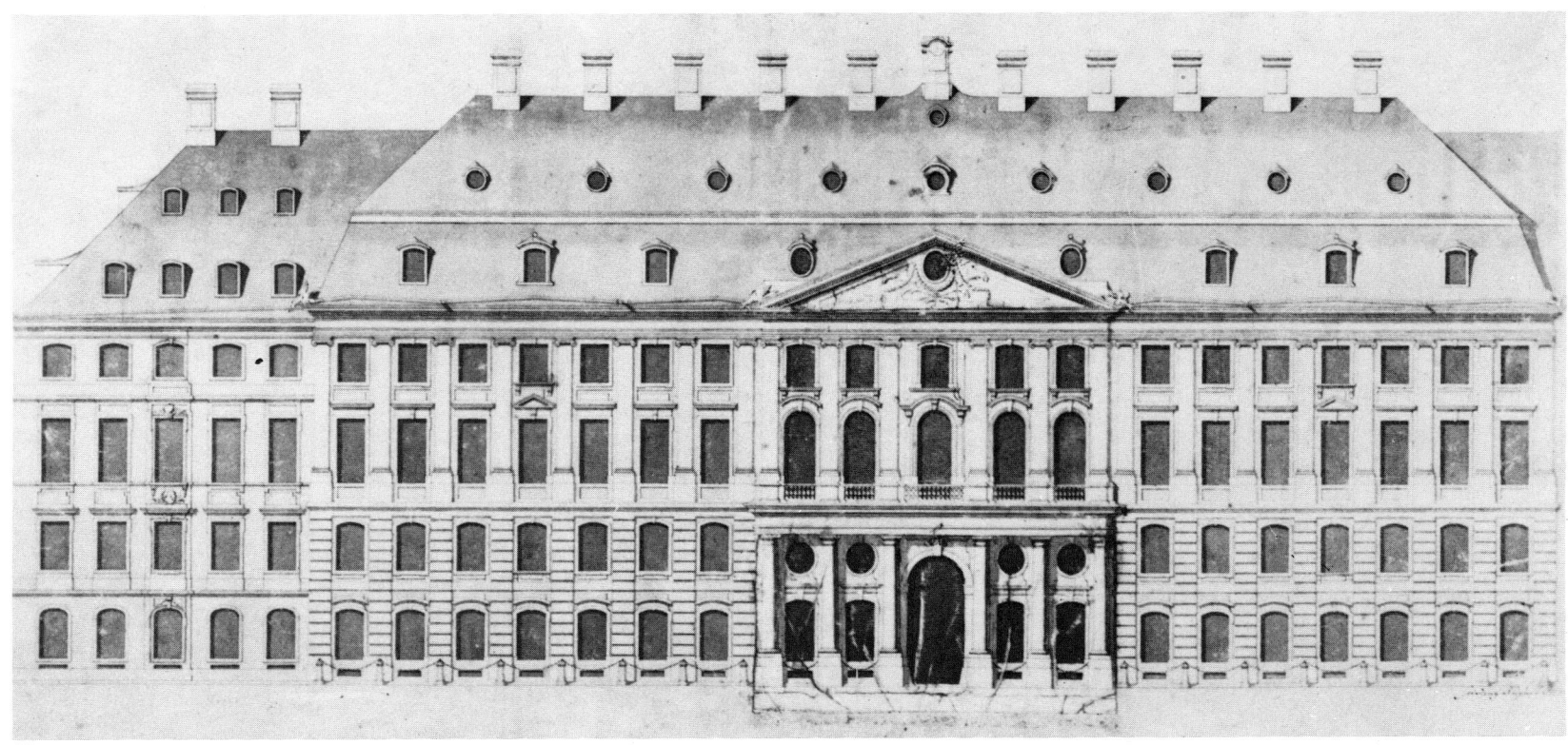

Abb. 26
Dresden, Neues Landhaus, Fassadenentwurf des Longuelune-Schülers und Architekturtheoretikers Friedrich August Krubsacius, um 1770

Abb. 27
Dresden, Palais Wackerbarth, genutzt als Ritterakademie, von 1750–1754 Ausbildungsstätte des jugendlichen Erdmannsdorff. Fassadenentwurf des Longuelune-Schülers Johann Christoph Knöffel, um 1723 ff.

Friedrich Franz (1740–1817) zusammen, der dort seit zwei Jahren in dem unter preußische Fahne gestellten Regiment eine militärische Ausbildung als zukünftiger Stabsoffizier Friedrichs II. absolvieren sollte. Aus dieser zufälligen Bekanntschaft ergab sich die langwährende, enge Freundschaftsbeziehung, die den gesamten weiteren Lebensweg und auch das Schaffen Erdmannsdorffs als Kunstgelehrter und Baumeister bestimmen sollte.

Ende März 1757 brach er, nicht zuletzt unter dem Eindruck der verhängnisvollen Ereignisse des Siebenjährigen Krieges, der im August 1756 mit dem spontanen Einfall preußischer Truppen in Sachsen begann, das Universitätsstudium in Wittenberg ab und begab sich zunächst zurück nach Dresden. Dort traf er vermutlich im August 1757 neuerlich mit dem noch minderjährigen anhalt-dessauischen Thronfolger zusammen, der sich nach seiner Teilnahme als Obristleutnant an der opferreichen preußisch-österreichischen Schlacht bei Kolin voller Zweifel an der Legitimität der friderizianischen Expansionspolitik „krank" gemeldet hatte und sich zunächst hier, dann ab dem 12. September in Dessau zu erholen suchte. Einzelheiten über dieses zweite längere Zusammentreffen in Dresden zwischen Erdmannsdorff und dem Erbprinzen sind nicht bekannt, der Gehalt der Begegnung Leopold Friedrich Franz' mit der künstlerischen Ausstrahlung der sächsischen Metropole ist aber aus einer späteren Äußerung ersichtlich, als er einen seiner Untertanen mit den Worten verabschiedete: „Er geht nach Dresden. Da können sie auch was lernen, mehr und andres als die Universitäten geben … Besuchen sie die Künstler und Handwerker und gehen sie ganz besonders mit den ersteren fleißig um. Die Galerie hat gute Bilder." [19]

Im Februar 1758, kurz vor Erreichung seiner Volljährigkeit, übernahm Erdmannsdorff im Zuge der obligaten „Erbhuldigung" als oberster Lehns- und Gerichtsherr das Rittergut Kössern mit allen dazugehörigen Besitztümern, darunter die Lehnsdörfer Ragewitz und Grubnitz bei Riesa sowie Körlitz bei Wurzen. Den Anteil seines minderjährigen Bruders Johann Adolph, Jagdpage am Dresdner Hof, hatte er mitzuverwalten; sein älterer Bruder August Dietrich war 1749 als Leutnant eines deutschen Söldnerregiments in französischen Diensten gefallen.

Nach der Übernahme der Rechtsträgerschaft hat sich Erdmannsdorff nur gelegentlich zur Ordnung ökonomischer Obliegenheiten in Kössern aufgehalten; die eigentliche Verwaltung ließ er wie seine Vorgänger durch sogenannte Pachtmänner vornehmen.

Bis zum Spätherbst 1760 vertieften sich seine freundschaftlichen Kontakte zum Dessauer Erbprinzen, der inzwischen, seiner Offizierslaufbahn überdrüssig, zum Ärger Friedrichs II. die Entlassung aus dem preußischen Armeedienst durchgesetzt hatte und nach einer vorzeitig erwirkten kaiserlichen Mündigkeitserklärung am 20. Oktober 1758 mit 18 Jahren regierender Fürst wurde. Häufige Besuche Erdmannsdorffs in Dessau förderten diese wichtige Phase gegenseitiger geistiger Annäherung. Die frühen Briefe Erdmannsdorffs von 1760 weisen auf den Inhalt der geistigen Beschäftigungen hin. Beide „entflohen der Etikette und Langeweile der Hofgesellschaft", trafen sich in Einsamkeit und widmeten sich der intensiven Beschäftigung mit den Ideen der bürgerlichen Aufklärung und dem Studium der Schriften Winckelmanns, der zu dieser Zeit schon in Rom weilte. Durch das gemeinsame Studium der römischen Historiographen Augustus, Trajan, Plutarch und Plinius suchten sie sich den Wurzeln antiker Geisteshaltung zu nähern, um so „das Wahre und Schöne des Altertums" zu begründen.

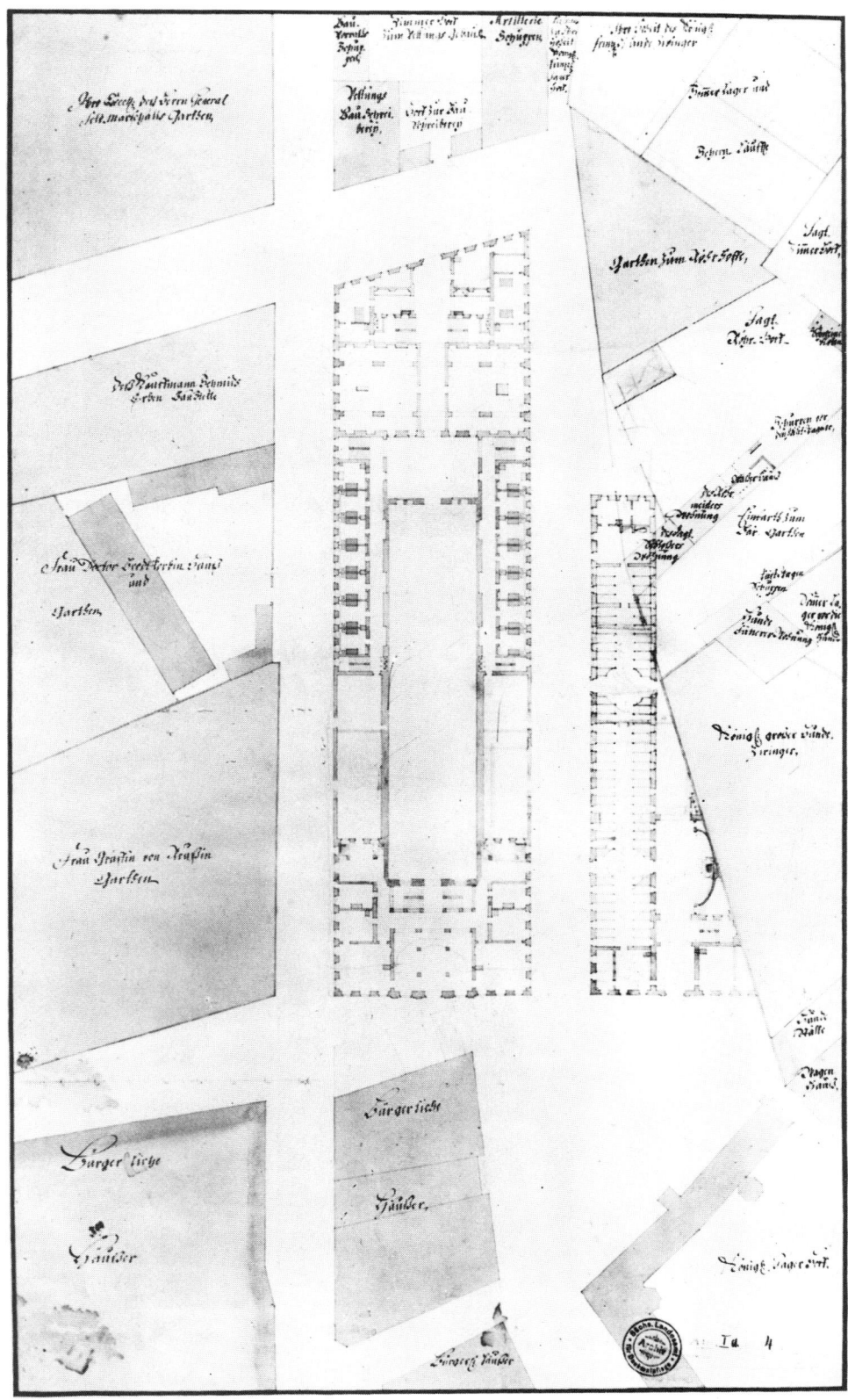

Die Ereignisse des Siebenjährigen Krieges mit den kämpferischen Auseinandersetzungen zwischen Preußen und Österreichern auf sächsischem und anhaltinischem Boden, vor allem die Besetzung der mittelelbischen Gebiete um Wittenberg, Coswig, Dessau und Magdeburg, zwangen Erdmannsdorff im Oktober 1760, für einige Monate auf sein Stammgut in Kössern zurückzukehren. Nachdem er dem Fürsten Franz in einem Brief vom 21. Januar 1761 die baldige Rückkehr nach Dessau versprach, entschied er sich am 1. Februar 1761 überraschend, und durch

Abb. 28
Dresden, Ritterakademie, Lageplan, Projekt des sächsischen Ober-Hof-Bauamtes, um 1723 ff.

Abb. 29
Johann Joachim
Winckelmann als
Bibliothekar in Nöthnitz
bei Dresden. Ölgemälde
von T. R. v. Oev, 1874

30

das zunehmende Kriegselend abgestoßen, für eine erste Bildungsreise nach Italien.

Von diesem Italienbesuch Erdmannsdorffs ist relativ wenig bekannt. Seine Route führte ihn im Frühling 1761 zunächst über Bayreuth und Regensburg nach München, wo er sich einige Tage aufhielt. Über Innsbruck und den Brennerpaß setzte er den Weg über Bozen, Trient nach Venedig fort mit Zwischenaufenthalten in Padua und Vicenza. Durch die Potiefebene gelangte er dann nach Bologna und anschließend nach Florenz, der „Wiege der Renaissance". Im Frühjahr 1763 kehrte er über Venedig nach Dessau zurück. Fasziniert von den landschaftlichen, architektonischen und künstlerischen Eindrücken, ist er nicht über Oberitalien und die von alten Resten etruskischer Kultur geprägte Toscana hinausgelangt — ein Gebiet, das schon Leon Battista Alberti (1404–1472) zu den schönsten der Welt gezählt hatte. Rom als ursprünglich geplantes Hauptreiseziel und ein dort vorgesehenes erstes Zusammentreffen mit Johann Joachim Winckelmann mußten vorerst zurückgestellt werden.

Drei Monate nach Antritt seiner Fahrt versicherte Erdmannsdorff dem Fürsten in einem Brief vom 5. Mai 1761, daß er keinesfalls die Absicht hege, sich an einem anderen als dem Dessauer Hof „Titel und Stellung" zu verschaffen. Er versprach, sofort nach dieser Reise an den Dessauer Hof zurückzukehren, dem er „sein Leben gewidmet" habe. Auch seinen anderen Briefen dieser Zeit (insgesamt 13 in französischer Sprache) ist zu entnehmen, daß er diesen ersten, spontan angetretenen informativen Aufenthalt, der bereits über den Rahmen einer üblichen „Kavalierreise" kunstsinniger Adelsvertreter hinausging, als Vorbereitungsstadium für eine spätere gemeinsame Reise mit Leopold Franz von Anhalt-Dessau ansah, die dann auch vom Dezember 1765 bis Mai 1766 stattfinden sollte. Wie ein Brief vom 24. Mai 1761 beweist, erbot sich Erdmannsdorff bereits auf dieser Reise, Kunstgegenstände antiker Art für den Fürsten käuflich zu erwerben. Auffallend ist, daß in diesen noch stark in der förmlich-leidenschaftlichen Sprache des typischen Freundschaftskultes damaliger Zeit gehaltenen Korrespondenzen die Aussagen über Plastik und Bildkunst der Florentiner und Venezianer, in erster Linie vertreten durch die Werke Raffaels

Abb. 30
Florenz, Hauptaufenthaltsort Erdmannsdorffs während seiner ersten Italienreise, Stadtansicht. Stich Ende 18 Jh.

(1483—1520) und Michelangelos (1475—1564), überwiegen. Die Begegnung mit den bildenden Künsten und den Schönheiten mediterraner Landschaft standen bei diesem ersten Italienerlebnis eindeutig im Vordergrund, obwohl er dort nach eigener Aussage — dem großen Architekten, Bildhauer, Theoretiker und Dichter Leon Battista Alberti nacheifernd — Maler und Architekt in einer Person sein wollte, sich wie dieser mit Vitruv (um 84 v. u. Z.), den Entwicklungstendenzen und künstlerischen Gesetzen antiker Architektur und deren Umsetzung in Renaissance und Barock zu beschäftigen suchte.

Die frühen Renaissancebauten in Florenz und Padua scheinen ihn damals besonders beeindruckt zu haben. Aus den zeitgenössischen Quellen ist ersichtlich, daß er keine Besichtigung von Sehenswürdigkeiten scheute, zu malen und zeichnen begann, um in das Wesen der Dinge empfindsam und tief einzudringen. In diesen von künstlerischer Qualität erfüllten Zeichnungen widmete er sich vorwiegend landschaftlichen Motiven, der romantischen Wiedergabe baulicher Objekte im Landschaftsraum, seltener reinen Architekturdarstellungen. Die technischen Voraussetzungen, die jeden Dilettantismus ausschließen, scheint er sich während seiner Dresdner Ausbildungsjahre erworben zu haben. Fehlende Datierungen und die Tatsache, daß er auch bei späteren Italienreisen viele Orte wiederholt aufsuchte, erschweren bisher eine präzise zeitliche Zuordnung: Der überwiegende Teil der Zeichnungen entstand auf der zweiten und dritten Italienreise. Während seines zehnmonatigen Hauptaufenthaltes in Florenz hielt er sich vor allem in der vor 1620 begründeten Sammlung der Galleria Palatina im Palazzo Pitti auf sowie in den benachbarten Uffizien, der damals schon größten Pinakothek Ita-

liens, einer der ältesten und bedeutendsten universalen Kunstsammlungen. Diese wurde von den Medici angelegt und war mit wertvollen Kulturgütern des klassischen Altertums, der Früh- und Hochrenaissance aus der Toscana, Venedig, Rom, aber auch mit Kunstwerken aus Deutschland und den Niederlanden ausgestattet. „Vorzüglich erweckte der Aufenthalt in Florenz seinen Genius. Nach den ersten Eindrücken des Schönen, die er von den Kunstschätzen in Dresden empfangen hatte", schreibt Rode, „wirkte nichts so lebhaft auf ihn ein, als die Wunder der Kunst, die er hier versammelt fand". [20]

Erdmannsdorff kopierte hier Originale und studierte Zeichnungen. Begeistert äußerte er sich über die Italiener des 16./17. Jahrhunderts, insbesondere über einen „Sebastian", den Guido Reni

Abb. 31
Dessau, seit 1757 zunehmend Aufenthaltsort Erdmannsdorffs. Gesellschaftliches Leben in der ehemaligen Kavalierstraße. Darstellung um 1750

Abb. 32
Florenz, Uffizien, älteste und bedeutendste Kunstsammlung Italiens, in der Erdmannsdorff 1763 Studien betrieb. Blick in die Tribuna, Zustand des 19. Jh.

Abb. 33
Venedig, Senatorenpalast auf dem Kapitol. Gemälde von Canaletto, um 1765. Staatliche Schlösser und Gärten Wörlitz, Oranienbaum und Luisium

(1575—1642), einer der führenden Meister der klassizistisch modifizierten Spielart des italienischen Früh- und Hochbarocks [21], gemalt hatte. Erstaunlich ist, daß er die Werke der niederländischen Maler des 17. Jahrhunderts, die zu dieser Zeit in Italien noch kein größeres Interesse herausforderten, als ebenso eindrucksvoll empfand. Erdmannsdorff schätzte ihre naturgetreuen Darstellungen, die italienisierende Art der Landschaftswiedergabe, natürliche bäuerliche Genres, wie er sie bei Jan Steen (um 1626—1679) entdeckte, oder Charakterisierungen ergreifender seelischer Gemütsstimmungen, wie sie Rembrandt (1606—1663) und seine Schüler gestalteten. Eine eigenhändige Kopie eines Rembrandt-Selbstbildnisses, die sich heute in der Sammlung des Wörlitzer Gotischen Hauses befindet, sandte er damals an den Dessauer Fürsten. Das Bekenntnis zum „Holländischen" war eine Tendenz bewußter Loslösung vom Rokoko. Einflüsse niederländischer Architektur kannte er bereits von Dessau, Oranienbaum und Dresden, wertvolle Gemälde aus dem Besitz der „Oranischen Erbschaft". [22]

Zweifellos war der privat finanzierte erste Italienaufenthalt Erdmannsdorffs recht aufwendig. Es ist bekannt, daß er in Florenz gezwungen war, fast seine gesamte Habe zu veräußern. Unter anderem verpfändete er eine wertvolle Dante-Ausgabe, die er auf Bitte des Züricher Herausgebers Usteri aus Venedig für Winckelmann in Rom mitgenommen hatte. Durch diesen Vorgang fühlte sich Winckelmann zu erheblichen Zorn- und Beleidigungsausbrüchen veranlaßt: Seine Bemerkung in einem Brief an Usteri vom 10. Januar 1762 „Diese Aufführung wird demselben jungen Herrn keinen Nutzen in Rom machen" hat Erdmannsdorff möglicherweise bewogen, seine damalige Reise nicht bis dorthin auszudehnen.

Im Gegensatz zum relativ sparsamen Haushalt seiner Wittenberger Studienzeit versuchte er, „die Vergnügen der Jugend mit der ernsten Moral der Philosophie zu vereinigen" und wollte „weise sein mit 26 Jahren". [23] Er entkam der finanziellen Misere, indem er Fürst Franz bat, mehrfach Nachsendungen von Geld aus den Kössener Einkünften zu veranlassen.

Aus den Ansichten Venedigs, gemalt von Canaletto (1697—1768), Guardi (1712—1793) und anderen Architekturmalern, die später das Wohnzimmer Erdmannsdorffs im Obergeschoß des Wörlitzer Schlosses schmückten, wird deutlich, daß die Lagunenstadt, in der er sich fast sechs Monate aufhielt, einen besonderen Reiz auf ihn ausübte. Hier beschäftigten ihn Malerei und Plastik, Architektur und italienische Sprache, Theater und Dichtkunst; hier las er „Tasso" und „Ariost" und sammelte bleibende Eindrücke, die mitbestimmend für die späteren Arbeiten in Wörlitz wurden. Man denke beispielsweise an die Kanäle, Brücken und Gondelpartien oder den ersten, in venezianischen Backsteinformen ausgeführten Teil des Gotischen Hauses. Nicht zuletzt scheinen Geist und bezaubernde Schönheit der Italienerin Maria Maddalena Morelli-Fernandez (1727—1780), der „Göttlichen Frau", die sich als Angehörige einer bedeutsamen Dichtervereinigung „Corilla" nennen ließ und in deren Affären Erdmannsdorff verwickelt war, dieses Erlebnis vertieft zu haben.

Nachdem im Februar 1763 der Hubertusburger Frieden zwischen Österreich, Brandenburg-Preußen und Sachsen geschlossen war, kehrte Erdmannsdorff nach Deutschland zurück. Seine Beziehungen zum sächsischen Hof hatte er schon vor Beginn des Siebenjährigen Krieges weitgehend gelöst. Sein neues geistiges und praktisches Wirkungsfeld sah er im Fürstentum Anhalt-Dessau, das sich in den folgenden Jahrzehnten zu einem beachtlichen Zentrum bürgerlich-progressiver Kultur entwickelte, zu einem gesellschaftlichen Ausgangspunkt deutscher aufklärerischer Ideen und frühklassizistischer Kunst. Seit den ersten Begegnungen mit dem anhaltischen Erbprinzen noch während seines Wittenberger Studiums hatte er sich dessen Vertrauen gesichert. So entstanden geeignete Voraussetzungen, künftig — wie er selbst immer wieder betonte — „unabhängig" als künstlerischer und wissenschaftlicher Berater und engster Vertrauter des Regenten die von progressiv-aufklärerischen Elementen durchdrungenen Regierungsvorhaben im Dessauer Zwerghofstaat mit verwirklichen zu können. Charakterlich war Erdmannsdorff zweifellos für diese Rolle prädestiniert. Probst Friedrich Reil, der später auch zu den Vertrauten des Fürsten gehörte, schildert ihn als still, gewissenhaft und zuvorkommend, offen, aber anpassungsfähig, hilfsbereit, fein- und freisinnig, aller Frivolitäten und Gelüste abhold. „Erdmannsdorff übte auf das Tun und Lassen des Fürsten einen bedeutenden Einfluß aus", schreibt er, „ohne dabei zu intriguieren, ohne dabei jemand zu verletzen oder mit anderen in Streit zu geraten, ohne sich und den Fürsten in irgendeiner Weise bloßzustellen. Sie besprachen erst alles miteinander oft und von allen Seiten; sie überlegten erst alles genau, prüften und wählten. Der Fürst hörte und befolgte dann gern den Rat seines Freundes; dieser gab auch den Rat nur dann, wenn er den Willen des Fürsten klar erkannt und sich überzeugt hatte, daß ihm ohne Beeinträchtigung fremder Interessen und Verhältnisse wirklich genügt werden könne." [24]

Der erzieherische Einfluß Erdmannsdorffs prägte nicht nur wesentliche Aspekte künstlerischer und kunstwissenschaftlicher Anschauungen Leopold Friedrich Franz', sondern trug auch im Zuge der Realisierung fürstlicher Bauaufgaben entscheidend zur Durchsetzung seiner klassizistischen Ideen bei.

Abb. 34
Venedig, wichtiger Aufenthaltsort Erdmannsdorffs während seiner ersten Italienreise, Stadtansicht. Kupferstich von Friedrich Bernhard Werner, Mitte 18. Jh.

3

Aufenthalte in Holland und England, erste bauliche Tätigkeit in Dessau und Wörlitz (1763–1765)

Abb. 35
Den Haag, Stadtansicht mit Kanalgärten.
Kupferstich von Friedrich Bernhard Werner, Mitte 18. Jh.

1762, als Erdmannsdorff noch in Italien weilte, kehrte der Gärtner Johann Friedrich Eyserbeck (1734–1818), der sich während eines sechsjährigen Hollandaufenthaltes und anschließender zweieinhalbjähriger Tätigkeit in England zu einem anerkannten Spezialisten der Gartenkunst entwickelt hatte, in seine Heimat nach Klieken bei Zerbst zurück. Die Absicht, sich anschließend endgültig in Holland niederzulassen, gab er nach dem Zusammentreffen mit dem Dessauer Landesfürsten auf, der ihn für seine zukünftigen Vorhaben zur ökonomischen Verbesserung der Landwirtschaft, des Meliorationswesens, der handwerklichen Produktion und Landschaftsgestaltung begeisterte und gewann, ein weitgestecktes Vorhaben, das entscheidende Voraussetzungen in der rigorosen Agrarpolitik des „Alten Dessauers" fand.

Eyserbeck erhielt den Auftrag, als eine der ersten Maßnahmen eine gemeinsame informative Studienreise mit dem Dessauer Fürsten vorzubereiten, die zunächst nach Holland und von dort über Calais nach England führte und an der auch Erdmannsdorff teilnahm, nachdem er im Frühjahr 1763 aus Italien zurückgekehrt war. Die Eindrücke des Hollandaufenthaltes, der in erster Linie ökonomische Fragen rationeller Bodenbewirtschaftung, des Wasser- und Deichbaus, aber auch der handwerklichen Produktion und neuen Methoden der Viehzucht gewidmet war, traten jedoch hinter dem Erlebnis der gesellschaftlichen Entwicklung Englands zurück, wo ebenso wie in den Niederlanden die bürgerliche Revolution stattgefunden hatte. England war zu dieser Zeit das ökonomisch fortgeschrittenste Land Europas und damit eines der interessantesten Studienobjekte, besonders für diejenigen Länder, die an der Schwelle des Übergangs zur industriellen Revolution standen. Der Nachvollzug der englischen Behaglichkeit oder des „english comfortable", eines Lebensstiles, der nach den Rosenkriegen neu herausgebildeten, eng mit dem Großbürgertum verflochtenen Adelsklasse, den sie auf dieser Reise erleben konnten, bedeutete von nun an für Leopold Friedrich Franz v. Anhalt-Dessau und Erdmannsdorff das erstrebenswerteste Ziel materiellen Daseins.

Man weiß, daß Erdmannsdorff den Fürsten in diesen Monaten oft nur mit Mühe von Gesellschaften, Vergnügungen und turbulenten Parforcejagden fernhalten konnte, um den Hauptzweck der Reise, das Studium der Anfänge fabrikmäßiger Produktion, neuer technischer Errungenschaften, Technologien, Maschinen und Ingenieurbauten, aber auch der Wohn-, Repräsentativ- und Gartenarchitekturen nicht zu vernachlässigen. August Rode beschreibt, daß sie die Lebensweisen des englischen Neuadels aufgeschlossen aufnahmen: „Die Früchte dieser Reise waren geläuterte Begriffe von jenem gesellschaftlichen Verhältnisse erhöhten Gefühl ächter Menschenwürde, das besonders in England einheimisch ist, gründliche Kenntnis des vervollkommneten Kunstgeschicks und Kunstfleißes der Handwerker, der Manufakturen und Fabriken, und des Acker-, Garten-, Deich- und Straßenbaues; vor allem aber, durch Erfahrung geprüfte Bekanntschaft mit der Pockenimpfung, einer der wohlthätigsten Erfindungen für die Menschheit. Alles wurde bei der Rückkehr zur Verschönerung und Wohlfahrt des Landes angewendet."[25]

In England fanden wiederholt Begegnungen mit dem Satiriker Lawrence Sterne (1713–1768) statt, den sie vorher in Rom kennengelernt hatten. Es ist bemerkenswert, daß sich schon während dieser Reise unterschiedliche, aber keineswegs antagonistische architektonische Betrachtungsweisen herauskristallisierten: Auf Erdmannsdorff wirkten vor allem die Bauwerke mit antikischem Einschlag, die ihn, wie er selbst äußerte, den „wahren Geist des Altertums" spüren ließen. Es waren vor allem die harmonischen Gebäude des englischen Palladianismus, die der Hauptmeister Inigo Jones (1573–1652) und dessen Nachfolger hervorgebracht hatten. Sie beriefen sich weitgehend auf den Idealtyp der Villa Rotonda des Andrea Palladio (1508–1580), gleichsam als symbolhafte Kampfansage gegen die Beharrlichkeit der für England charakteristischen Weiterführung mittelalterlicher gotischer Architekturformen. Von den Zeitgenossen beeinflußte ihn besonders der Hofarchitekt William Chambers (1723–1796), der in Frankreich geschulte Hauptvertreter des englischen Klassizismus, mit dessen Namen sich die baulichen Anlagen von Castle Hill in Dorset, Melbourne-House und Sommer-

Abb. 36
Amsterdam, typische Struktur bepflanzter Straßen und Plätze anstelle monumentaler Platzfolgen. Kupferstich, Mitte 18. Jh.

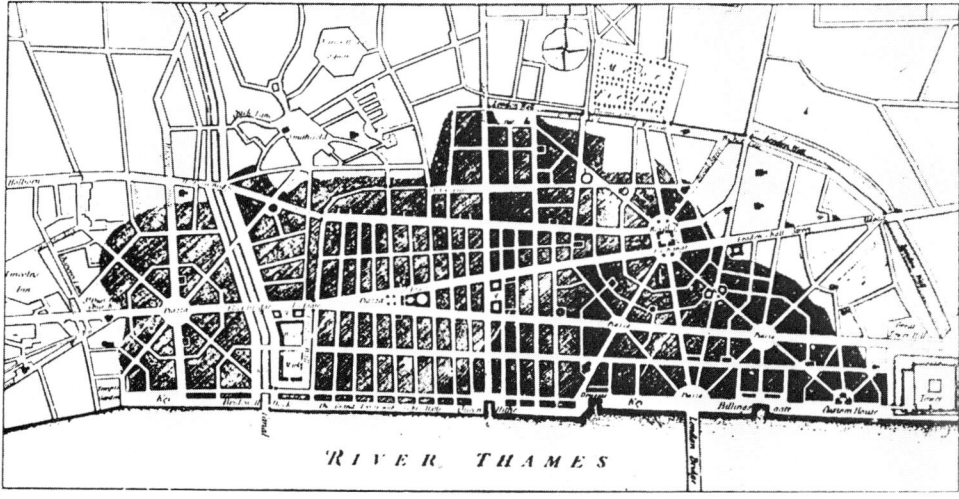

Abb. 37
London, Stadtansicht. Kupferstich, Friedrich B. Werner. Mitte 18 Jh.

Abb. 38
London, nicht realisiertes Rekonstruktionsprojekt der Altstadt. Christopher Wren, Ende 17./Anfang 18. Jh.

set-House in London verbanden. Es muß angenommen werden, daß Erdmannsdorff auch dessen gartenkünstlerische Leistungen, die Königlichen Gärten in Kew, gesehen hat.

Der sentimentalere Fürst wendete sich hingegen mehr der retrospektiven neogotischen Architekturströmung zu, vielleicht weil er instinktiv spürte, daß der Klassizismus inhaltlich weniger den „feudalen Bedürfnissen", sondern mehr einer stärker bürgerlich-oppositionellen gesellschaftlichen Vorstellung entsprach. Die Unterschiedlichkeiten beider verlangten von Anfang an Kompromisse, und zweifellos mußte der etwas ältere Erdmannsdorff oftmals erhebliche Überzeugungskraft aufwenden, um seine Auffassungen gegenüber dem Fürsten durchsetzen zu können.

Gleichermaßen beeindruckend für alle Teilnehmer der Englandreise waren die neueren Zeugnisse des englischen Gartenstils im Sinne „Natürlicher Gartenkunst". Sie empfanden angesichts praktischer Beispiele die „Natur als Freiheit der Lebensentfaltung", so wie sie der zeitgenössische englische Dichter Shaftesbury (1671—1713), auf Theoretikern wie John Milton (1608—1674), Joseph Addison (1672—1719) und Alexander Pope (1688—1744) fußend, philosophisch-literarisch in enthusiastischer Gefühlsbeschreibung pries. [26]

Der Maler William Kent (1684—1748), ein Kenner Italiens, erster großer Schöpfer des europäischen Landschaftsgartens, hatte mit seinen Anlagen in Chiswick, Claremont, Esher bei London, Stowe und Car-

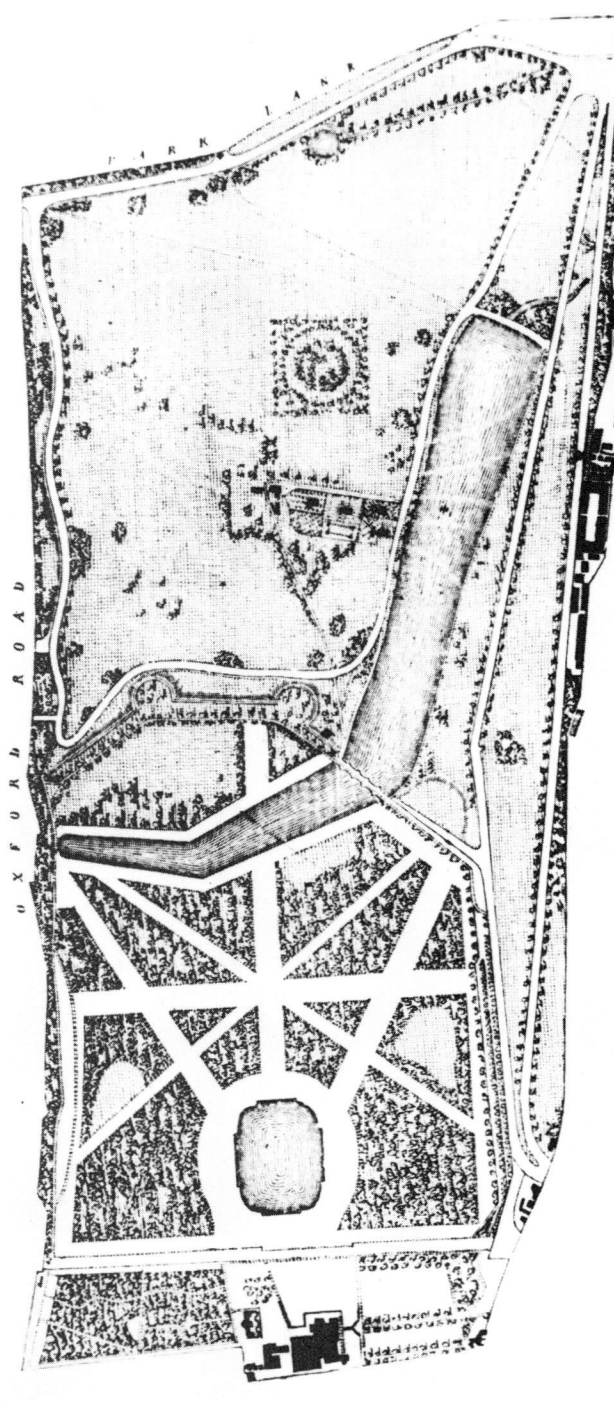

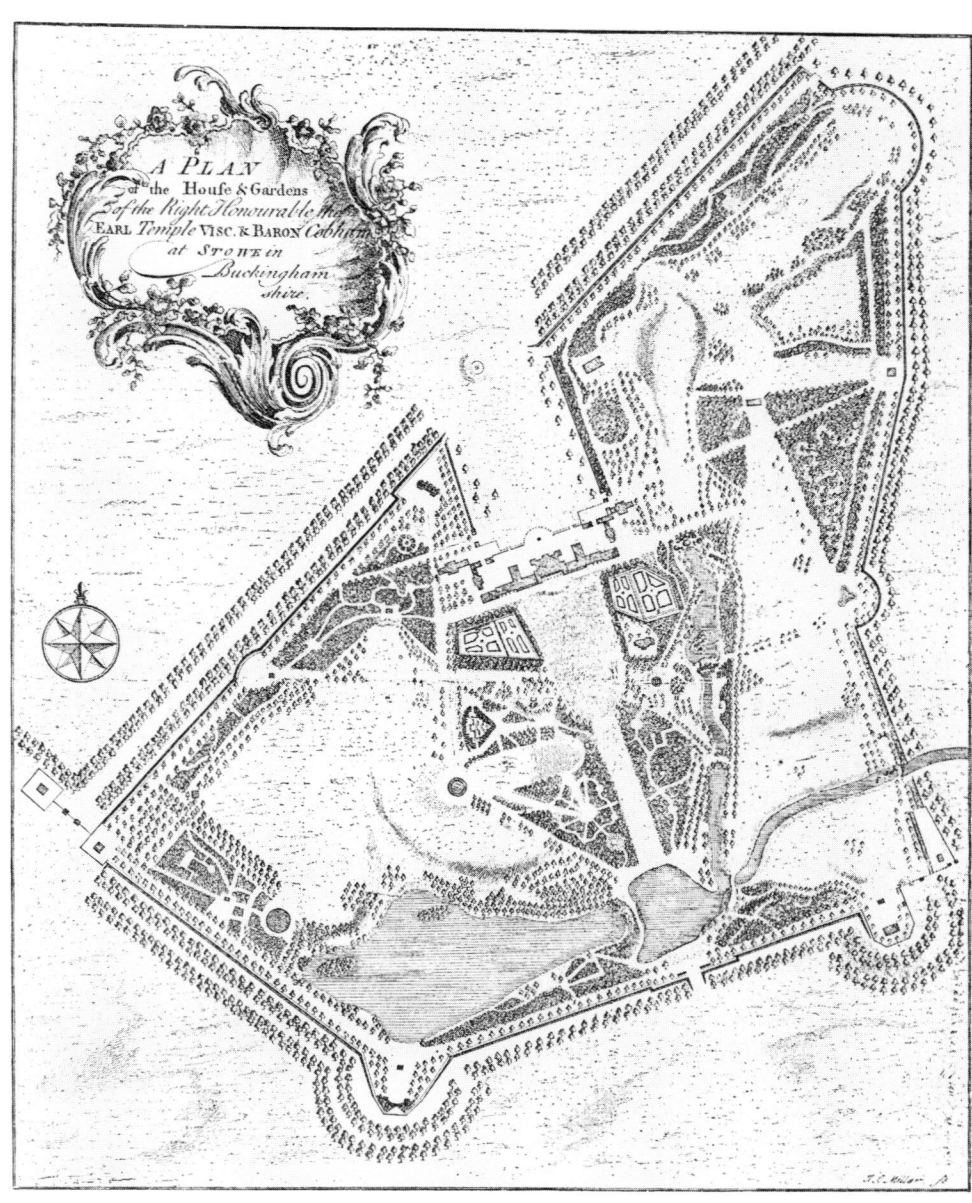

letonhouse im zweiten Drittel des 18. Jahrhunderts mustergültige Beispiele als wechselvolle Schauerlebnisse malerischer Naturbilder geschaffen, indem er elementare Gestaltungsregeln der neuen Gartenkunst den Kompositionen idealisierter Landschaftsmalerei des 17. Jahrhunderts im Stil des Claude Lorrain (1600–1682) und des Nicolas Poussin (1593–1665) entnahm. Überzeugt, daß es in der Natur keine gerade Linie gäbe, pries er nunmehr die Wellenlinie als neues ästhetisches Mittel der Gartenkunst. Sein von Lancelot Brown ausgeführter Landschaftsgarten von Stowe und Chambers' Kewgarden verdeutlichen in ihren Weg- und Wasserführungen, Buchten und Seen sowie in der Ausstaffierung mit Parkarchitekturen die stärksten Bezüge zu Wörlitz.

Das unmittelbare, nachhaltige Erlebnis der park-

Abb. 39
London, Lageplan des Hydeparks und Kensington Gardens, Mitte 18. Jh.

Abb. 40
Stowe bei Buckinghamshire, eine der neuen beispielgebenden englischen Parkanlagen des William Kent.
Stich von J. S. Miller.
18. Jh.

Abb. 41
Manuskriptseite Erdmannsdorffs aus dem Jahre 1764, Torso der Übersetzung des Werkes „De architectura libri X." von Vitruv

Abb. 42
Die Ruinen von Palmyra in Syrien, wichtige antike Studienobjekte der Zeit. Englischer Stich nach Zeichnungen von Stranfield, 18. Jh.

und auenartigen englischen Weidegebiete, die im Ergebnis früher, kapitalistisch orientierter grundherrlicher Bewirtschaftungsformen nach den Bauernvertreibungen entstanden waren und weiten Gebieten des Insellandes unverwechselbaren Charakter verliehen, verband sich nunmehr mit dem Versuch, nahezu grenzenlose Übergänge zwischen gestalteter und ungestalteter Baum- und Wiesenflora herzustellen. Sie weckten im Sinne vieler Utopisten bei Erdmannsdorff und dem Fürsten den nachhaltigen Wunsch, das Zwergfürstentum Dessau in einen großen zusammenhängenden Landschaftsgarten, in ein „Elysium", zu verwandeln. Für Eyserbeck, der sich bis dahin auf die besonderen Eigenheiten holländischer Kanalgärten spezialisiert hatte, die wiederum stark von französischen Elementen durchdrungen waren, bedeutete das Englanderlebnis ebenfalls erste Konfrontation mit einem neuen Gestaltungswillen. [27] Obwohl er sich nach 1764 um Stilübernahmen bemühte, hat er seine stark holländische Prägung nie ganz verleugnen können.

Besonderen Eindruck während des Londonaufenthaltes, wo die Wörlitzer Reisegesellschaft die meiste Zeit verbrachte, hinterließ die spektakuläre Einweihung des neogotischen Landhauses in Strawberry Hill, das Horace Walpole (1717—1797), ein auf Kent fußender Gartentheoretiker und der bekannte Verfasser des aufsehenerregenden Ritterromans „The Castle of Otranto" für sich erbauen ließ. Diese von retrospektiven mittelalterlichen und antikischen Tendenzen durchdrungene „baronial architecture" — wie sie der englische Volksmund nannte — mit vordergründig sentimentalem Rückblick in die Adelsvergangenheit inspirierte nach der Rückkehr aus England den Wunsch des Fürsten, ebenfalls ein „gotisches Schloß" in den Wörlitzer Park zu setzen. Diese Idee erlosch nie, wurde aber 1765/66 zugunsten des Klassizismus und im Sinne der Antikenrezeption Erdmannsdorffs aufgegeben. Erst in den 70er Jahren fand sie im Gotischen Haus und in einer Anzahl anderer Gebäude ihre verwandte Umsetzung.

Als der Fürst, von jugendlich-romantischen Illusionen bewegt, 1764 den spontanen Entschluß faßte, seinen Thron an den jüngeren Bruder zu übergeben und mit der Tochter des bürgerlichen Archidiakonus Hoffmeyer für immer nach England zu gehen, um dort das nach seiner Meinung unbeschwerte Leben eines Lords zu führen, machte Erdmannsdorff seinen großen Einfluß geltend, ihn von diesem Vorhaben abzuhalten. Den Schlußstrich arrangierten der Dessauer Hof und Friedrich II., indem Leopold Friedrich Franz mehrfach zum preußischen König nach Berlin beordert wurde. Durch eine politisch motivierte Verlobung des Fürsten mit der empfindsamen Luise v. Brandenburg-Schwedt (1750—1811) sollten die seit dem Siebenjährigen Krieg abgebauten Bindungen zwischen Anhalt und Preußen erneut gefestigt werden. Erdmannsdorff hat den Dessauer Regenten zu diesen Audienzen begleitet, aber nicht selbst an den Unterredungen teilgenommen. Eine offensichtlich durch Friedrich II. veranlaßte Inspektionsreise des Fürsten im Herbst 1764 in die umfangreichen ostpreußischen Ländereien, die der „Alte Dessauer" als Dank für seine Militärdienste als Generalfeldmarschall Friedrich Wilhelms I. (1688—1740) und Friedrichs II. erhalten hatte, sollte von der „Affaire des Princillon", des „Fürstchens", wie ihn der preußische König verächtlich bezeichnete, ablenken.

Erdmannsdorff zog sich inzwischen nach Kössern zurück und begann mit der intensiveren Vorbereitung der gemeinsam mit dem Fürsten geplanten Italienreise. Die theoretische Einstimmung erfolgte durch Versuche der eigenen Übersetzung des berühmten Vitruvschen Werkes „De architectura libri X", das im zweiten Jahrzehnt vor der Zeitrechnung geschrieben wurde. Dieses einzige erhaltene antike Architekturhandbuch mit wertvollen präzisen Hinweisen ließ verschiedenartige Textdeutungen zu, die nach vielen Wiederauflagen der deutschsprachigen Fassung von Walter Rivius (1548) zu neuer Überarbeitung anregten. Erdmannsdorff sah in Vitruv seinen wichtigsten theoretischen Lehrmeister. Er hinterließ, nachdem er dessen Ausgaben in verschiedenen Sprachversionen ausgewertet hatte, nur einen Torso dieser Arbeit. Es sind handschriftliche Fassungen des ersten Buches, in denen die Ausbildung des antiken Architekten, ästhetische Grundbegriffe und Teilgebiete der Baukunst behandelt werden, sowie der ersten fünf Kapitel des zweiten Buches, in dem Erläuterungen über Baumaterialien gegeben werden. Nachträglich hinzugesetzte Korrekturen im Erdmannsdorffschen Manuskript weisen auf die auch später immer wieder gesuchte Beschäftigung mit dem antiken Quellenwerk, seinen ästhetischen Grundaussagen und den elementaren Proportions- und Gestaltungslehren hin; sie dokumentieren Erdmannsdorffs ständige Suche nach neuen Worterklärungen und Begriffsinterpretationen [28]. In seinem Bibliotheksbestand existierten allein elf dieser älteren Vitruv-Ausgaben.

„Vorzüglich wählte er sich den Vater derselben (d. h. der Baukunst, Verfasser), den Vitruv, zu seinem Lehrer... Nicht mehr als die drei ersten Bücher Vitruvs finden sich von ihm verdeutscht in seinem Nachlasse; aber diese, wenn auch nur im ersten Entwurfe, müssen uns um so lebhafter den Mangel der übrigen sieben bedauern lassen. Die Übersetzung ist treu und doch elegant; überall zeigt sie reifes Nachdenken, richtiges Urtheil, sowie gründliche Sprach- und Sachkenntnis. Keineswegs zufrieden blos unter den bereits vorhandenen Erklärungen zu wählen, stellte er auch seine eigenen auf, wovon keine einzige ihm zu Schande gereicht." [29]

Später übergab Erdmannsdorff seine „Vitruv"-Materialien an August Rode als gründlichen Kenner der lateinischen Sprache. Er bewegte ihn zur Neuübersetzung, die dann drei Jahrzehnte später, 1796, in Leipzig unter dem Titel „Des M. Vitruvius Pollio-Baukunst" erschien, aber — wie ein Vergleich mit Erdmannsdorffs Texten beweist — auch bei Rode zu neuen, abweichenden Textauslegungen führte. Außerdem hat sich Erdmannsdorff sehr intensiv mit dem baulichen und theoretischen Werk Palladios beschäftigt.

Der erste Englandbesuch sollte sich in den anschließenden Jahren in vielerlei Hinsicht auf das gesellschaftliche Leben im Umkreis des Dessauer Fürsten und seines Freundes Erdmannsdorff auswirken; nicht nur, daß sie von nun an ihre „Teestunde" zelebrierten. Man begann beispielsweise auch zu diesem Zeitpunkt, als allgemein noch das Rokoko vorherrschte, das bisherige verschnörkelte Gebrauchs- und Ziergeschirr durch das klassizistische, blau-weiß gehaltene Steingut des angesehenen englischen Keramikers Josiah Wedgwood (1730—1795) zu ersetzen. Neue Tische und Stühle wurden im englischen Stil angefertigt, Jagdutensilien aus London bezogen, englische Spezialisten für Pferde- und Hundezucht angeworben.

Erdmannsdorff richtete sein besonderes Interesse auf das Studium englischer zeitgenössischer Publikationen. Als Hauptwerke seien genannt: der „Vitruvius Britannicus" von Colen Campbell (1717—1725), „The ruins of Palmyra" (London 1773) und „The ruins of Balbec" (London 1757) von Robert Wood,

Abb. 43
Plan der Stadt Dessau und der umliegenden Gegend. Kupferstich von G. U. A. Vieth, Leipzig 1809.
Deutsche Staatsbibliothek Berlin

Abb. 44
Dessau, Armen- und Waisenhaus. Entwurf von Erdmannsdorff, 1765, Ausführung durch Christian Salomon und Daniel Lezius, 1766—70. Stich von L. Hirschmann, 1789

„The antiquities of Athen" (um 1762) von J. Stuart und N. Revett sowie Skizzen und Aufmaße des Diokletianspalastes in Split/Dalmatien (1764) von Robert Adam (1728—1792).

„Der edle Seelendrang seines Gefährten nach dem wesentlich Nützlichen, die Eleganz, der Geschmack, der Geist des Alterthums, die laut aus allen Brittischen Werken sprachen", schreibt Rode über Erdmannsdorff, „ergriffen ihn allgewaltig, rissen ihn aus seiner behaglichen Indolenz und belebten ihn zum ernsten Entschluß, durch den Gebrauch seiner vielfachen Fähigkeiten zum Nutzen der Gesellschaft thätig zu werden. Mit Eifer und Erfolg studierte er Englische Literatur, und schmeckte ganz jene kostbare Freiheit zu denken, dont — wie Alembert sich ausdrückte — la raison profite, dont quelques gens d'esprit abusent, et dont les sots murmurent, vorzüglich aber theilte er mit den Britten ihre Bewunderung Griechischer und Römischer Baukunst, welche damals erst anfing, in den Prachtwerken über die Ruinen zu Palmyra, Balbeck und Athen die Augen der Welt auf sich zu ziehen. Von nun an stand das Ziel seines Strebens fest — es war die schöne Baukunst." [30]

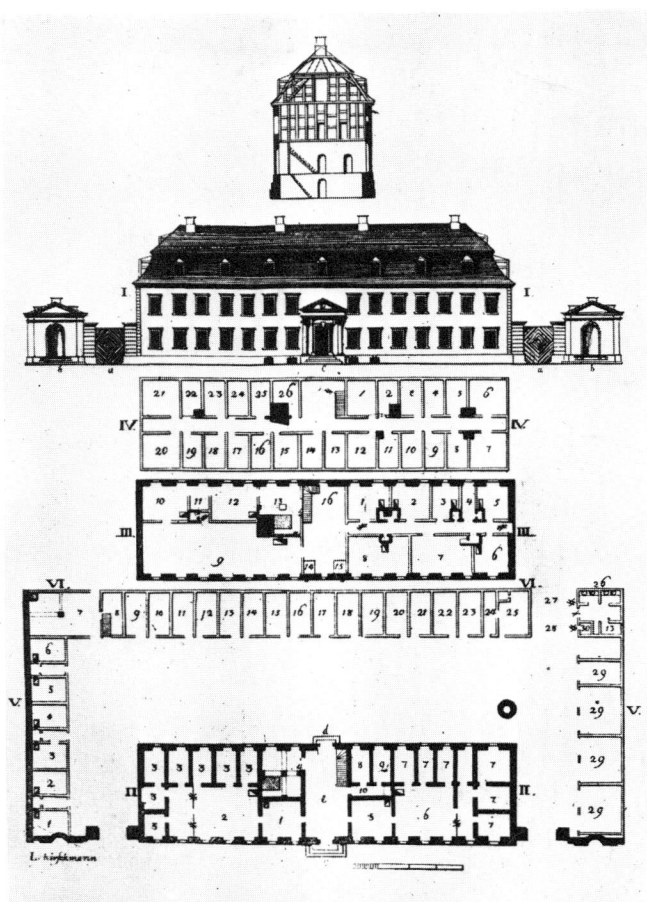

Die besondere Aufmerksamkeit des Fürsten begann sich nunmehr auf die feuchten, fruchtbaren Elbauen um Wörlitz zu konzentrieren, wo viele der englischen Landschaft entsprechende Situationen bestanden. Den Ausgangspunkt zukünftiger gestalterischer Absichten bildete der sogenannte Wörlitzer See, ein Altwasser der Elbe, wo bereits 1698 unter Leopold I. anstelle eines noch älteren Jagdsitzes ein „Neuer Jagdhof" als kleines Barockgebäude mit Garten in französischen Stilformen errichtet wurde. Johann Friedrich Eyserbeck zeichnete offenbar noch vor der gemeinsamen Reise um 1763/64 oder unmittelbar nach der Rückkehr einen Entwurf, der nicht ausgeführt wurde, aber die spätere Disposition der ältesten Parkteile, die er zwischen 1764/65 oder 1770 gestaltete, mitbestimmte. [31]

Im Mai 1765 errichtete Erdmannsdorff für den Fürsten Franz neben dem barocken Jagdhaus einen Pavillon mit Ausblick über die Wasserfläche des Sees.

Dieser Bau, mehr ein antikischer Gartentempel im palladianischen Stil, war der erste architekturschöpferische Versuch Erdmannsdorffs, mit dem er sich künstlerisch eindeutig für seine Rolle als entwerfender Baumeister und für den Stil des Frühklassizismus entschied. Später wurde dieser Pavillon als „Sommersitz" oder „Englischer Sitz" bezeichnet, obwohl letztere Bezeichnung treffender für das kleine Gärtnerhaus mit gotischen Fenstern gewesen wäre, das der Bauherr nach eigenen Entwürfen als Pendant am jenseitigen Seeufer im Bereich des späteren „Schochschen Gartens" errichten ließ.

Der „Englische Sitz" stellt einen einseitig mit der Hauptfassade zum See geöffneten Pavillon auf einem Grundriß von 5,68 m Länge und 2,60 m Breite dar. Die Gesamthöhe entspricht mit 5,68 m der Frontlänge und deutet auf das Ziel Erdmannsdorffs hin, den Baukörper aus dem Ebenmaß klassischer Quadratur heraus zu gestalten.

Die übergiebelte Schauseite des kleinen Garten-

Abb. 45
Dessau, ehemaliges Armen- und Waisenhaus, Hauptportal

tempels ist durch einen breiteren, stichbogig überwölbten Mitteleingang gegliedert. Seitlich dieses Eingangs befinden sich jeweils zwei quadratische Pfeiler mit ionischen Kapitellen, die ein schmuckloses, aber kräftiges, ebenfalls ionisches Gebälk tragen und im unteren Drittel durch Balusterschranken miteinander verbunden sind. In den Zwickeln zwischen dem Pfeilergebälk und dem Hauptgesims befinden sich in zwei kreisrunden Nischen antike Büsten. Zwei Stufen führen in den Innenraum, an dessen Rückwand in einer rechteckigen Eintiefung eine Sitzbank zum Verweilen einlädt. In mehreren flachen Rechtecknischen in Kopfhöhe ließ Erdmannsdorff antike Reliefs anbringen. Er hatte generell Sandstein als Baumaterial gewählt, aber man spürte seine Absicht, dem weiß getünchten Gebäude mit wenig dekorativem Schmuck durch strenge Symmetrie die ausgewogene Harmonie antiker Achitektur zu verleihen und durch sparsame Gestaltungsmittel eine stärker plastische Wirkung zu verleihen. Die Nachbarschaft des danebenliegenden barocken Jagdhofes verdeutlichte diese Elemente besonders. Beachtenswert an Erdmannsdorffs Erstlingswerk war jedoch nicht nur das kleine antikisierte Gebäude mit seiner sparsamen bauplastischen Thematik an sich, sondern ebenso sein bewußt gewählter Standort und die vorbedachte „natürliche" Einfügung in ein von barocken geometrischen und zentralisierenden Kompositionsprinzipien freies Geländestück.

Durch unmittelbare Einbeziehung der Sicht zum Wörlitzer See entstand an diesem Punkt des Landschaftsraumes für den sich in die Naturumgebung vertiefenden Betrachter ein Weiträumigkeitsgefühl, das über bisherige deutsche spätbarock-sentimentale Gartenschöpfungen hinausführte.

Neben diesen ersten, noch unbeholfenen Versuchen, neues Gedankengut im Wörlitzer Park baulich und gartenkünstlerisch zu verwirklichen, entstanden in diesen Jahren Ideen und erste Konzeptionen für zwei zentrale landesherrliche Bauaufgaben: einmal die weitere Realisierung städtebaulicher Maßnahmen in der Residenz Dessau, zum anderen die Errichtung eines Sommerschlosses am „Wörlitzer See".

Ein 1809 von G. H. Vieth gezeichneter „Plan der Stadt Dessau und der umliegenden Gegend" zeigt die Stadterweiterungen, die ab 1708 nach der Beseitigung des mittelalterlichen Befestigungssystems unter Fürst Leopold I. erfolgten. Die danach ab 1713 parallel zum längsrechteckigen mittelalterlichen Stadtgrundriß angelegte „Neue Straße" oder „Kavalierstraße" wurde als breite baumbestandene neue Magistrale um 1760 unter Leopold Friedrich Franz nach Süden verlängert (heutige Wilhelm-Pieck-Straße) und als zentrale Achse der „Neustadt" weiter ausgebaut. Der wesentliche Anteil des Hauptabschnittes mit dem großen

Abb. 46
Natürlicher Auenwald mit Teich in der Elbeniederung zwischen Coswig und Wörlitz

Abb. 47
Ideale arkadische
Landschaft. Ölbild von
Jacob Philipp Hackert, um
1786. Staatliche Schlösser
und Gärten Wörlitz,
Oranienbaum und Luisium

Rondell entstand erst ab 1780. Ob diese Ende des 18. Jahrhunderts erreichte, zur typisch barocken Art einer dreistrahligen Axialkomposition tendierende Lösung, die man vielfach auch anderenorts von der Straßenordnung an der Piazza del popolo in Rom ableitete, von Erdmannsdorff beeinflußt war, ist ungeklärt. [32] Beachtenswert ist jedoch in diesem Zusammenhang sein Entwurf von 1765 für das noch stark unter barocken Bautraditionen stehende „Armen-, Waisen-, Siechen-, Arbeits- und Zuchthaus" in Dessau. Der Standort dieses außerhalb der Bebauungsgrenze vorgesehenen Gebäudes deutete bereits den weiteren Ausbau des Axialschemas an. Die Ausführung, 1766—1770, lag in den Händen der örtlichen Handwerksmeister Christian Salomon und Daniel Lezius, die schon 1761—1763 den Umbau des Pfarrhauses Zerbster Straße 38/39 vorgenommen hatten. Auch in der Folgezeit hat sich Erdmannsdorff nur auf die Entwurfsarbeiten beschränkt; die Ausführung wurde erfahrenen Handwerkern und Künstlern übertragen.

Das sogenannte Armenhaus gehörte zu den frühen deutschen Beispielen komplexer anstaltsmäßiger Unterbringung von Straffälligen, Geisteskranken, Bettlern und Waisen, deren Not seit dem Mittelalter als soziale Gefahr gedeutet wurde, vor der sich insbesondere die materiell gesicherten Schichten des Bürgertums schützen wollten. So interpretierte man damals auch das von Leopold Friedrich Franz erlassene Verbot des Bettelunwesens und die Errichtung eines Gewahrsams für etwa 200 Personen als besondere „Fürsorgemaßnahmen des Landesherrn", zumal sie sich bürgerlich-reformerischen, sozialpädagogischen Begründungen der Zeit anschlossen, die, über die bisherige Erziehung zu „Gottesfurcht und Zucht" hinausgehend, auf die Eigenerwirtschaftung von Unterhaltsmitteln orientierten — eine Anregung, die man ebenfalls von England übernahm. [33]

Erdmannsdorff bewältigte die neuartige Bauaufgabe, indem er ein repräsentatives, stadtpalaisartiges zweigeschossiges Hauptgebäude mit 14 Fensterachsen und hohem, ausgebautem Mansarddach anlegte.

Nach Süden, Westen und Norden schloß er einen großen längsrechteckigen Hof an, der von eingeschossigen Wirtschaftsflügeln umgeben war, deren Kopfbauten über zwei symmetrisch angelegten Toreinfahrten mit dem Hauptbau verbunden waren. Die einfacheren Hofbauten für Wirtschaftszwecke bestanden aus Ziegelfachwerk, während das „Vorderhaus", funktionell bedingt, aus festem, verputztem Backsteinmauerwerk über einer Sockelzone aus massiven Sandsteinquadern ausgeführt war. Die architektonische Betonung lag bei den weißgetünchten, schmucklosen Fassaden auf der Gestaltung der flachen Mittelrisalite und den Fensterbetonungen durch einfache Rechteckrahmungen und glatte Abschlußgesimse. Der ädikulare Aufbau des Hauptportals fand architektonische Entsprechung in den Blendfassaden der seitlichen Kopfbauten des Hoftraktes, deren gestalterische Auffassung unmittelbare Verwandtschaft zur Pavillonarchitektur des „Englischen Sitzes" offenbart. Diese Formen gehörten zu den frühesten klassizistischen Fassadenelementen, die Erdmannsdorff auf Dessauer Bauten übertrug.

Abgesehen von der Fassadeninschrift „Miseris et Malis" („Den Unglücklichen und Bösen"), ließ der äußerlich freundliche Bau wenig vom unbehobenen Elend der Insassen erkennen, die neben dem täglichen Flachs- und Schafwollespinnen auch für Feld- und Straßenarbeiten eingesetzt waren. Das Kellergeschoß enthielt die Zellen der Arrestanten, das vergitterte Untergeschoß — getrennt nach weiblichen und männlichen Insassen — die Arbeits- und Schlafräume Gefangener und Geistesgestörter, während Bettler, Kranke und Waisen im Ober- und im Dachgeschoß untergebracht wurden. Der zweite Weltkrieg vernichtet das inzwischen anderen Funktionen zugeführte Gebäude.

Sehr verwandt in seiner noch unentschiedenen, weitgehend barocken Architekturauffassung ist der erste Entwurf für ein Schloß in Wörlitz, den Erdmannsdorff ebenfalls 1765, noch vor der zweiten Italienreise, vorlegte. Trotz des hohen barocken Mansarddaches enthielt er wesentliche Elemente der späteren Ausführung: die etwa gleich bemessene Hauptfassade mit elf Fensterachsen, die, abgesehen von der Höhe der Hauptetagen, kaum veränderte Einteilung in Keller-, Repräsentations- und Obergeschoß, die schmucklos eingeschnittenen Fenster mit einfachen Verdachungen. Der in seiner Längung ebenfalls noch sehr spätbarock-palladianisch wirkende Viersäulenportikus, die Anordnung des Vestibüls und der „versteckten" Treppenaufgänge, der querverlaufende Erschließungsflur zu den Raumfolgen und die Anordnung des Großen Saales in der Portalachse blieben die Basis für weitere Planungsstufen. Besonders die aus drei Fensterachsen bestehenden, sehr schmalen

Abb. 48
Vermutlich erster Entwurf für Park und Schloß Wörlitz von Johann Friedrich Eyserbeck, 1763/64

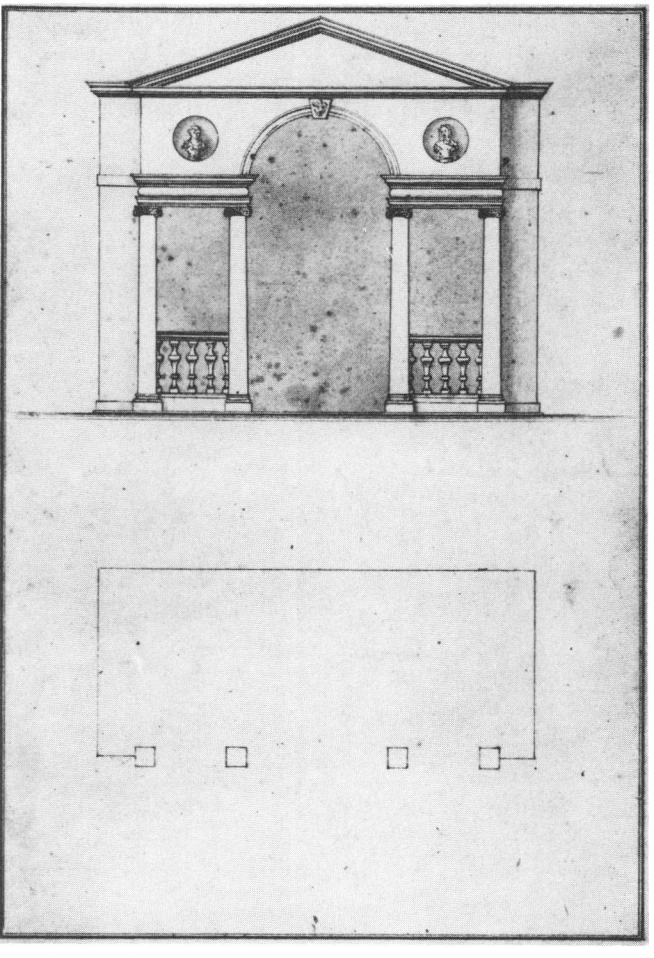

Seitenfassaden ergaben in Einheit mit dem hohen Dach eine optisch gesteigerte Höhenwirkung, die noch im deutlichen Gegensatz zu Palladio und den Auffassungen des neueren englischen Landhausbaues stand. Erdmannsdorff und sein Auftraggeber scheinen rechtzeitig gespürt zu haben, daß ihre aus der Literatur und den praktischen Anschauungen der ersten Englandreise stammenden Kenntnisse noch nicht geeignet waren, eine reife Bauvorstellung in Auftrag zu geben. So wurde das Schloßprojekt vorerst zurückgestellt.

Abb. 49
Wörlitz, Entwurf für den „Englischen Sitz" im Park. Getuschte Federzeichnung von Erdmannsdorff, 1765

4

Die zweite große Reise
nach Italien, Frankreich, England, Schottland und Irland
(1765–1767)

Abb. 50
Rom, Hauptaufenthaltsort Erdmannsdorffs während seiner zweiten Italienreise,
Stadtansicht. Kupferstich von Friedrich Bernhard Werner, Mitte 18. Jh.

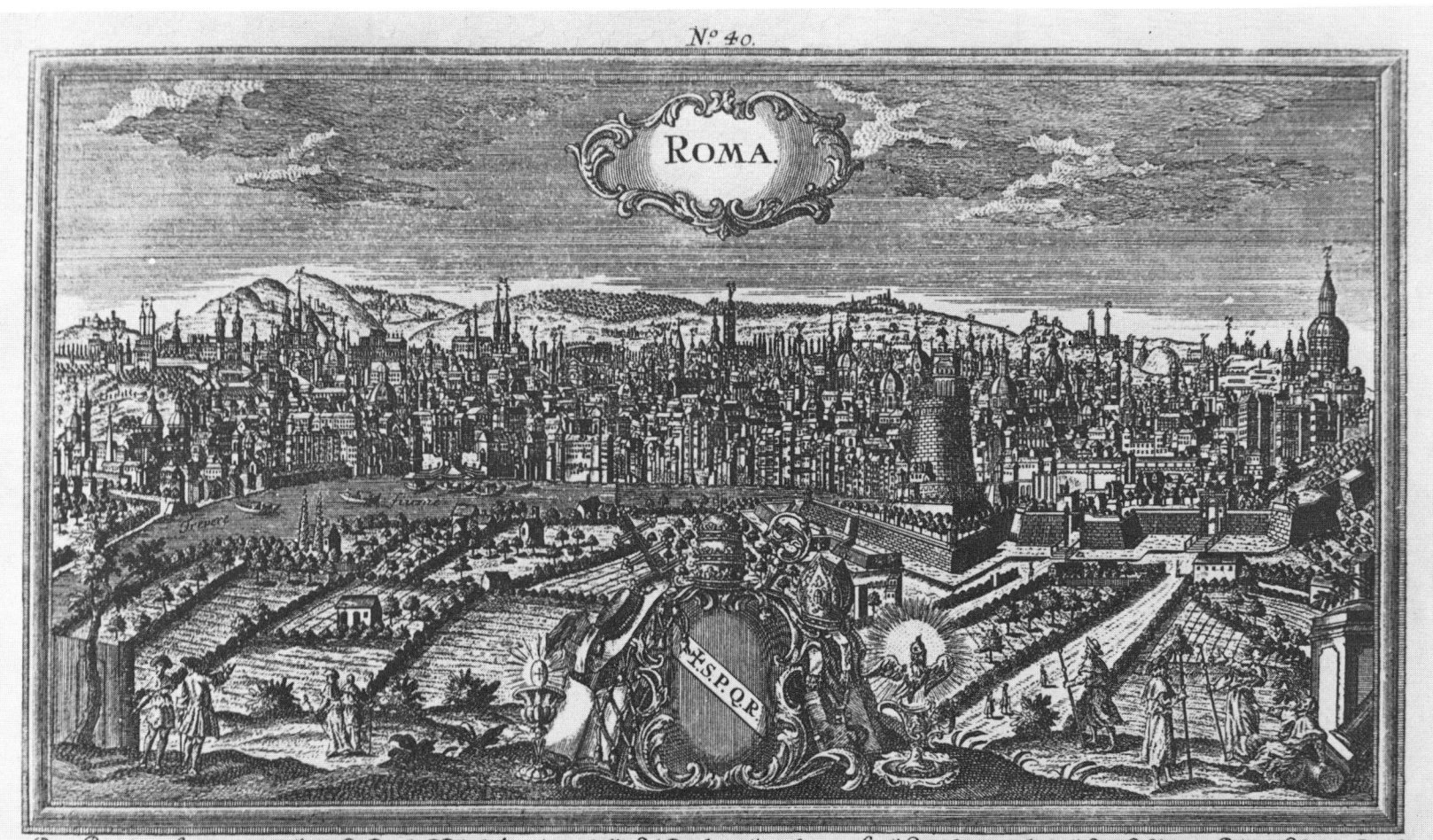

Erdmannsdorff hatte die Zeit zwischen Herbst 1764 und Oktober 1765, die er teils auch auf seinem Stammgut in Kössern verbrachte, nicht nur als Phase der geistigen Vorbereitung der langersehnten gemeinsamen Italienreise mit dem jungen Fürsten von Anhalt-Dessau genutzt, sondern auch zur Ordnung persönlicher Angelegenheiten auf dem Familienbesitztum verwendet, wo es unter anderem galt, einen Rechtsstreit gegen einen Vetter zu klären, der Ansprüche auf Gutsanteile durchzusetzen versuchte. Außerdem wurde durch Erdmannsdorffs Vermittlung ermöglicht, daß sein jüngerer Bruder Johann Adolph v. Erdmannsdorff von Dresden an den Dessauer Hof überwechseln konnte, wo er mit der Oberaufsicht über das gesamte Jagd- und Forstwesen betraut wurde. Die leidenschaftliche Beschäftigung des Bruders mit Erfindungen und mechanischen Maschinen verschiedenster Art hatte zur Vernachlässigung und zum Verlust seiner Anstellung als Jagdpage, aber auch zur weiteren Verschuldung des Kössener Lehnsgutes geführt. Mehrere Anfang Oktober 1765 aufgenommene Hypotheken zeigen Erdmannsdorffs Bemühungen, die sich verstärkenden gutswirtschaftlichen Probleme zu lösen. Sie lassen darüber hinaus vermuten, daß er einen nicht unbeträchtlichen Geldanteil aus dem Vermögen herauslöste, um sich, erinnernd an die Erfahrungen der ersten Reise, auch materiell für das neue Vorhaben zu sichern.

Diese Fahrt in das „gelobte Land der Kunst und Schönheit" sollte 18 Monate in Anspruch nehmen. Beachtenswert ist, daß der Italienaufenthalt nur sieben Monate währte, die Rückfahrt über Frankreich und die Britischen Inseln mit längerem Verweilen in England, Schottland und Irland jedoch fast elf Monate dauerte. Das in französischer Sprache geschriebene, 300 Seiten umfassende Tagebuch Erdmannsdorffs, der Reisebericht des Hofmarschalls G. H. v. Berenhorst (1733—1814) sowie einige Korrespondenzen lassen über die Eindrücke auf der Apenninenhalbinsel ein informatives Bild entstehen.

Am 18. Oktober 1765 setzten sich zwei Reiseequipagen von Dessau aus in Bewegung. Die ausgewählte Gesellschaft bestand aus 13 Personen: dem Dessauer Fürsten, dessen 17jährigen Bruder Johann Georg (Hans Jürgen, 1748—1811), Friedrich Wilhelm v. Erdmannsdorff, Georg Heinrich v. Berenhorst, dem Bildhauer und Stukkateur Johann Christian Ehrlich (gest. um 1780), ferner aus den Musikern Friedrich Wilhelm Rust (1739—1796) und Georg Wilhelm Kottowsky sowie sechs Bediensteten. Berenhorst war als „Reisemarschall" für den organisatorischen Ablauf verantwortlich, Erdmannsdorff für die inhaltlichen Aspekte. Beide waren angehalten, genaue Aufzeichnungen über den Reiseverlauf anzufertigen, die dann anschließend für Leopold Friedrich Franz „ins Reine" geschrieben wurden, dabei aber viel an Unmittelbarkeit einbüßten. Erdmannsdorffs erste Notizen gingen verloren, sein „Tagebuch" ist wesentlich später entstanden. Es enthält nur wenige Aussagen über die Architektur, widmet sich mehr der Malerei und Plastik, während Berenhorst viele Beobachtungen über das Gesellschaftsleben in Italien und die Wirksamkeit einzelner Persönlichkeiten vermerkte. [34]

Es sollten neun Wochen vergehen, bis Roma aeterna — das „Ewige Rom" —, von vielen Reisenden als eine der eindrucksvollsten Städte der Welt gepriesen, erreicht wurde.

Die erste Übernachtung in Leipzig vom 18. zum 19. Oktober 1765 verband sich mit einem Besuch bei Christian Fürchtegott Gellert, der als Universitätslehrer für Moral, Rhetorik und Poesie, als populärer Lieder- und Fabeldichter und angesehener Schriftsteller

Abb. 51
Rom, Ausschnitt aus einem Stadtplan von 1748

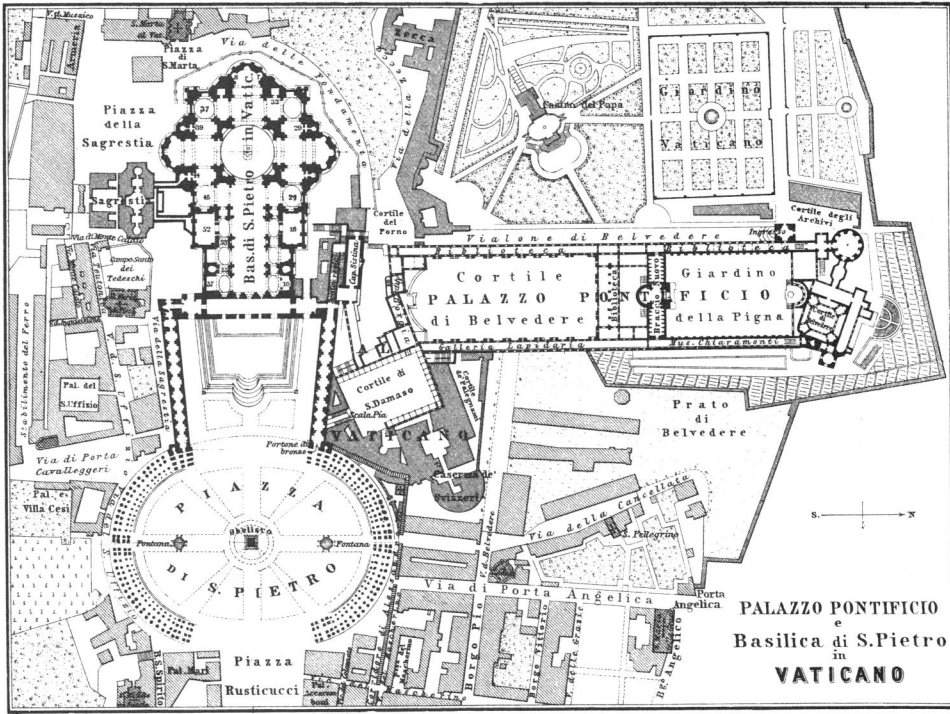

Abb. 52
Rom, Lageplan des Vatikans. Stahlstich, 19. Jh.

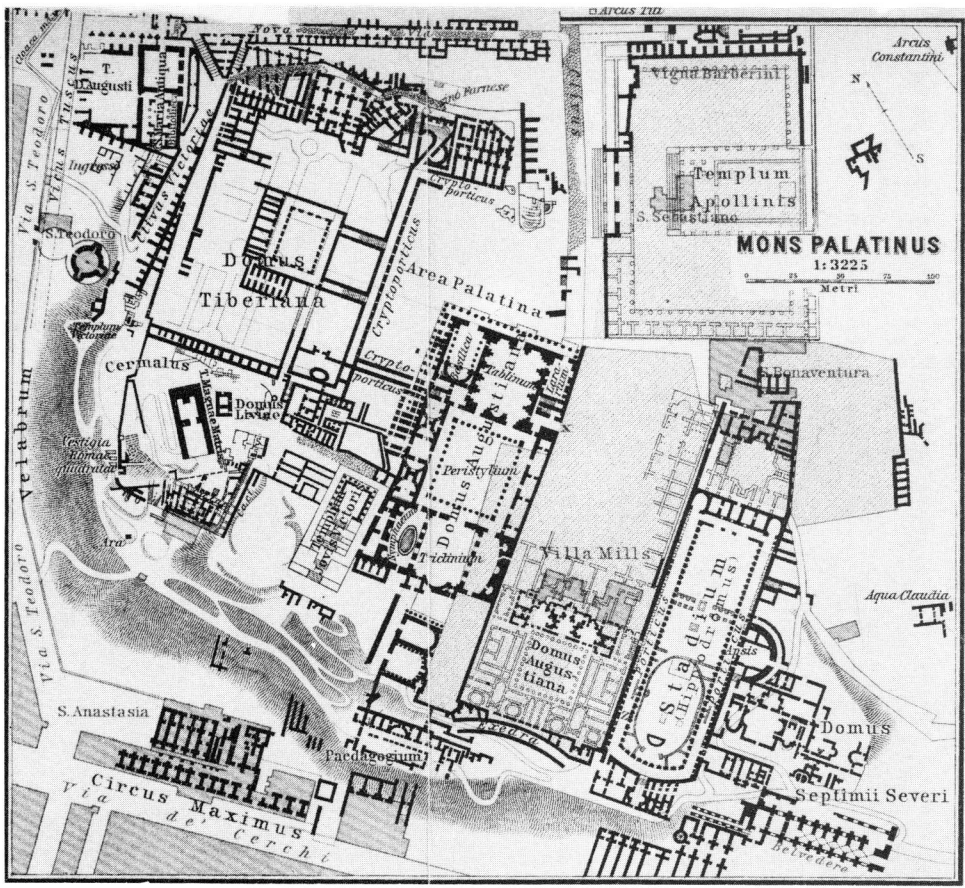

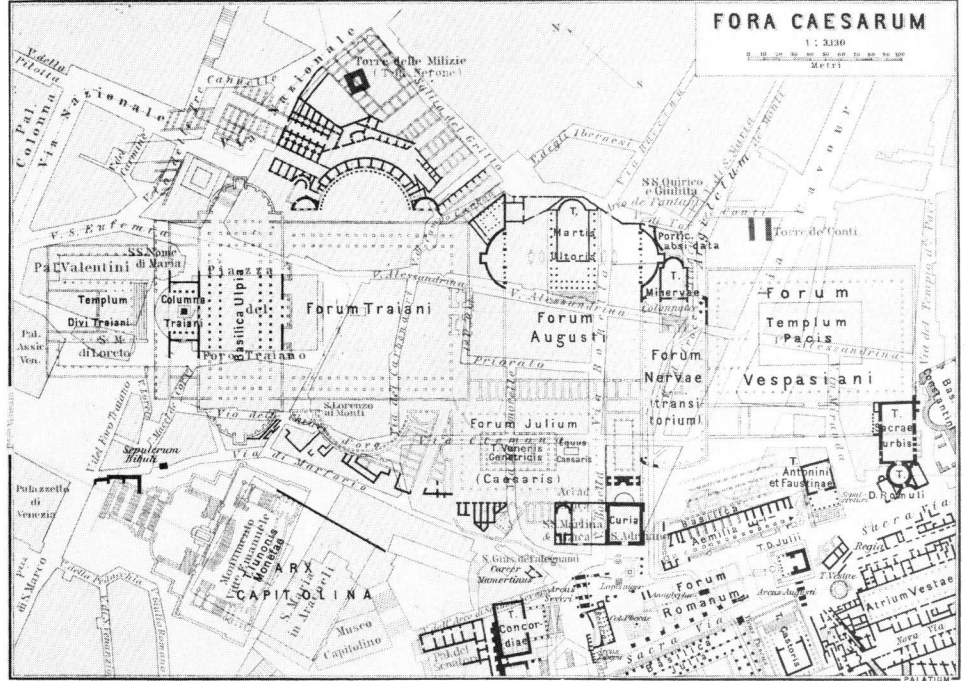

Abb. 53
Rom, Lageplan des Mons Palatinus, des ältesten Teils der „Ewigen Stadt", ehemaliger Standort der Kaiserpaläste, deren systematische Ausgrabung ab 1724 begann.

Abb. 54
Rom, Lageplan der Fora Caesarum. Stahlstich, 19. Jh.

in der Zeit des Vorklassizismus zu den bedeutendsten Literaten Deutschlands gehörte. Sein 1746 veröffentlichter erster deutscher moralisierender Familienroman „Leben der schwedischen Gräfin von G." — angeregt durch das Vorbild des englischen aufklärerischen Briefromans „Pamela" von Samuel Richardson (1689—1761) — war in starkem Maße den fortschrittlichen Geistesbestrebungen Englands verbunden, die sich gegen alles „Galante" und für „anmutige Natürlichkeit" der Lebensführung aussprachen.

Weitere Tage des Leipzig-Aufenthaltes galten Theaterbesuchen und der Besichtigung des Breitenfelder Schlachtfeldes (ehemals Leipzig-Lindenthal), wo die schwedisch-sächsischen Heere unter Gustav Adolf im September 1631 unter Anwendung neuer beweglicher Truppenformationen taktische Überlegenheit und Sieg gegenüber den Kaiserlichen erzielten. Dieser und anderen historischen Kampfstätten galt das besondere Augenmerk des Militärtheoretikers Berenhorst. [35] Der anschließende Weg der Reisegruppe führte über Bayreuth und Erlangen nach Nürnberg, wo sich das besondere Interesse auf die speziellen bürgerlichen Leistungen deutscher Gotik an der Schwelle frühkapitalistischer Entwicklung konzentrierte. Noch begeisternder war die Aufnahme der, wie Erdmannsdorff schrieb, „sehr noblen" Bauleistungen des Elias Holl (1573—1646) in Augsburg, die man gleichsam als Vorahnungen bestehender Architekturerlebnisse italienischer Renaissance empfand. Die von Berenhorst und Erdmannsdorff hinterlassenen Notizen enthalten beachtenswerte Hinweise auf die Beurteilung der positiven Rolle des Städtebürgertums in den politisch-ökonomischen Auseinandersetzungen mit der feudalen Oberschicht während der Renaissanceperiode. [36]

Es ist wichtig festzustellen, daß bei dieser programmatischen Bildungsreise neben der Betrachtung von Landschaft, Kunst und Architektur auch im Hinblick auf die Gewerbeförderungsabsichten des Dessauer Landesfürsten die Besichtigung einer Anzahl größerer Manufakturbetriebe gehörte, darunter einer mit Pferde- und Maschinenkraft betriebenen Nadelschleiferei und einer wasserenergetisch betriebenen Messingaufbereitungsanlage in Nürnberg, einer Spiegelglasmanufaktur in Fürth, einer Textilmanufaktur in Augsburg, Produktionsstätten der Augsburger Zinn- und Silberindustrie und einer damals modernen Salzgewinnungsanlage in Hall (Tirol).

Auch nach Überschreitung des Brennerpasses und der italienischen Grenze spielte, wie den Zeitdokumenten zu entnehmen ist, die Beschäftigung mit ökonomischen Fragen des Handels und Gewerbes, verbunden mit dem Besuch manufaktureller Produktionsstätten, eine wichtige Rolle. Handel mit Seidenstoffen, Schiffsbau, Glasherstellung, maschinelle Medaillenprägung, Handelstätigkeit auf Warenmessen und in italienischen Häfen erregten dabei die besondere Aufmerksamkeit Erdmannsdorffs und des Dessauer Fürsten. Diese Beobachtungen schärften zunehmend den Blick für eine Reihe sozialer Erscheinungen in den produktiven Bereichen.

Der erste größere, sechstägige Aufenthalt in Verona stand im Zeichen des Besuchs der bedeutsamen Bauten Michele Sanmichelis (1484—1559), durch dessen Schaffen bekanntlich um 1530 der klassische Typus des römischen Renaissancepalastes nach Ober-

Abb. 55
Rom, Vatikan, Museo Pio Clementino, älteste und umfangreichste antike Skulpturensammlung der Welt. Kupferstich von Domenico Pronti, Rom 1795

italien übertragen wurde. Die direkten Rückgriffe auf antike Architekturen in der mehrschichtig aufgebauten Struktur der Fassadenflächen, ihrer Gliederungssysteme und die auf Lichtwirkungen orientierte Plastizität des Baukörpers — vertreten durch die Palazzi Pompei, Canossa und Bevilaqua — waren von nachhaltigem Einfluß auf Erdmannsdorff. Die spätrenaissanceistischen Gebäude Palladios in Vicenza, vornehmlich den Umbau des Palazzo della Ragione, die Basilika Palladiana, die Villa Rotonda und das Teatro Olimpico, betrachtete er offensichtlich schon unter dem Gesichtswinkel des englischen Palladionismus etwas zurückhaltender als seine Reisegefährten, betonte aber ihre besonders schätzenswerte „Einfachheit" und „Vornehmheit". Erdmannsdorff kannte diese wichtigen Bauwerke bereits von seinem ersten Italienaufenthalt.

In Venedig konzentrierte sich die Reisegruppe auf die Besichtigung des berühmten Markusplatzes und der Kuppelkirche des Klosters S. Giorgio Maggiore,

Abb. 56
Rom, Tempel des Jupiter Stator und Tempel des Jupiter Tonans. Kupferstich von Domenico Pronti, Rom 1795

Abb. 57
Tivoli bei Rom, Sibyllen- oder Vestatempel

Abb. 58
Römische Ruinen.
Gouache von
Charles-Louis Clérisseau,
1790. Staatliche Schlösser
und Gärten Wörlitz,
Oranienbaum und Luisium

ein Werk Palladios und Scamozzis (1552—1616). Die Architektur des Mittelalters, „des Zeitalters der Barbaren" beeindruckte sie nicht, wie Erdmannsdorff später betonte. Sie erfreuten sich statt dessen an den Gemälden Tintorettos (1518—1594) in der Scuola di San Rocco und an der Antikensammlung der Biblioteca Marciana. Außerdem besuchten sie den venezianischen Maler Francesco Pavona (1695—1777), der auch längere Zeit am Dresdner Hof gearbeitet hatte.

Von Venedig führte die Reiseroute mit Zwischenaufenthalten über Padua, Arqua-Petrarca, Ferrara, Forlì, Ravenna, Rimini, Pesaro, Ancona bei Loreto und dort auf der alten Via Flaminia über Foligno, Trevi, Spoleto, Terni bis Rom. Sie erreichten die italienische Hauptstadt am 24. Dezember 1765. „Wir sind in Rom, einst Mittelpunkt der Kultur, der schönen Künste... heute Schule der Fremden, die von überallher aus Europa kommen", schrieb Erdmannsdorff begeistert, und noch in den Nachstunden des Ankunfttages betrachteten sie im Vollmondlicht die imposantesten Zeugnisse antiker Baukunst: das Kapitol und das Kolosseum. Den Petersdom bezeichnete er nach der ersten Besichtigung am 27. Dezember 1765 als „un des plus vastes et famieu edifices de nos tems moderne" (eines des gewaltigsten und berühmtesten Gebäude unserer modernen Zeit). Erdmannsdorff wohnte damals in der ersten Etage eines Hotels am Spanischen Platz. Diese Gegend hat er auch bei späteren Romaufenthalten bevorzugt. [37]

Schon bald nach ihrer Ankunft erfolgte die enge Kontaktaufnahme zu Johann Joachim Winckelmann, der inzwischen durch seine ein Jahr zuvor erschienene stilvergleichende „Geschichte der Kunst des Altertums" mit seiner Idealisierung des Hellenismus Weltruhm erlangt hatte. Er gehörte neben Gotthold Ephraim Lessing (1729—1781) zu den wichtigsten theoretischen Pionieren und Begründern des Klassizismus in Deutschland. Damals „Aufseher aller Altertümer Roms" und Skriptor der Vatikanischen Bibliothek, stellte er sich dem Dessauer Fürsten, der um Unterstützung seiner Studien gebeten hatte, vorbehaltlos als Lehrmeister altgriechischer Kultur zu Verfügung, indem er ihm und Erdmannsdorff im Verlauf der nächsten Monate unermüdlich die Vorgänge antiker Gesellschaftsentwicklung zu erläutern versuchte. „Winckelmann zu Rom, froh unter so zahllosen stumpfen Anstaunern endlich einmal zwei eben so wißbegierige als fähige Mysten zu finden", lesen wir bei Rode, „weihete sie mit Entzücken in die Geheimnisse der Kunst ein. Er begleitete sie überall zu Rom. Seine Anhänglichkeit an den Fürsten ward Enthusiasmus." [38]

Winckelmanns überschwengliche Briefe betonten die tiefen Wirkungen dieser aufgeschlossenen Be-

Abb. 59
Bildnis Fürst Leopold Friedrich Franz' v. Anhalt-Dessau. Pastell auf Pergament von Christian Friedrich Reinhold Lisiewsky, drittes Viertel 18. Jh., Staatliche Galerie Dessau

Abb. 60
Bildnis Johann Joachim Winckelmanns, Begründer der klassischen Archäologie. Ölgemälde von Anton Raphael Mengs, Mitte 18. Jh., Metropolitan Museum New York

kanntschaft mit dem schlicht auftretenden anhaltischen Fürsten, den er aufgrund seiner Anschauungen als „Phönix der Prinzen" [39] bezeichnete.

Er schrieb damals in einer Korrespondenz an den kurfürstlich-sächsischen Bibliothekar Johann Michael Franke: „Der regierende Fürst von Anhalt-Dessau, welcher mit seinem Bruder hier ist, verlangt, wenigstens ein paarmal in der Woche mit ihm auszugehen. Der Fürst von Anhalt ist einer der größten Prinzen, die ich kenne; er ist ein Weiser zum Heil vieler Länder geboren, und er wird es wenigstens vor seinen Untertanen sein. Er kam das erstemal des Abends unvermutet mit dem Stabe in der Hand, in mein Zimmer getreten, von niemand, auch sogar von keinem Bediensteten begleitet, um nicht erkannt zu sein. ‚Ich bin von Dessau', sagte er, ‚mein lieber Winckelmann, ich komme nach Rom, zu lernen, und ich habe Sie nötig!' Er ist von zween würdigen Herrn begleitet, von denen der eine des Königs von Preußen Adjutant gewesen ist und die Dienste verlassen hat, er heißt Berenhorst; der andere ist ein Sachse, von Erdmannsdorff, und ist bereits in Italien gewesen, aber ohne Rom gesehen zu haben." [40]

Die unliebsame Erinnerung an die 1761/62 verpfändete, aber später wieder ausgelöste Dante-Ausgabe Usteris hat zweifellos anfänglich ein distanziertes Verhältnis zwischen Erdmannsdorff und Winckelmann entstehen lassen.

Obgleich sich auch weiterhin die gesteigerte Aufmerksamkeit des Archäologen dem Dessauer Fürsten zuwendete, vertiefen sich zunehmend die geistigen und freundschaftlichen Kontakte auch zu Erdmannsdorff, der sie folgendermaßen beschrieb: „Winckelmann kam täglich um neun Uhr früh, den Fürsten zu begleiten. Er war nicht zu ermüden, auch freute er sich einer viel besseren Gesundheit als in den ersten Jahren seines italienischen Aufenthaltes. Manche Orte haben wir mit ihm durchstreift und stets sprach er von allem Beachtenswerten mit derselben Lebhaftigkeit. Wir dehnten unsere Ausflüge gewöhnlich bis drei oder vier Uhr nachmittags aus; dann blieb er bei uns oder wir speisten alle beim Prinzen v. Mecklenburg (Prinz Georg August v. Mecklenburg-Strelitz, 1748–1785. Verfasser). Sehr oft war das Tafelgespräch die Wiederholung des Unterrichts vom Morgen. Wenn ich das Tagebuch durchblättre, das ich damals eilig hinwarf, so begegnen mir tausend interessante Dinge aus seinem Munde." [41]

Die Dessauer Gesellschaft konnte sich keinen sachkundigeren Spezialisten auf diesem Gebiet wünschen. Winckelmann hatte seit seiner Übersiedlung nach Rom im Jahre 1755 als Kunstgelehrter, Archäologe und einer der besten Kenner altgriechischer Sprache und Literatur internationalen Ruf sowie die Gunst gesellschaftlich einflußreicher Persönlichkeiten erlangt. Man denke nur an seine freundschaftlich-vertrauten Beziehungen zu mächtigen Kirchenfürsten wie Kardinal Archinto, dem Gouverneur von Rom, zu Kardinal Passionei, dem Verwalter der Biblioteca Vaticana, und zu Kardinal Alessandro Albani, einem Neffen Papst Clemens' XI., zugleich Bibliothekar an der Vatikanischen Bibliothek.

Leopold Friedrich Franz und Erdmannsdorff verbrachten viele Tage in der Villa Albani, die ab 1743 durch Carlo Marchionni (1702–1786) an der Via Salaria, am nordöstlichen Altstadtrand von Rom, östlich der Villa Borghese, für den Kardinal erbaut und ab 1758 unter Mitwirkung Winckelmanns zu einer der

Abb. 61
Rom, Villa Albani,
1743—1763 von
C. Marchionni für die von
Winckelmann betreute
Kunstsammlung des
Kardinals erbaut,
Entstehungsort von
Winckelmanns „Geschichte
der Kunst des Altertums".
Kupferstich, 18 Jh.

größten Antikensammlungen Italiens eingerichtet wurde. Wenn auch nach Erdmannsdorffs Auffassung dieses geräumige Landhaus architektonisch nicht dem „vollendeten" Geschmack der Zeit entsprach, so enthielt es unter anderem das 1761 fertiggestellte, aufsehenerregende Deckengemälde „Der Parnaß" oder „Apoll bekrönt eine Dichterin in Gegenwart der Musen", das der sächsische Hofmaler Anton Raphael Mengs geschaffen hatte, dessen künstlerische Begabung durch seine langjährigen Italienaufenthalte von den Zeitgenossen ebenso hoch geschätzt wurde wie die von Raffaello Santi und Michelangelo. Tatsächlich war dieses Deckenbild ein Meilenstein auf dem Entwicklungsweg klassizistischer Malerei. Die kühlen antikischen Farbtöne, die klaren Konturen und glatten Darstellungsformen galten für viele Vertreter vorklassizistischer Ideen und Empfindungen als Zäsur gegenüber spätbarocken Auffassungen und als Offenbarung der Beherrschung der Materie durch den Verstand, die dann auch durch Mengs' „Gedanken über die Schönheit und den Geschmack in der Malerei" (1762) theoretische Bestätigung fanden. Der Künstler, der mit Winckelmann befreundet war, hatte während seiner Aufgabe längere Zeit in der Villa Albani gewohnt.

Der Dessauer Fürst und Erdmannsdorff wurden auch auf Ausflügen außerhalb Roms von Winckelmann begleitet, unter anderem auf die Besitzungen Albanis in Tivoli, in der Sabina, an das Meer bei Porto d'Anzio und nach Nettuno. Von Februar bis März 1766 hielt sich die Gesellschaft, geführt von Baron Johann Friedrich v. Reiffenstein (1719—1793), für etwa drei Wochen in Neapel auf, um von dort aus die noch weitgehend verschütteten Ruinen Pompejis aus der römischen Kaiserzeit, insbesondere die Reste pompejanischer Wandmalereien zu besichtigen. Von hier aus folgten Ausflüge in die Campagna nach Paestum, wo Erdmannsdorff erstmals Bekanntschaft mit den bedeutendsten Bauresten griechischer Kunst Unteritaliens machte. Diese waren damals bevorzugte Studienobjekte zur Erkundung antiker Maßverhältnisse und wurden auch von Erdmannsdorff als praktische Lehrbeispiele idealer klassischer Architekturordnung studiert. Weitere Abstecher führten die Reisegesellschaft nach Portici, auf den Vesuv, nach Herculaneum und Pozzuoli.

Von nachhaltigem Einfluß gestaltete sich in Neapel das Zusammentreffen mit dem englischen Diplomaten und Altertumsforscher, Sir William Hamilton (1730—1803), der sich intensiv mit den ersten Ausgrabungen in Herculaneum und als eifriger Antikensammler, speziell auf dem Gebiet der Vasenmalerei, beschäftigt hatte. Winckelmann kannte den berühmten Grabungsort bereits durch drei Studienreisen der

Jahre 1758, 1762 und 1764, wie auch sein 1762 verfaßtes „Sendschreiben von den Herculan. Entdekkungen" bezeugt.

Mit Luigi Vanvitelli (1700—1773), dem damals vielbeschäftigten Baukünstler Italiens, der 1751 von Rom nach Neapel übersiedelt war, um dort die berühmte Caserta zu errichten, schloß Erdmannsdorff im Februar 1766 nur kurze Bekanntschaft. Die Leistungen Vanvitellis bei der Verwirklichung des gewaltig dimensionierten Schloßbaues mit über 1200 Räumen im Übergangsstil vom Spätbarock zum Frühklassizismus beurteile er als die des „geschicktesten Baumeisters unter den Italienern". [42]

Wichtige Erkenntnisse für Erdmannsdorff erbrachte auf dem Rückweg nach Rom die Beschäftigung mit dem Triumphbogen von Benevento an der Via Trajana zwischen Rom und Brindisi, der als wichtiges Denkmal des frühen zweiten Jahrhunderts ein neuerliches Rückbesinnen auf ältere klassische Architekturtendenzen innerhalb der römischen Staatsbaukunst dokumentierte, ausgedrückt in strengen Kompositionsprinzipien und reduzierter Raumtiefe der Fassaden. Die Erinnerungen an Neapel haben bei der späteren Gestaltung des Wörlitzer Parkes eine besondere Rolle gespielt.

Der Abschlußaufenthalt in Rom vom 15. März bis zum 28. Mai 1766 vertiefte viele der gewonnenen Eindrücke, die, wie Erdmannsdorff äußerte, ihn in der eigenen künstlerisch-architektonischen Erkenntnis und Urteilsfähigkeit stärkten. Nicht immer war er gewillt, sich Winckelmanns konsequenter Forderung der „Nachahmung des Alten" anzuschließen. Kontroversen äußerten sich beispielsweise in der Beurteilung der Raffaelschen Grotesken an den Loggien des Vatikans, die Erdmannsdorff voller Begeisterung kopierte, obgleich sie aus der künstlerischen Umsetzung antiker Vorbilder während der Renaissance entstanden. Ebensolche Gegensätze zeigten sich in der Interpretation der Rolle des römischen Architekten Vitruv, die Erdmannsdorff als äußerst wichtig bewertete.

Durch Winckelmanns Vermittlung fand er Gelegenheit, auch mit Persönlichkeiten, Werken und Theorien bekannt zu werden, die in der antiken Kultur eine mehr aristokratische Geistesrichtung sahen und weniger die vermeintliche demokratische Ordnung altgriechischer Republiken, wie sie Winckelmann idealisierte. Es ist bemerkenswert, daß Erdmannsdorff ebenso von der neuen Welle des Wiederauflebens palladianischer Lehrmeinungen erfaßt wurde, zu der unter anderem der Architekt, Theoretiker und Schriftsteller Tommaso Temanza (1705—1789) durch eine 1762 herausgegebene Biographie und die Neuauflage des von Andrea Palladio 1570 verfaßten Werkes „Quattro libri dell'architettura" beitrug. Temanza betrieb neben seiner Aufgabe als Zivil- und Kriegsingenieur der Stadtrepublik Venedig eingehende Antikenstudien und unterhielt einen weitreichenden Briefwechsel mit vielen Kunstkennern seiner Zeit.

Nachhaltig beeindruckt und angeregt war Erdmannsdorff von den Werken und Auffassungen des seit 1740 in Rom lebenden Kupferstechers, Radierers und Architekten Giovanni Battista Piranesi (1720—1778), der 1765 mit der Umgestaltung der Kirche S. Maria del Priorato auf dem Aventin beschäftigt war, die zu den beachtenswerten Leistungen der Übergangszeit Barock und Klassizismus gehört.

Besonders begeistert war Erdmannsdorff von Pi-

Abb. 62
Rom, Inneres der Villa Albani. Bleistiftzeichnung von Jean Jacques Lagrenée, 1765

Abb. 63
Rom, Inneres der Villa Albani. Bleistiftzeichnung vermutlich von Erdmannsdorff in Anlehnung an Lagrenée, nach 1765

Abb. 64
Rom, Blick von der Piazza della Trinità dei Monti oberhalb der Spanischen Treppe auf die Villa Medici (1544). Zeichnung von Erdmannsdorff

Abb. 65
Rom, Palazzo Farnese. Getuschte Federzeichnung von Erdmannsdorff, um 1771

Abb. 66
Rom, Treppenhaus eines Palazzo. Zeichnung von Erdmannsdorff

Abb. 67
Rom, Titusbogen am Abschluß der Via Nova, ältester erhaltener Triumphbogen der Stadt, vor seiner Freilegung und Wiederherstellung 1821. Feder- und Bleistiftzeichnung von Erdmannsdorff. Staatliche Galerie Dessau

ranesis theoretischen Werken und von seinen zeichenkünstlerischen Darstellungen antiker Baukunst, die durch spezielle Lichteffekte, Verlagerung der Fluchtpunkte und andere gestalterische Methoden in meisterhaften Stichen zur Verherrlichung alter Ruinen und Veduten beitrugen, obgleich hier noch immer der malerische Ausdruck des Spätbarocks dominierte. Daß auch Piranesi die Begegnung mit Erdmannsdorff schätzte, wurde 1768 bei der Herausgabe seines bekannten Musterbuches durch ein spezielles, Erdmannsdorff gewidmetes Blatt bekundet. [43]

Der Wunsch, sich ähnlichen „Architekturaufnahmen" zu widmen, führte den deutschen Baumeister vier Tage nach der Romankunft, am 28. Dezember 1765, mit Charles Louis Clérisseau (1722—1820) zusammen, bei dem er fortan an vielen Abendstunden Zeichenunterricht nahm. Der französische Maler und Architekt, ein erklärter Gegner des Barocks und seit 1749 Mitglied der Académie de France in Rom, hatte 1764 auf Empfehlung Winckelmanns das sogenannte Kaffeehaus der Villa Albani bildkünstlerisch ausgestaltet. Während seines jahrzehntelangen Italienaufenthaltes zwischen 1746 und 1767 schuf Clérisseau ein erstaunlich umfangreiches Oeuvre an Gouachebildern klassisch-antiker Ruinenarchitektur, das noch heute zu den Schätzen des Pariser Louvre, des British Museum of London, der Uffizien in Florenz und der Kunstsammlungen von Dessau-Wörlitz gehört.

Der Einfluß, den Clérisseau auf Erdmannsdorff ausübte, war dem Winckelmanns ebenbürtig, wenn nicht sogar stärker, soweit es die Zuwendung zur Baukunst der Römerzeit betraf. August Rode schreibt darüber: „Doch als eigentlicher Einführer des Hrn. von Erdmannsdorff in die antike Baukunst muß ich Mr. Clérisseau nennen, den berühmten Französischen Architekten, der nachmals die Monumens de Nîmes mit mehr als Englischer Pracht herausgab und nicht geringen Antheil an den von Adam bekanntgemachten Ruinen des Pallasts Kaiser Diocletians zu Spalato hat." [44]

Clérisseau hatte wesentlichen Anteil an der Qualifizierung des Zeichenstils Erdmannsdorffs. Die um 1765/66 entstandenen Skizzen, darunter viele dekorative Details, heute im Besitz der Staatlichen Galerie Dessau, charakterisieren in verschwimmenden Konturen, malerischer Verteilung von Licht und Schatten und zarten Farbtönungen das heiter-warme Fluidum südlicher Landschaftsräume, in deren Mittelpunkt oft ein monumentales Bauwerk antiker Herkunft steht. Sie tragen bereits den typischen Duktus klassizistischer realistischer Architekturdarstellungen.

Die Inhalte der Zeichnungen umfassen Landschafts- und Architekturwiedergaben in Gesamtansichten und Details, Aufrisse und Studien verschiedenartigster Orte und Kunstperioden. Neben Fels-, Ruinen- und Flußlandschaften, Wasserfällen und Baumstudien beschäftigten ihn Brücken, Triumphbögen, Einzelheiten in Kirchen und Palästen, Treppenführungen, Deckenmalereien, plastischer Schmuck in Form antiker Friese römischer Villen, Konsolen und Kapitelle, Rosetten, Karniese und Architrave, Aufrisse antiker Tempel und Thermen, aber auch antike Gemmen und Kameen, Gefäße und dergleichen. Aus ihnen sprechen Erinnerungen an die Villa Medici, den Palazzo Farnese, den Palazzo Mattei, die Kirche S. S. Trinità dei Monti, das Forum Romanum, den Vespasiantempel, die Thermen des Caracalla und des Titus und anderes mehr.

In dem italienischen Bildhauer Bartolomeo Cavaceppi (1716—1799) hatte Erdmannsdorff in Rom einen Vertreter realistischer Plastik des frühen Klassizismus und einen von Winckelmann geschätzten Archäologen kennengelernt, der damals mit der sachverständigen Ergänzung antiker Skulpturen für die Sammlung des Kardinals Albani befaßt war, zugleich aber große Fähigkeiten bei der Herstellung von Gipsabgüssen antiker Originale zeigte. Unter seiner Anleitung betrieb Erdmannsdorff Aktstudien und begann zu modellieren.

Eine Deutschlandreise sollte Cavaceppi zwei Jahre später nach Wörlitz führen, für dessen Park- und Schloßausstattung er neben einer Reihe hervorragender, in Rom hergestellter Antikenkopien auch zwei Porträtköpfe des Dessauer Fürstenpaares schuf.

Mehr noch als auf der ersten Reise 1760/61 fand

Abb. 68
Baumbestandene felsige Landschaft mit Ruine. Federzeichnung auf braungetöntem Papier von Erdmannsdorff. Staatliche Galerie Dessau

Abb. 69
Rom, Blick auf den Nordhang des Palatin. Bleistift-Kreide-Zeichnung von Erdmannsdorff. Staatliche Galerie Dessau

Abb. 70
Rom, Forum Romanum, vermutl. Blick auf die Ruinen der Konstantins- oder Maxentius-Basilika, der letzten monumentalen Bauleistung der römischen Kaiserzeit. Bleistift-Kreide-Zeichnung von Erdmannsdorff. Staatliche Galerie Dessau

Abb. 71
Römische Ruinen. Aquarell von Erdmannsdorff. Staatliche Galerie Dessau

Erdmannsdorff während des zweiten Italienaufenthaltes in universeller Form Gelegenheit, Eindrücke von Landschaft, Gesellschaft, Kunst und Architektur aufzunehmen oder zu vertiefen. Insgesamt ist feststellbar, daß er der Gotik ablehnend gegenüberstand, sich dagegen der Betrachtung der Baukunst der römischen und griechischen Antike sowie den Zeugnissen der antikisch beeinflußten Hoch- und Spätrenaissance, des Spätbarocks und Frühklassizismus zuwendete, was seine Aufzeichnungen und Skizzen bestätigen.

Er besichtigte Kirchen und Paläste, herrschaftliche Villen und armselige Landhäuser, Kaiserforen und Stadtplätze, Triumphbögen und Tore, Brunnen, Denkmäler, Thermen und Katakomben, Theater, Arenen und bezaubernde Gärten. Bei vielen Bauten interessierten ihn auch nur die kostbaren Sammlungsgegenstände im Inneren, vornehmlich Gemälde und Plastiken des Cinquecento, besonders aber die immer zahlreicher entstehenden privaten Antikensammlungen vermögender Kunstkenner und -mäzene. Zu vielen Objekten fühlte sich Erdmannsdorff immer wieder hingezogen, auch bei späteren Reisen: Man denke an das Forum Romanum und den Palatin, an die Innenräume der Thermen, die malerische Ruine des Minerva-Tempels, an das Pantheon als besterhaltenes antikes Denkmal der Tiberstadt oder an Kirchen wie den Petersdom, San Giovanni in Laterano, S. S. Trinità dei Monti, an S. Maria Maggiore auf dem Esquilin oder die Sixtinische Kapelle mit Michelangelos berühmter Deckenmalerei. Der Palazzo Barberini, eine der bedeutendsten Leistungen des italienischen Hochbarocks, ausgeführt von Carlo Maderno (1556—1629), Bernini (1598—1680) und Borromini (1599—1667), fand ebenso nachhaltigen Beifall wie der Palazzo Colonna als größte römische Palastanlage. Die „Krönung" der Paläste Roms, den Inbegriff der edlen Proportionierung antikisch durchdrungener Renaissance, sah er jedoch im Palazzo Farnese (1537—1547, da Sangallo und Michelangelo.) Im Reisetagebuch 1765/66, beim Entwurf des Innenhofes und der übrigen räumlichen Disposition des Wörlitzer Schlosses sowie in seinen „Architektonischen Studien" 1797 spielt dieses Gebäude eine hervorragende Rolle.

Ebenso nachhaltig beeindruckten ihn Bauwerke, wie die am Monte Mario gelegene Villa Madama, nicht nur durch die landschaftliche Einordnung, sondern durch die Art der Grotesken, die Raffael dort geschaffen hatte.

Außerhalb Roms seien unter anderem das Theoderichsgrab bei Ravenna genannt, der Clitumnustempel bei Spoleto, die Ruinen von Orea, die Villa Ciceros, der Tempel des Jupiters Latialis und das Tusculum bei Frascati, die Villa Hadriani bei Tivoli, der Riesentempel der Fortuna Primigenia bei Palestrina, Landhäuser des Varus, Maecenas und Horaz.

Am 23. April 1766 verließen Leopold Friedrich Franz, dessen Bruder und Berenhorst mit den Bediensteten die Stadt Rom, um über Oberitalien nach Frankreich weiterzureisen. Der Kapellmeister Rust, der Flötist Kottowsky und der Bildhauer Ehrlich blieben zwecks weiterer fachlicher Studien noch einige Monate in Italien.

Erdmannsdorff hatte sich, vermutlich auch wegen persönlicher Differenzen mit dem Dessauer Fürsten, der sich in all den Monaten stärker den Unterweisungen Winckelmanns zugewendet hatte, von der Reisegruppe getrennt. Er blieb ebenfalls noch bis zum 28.

Abb. 72
Römische Ruinen.
Tuschzeichnung von
Erdmannsdorff,
vermutlich 1771.
Staatliche Galerie
Dessau

Abb. 73
Die Mildtätigkeit.
Federzeichnung von
Erdmannsdorff. Staatliche
Galerie Dessau

Mai 1766 in Italien, ließ in dieser Zeit für Dessau Gipsabdrücke herstellen und erworbene Antiken verpacken. Nachdem er einen Fieberanfall überwunden hatte, folgte er aber dem in einem Brief aus Reggio/Emilia an Kottowsky geäußerten Wunsch von Leopold Friedrich Franz, bald nachzufolgen. [45] Er reiste über Siena, Florenz, Bologna, Modena und Parma. Von Mailand aus, wo bei einem zehntägigen Aufenthalt abermals Besuche in die Lombardei, nach Piemont und Ligurien erfolgten, setzten sie ihren Weg weiterhin gemeinsam fort. Vom 15. Juni bis zum 4. Juli hielten sie sich in Turin auf. Von Genua brachte sie schließlich ein Schiff die beeindruckende malerische Rivieraküste entlang in die südfranzösische Hafenstadt Marseille, die um 600 v. u. Z. als griechische Handelsniederlassung angelegt wurde, ihre höchste Blüte im 4.–3. Jh. v. u. Z. erlangte und ab 49 v. u. Z. unter römische Herrschaft geriet. Den Anregungen

Abb. 74
Pozzuoli, Tempel des Jupiter Serapis. Lavierte Federzeichnung, vermutlich von Erdmannsdorff. Staatliche Galerie Dessau

Clérisseaus entsprechend folgten sie dem Rhônetal in nördlicher Richtung mit Abstechern zu den berühmtesten provinzialrömischen Denkmälern. Sie erlebten Aix-en-Provence, das ehemalige, um 123 v. u. Z. gegründete Mineralbad Aqua Sextia. Sie sahen Arles, die Konkurrenzstadt Marseilles, deren Blüte in die Zeit Kaiser Konstantins (306—337) fiel, mit der Nekropole Alyscamps und dem imposanten elliptischen Amphitheater von 136 m Länge. Anschließend besichtigten sie Nîmes, einst mächtige römische Provinzhauptstadt, die unter Kaiser Hadrian (117—138) ihren Höhepunkt erlebte, mit den eindrucksvollen Ruinen der augusteischen Stadtbefestigung, des Amphitheaters, eines Nymphäums, den Resten von Toren, Thermen, Gärten und dem eindrucksvollen Aquädukt, dem Pont du Gard. In der Stadt Vienne in-

Abb. 75
Pompeji, Haus der Vettier, dessen Wandmalereien der Phase des vierten Stils von besonderem Einfluß auf Erdmannsdorffs Schaffen waren

teressierten sie vor allem die Reste des Augustustempels.

Es ist auffällig, daß von diesem Zeitpunkt an die Nachrichten über den weiteren Fortgang der Reise immer spärlicher werden. Über den längeren Aufenthalt in Paris ist nichts bekannt. Von dort sind vermutlich Berenhorst und der Bruder des Fürsten direkt nach Dessau zurückgekehrt. Sie fanden sich erst später wieder in Frankreich ein, als Leopold Friedrich Franz und Erdmannsdorff längst in England weilten. Von diesem Teil der Reise existieren ebenfalls keine Quellen, auch keine Skizzen und Zeichnungen. Überliefert sind einzig Hinweise auf das Bemühen, durch systematische Erkundung des Landes Gärten, Schlösser und Bauten in „antikischer Manier" kennenzulernen. Rode schreibt darüber: „England weiheten sie eine neue und geschärfte Aufmerksamkeit. Sie durchreisten es von einem Ende zum anderen und machten sogar auch eine Exkursion nach Schottlands Hauptstadt und Glasgow." [46] Und E. P. Riesenfeld ergänzt: „Für Erdmannsdorff wurde diese Reise von besonderer Bedeutung: der Geist des Altertums, der aus allen neueren britischen Werken sprach, ergriff ihn gewaltig, riß ihn aus seiner behaglichen Indolenz, in der er bisher gelebt hatte, heraus und stellte von nun an ein Ziel seines Lebens klar vor Augen — die Architektur. Von diesem Zeitpunkt an können wir erst von dem *Architekten* Erdmannsdorff sprechen, denn hier wurde die Beschäftigung mit dieser Kunst seine Lebensaufgabe, die ihn voll erfüllte und befriedigte." [47]

Die vermutlich aufschlußreichen „Acta betr. Reisen des Fürsten Leopold Friedrich Franz nach Frankreich, Niederlande und England 1763/64; Italien, England und Niederlande 1766/67; England 1775 und Preußen 1800" [48] sind seit dem zweiten Weltkrieg verschollen. Allein der Vergleich der unterschiedlich gereiften Gesellschaftszustände der zweiten Hälfte des 18. Jahrhunderts in Deutschland, Frankreich und England ermöglicht Schlußfolgerungen über deren Wirksamkeit auf den bildungsbedachten, aufklärerischen Dessauer Fürsten und auf F. W. v. Erdmannsdorff als nächsten Vertrauten. Für sie war zweifellos Frankreich das bisher wichtigste Land der

Abb. 76
Paris, Aufenthaltsort Erdmannsdorffs auf der Frankreichreise 1767, Stadtansicht. Kupferstich von Friedrich Bernhard Werner, Mitte 18. Jh.

Abb. 77
Paris, Schloß- und Parkanlagen von Versailles. Stich von C. Reiss, Anfang 19. Jh.

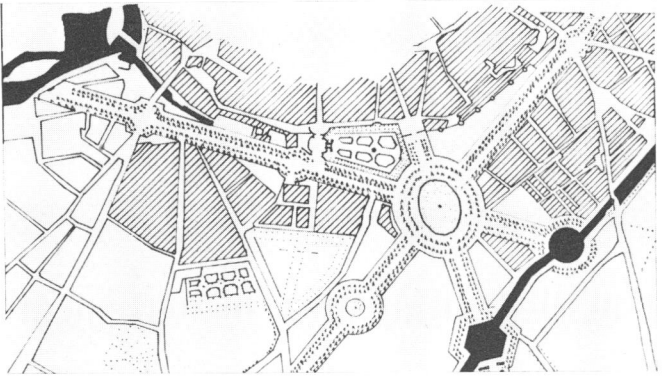

Abb. 78
Toulouse, Römergründung, Aufenthaltsort Erdmannsdorffs auf der Frankreichreise 1767. Schemazeichnung der neuen Öffentlichen Promenade nach Entwürfen von L. de Mondran, 1754

sich über Europa verbreitenden Aufklärungsideen gewesen, hervorragend vertreten durch Charles Louis Montesquieu (1689—1755), Jean Jacques Rousseau (1712—1778), Denis Diderot (1713—1784), Etienne Bonnot de Condillac (1715—1780), Paul Holbach (1723—1789), aber auch durch profilierte Literaten, die sich zum französischen Sentimentalismus und zur emotionell gesteigerten Naturbetrachtung bekannten. Frankreich war auf dem europäischen Kontinent als Nachbar Deutschlands auch das ökonomisch führende Land, in dem sich seit den 30er und 40er Jahren die manufakturelle Textil-, Eisen-, Stahl- und Glasproduktion mit steigenden Zuwachsraten vergrößerten und Paris seine großstädtische Entwicklung als Industrie- und Handelszentrum antrat. Obgleich sich jedoch unter Zunahme der Krise der feudalabsolutistischen Ordnung am Vorabend der bürgerlichen Revolution die Herausbildung kapitalistischer Produktionsverhältnisse rascher als je zuvor vollzog, blieb Frankreich zunächst noch ein Agrarland, das von der feudalen Reaktion durch verschärfte Unterdrückung beherrscht wurde. Nicht verwunderlich, daß sich die Interessen und Erwartungen der aufgeklärten liberaleren adeligen Landbesitzer wie auch Leopold Friedrich Franz von Anhalt-Dessau in stärkerem Maße auf das insulare England konzentrierten, wo die bürgerliche Revolution schon im 17. Jahrhundert den Weg zur schnelleren Entwicklung des Kapitalismus und damit zu einem Industrieland gebahnt hatte.

In England war durch die gewaltsame und weitestgehende Trennung der arbeitenden Massen von Grund und Boden ein bereits höheres Stadium des Überganges vom Manufaktur- zum Industriekapitalismus erreicht — ein Stadium, in dem durch enge politische und wirtschaftliche Bündnisse zwischen Landaristokratie und vermögendem Bürgertum eine aktive Beteiligung beider Klassen am Handel und an industriellen Unternehmungen erfolgte, die überall in Europa mit Bewunderung registriert wurde. Der Bruch mit traditionellen agrarischen und handwerklichen Produktionsweisen führte zur spürbaren Umwälzung der Produktionsverhältnisse, speziell durch Einführung der maschinellen Produktion, nicht zuletzt auch durch die zunehmenden Bemühungen um wissenschaftliche Erforschung der Produktionsabläufe. Me-

chanische Webstühle, erste Dampfmaschinen, das Puddelverfahren zur Stahlgewinnung waren Symbole für Veränderungen in vielen Lebensbereichen, ebenso wie neue landwirtschaftliche Bewirtschaftungsformen, Wege-, Straßen- und Wasserbauten bis zum rapiden Wachstum von Städten einschließlich der Produktionsbereiche und der Unterkünfte für das anwachsende Heer besitzloser Lohnarbeiter.

Die durchaus progressiven Seiten der industriellen Revolution wurden in der Periode der Aufklärung durch das Bürgertum und die liberale Gruppierung von Adeligen, die sich zur bürgerlichen Umgestaltung bekannten, idealisiert. Die Verschärfung der Ausbeutung der neuen produktiven Klasse des sprunghaft zunehmenden Industrieproletariats, die wachsenden politisch-sozialen Erscheinungen, sichtbar in Wohnelend, Hungersnöten, Kinderarbeit, Tumulten, Maschinenstürmereien und Streiks, wurden zunächst übersehen, unbeteiligt oder mitleidig registriert, zum Teil auch „Abhilfen" durch reformerische Maßnahmen als Bestandteile unterschiedlichster bürgerlicher Gesellschaftstheorien angestrebt.

Thomas Hobbes' (1588—1679) Darlegungen vom „natürlichen Menschen", weitergeführt durch die Philosophie des John Locke (1632—1704) und in Frankreich von Jean Jacques Rousseau übernommen, gehörten mit ihrem materialistischen Gehalt zu den ideellen Waffen der sich politisch gegen die restaurativ gesinnte Feudalaristokratie formierenden Bourgeoisie. Deklarationen über Privateigentum, Freiheit und Gleichheit als „natürliche" Rechte eines jeden Menschen fanden Eingang in weite Bereiche des Geisteslebens. Als Erdmannsdorff seine Englandreisen unternahm, dominierten die Anschauungen des Adam Smith (1723—1790), der als profiliertester Vertreter

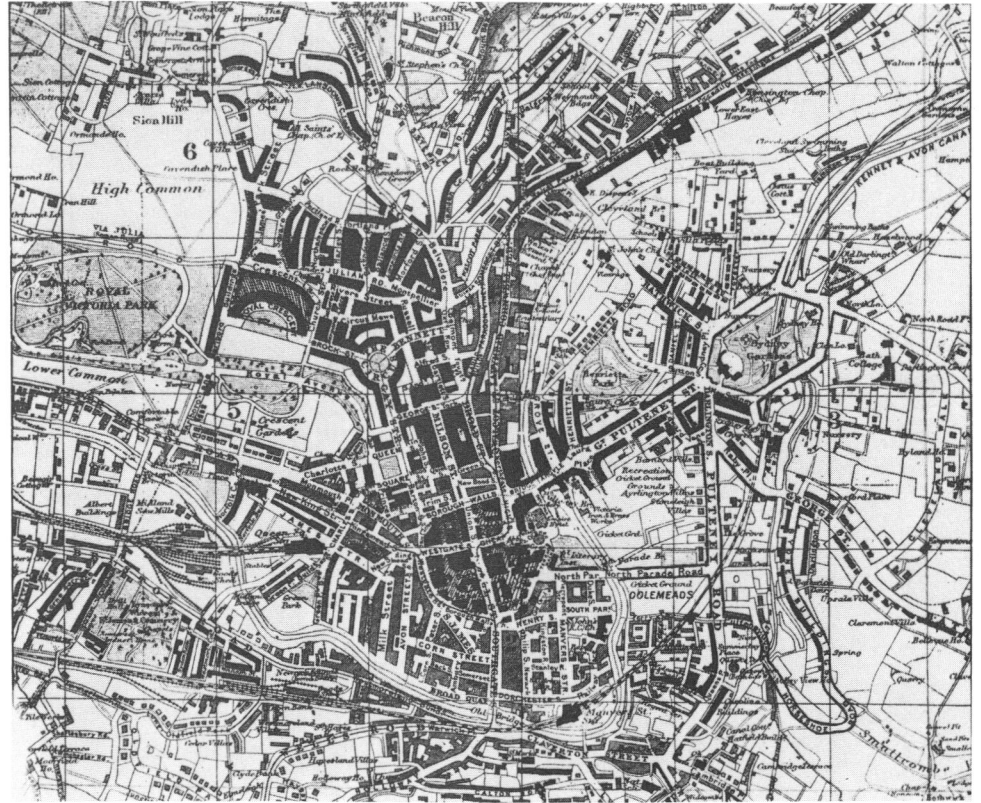

klassischer englischer politischer Ökonomie in der „freien Konkurrenz" die von der Natur bestimmte Ordnung sah, die These von der Nichteinmischung des Staates in das wirtschaftliche Leben eines Landes vertrat und die Überzeugung verbreitete, daß die weitere Entwicklung der bürgerlichen Verhältnisse den Wohlstand der verarmten Massen fördere. Diese Ansichten forderten wiederum Opponenten, Kritiker und Spötter der neuen bürgerlichen Lebensordnung Englands heraus, darunter Schriftsteller wie Daniel Defoe (1660—1731), Jonathan Swift (1667—1745), Thomas Fielding (1707—1754) oder Lawrence

Abb. 79
London,
Adelphi-Bebauung von
Robert Adam, 1768—1772

Abb. 80
Bath bei Bristol, englischer Badeort. Stadtplan mit Bebauungsstruktur von John Wood, 1727—1775

Abb. 81
Bath, Flugbild der historischen Platzfolgen

Abb. 82
Edinburgh-Neustadt. Schematische Darstellung des Queen-Street-Garden und Squares in regelmäßigen Quartierformen nach Entwürfen von James Craig, 1767

Sterne. Vor allem zu Sterne, dem einflußreichen Vertreter des englischen Sentimentalismus, knüpften Leopold Friedrich Franz und auch Erdmannsdorff sehr enge persönliche Beziehungen; er hatte sich der Dessauer Reisegruppe 1763 in Italien mehrfach angeschlossen und sie dann auch 1765—1767 auf dem Weg von Italien über Frankreich nach England begleitet.

Der großen Ausstrahlung des Malers Joshua Reynolds (1723—1793) in den Bemühungen, einen neuen, auf die Vervollkommnung der Natur gerichteten Stil zu schaffen, entsprach in der Architektur noch weitgehend die Vorherrschaft der neopalladianischen Lehren des Inigo Jones und des William Kent. Seit der zweiten Hälfte des 18. Jahrhunderts erwarben sich William Chambers und Robert Adam das größte Ansehen, wobei Chambers, belegt durch seine bedeutendste Leistung — das Somerset House in London (1776—1786) —, noch der strengeren, konservativeren Richtung des Palladianismus angehörte. Der „Architekt des Königs" Robert Adam, dem das Prädikat „Father of Classical Revival" (Vater des Neoklassizismus) zuerkannt wurde, versuchte dagegen durch Revolutionierung des Ornaments einen neuen künstlerischen Geschmack aus der Antike römischer Prägung abzuleiten. Es dürfte kein Zweifel bestehen, daß Leopold Friedrich Franz und Erdmannsdorff bei ihren Englandreisen auch dessen geplante oder gebaute Hauptwerke besichtigten: das Adelphie-Viertel am Themse-Ufer, Wohnbauten am Stratford Place und Fitzroy Square in London, den Boodle's Klub in London (1765), Schloß Kenwood, Keddleton Hall bei Derby (1765—1770) und die Universität in Edinburgh. Die sich seit der zweiten Hälfte des 18. Jahrhunderts in England verbreitende sentimentale Strömung zeigte sich besonders in der Planung und Realisierung von Gärten und Parkanlagen, die das „neue Naturerlebnis in Freiheit und Natürlichkeit" in neue gestalterische Formen brachten, die als oppositionelles Gegengewicht zum regelmäßigen gekünstelten französischen Barockparkschema und damit insgesamt als neues Symbol gegen die überlebten Formen des Absolutismus gesetzt wurden.

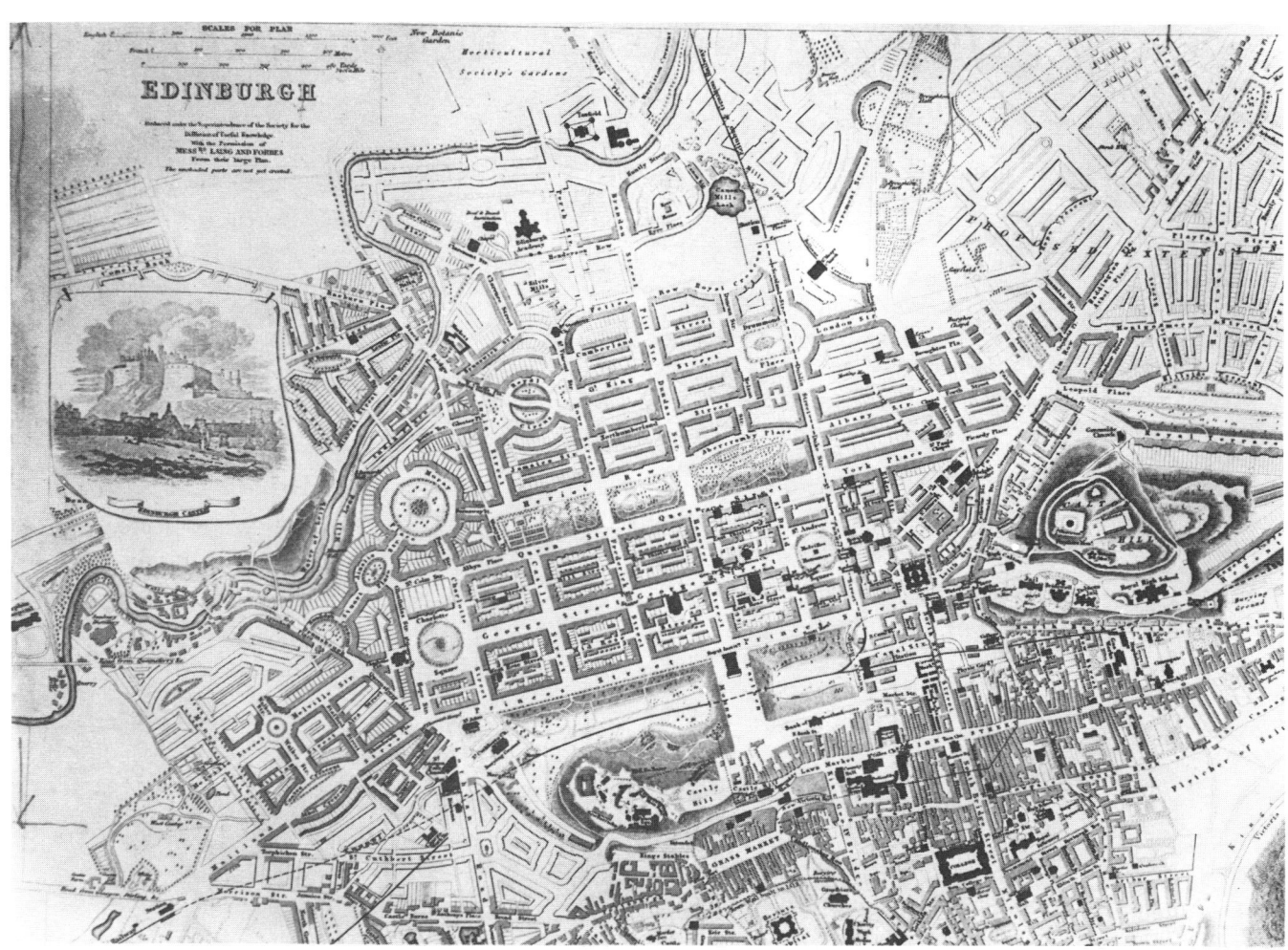

Abb. 83
Edinburgh, Hauptstadt Schottlands, eines der Reiseziele Erdmannsdorffs 1767. Stadtplan von 1850 mit historischer Bebauungsstruktur von 1767 nach Entwürfen von James Craig

Abb. 84
Dublin, Hauptstadt Irlands, eines der Reiseziele Erdmannsdorffs 1767, Stadtansicht. Stich, Anfang 19. Jh.

5

Neue Bauaufgaben ab 1767.
Schloß Wörlitz (1768–1773)

Abb. 85
Dessau, ehem. Residenzschloß, Festsaal.
Erdmannsdorff 1767/68, 1945 zerstört

Die erste größere Bauaufgabe Erdmannsdorffs nach der Rückkehr aus England bestand angesichts der im Juli 1767 bevorstehenden Heirat des Dessauer Fürsten mit Louise Henriette Wilhelmine v. Brandenburg-Schwedt im Ausbau einiger wichtiger Räume des Dessauer Residenzschlosses. Ab Mai 1767 begann er im Ostflügel, der nach den Umgestaltungen von Knobelsdorff 1751 unvollendet geblieben war, mit der innenarchitektonischen Gestaltung eines durch zwei Geschosse reichenden, nach zwei Seiten belichteten, großen quadratischen Eckraumes. Er sollte nach den Vorstellungen des Baumeisters als künftiges Zentrum fürstlicher Repräsentation erstmals ein neues Stilgefühl zeigen und im Gegensatz zur verspielten Dekorations- und Sinnenfreude des überwundenen Friderizianischen Rokokos, wie es in dieser Zeit noch am Neuen Palais von Potsdam-Sanssouci entstand, antikischen Ernst, Strenge und Feierlichkeit in Proportionen und Details ausstrahlen. Eine durchgehend helle Farbgebung unterstreicht diese Stimmung.

Erdmannsdorff gliederte die Wandzonen, ausgehend von den bestehenden Tür- und Fensteröffnun-

Abb. 87
Wörlitzer Park, Nymphäum mit Kopie der antiken Statue „Salbender Ringer", seitlich Schrifttafeln mit Wiedergabe eines Briefes von Goethe an Charlotte v. Stein

Abb. 88
Wörlitzer Park, Nymphäum. Erdmannsdorff, Entwurf 1766, Ausführung 1767/68

Abb. 86
Dessau, ehem. Residenzschloß.
Entwürfe für das Parkett im Runden Kabinett der Fürstin.
Erdmannsdorff, 1767

Abb. 89
Wörlitzer Park,
Wallwachhaus „Zum
Pferde".
Erdmannsdorff, 1767

Abb. 90
Wörlitzer Park, zweiter
Vorentwurf für das Schloß,
Hauptfassade.
Erdmannsdorff, 1767

Abb. 91
Wörlitzer Park, zweiter
Vorentwurf für das Schloß,
Schnitt durch den Ostbau.
Erdmannsdorff, 1767

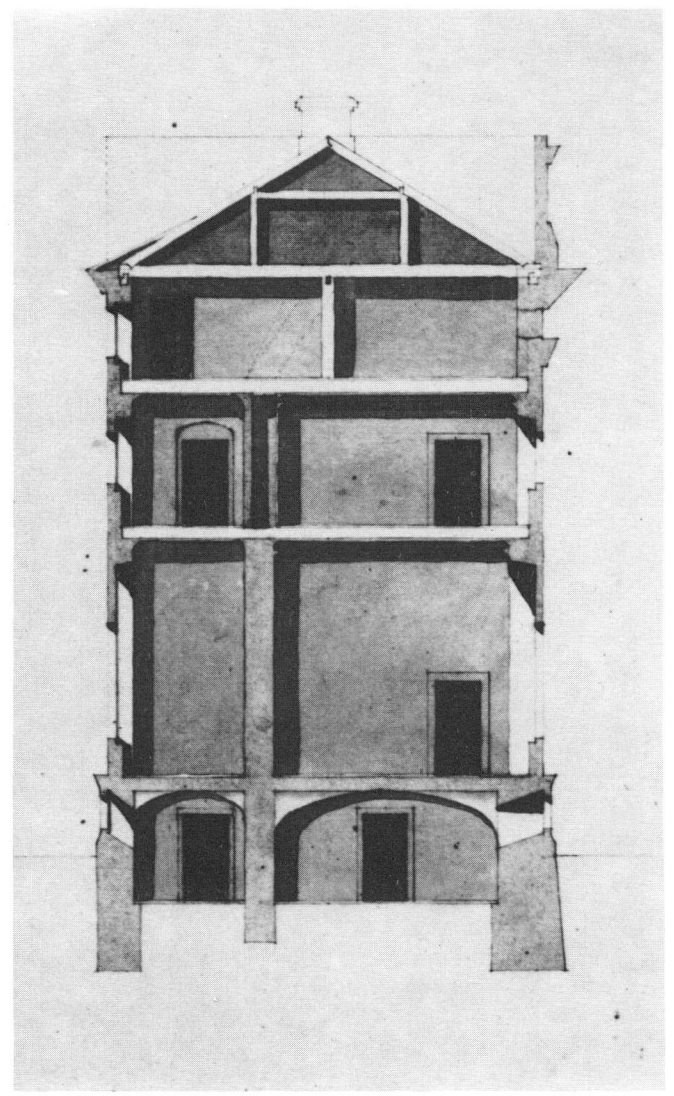

gen, durch breite korinthische Pilaster. Anlehnungen an Woods (1704—1754) Darstellung eines Grabraumes aus Palmyra sind nicht ausgeschlossen.

In der oberen Zone wurden die Wandfelder wechselweise durch Rund- oder Rechteckreliefs aus Weißstuck mit Darstellungsfolgen aus Tänzen und Bacchanalen der antiken Götterwelt geschmückt, während die darunterliegenden Flächen durch tiefe Plastiknischen, Spiegel und Konsolbüsten belebt waren. Ein schweres, stark profiliertes und kräftig hervorkragendes Gesims mit Akanthusornamentband über dem Gebälk markierte das Auflager für den hohen Deckenabschluß, dessen auffällig breite, unverzierte Vouten und den abschließenden gewölbten Deckenspiegel mit dünnem, etwas spröde wirkendem Rankenstuck, durchsetzt mit Blumen und Musikinstrumenten. Der Hauptzugangsseite des Saales hatte der Baumeister eine schmale, von sechs korinthischen Säulen getragene Musikempore zugeordnet. Derartige, in Repräsentationsräume eingestellte Säulenreihungen, die sich zu typischen Motiven des Klassizismus entwickelten, wurden auch später von Erdmannsdorff im Wörlitzer Schloß, bei der Umgestaltung des Wohn-Schlaf-Zimmers Friedrichs II. in Sanssouci und in den Königskammern des ehemaligen Berliner Stadtschlosses bevorzugt. Ein Parkettfußboden in geometrischer Formprägung trug zur gehobenen Raumstimmung bei. Der Ende 1768 fertiggestellte „Weiße Saal" des Dessauer Schlosses widerspiegelte in seinen noch schweren Formen das anfänglich harte Ringen des in praktischen Dingen noch unerfahrenen Baumeisters um neue stilistische und harmonische Ausgewogenheit. Rode bewertet wie viele seiner Zeitgenossen diesen frühen Klassizismus mit Anerkennung, indem er vermerkt: „Ersterer kündiget sich sogleich durch seine Heiterkeit, Größe, schönen Verhältnisse und edle Eleganz als der geschmackvolle Schauplatz geselligen Vergnügens eines Fürsten an." [49]

Noch gelungener schien die Lösung der Aufgabe, einen Wohnraum mit hauptsächlicher Zweckbestimmung als Schreib-, Musik- und Lesezimmer für die zukünftige Landesfürstin direkt unter dem Saal im ersten Stock des Dessauer Schlosses einzurichten. Dieses 1767 fertiggestellte „Runde Kabinett" mit eingebauten Eck- und Bücherschränken basierte auf der Weiterentwicklung spätbarocker Raumkonzeptionen, die bekanntlich mit der von Knobelsdorff im Schloß Sanssouci geschaffenen Bibliothek einen innenarchitektonischen Höhepunkt erreichten. Erdmannsdorff gelang es ebenfalls, sein Rundkabinett unter ästhetischer Anreicherung der im „Weißen Saal" angewendeten Form- und Gliederungsprinzipien unter ausgewogener Koordinierung aller Innenraumelemente einschließlich der Möbel mit hohem Geschmack im klassizistischen Sinne auszustatten. Mattes Lichtgrün, wenig Gold, antikische Stuckornamente über den Türen, Rundmedaillons in der oberen Wandzone — gemalt nach pompejanischen Motiven vom Dessauer Hofkünstler Christian Friedrich Reinhold Lisiewski (1725—1794) — und ein von Erdmannsdorff 1767 entworfener Parkettfußboden in geometrischer Musterung setzten besondere frühklassizistische Akzente, für die es trotz mancher noch rokokohaften Anklänge damals keine ebenbürtigen Vergleichsbeispiele gab.

Diese und andere, durch Erdmannsdorff im Dessauer Schloß gestaltete Räume, darunter Spiegelsaal, Schlafzimmer der Fürstin, Vorraum des Festsaales, wurden Opfer des zweiten Weltkrieges.

Neben den zwingenden Bauaufgaben in Dessau widmeten sich Erdmannsdorff und der Dessauer Fürst 1767/68, bewegt von den unvergessenen Eindrücken der Reisen nach Italien und England, erneut der großen Idee der Gestaltung des Wörlitzer Parkes. In dieser Zeit entstand sein zweiter Vorentwurf für das Sommerschloß in Wörlitz, ein der ersten Konzep-

Abb. 92
Wörlitzer Park, Blick auf Parterre und Hauptfassade des Schlosses. Radierung von Fr. Salathé, Mitte 19. Jh.

Abb. 93
Wörlitzer Park, Hauptfassade des Schlosses. Entwürfe Erdmannsdorff 1769, Ausführung bis 1773 durch J. G. Daumann. Portalplastiken J. Ch. Ehrlich, 1774

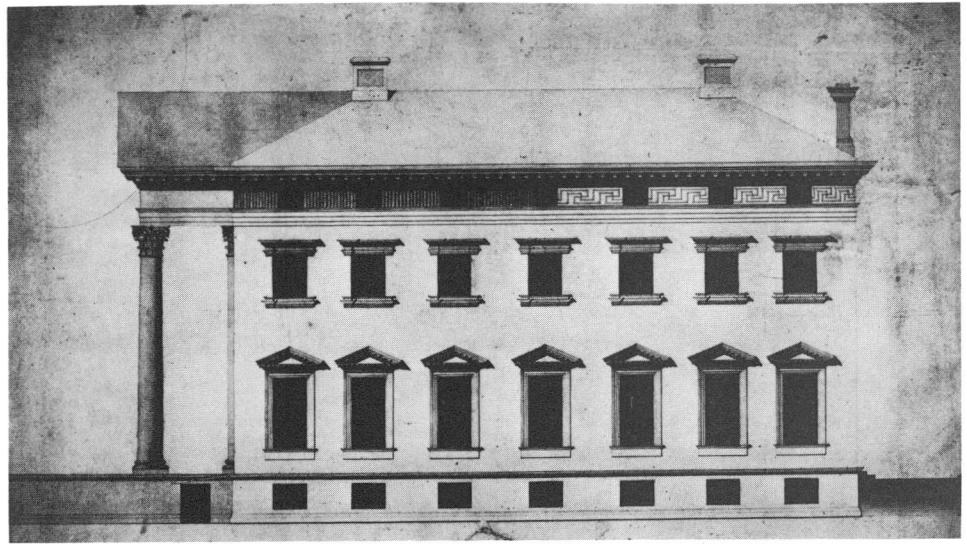

Abb. 94
Schloß Wörlitz, Aufriß der östlichen Seitenfassade. Ausführungsentwurf, Feder, laviert. Erdmannsdorff, 1769. Staatliche Galerie Dessau

Abb. 95
Schloß Wörlitz, Aufriß der Rückfassade. Ausführungsentwurf, Feder, laviert. Erdmannsdorff, 1769. Staatliche Galerie Dessau

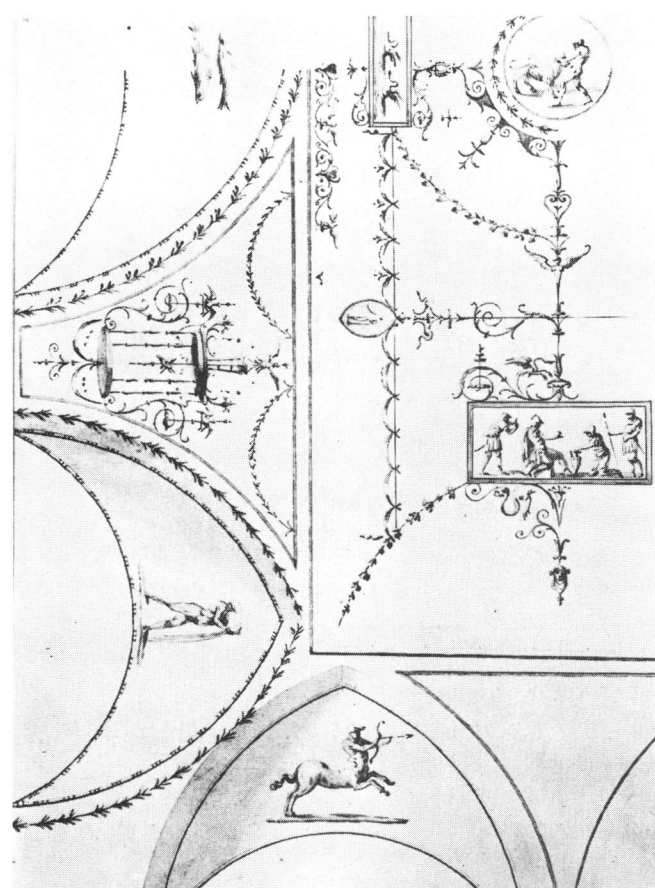

Abb. 96
Schloß Wörlitz, Skizze für eine dekorative Deckengestaltung, Feder, laviert. Erdmannsdorff, um 1770/71

tion von 1765 verwandtes Projekt, das in seinem äußeren Erscheinungsbild an der Hauptfront, insbesondere durch eine massive Attika, stärker dem Charakter eines feudalen englischen Landsitzes angenähert war. Hinter dieser kraftvollen Brüstungsmauer oberhalb des Kranzgesimses verbargen sich ein niedriges Wohngeschoß und das flache Satteldach. Diese Lösung verlieh dem gesamten Baukörper breite Gelagertheit, die durch Veränderungen am Portikus, Verkleinerung der Fenster im ersten Obergeschoß und Wegfall der Fensteröffnungen im Keller- und zweiten Obergeschoß unterstrichen wurde. Aus einem Längsschnitt ist ersichtlich, daß zunächst noch die Gebäudetiefe des ersten Vorentwurfes beibehalten war. Als Gegenstück zur Hauptfassade war an der Rückfront eine Mittelbetonung durch vier Dreiviertelsäulen geplant.

Der Dessauer Fürst drängte zunehmend auf weitere Verbesserungen und baldigen Beginn der Bauarbeiten. Der von ihm genutzte Sommersitz in Oranienbaum war zwar 1766/67 mit wenig Aufwand im Hinblick auf den bevorstehenden Wörlitzer Neubau wiederhergerichtet worden, entsprach aber keineswegs seinem „neuen Lebensgefühl". Daß in dieser Zeit intensiv an Plänen für Wörlitz gearbeitet wurde, bestätigt auch A. Rode: „Im folgenden Jahre (1768, Verfasser) wählte der Fürst sich Wörlitz zu seinem Landsitze, und trat mit allen Künstlern in Bund, diesen sumpfigen, unansehnlichen Ort, der sich bis dahin nur durch ein düsteres Jagdschloß auszeichnete, zu einem Aufenthalt umzuschaffen, der wegen seiner mannigfachen Anmuth weit jenseits der Grenzen Deutschlands mit Vorliebe genannt, und von nah und fern mit Enthusiasmus besucht würde." [50]

Im Park entstand zunächst nach Erdmannsdorffs Entwürfen 1767/68 das Nymphäum. Unter Nachempfindung eines italienisch anmutenden Landschaftsbildes ließ er jenseits des Wörlitzer Sees im Blickfeld des „Englischen Sitzes" einen künstlichen Hügel aufschütten, den Rode 20 Jahre später als „waldigen Berg" bezeichnete. [51] Sein besonnter Südosthang wurde mit Rebstöcken bepflanzt und als „Weinberg" gestaltet. Die Sichtfläche nach Südwesten bildet eine hohe dunkle Mauer aus Raseneisenstein, vor die ein kleiner, halbkreisförmig eingetiefter Tempietto gesetzt wurde, dessen weiße antikische Formen weit sichtbar über den Wasserspiegel des Sees leuchten. Zwei basislose, kannelierte ionische Säulen und zwei ebenso gestaltete Eckpfeiler tragen unter dem halbkuppelgewölbten Dach zwischen Gebälk und Architrav die Nachbildung eines Frieses vom Tempel des Antonius und der Faustina auf dem Forum Romanum in Rom; Erdmannsdorff hatte 1766 die Details in einer Zeichnung (Nordhang des Palatins mit S. Maria Antiqua) festgehalten. Im grottenartig eingetieften In-

Abb. 97
Schloß Wörlitz,
Entwurfsskizze für eine Deckengestaltung,
Bleistift, Feder.
Erdmannsdorff, um 1770/71

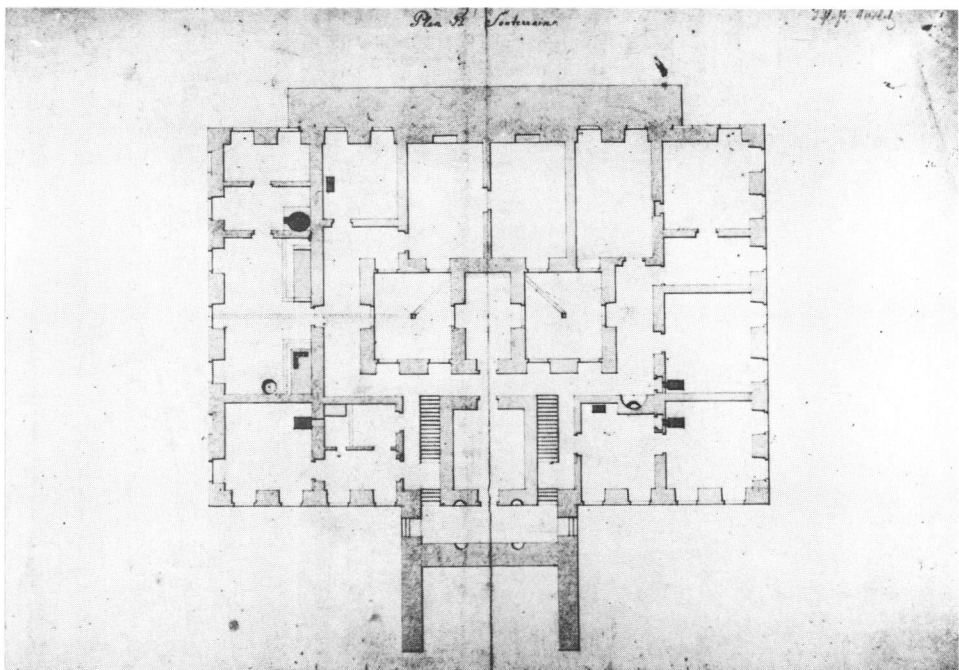

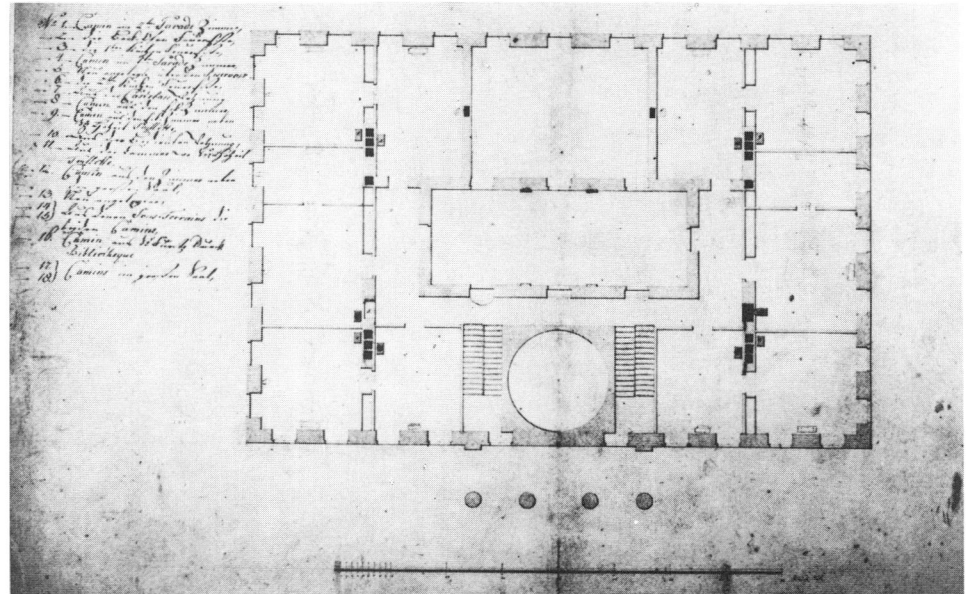

Abb. 98
Schloß Wörlitz, Grundriß
des Kellergeschosses,
Ausführungsentwurf,
Feder, laviert.
Erdmannsdorff, 1769.
Staatliche Galerie Dessau

Abb. 99
Schloß Wörlitz, Grundriß
des Erd- oder
Hauptgeschosses.
Ausführungsentwurf,
Feder, laviert.
Erdmannsdorff, 1769.
Staatliche Galerie Dessau

neren des Nymphäums wurde die antike Statue des „Salbenden Ringers" (Kopie, Original im Albertinum Dresden) aufgestellt. Die Inschriften in den vier Nischen — Auszüge aus Goethes Briefen an Frau v. Stein, 1788 — wurden erst 1928 zur Erinnerung an Goethes mehrfachen Aufenthalt in Wörlitz ergänzt.

Die Plattform des Hügels, von niedrigen immergrünen Hecken umgeben und von Bäumen beschattet, wurde als Belvedere in der ringsum entstehenden Parklandschaft genutzt. Dieser Standort war einer der Lieblingsaufenthaltsplätze des Dichters Friedrich Matthisson (1761—1831).

Zwischen 1768 und Juni 1769 entstand an der Grenze des ersten, nach Eyserbecks frühestem Entwurf zur Gestaltung vorgesehenen Parkabschnitts das Wallwachhaus „Zum Pferde" — ein von Erdmannsdorff entworfener Zweckbau, der zu einem Monument idealisiert wurde. Er ließ dem einfachen Fachwerkschuppen an einem der bereits unter Leopold I. angelegten Elbschutzdämme, in dem Material und Geräte zur Behebung von Hochwasserschäden gelagert wurden, eine zweigeschossige Giebelfront vorblenden. So verlieh er dem Ganzen das Erscheinungsbild eines römisch-antiken Grabmals, wie er es beispielsweise bei Ponte Lugano an der Landstraße nach Tivoli gesehen hatte. Die tempelartige antikische Blendarchitektur und das Mittelrelief eines nackten Jünglings mit Pferd lassen Vergleiche mit dem Fassadenaufbau des „Englischen Sitzes" zu, aber auch mit Abbildungen in Piranesis „Antichità Romane" (1756) und mit einem Tonmodell des Reliefs von Cavaceppi (43 cm × 43 cm, Schloß Wörlitz).

Im Spätherbst 1768 konnte Erdmannsdorff die endgültigen Entwürfe für die Grundrisse und Fassaden des Wörlitzer Schlosses vorlegen. Nach diesen wurde der dreigeschossige rechteckige Backsteinputzbau

Abb. 100
Schloß Wörlitz, Entwurf für eine Wanddekoration. Erdmannsdorff, um 1770/71

Abb. 101
Schloß Wörlitz, Entwurfsskizze für dekoratives Groteskenwerk, Federzeichnung. Erdmannsdorff, um 1770/71

Abb. 102
Schloß Wörlitz, Entwurf für die Wandfüllung eines Zimmers. Aquarellierte Zeichnung. Erdmannsdorff, um 1770/71

von elf mal sieben Achsen mit weißer Sockelzone, blaßgelber Fassade und architektonischen Details in Natursandstein angelegt.

„Von 1769 bis 1773 für den Fürsten Franz von Anhalt von dem Kavalier-Architekten Friedrich Wilhelm von Erdmannsdorff nach gemeinsamen Reisen durch England und Italien entworfen", schreibt Leo Bruhns, „bezeichnet dieses Landhaus den endgültigen Sieg von Winckelmann über den Barock, von Palladio über Rom, vor allem von England mit seiner Bequemlichkeit und Ländlichkeit über französische Hofkonventionen und deutsche Kompliziertheit." [52]

Der nach Süden zur Stadt gerichteten Hauptfront ist im Bereich der drei Mittelachsen ein hoher beherrschender Portikus mit Freitreppe, vier schlanken korinthischen Säulen und kräftig profiliertem Dreieckgiebel vorgesetzt. Dieser Mittelbetonung entspricht an der Nordseite die große Mitteltür des Gartensaales mit dem Austritt auf eine flache Auffahrtrampe, von der sich die Blickbeziehung über den Wörlitzer See zum „Monument" am Kleinen Walloch eröffnet.

Der Außenbaukörper des „Neuen Hauses", wie es damals genannt wurde, zeigt in der Betonung des Kubischen, Flächigen und horizontal Gelagerten sowie im weitgehenden Verzicht auf dekorativ-ornamentalen Schmuck die hier erstmals voll ausgeprägten Stilformen der Frühstufe des deutschen Klassizismus.

Die Geschoßproportionierung entsprach der gesellschaftlichen Wertigkeit der Innenräume. Über dem durch einfache, kleine, querrechteckig eingeschnittene Fenster gekennzeichneten Kellergeschoß mit Kastellan-, Diener- und Wirtschaftsräumen, einem Baderaum nach englischem Vorbild und dem Verbindungsgang zum separaten Küchenbau südöstlich des Schlosses erhebt sich das Erdgeschoß als Repräsentationsetage. Äußerlich kennzeichnen hochrechteckige, profilgerahmte Fenster mit Dreieckgiebelkrönungen die hinter dieser Fassadenzone liegenden ehemaligen fürstlichen Wohn- und Empfangsräume. Die nur halb so hohen Fenster des ersten Obergeschosses mit horizontalen Gesimsüberdachungen deuten die Lage der „Appartements double" an, eine jeweils aus Wohn- und Schlafzimmer bestehende Gästeraumkombination für „Personen von Stand", die sich schon im Absolutismus als praktische Lösung durchgesetzt hatte. Das wiederum um halbe Geschoß- oder Fensterhöhe verringerte Mezzanin oder „Geschoß im Gebälk" blieb im wesentlichen den Bediensteten vorbehalten.

Keller- und Mezzaningeschoß waren durch schmale Gesimsbänder klar von den beiden Hauptgeschossen abgegrenzt; an der Eingangsfassade verzichtete man im Interesse der Wirksamkeit des Portikus auf die Fenster im Mezzanin. Der gesamten Gliederung des Außenbaus legte Erdmannsdorff Proportionsregeln zugrunde, die er dem „Vitruv" entnahm. Ein kräftiges vorkragendes Dachgesims schließt den Bau zum flachgewalmten Schieferdach ab. Ursprünglich war hier eine drückend wirkende Attika entstanden, die sich negativ auf die Gesamtproportionen auswirkte. Als Erdmannsdorff im Oktober 1771 von der dritten Italienreise zurückkehrte, erkannte er sofort dieses ästhetische Manko, aber erst 1783—1785 war es ihm möglich, bei der Bauausführung des Palmensaals auf dem Dach die Attika wieder abtragen zu lassen.

Die architektonischen Bereicherungen des Außenbaus in Form der Profile und Überdachungen an Fenstern und Portalen, die Konsolen des Dachgesims und den Pfeifenfries entnahm Erdmannsdorff R. Woods Veröffentlichung „The ruins of Palmyra" (London 1753 und 1757). Eine selbstsichere, schöpferische Anwendung und Kombination enthebt ihn durchaus des Vorwurfs eklektizistischer Formanwendung.

Der Grundriß des Ausführungsentwurfes führt ebenfalls über die Innenraumdispositionen des englischen palladianistischen Landhauses hinaus. Das Rechteck im Seitenverhältnis 2:3 schließt anstelle des beim ersten Entwurf geplanten Mittelganges einen zentralen querrechteckigen Innenhof ein. Derartige Lösungen waren in England nicht üblich. Wohl aber hatten sie Erdmannsdorff in einer Reihe italienischer Renaissancepaläste beeindruckt, vornehmlich beim Palazzo Farnese in Rom, wie man aus seinem Tagebuch von 1765/66 und später aus den 1797 erschienenen „Architektonischen Studien" ersehen kann.

Bei der gesamten, symmetrisch orientierten Innenraumanordnung des Repräsentationsgeschosses lehnte er sich eng an Albertis Empfehlungen an, der in der Regel auf den Portikus ein „rundes Vestibül" folgen ließ, das dann zum Haupt- oder Festsaal weiter vermittelte. Auch die Proportionierung der vier würfelförmigen Eckräume basiert eindeutig auf Albertis Vorstellungen. Die überwiegende Raumerschließung erfolgt durch einen Korridor, der sich um den Innenhof herumlegt. Zur „Communication zwischen der vorderen und hinteren Seite des Schlosses" [53], das heißt zur Wahrung der Repräsentationsachse zwischen Haupteingang und Ausgang des Gartensaales,

Abb. 103—106
Vier Kaminentwürfe, Feder, laviert und aquarelliert. Erdmannsdorff, vermutlich um 1770/71

Abb. 107
Wörlitzer Park, Blick auf die Südostecke des Schlosses

Abb. 109
Schloß Wörlitz, Vestibül mit der 1818 anstelle eines antiken Dreifußes aufgestellten Plastik des Apoll von Belvedére (Kopie)

Abb. 108
Schloß Wörlitz, Portikus mit lateinischer Widmungsinschrift „Fürst Franz ließ es für seine würdige Gemahlin Luise erbauen"

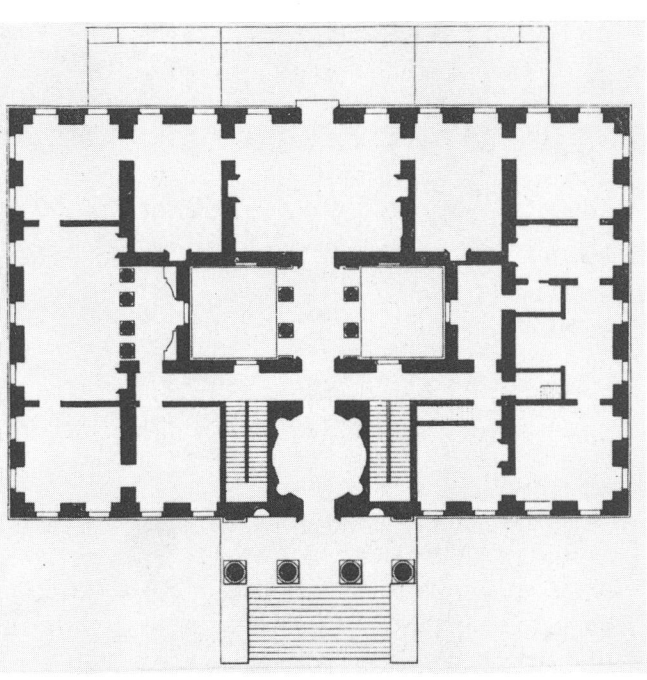

Abb. 110
Schloß Wörlitz, Grundriß nach der Ausführung

entstand vermutlich im fortgeschritteneren Baustadium der überdachte, von vier korinthischen Säulen gestützte Verbindungsgang. Durch diese Lösung wurde eine der großzügigen Empfehlungen Albertis letztlich zum schachtartigen Lichthof abgewertet. In die Obergeschosse des Wörlitzer Schlosses gelangt man über die „versteckten Innentreppen" beiderseits der Eingangsrotunde. Trotz meisterhafter Konstruktion und handwerklicher Ausführung tragen sie mehr den Charakter von Holzstiegen an einem wichtigen Bereich der funktionellen und inhaltlichen Abgrenzung zwischen Fürstenetage und den Obergeschoßräumen für Gäste und Bedienstete.

Das 1763/64 in Weiterführung charakteristischer Stilformen Robert Adams durch Henry Holland (1740—1806) entworfene Clarement-House in Surrey südwestlich von London steht äußerlich dem Wörlitzer Ausführungsprojekt am nächsten. An eine Direktübernahme eines derartigen Beispiels war bei den eigenschöpferischen Potenzen Erdmannsdorffs keineswegs gedacht. Einige präzise konstruierte und reizvoll kolorierte Ansichten englischer Landsitze im Nachlaß seiner Zeichnungen gehören zweifellos in die Vorphasen eigener Ideenfindung und selbständiger künstlerisch-architektonischer Umsetzung.

Wenn Erdmannsdorff auch weitgehend die Methodik der Aneignung antikischer Einflüsse vom liberalen Adel Englands übernahm, so überprüfte er doch gewissenhaft ihren theoretischen Gehalt immer wieder durch eigene Studien an italienischen Originalen und im persönlichen Kontakt mit Winckelmann, Clérisseau und anderen Geistesvertretern der griechischen und der römischen Variante des Klassizismus. Seine Absicht, dem architektonischen Rationalismus durch Rückführung des Baukörpers auf klare kubische Formen Ausdruck zu verleihen, schloß die Verarbeitung von älteren Auffassungen italienischer Renaissancetheoretiker ein. Wesentlichen Elementen seiner Ansichten begegnete er bei Andrea Palladio, aber vor allem bei Leon Battista Alberti — ausgedrückt in der Lehre von der idealen Vollkommenheit und Ausgewogenheit „kubischer Raumverhältnisse", bei denen Höhe und Breite als Grundmaß gleichgesetzt waren. Ludwig Grote wies 1928 mit Recht darauf hin, [54] daß Erdmannsdorff durch Aufnahme von Gedankengut, speziell der deutschen Klassizisten aus dem Umkreis von Winckelmann, Mengs und anderen, die englische Idee umbildete und Wörlitz somit eine Neuschöpfung wurde, deren Anerkennung in den Zeitquellen dokumentiert ist: Das Wörlitzer Schloß galt nach seiner Fertigstellung und Einordnung in das Gesamtkunstwerk des Parks, während überall auf dem europäischen Kontinent noch das Rokoko dominierte, als modernste Leistung klassizistischer Kunstgesinnung.

Abb. 111
Schloß Wörlitz, Entwurf für die Wandgliederung des Vestibüls, Federzeichnung. Erdmannsdorff, 1770/71

Abb. 112
Schloß Wörlitz, Vestibül mit antikem Dreifuß, Federskizze. Friedrich Gilly, 1797

Abb. 113
Schloß Wörlitz, Enfilade im Hauptgeschoß

Abb. 114
Schloß Wörlitz, Großer Saal. Entwürfe von Erdmannsdorff, 1770/71, Wandmalereien von Robigliard nach Carracci-Fresken in der Galerie Farnese in Rom. Stichkappengemälde von Johann Fischer nach Entwürfen Erdmannsdorffs, 1771–1773

Abb. 115
Schloß Wörlitz, Großer Saal, Südwand. Seitlich der Tür zum Lichthof Gemälde „Triumphzug der Galatea" und „Aurora entführt Cephalus" von Robigliard, 1771–1773

Der Auffassung folgend, daß ein feudales Wohnhaus im natürlich empfundenen Park nicht mehr zentrales Gestaltungsobjekt wie im Barock sein sollte, sondern vorzugsweise schöne, aber auch nützliche Staffage, war 1768 über die endgültige Einfügung des Wörlitzer „Landhauses" in den Landschaftsraum entschieden. Innerhalb von zwei Monaten wurde der 1698 nach Regierungsantritt des „Alten Dessauers" in strengen holländischen Barockformen errichtete Dreiflügelbau des „Jagdhofes" bis auf die Grundmauern abgetragen. Sein Äußeres ist durch einen Stich von Beckmann (1710) überliefert, seine ehemalige Lage aus dem ersten erhaltenen Schloßgartenplan ersichtlich, der vermutlich im Juni 1765 entstand und das „düstere Jagdhaus" — wie es Rode bezeichnet — nebst „Englischem Sitz" und damaliger Schwanenteichbrücke ausweist. Die noch heute sichtbaren Reste axialer barocker Alleestrukturen im unmittelbaren Vorfeld des Erdmannsdorffschen Baues zeigen die Identität von altem und neuem Standort.

Aus den Rentkammerrechnungen ist zu entnehmen, daß lange vor Baubeginn Materialien für das neue Vorhaben beschafft wurden. Im August 1768 trafen unter anderem Pirnaer Sandsteine ein, im Oktober des gleichen Jahres behauene Quader für eine massive Gründung, die wegen des hohen Grundwasserspiegels und der zu erwartenden Last der architektonischen Glieder erforderlich war. An die Aushebung der Baugrube im Dezember 1768 und Januar 1769 schloß sich die Fundamentierung an. Die Gesamtbauleitung lag in den Händen Erdmannsdorffs; die praktische Baudurchführung übernahm der Dresdner Konduktor Johann Gottlob Daumann (tätig um 1758 bis nach 1794), der bis 1763 im sächsischen Ingenieurkorps am Warschauer Hof diente, ehe er sich „privat der Civil-Baukunst" widmete.[55]

An der Südwestecke des Schlosses befinden sich die Inschriften:

„Eingeweihet
MDCCLXXIII den XXII Maerz".

„MDCCLXIX den V. April

Legten Hierunter den Grund
Stein
Franz Fürst zu Anhalt
Louise Dessen Gemahlin
Und von Erdmannsdorff
Als Baumeister."

Von der Grundsteinlegung bis zum Rohbaubeginn im März 1770 sollte fast ein Jahr vergehen. Die „Fürstlich-Dessauischen Nachrichten" von 1769 (Nr. 21) erwähnen einen durch Bauverzögerungen verursachten Streik, in dessen Verlauf der Maurermeister Klaus aus Wörlitz und die Maurergesellen Albrecht und Uhlendorf wegen „Widersetzlichkeiten" von der Baustelle verjagt wurden.[56]

Offenbar gab es in dieser Phase auch zwischen Erdmannsdorff und dem Bauherrn problemreiche Auseinandersetzungen über die Weiterführung der Arbeiten. Sie deuten sich in der relativ langen Innenausbauzeit von dreieinhalb Jahren an. Einen Teil dieser Zeit verbrachte Erdmannsdorff — vom 6. Oktober 1770 bis zum 9. Oktober 1771 — in Rom, wo er viele in Wörlitz auftretende gestalterische Probleme durch neuerliche Informationen an den Quellen antiker Kunst zu lösen suchte. A. Rode schreibt hierüber:

Abb. 116
Pompejanische Wandmalereien in der Casa dei Vettii, anregend für Erdmannsdorffs Wandgestaltungen im Großen Saal des Wörlitzer Schlosses

Abb. 117
Schloß Wörlitz, Großer Saal, Entwurf für den Wandfries, Feder, laviert. Erdmannsdorff, 1770

Abb. 118
Rom, Villa Medici, Akanthusranke, Pinselzeichnung, laviert. Erdmannsdorff, 1770. Staatliche Galerie Dessau

Abb. 119
Schloß Wörlitz, Speisesaal mit der durch Säulen abgetrennten Anrichtenische. Entwürfe von Erdmannsdorff, ab 1771. Stukkaturen von Schätzel und Ehrlich

Abb. 120
Schloß Wörlitz, Stuckdecke des Speisesaales mit Darstellungen zum Thema „Krieg und Frieden". Entwürfe von Erdmannsdorff, ab 1771/72

Abb. 121
Schloß Wörlitz, Wandgestaltung in der Anrichte des Speisesaales. Konsolnische mit Wedgwood-Vasen aus England

„Hr. von Erdmannsdorff brachte jedoch nicht die ganze Zeit, welche der Schloßbau dauerte, zu Wörlitz zu. Im J. 1770 durchreiste er mit dem Fürsten und dessen junger Gemahlin die Schweiz. An der Grenze zu Italien vermochte er aber um so weniger der anziehenden Kraft Roms widerstehen, als er sich selbst wohl bewußt war, bei Anwendung seiner Kunstwissenschaft noch manche seichte Stelle in sich entdeckt zu haben. Angefeuert also vom Triebe, sich selbst zu vervollkommnen, eilte er aufs Neue zu dieser Werkstatt der Kunst hin."[57] Vom Fürsten mit einer Geldsumme von 2000 Thalern ausgestattet, trat er Mitte September 1770 von Lausanne aus für ein Jahr seinen dritten Italienaufenthalt an, um dort ein regelrechtes Zeichenbüro für spezielle Ausstattungsdetails der Innenräume des Wörlitzer Schlosses einzurichten.

Erdmannsdorff war in Rom auf eine maximale, rationelle Nutzung seiner Zeit bedacht. Mit Empfehlungsschreiben des Dessauer Fürsten ausgestattet, nahm er sofort wieder Kontakte zu Kardinal Albani und Lord Hamilton auf. Er zeichnete weiterhin bei Clérisseau, modellierte bei Cavaceppi, erneuerte seine Besuche bei Piranesi, nahm Kontakte zu Malern wie A. v. Maron (1733—1803), Robigliard (tätig um 1760—1780), den Gebrüdern Hackert und zu A. R. Mengs auf, nachdem letzterer 1771 von einem längeren Zwischenaufenthalt in Spanien zurückkehrte. Ob er, wie es sein Wunsch war [58], auch mit Vanitelli in Neapel über Architekturfragen sprechen konnte, ist nicht bekannt.

Zunächst wohnte Erdmannsdorff in der „Ewigen Stadt" wieder am Spanischen Platz, später dann im Haus der Erben des Salvatore Rosa an der Piazza S.S. Trinità dei Monti, wo sich die meisten deutschen Bildungsreisenden, Künstler und Wissenschaftler aufhielten und anregenden gesellschaftlichen Umgang pflegten. Aus seinen Briefen ist die Ausgefülltheit seiner Tage ersichtlich: Die frühen Morgenstunden verbrachte er mit Lesen; tagsüber übte er sich im Modellieren; abends pflegte er meist zu zeichnen, und an Feiertagen widmete er sich der Besichtigung von Kunstwerken und landschaftlichen Erlebnissen.[59]

Im Auftrage des Dessauer Fürsten beschäftigte sich Erdmannsdorff auf dieser Reise auch mit pädagogischen Fragen der Unterrichtsmethodik in Italien, zunächst noch von der vagen Anregung Basedows bestimmt, in Anhalt-Dessau eine „Reformierte Fürstenschule" zu gründen. Erdmannsdorff steuerte insbesondere Gedanken zur Nützlichkeit des Zeichenunterrichts bei, die in den 80er Jahren Einfluß auf die Gründung der „Hauptschule" mit einem Lehrerseminar in Wörlitz (1785) und die Eröffnung der „Töchterschule" in Dessau (1786) besaßen und auch in seine Schrift „Gedanken über eine allgemeine vorbe-

Abb. 122
Schloß Wörlitz, erstes
Chinesisches Zimmer mit
original-chinesischen
Papiertapeten, um 1772

reitende Unterrichtsanstalt zu mechanischen Gewerben und zu bildender Kunst für Dessau" (nach 1787) einflossen. Interessant ist die Tatsache, daß Erdmannsdorff sich auf der dritten Italienreise in stärkerem Maße Gedanken über seine nationale Zugehörigkeit machte, von nun an seine schriftlichen Darstellungen und Korrespondenzen nur noch in der Muttersprache verfaßte und durch Begriffe wie „Landsmann", „Vaterland" gewisse Anfänge eines deutschen Patriotismus am Vorabend der Französischen Revolution erkennen ließ.

Erdmannsdorffs Hauptaufgabe in Rom bestand darin, Entwurfszeichnungen für den Innenausbau des Wörlitzer Schlosses anzufertigen. Neben seiner eigenen Tätigkeit vergab er auch Aufträge an andere Künstler. Bartolomeo Robigliard stellte Kopien der Fresken her, die Annibale Carracci (1560—1609) für den Festsaal des Palazzo Farnese nach 1597 geschaffen hatte. Ein namentlich unbekannter Zeichner, der auch für R. Adam gearbeitet hatte, erhielt ebenfalls Aufträge von Erdmannsdorff. Auf diese Weise gelang es ihm, über die inzwischen international verbreiteten englischen Tafelwerke mit Antikendarstellungen hinausgehend, viele Vorbilder für plastische Reliefs,

Abb. 123
Schloß Wörlitz, Stuhl im
„chinesischen Geschmack",
Eiche, um 1770

Abb. 124
Schloß Wörlitz, zweites Langzimmer mit Kamin von Minelli und Gemälden französischer und niederländischer Meister des 17. und 18. Jh. Gesamtentwurf von Erdmannsdorff, ab 1770

Abb. 125
Schloß Wörlitz, Konzertzimmer. Stuckdekorationen von Schätzel nach Entwürfen Erdmannsdorffs, ab 1771. Gipsstatuetten nach antiken Vorbildern, Männerkopf auf dem Konsoltisch von Bartolomeo Cavaceppi nach römischem Original, um 1770

Abb. 126
Schloß Wörlitz, Detail der Fensterwand des Konzertzimmers

Friese, Decken- und Wanddekorationen zu erfassen. Nach besonders ausgewählten Blättern, die Erdmannsdorff mit ausführlichen Erklärungen für den speziellen Verwendungszweck auf dem Postwege nach Wörlitz sandte[60], ließ er dort von geeigneten Bauzeichnern die Vorlagen für die Handwerker anfertigen. Um seine künstlerischen Gedanken noch plastischer als in der Zeichnung formulieren zu können, übte er sich bei Cavaceppi im Modellieren. Römische und pompejanische Vorbilder haben Erdmannsdorff insbesondere zur antikisierenden Stuckierung von Decken und zur Grisaillemalerei an Decken und Wänden inspiriert. Fünf in Rom angekaufte Kamine haben sich mit ihren Schmuckformen auf die gesamte Ornamentgestaltung des Schlosses Wörlitz ausgewirkt. Einen Teil der Möbel, soweit sie nicht aus England importiert oder aus der berühmten Kunsttischlerei von Abraham und David Roentgen (1743—1807) bezogen wurden, entwarf Erdmannsdorff in Anlehnung an englische Beispiele, die Wilhelm Chambers und Thomas Chippendale (1709—1779) geschaffen hatten. Ebenso wie die Türen und Vertäfelungen wurden sie zumeist vom Dessauer Tischlermeister Johann Andreas Irmer (1730—1798) angefertigt, der seinen handwerklichen Ruf beim vorausgegangenen Umbau der Dessauer Schloßkirche begründet hatte.

Von den übrigen, an der Innengestaltung des Wörlitzer Schlosses beteiligten Künstlern und Kunsthandwerkern sind besonders der Berliner Hofmaler Johann Fischer (tätig seit etwa 1760), der Bildhauer Johann Christian Ehrlich (gest. 1780), der Stukkateur Schätzel und der Tapetenmaler Hein(t)ze (beide tätig um 1769ff.) zu erwähnen. Neben Antiken, die auf Betreiben Erdmannsdorffs in Italien angekauft wurden, trugen die Kopien Cavaceppis ebenso zur Abrundung des Interieurs bei wie die zahlreichen Gemälde — Originale und Kopien italienischer Malkunst des 16. bis 18. Jahrhunderts —, die Leopold Friedrich Franz zur Erinnerung an das Italienerlebnis nach 1765 erworben hatte.

„Am 22. März 1773", schreibt A. Rode über Erdmannsdorff, „ward das Schloß aufs Feierlichste eingeweiht. Dies sein Meisterwerk! Alles, was seine Kunst, Wissenschaft und Einbildungskraft vermochten, scheint er hier angewendet zu haben. Anordnung, Einrichtung, Übereinstimmung, Ebenmaß, Schicklichkeit und Konstruktion lassen nichts zu wünschen übrig. Die Verzierungen überraschen durch ihre Neuheit, durch ihre feine Auswahl, durch ihre Schönheit. Pracht schimmert nirgends. Ein zauberischer Reiz ist über das Ganze verbreitet."[61]

Diesen neuen Reiz mögen wohl all die vielen Persönlichkeiten des Geisteslebens der Zeit gespürt haben, die das fürstliche Landhaus nach der Fertigstellung besichtigten. Der ursprüngliche Zustand blieb bis heute relativ unangetastet erhalten.

Den Gedanken von „Zeit und Ewigkeit" aufnehmend, den eine große astronomische Uhr an der Decke des Portikus suggeriert, betritt man Erdmannsdorffs bedeutendstes Bauwerk. „Cerés", die Göttin des für Anhalt-Dessau wichtigen Ackerbaus, und „Fortuna", die Göttin des Glücks, zwei 1774 vom Bildhauer Johann Christian Ehrlich gearbeitete Plastiken, rahmen in seitlichen Halbnischen das Hauptportal des Dessauer Kunsttischlers Johann Andreas Irmer. Den lateinischen Text auf der Gebälkzone unterhalb des Frontgiebels, „Fürst Franz erbaute, möblierte und weihte dieses Haus seiner würdigen Gemahlin Louise", ergänzt über dem Eingang die deutsche Inschrift: „Liebe und Freundschaft haben es erbauet, Einigkeit und Ruhe möge es bewohnen, so werden häusliche Freuden nicht fehlen."

Wie die Geschichte bewies, sollten sich diese Wünsche des Bauherrn nicht vollständig erfüllen. Die an krankhafter sentimentaler Schwärmerei leidende, ständig nach unerreichbaren Idealen suchenden Fürstin distanzierte sich trotz reicher geistiger Begabung und vielseitiger musischer Ambitionen frühzeitig vom gemeinsamen Zusammenleben. Nachdem Leopold Friedrich Franz mit der Gärtnerstochter Leopoldine Luise Schoch (1767—1813), die ihm drei Kinder schenkte, in das Gotische Haus übersiedelte, blieb sie zunächst bis 1790 allein im Schloß. Als dieses dann trotz ihrer Einwände zunehmend dem Besucherstrom

Abb. 127
Schloß Wörlitz, Stuckdecke des Konzertzimmers, gemalte Felder mit Tänzerinnen und musizierenden Gestalten nach pompejanischen Vorbildern

Abb. 128
Schloß Wörlitz, Bibliothekszimmer. Entwürfe von Erdmannsdorff, ab 1770. Bücherschränke aus naturfarbenem Lindenholz, in eingearbeiteten Nischen römische Plastiken bzw. Kopien. Wandmalereien mit thematischen Darstellungen: Philosophie, Dichtkunst, Historienschreibung und Rechtswissenschaft

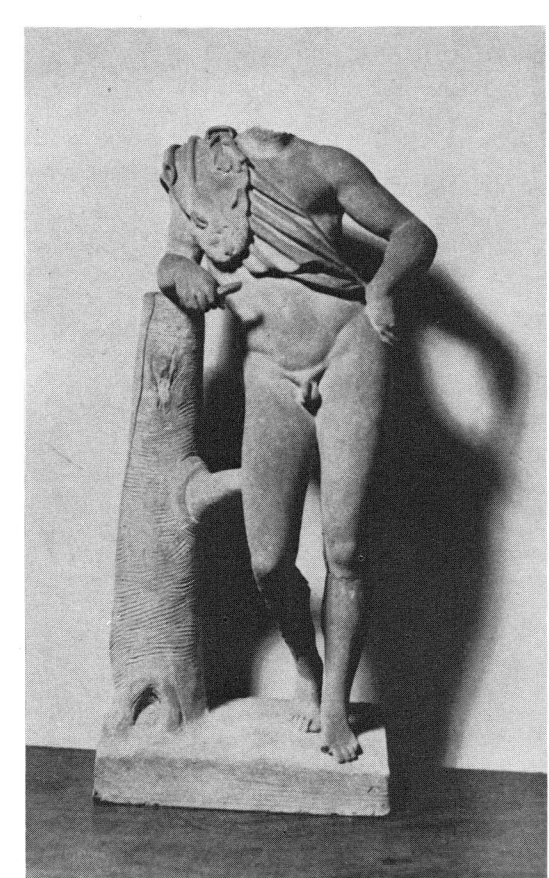

Abb. 129
Schloß Wörlitz, Bibliothekszimmer, drei Statuetten aus gebranntem Ton nach römischen Originalen von Bartolomeo Cavaceppi, um 1770

Abb. 130
Schloß Wörlitz, Bibliothekszimmer, Plastik, Bartolomeo Cavaceppi, 1768

Abb. 131
Schloß Wörlitz, Decke des Bibliothekszimmers. Entwurf von Erdmannsdorff, 1771

geöffnet wurde, zog sie sich in das einsamere Graue Haus zurück, das Georg Christoph Hesekiel (1732—1818) 1789/90 an der Kirchstraße in Wörlitz erbaut hatte.

Im Gegensatz zur klaren kubischen Formung des in antikischem Weiß gehaltenen Außenbaukörpers zeigen die nach Erdmannsdorffs Entwürfen gestalteten Innenräumen des Wörlitzer Schlosses einen auffälligen Hang zu reicherer Dekoration und rasch wechselnden Farbeindrücken. Der unverkennbare Einfluß wiederentdeckter antik-römischer Wandmalereien und die ästhetische Freude an edlen Materialien und ihrer optisch wirksamen Gegenüberstellung erwiesen sich in dieser klassizistischen Frühphase um 1770 noch als Abglanz des Reichtums vorausgegangener Dekorationskunst des Rokokos.

Die bewußte, mit beinahe wissenschaftlichem Eifer betriebene Suche nach immer neuen symbolhaften Bezugspunkten erschloß die ganze Fülle literarischer Gehalte antiker Mythologie. So hatte Erdmannsdorff in enger Abstimmung mit dem Fürsten jeden Raum des Bauwerks für einen speziellen Zweck bestimmt und mit dementsprechenden assoziativen Kunstwerken ausgestattet. In seinen Rom-Briefen an Leopold Friedrich Franz erläuterte er präzise die Ausführung seiner sorgfältig durchgezeichneten Entwürfe und die Deutung ihrer Zeichensprache, deren Interpretation auch an die gebildete Oberschicht seiner Zeit hohe Anforderungen stellte.

Bereits im Vestibül des Hauptgeschosses, einem überkuppelten Zentralraum, der offensichtlich durch Form und geistigen Inhalt des Pantheons inspiriert wurde, wird dem Eintretenden der ideale Wunsch nach Herausbildung einer neuen, durch die Antike geläuterten humanistischen Menschengesellschaft nahegebracht. Tafeln mit Sinnsprüchen über Wahrheit und Tugend, wechselnd mit den in halbrunden Nischen aufgestellten Antikenabgüssen der Venus Urania, der Venus Medici, des Merkur und eines Satyr — Kopien bedeutender Originale, die sich in Rom und Florenz befinden —, und die ebenfalls antiken Vorbildern entlehnten, gemalten Darstellungen wichtiger Lebensstufen wie Geburt, Eheschließung und opferreicher Tod sollten die Einstimmung auf das zentrale Aussagethema vertiefen. Ein ursprünglich in der Raummitte aufgestellter symbolhafter, antiker Dreifuß wurde 1818 durch den Apoll von Belvedere ersetzt.

Friedrich Gilly (1772—1800), der als Fünfundzwanzigjähriger während seines Wörlitz-Aufenthaltes im Mai 1797 von der einfach-klaren architektonischen Grundhaltung und den edlen Proportionen dieses Zentralraumes besonders beeindruckt war, hielt ihn im damaligen und bis heute kaum veränderten Zustand in einer seiner schönen Federzeichnungen fest.

Abb. 132
Schloß Wörlitz, Kabinett der Fürstin. Entwurf von Erdmannsdorff, ab 1770. Möbel von Johannes Irmer und David Roentgen, Kamin aus antiken Teilen von Giovanni Piranesi

Abb. 133
Schloß Wörlitz, Entwurf für die Wandgestaltung des Kabinetts der Fürstin. Erdmannsdorff, 1770

Abb. 134
Schloß Wörlitz, Entwurf für die Kaminwand des Kabinetts der Fürstin, Federzeichnung, aquarelliert. Erdmannsdorff, 1771. Staatliche Galerie Dessau

Über den ursprünglich unbedachten, durch gebälktragende korinthische Säulenpaare geschmückten Lichthof betritt man den in der Mittelachse des Schlosses liegenden, durch zwei Geschosse reichenden Großen Saal. Hier gelangt das seit dem 18. Jahrhundert für Gartensäle bevorzugte Thema heiter-gelöster Lebensfreude, vorgeführt durch die Götterwelt der Antike und in diesem Fall gekrönt durch das Deckenbild „Triumphzug des Bacchus und der Ariadne", zu breiter Entfaltung. Bemerkenswert ist die weitgehend von Spätbarocktraditionen abgewandte frühklassizistische Lösung der Innenraumgestaltung, bei der sich Erinnerungen an die Casa dei Vettii in Pompeji aufdrängen. Erdmannsdorff widmete sich 1770 in Rom besonders sorgfältig den Entwürfen von Akanthus- und Bukranionfriesen, Deckenkassetten und Profilen für Tür-, Spiegel- und Bilderrahmen. Aus der Folge der im Palazzo Farnese in Rom befindlichen Fresken des Annibale Carracci hatte er Themen ausgewählt, nach denen der Maler Robigliard an Ort und Stelle Kopien auf Leinwand für Wörlitz anfertigte. Es sind berühmte Paare antiker Mythologie: Polyphem und Galathea, Aurora und Cephalus, Pan und Silene, Merkur und Paris, Herkules und Omphale, Juno und Jupiter, Luna und Endymion, Venus und Anachises.

Abb. 135
Schloß Wörlitz, Kabinett der Fürstin, Scheintür in Stuckarbeit, 1771—1773. Bronzestatuetten auf den Konsolen: Bacchanten (ital. Renaissance), Venus- und Jünglingsfiguren (Giacomo Zoffoli, um 1770)

Abb. 136
Detail der Scheintür in Stuckarbeit

Den ornamentalen Hauptfries mit Grotesken in bronzeähnlicher Illusionsmalerei und die idyllhaften Parkszenerien auf den Trompen der gewölbten Decke — Jahreszeitdarstellungen mit den Themen „Blumenfest", „Kornernte", „Weinlese" und „Jagd" — führte der Berliner Künstler Johann Fischer bis 1773 nach Erdmannsdorffs Entwürfen aus. In die Wandzone wurden zwei der insgesamt fünf durch Minelli (tätig zweite Hälfte des 18. Jh.) in Rom nach Erdmannsdorffs Angaben geschaffenen Kamine aus dunkelrotem Stuckmarmor mit feuervergoldeten Bronzeornamenten und weißen Marmorreliefs eingefügt. Sie trafen am 4. September 1771 in Wörlitz ein, als die Arbeiten am Festsaal bereits in vollem Gange waren. Wichtig für das Raumerlebnis sollte insbesondere der weite Blick durch die Flügeltüren in den Park sein, ausgerichtet auf das „Nymphäum" und das erst 1801—1807 entstandene „Monument am Wall".

Links des Haupteingangs und der innenräumlichen Hauptachse des Schlosses, durch einen schmalen Korridor zugänglich oder in die Enfilade einbezogen, befinden sich der Speisesaal, das dazugehörige Eckzimmer und zwei „Chinesische Zimmer". Der elegante, im klassizistischen Sinn strenger empfundene Speisesaal wird zweifellos als wichtigster offizieller Raum nach dem Großen Saal empfunden. Er erhielt seinen besonderen Charakter durch die Reihung hoher korinthischer Säulen an der Grenze zur halbkreisförmig angeschlossenen Anrichtenische. Derartige Säulenreihungen wurden von Erdmannsdorff wiederholt als Mittel der innenräumlichen Akzentuierung verwendet. Durch Zurückdrängung des Farbigen bei vorwiegend weißen Grundtönen erfolgte eine Steigerung des antikischen Raumerlebnisses. Aber auch hier herrscht noch, wie bei den meisten Salons der Hauptetage, der für das Dekorationsempfinden des Erdmannsdorffschen Frühklassizismus typische Horror vacui, das heißt die Angst vor der unausgefüllten Fläche. Formenreiche, kleinteilige Stuckarbeit zum Thema „Krieg und Frieden", meisterlich ausgeführt von Schätzel unter Mitwirkung von Ehrlich, verleihen der Decke und den Wänden keineswegs eine sachlich-bürgerliche, sondern bewußt eine fürstlich-exklusive Note. Die farbigen Nuancen entstehen durch senkrechte Stuckbänder, rotbraune und blaßgrüne Kunstmarmorblenden der Kamine, vor allem aber durch die in die Wandflächen einkomponierten Bildnisse des Dessauer Fürsten und seiner Vorfahren, unter anderem gemalt von Friedrich Reinhold Lisiewsky, Antoine Pesne (1683—1757), Maria van Laeck, Julius Ramondon, Anton v. Maron und Friedrich Georg Weitsch. Kostbare kunsthandwerkliche Gegenstände — englische Chippendale-Möbel, Möbel von J. A. Irmer, Lüster, Wedgwood-Porzellane, geschliffene und geschnittene Gläser — bereichern die bis heute unangetastete Ausstattung, an der ab 1771 gearbeitet wurde.

Das „Eckzimmer" am Speisesaal, ein mit grünem Seidendamast ausgeschlagener Raum, ist mit seiner Ausstattung unterschiedlicher Gemälde, die vor allem von Johann Fischer, Francesco Zuccarelli (1702—1788) und Andrea Localli stammen, den Erinnerungen an italienische Landschaftserlebnisse gewidmet.

Abb. 137
Schloß Wörlitz,
Schlafzimmer der Fürstin.
Entwürfe
von Erdmannsdorff,
ab 1770. Marmorbüste
der Julia Sabina
(Kopie nach röm. Original)

Abb. 138
Schloß Wörlitz, Kabinett
der Fürstin.
Intarsienschränkchen
von David Roentgen,
um 1775

Abb. 139
Schloß Wörlitz,
Schlafzimmer der Fürstin,
Entwurf
für die
südliche Türwand,
getuschte Federzeichnung.
Erdmannsdorff, 1770

Abb. 140
Schloß Wörlitz,
Decke im Schlafzimmer
des Fürsten.
Im Mittelfeld
„Ganymed mit dem Adler"
(Kopie eines ital. Meisters,
Anton v. Maron, um 1770)

Völlig abweichend, aber trotzdem nach damals modernem Zeitgeschmack unter Bezug auf englische Vorbilder des William Chambers und Thomas Chippendale eingerichtet, erscheinen zwei Chinesische Zimmer, funktionell unterschieden als Wohn- und Schlafgemach. Die asiatischen Tapeten, bunten Laternen, Porzellane, Speckstein figuren und Lackarbeiten wurden zum Teil über England importiert oder dort nachgeahmt sowie durch schöne farbige Tischplatten mit Marmor- und Lavainkrustationen ergänzt, die in Italien angefertigt wurden. Die Kostbarkeit, Gediegenheit und die handwerkliche Verarbeitung in einfachen Formen fanden hohe Bewunderung. Es ist zu betonen, daß sich diese Mischung traditioneller und neuer Übernahmen exotischer Kultureinflüsse — die sich beispielsweise auch in der Aufstellung chinesischer Brücken und Pagoden zeigte — sehr wesentlich von den verspielten, unverstandenen chinoisen Auffassungen des feudalen Spätbarocks unterscheidet. Denn hier wurde nicht mehr in oberflächlicher Weise das vermeintliche Ideal heiteren Lebensgenusses interpretiert oder nachvollzogen. Ihr Inhalt entsprach vielmehr der Suche nach wissenschaftlicher Erkenntnis, die sich bis weit in den ostasiatischen Raum orientierte und zunehmend Ziel großer Welt- und Erkundungsreisen wurde, wie sie auch von den deutschen Forschern Johann Reinhold Forster und dessen Sohn Georg (1754—1794) 1772 unternommen wurden.

Die beiden Langzimmer als disponible Räume strahlen durch den weißen, reliefierten Stuckmarmor an Decken, Fenster- und Kaminwänden, durch große, mit dunkelgrünem Seidendamast bespannte Längswände und ein in einfachen geometrischen Formen gemustertes Parkett ein Fluidum klassischer Ruhe aus, das auch durch die gewählt verteilten Gemälde französischer und niederländischer Meister des 17. und 18. Jahrhunderts nicht beeinträchtigt wird. Bilder aus der „Oranischen Erbschaft" sind in den beiden Räumen mit italienischen Landschaftsdarstellungen vereinigt, von denen zwei aus den um 1770 vorgenommenen Kunstankäufen Erdmannsdorffs stammen.

Die Entwürfe für die Friese und Decken — insgesamt elegante, schönlinige Verzierungen und Grotesken — sind auf die 1762 entstandenen Darstellungen des „Pitture Antiche d'Ercolano" [62] zurückzuführen. Minelli-Kamine, antike Gefäße, Plastiken, Marmorkonsoltische und dergleichen vervollständigen die gegenüber den folgenden Wohnräumen strengere Note, in der E. P. Riesenfeld 1913 bereits eine stilistische Vorwegnahme der Ausstattung des Parolesaales der „Königskammern" im ehemaligen Berliner Stadtschloß sieht, den Erdmannsdorff in den 80er Jahren gestaltete. Rechts des Haupteinganges, ebenfalls durch einen engen Korridor erschlossen, befanden sich die fürstlichen Wohnräume.

Im Konzert- und Musikzimmer überwiegen wiederum die nach pompejanischen Motiven ausgeführten reichen Stuckarbeiten und Wandmalereien. Tänzerinnen, Flöten- und Leierspieler sowie die stark plastischen ornamentalen Details, ebenfalls entnommen aus dem „Pitture Antiche d'Ercolano", bestimmen in Einheit mit den nach antiken Vorbildern ausgeführten Decken- und Wandmalereien des Johann Fischer die Thematik des Raumes. Sie wird wiederum bereichert durch entsprechende Gemälde aus der „Oranischen Erbschaft", ausgeführt von bedeutenden Künstlern wie Salomon Ruysdael, Hendrik Avercamp, Philips Wouwermann, Jan Verkolje I, Nicolas Berton und andere. Einige Antikenkopien Cavaceppis und ein um 1800 entstandener Flügel aus der Wiener Werkstatt des Franz Lauterer bereichern das Interieur.

Besondere Sorgfalt verwendete Erdmannsdorff für die Gestaltung der intimeren Räume der Schloßherrin. Die meisten seiner Rom-Entwürfe und viele mit speziellen Ausführungsanleitungen versehene Korrespondenzen widmeten sich dieser für ihn zentralen innenarchitektonischen Aufgaben. Ein Blick auf die Kaminwand des Kabinetts der Fürstin zeigt auf engen Flächen die vielseitigen Kombinationen von Materialien und dekorativen Elementen, den Wechsel von weißem Stuck, farbiger Malerei, Spiegelglas und Marmor. Auffällig ist Erdmannsdorffs starker Hang zur geometrischen Aufteilung, die mosaikartige Addition vieler Felder und die präzise Ausführung ihrer kleinteiligen Motive in einer klassizistischen Umsetzung antikischer Grotesken in Form von Masken, Vögeln, Putten, Vasen und dergleichen. Viele dieser Elemente hat er in Herculaneum kopiert. Der auf seine Veranlassung aus antiken Resten durch Giovanni Battista Piranesi zusammengesetzte, 1771 angekaufte Marmorkamin war ursprünglich für die Bibliothek vorgesehen.

Mit der Innenausstattung des Schlafzimmers der Fürstin hat sich Erdmannsdorff in Rom mehr als zwei Monate intensiv beschäftigt. Aus seinen Briefen ist zu entnehmen, daß er die speziellen Anregungen aus den Bädern der Livia, dem Casino Pius IV. im Vatikan und aus der Villa Negroni entlehnte. Die Vorbilder für die Ornamentik entnahm er unter anderem mehreren antiken Marmorpilastern, von denen einige später in der Grotte des „Steins" im Wörlitzer Park Aufstellung fanden.

Dekoratives Hauptelement in diesem Raum sind stukkierte oder aufgemalte Grotesken, durchsetzt mit Symbolen des Schlafes und der Liebe. Klassizistisches Weiß, gedämpfte Holztönungen der Türen und des Parketts sowie dunkelgrün-gestreifter Seidenda-

Abb. 141
Schloß Wörlitz,
Obergeschoß,
ehemals Wohnzimmer
Erdmannsdorffs

Abb. 142
Wörlitzer Park,
Schloßansicht
von Nordosten

mast an einigen Wandflächen und im bühnenartig angelegten Alkoven — vermutlich in der zweiten Hälfte des 19. Jahrhunderts erneuert — verleihen dem Schlafzimmer der Fürstin eine nahezu feierlich-theatralische Stimmung, die trotz gewandelter Architekturformen noch immer an die zeremonielle Bedeutung fürstlicher Schlafkabinette des französischen Absolutismus erinnert. Über die ikonographischen Einzelheiten der bildkünstlerischen Ausstattung des Alkovens und des Bettes hat sich Erdmannsdorff speziell in zwei Briefen an Leopold Friedrich Franz vom 18. Januar und 3. Februar 1771 geäußert (siehe Selbstzeugnisse).

Bemerkenswert ist die meist äußerst disziplinierte Umsetzung der Entwurfszeichnungen und Ausführungshinweise Erdmannsdorffs durch seine Mitarbeiter: Ehrlich, Schätzel, Heintze, Buch und Fischer. Im Schlafzimmer des Fürsten — thematisch dem obersten griechischen Gott Zeus als Hüter der Rechtsordnung gewidmet — verursacht wiederum die grüne, im 19. Jahrhundert erneuerte Seidendamastbespannung der Wände den gedämpften Raumeindruck. Ein Minelli-Kamin aus rötlichem Marmor und die quadratische Stuckdecke mit dem gemalten Adlerflug des Ganymed, ausgeführt von den genannten Künstlern nach einem Entwurf Erdmannsdorffs vom Herbst 1770, setzten die bildkünstlerischen Hauptakzente, ergänzt durch ein relativ einfaches, mit einem Schreibtisch kombiniertes Bett, Büsten, Bronzestatuetten und Gemälde.

Außerordentlich reich gestaltet ist das Bibliothekszimmer. Erdmannsdorff widmete es, wie die Stuckreliefs der Decke beweisen, Apollo, dem Schutzgott der Künste und Wissenschaften. Jeweils eine Wand mit den dazugehörenden Bücherschränken aus Lindenholz ist ältesten Zweigen wissenschaftlicher Betätigung gewidmet, an die auch die Aufklärungszeit anzuknüpfen suchte: Philosophie, Geschichte, Rechtsgelehrsamkeit und Dichtkunst. Wandbildnisse überragender, ausgewählter Geistesvertreter der Zeit und Kopien antiker Büsten und Plastiken, letztere von Bartholomeo Cavaceppi geschaffen, ergänzen das Programm. In den Bücherschränken fanden Teile der Wörlitzer Antikensammlung Aufstellung. Die Buchbestände wurden 1918 veräußert.

Der Einfluß englischer Wohnkultur des späten 18. Jahrhunderts ist vor allem in den einfacheren, schmuckärmeren Obergeschoßräumen spürbar. Ursprünglich waren sie unter anderem für die Hofdamen der Fürstin, die Prinzen Johann Georg und Albrecht sowie für Erdmannsdorff während seiner Aufenthalte in Wörlitz bestimmt. Dezente, locker aufgesetzte, fein-

gliedrige Stuckornamente und -arabesken in Nachahmung hellenistischer Formen, die in leichten Farbtönungen von den sonst einfarbigen Wand- und Deckenflächen abgesetzt sind, sorgen für eine gegenüber dem Repräsentationsgeschoß klarere und rationellere Grundhaltung, die der wegweisenden Vorstellung J. J. Winckelmanns von der „edlen Einfalt und stillen Größe" weitaus gerechter wurde.

Zu den Besonderheiten der künstlerischen Ausstattung der Wohnräume gehören in diesem Geschoß neben den sparsam-vornehmen Möblierungen im vorherrschenden Chippendale-Stil die auf trockenen Grund aufgetragenen großformatigen Städtebilder von Johann Fischer. Im „Erdmannsdorff-Zimmer" verbinden sie sich mit nachhaltigen persönlichen Erinnerungen des Baumeisters an die für ihn wohl ausgelassensten und freizügigsten Aufenthalte in der Lagunenstadt Venedig.

Zu den technischen Neuerungen der Schloßeinrichtung gehörte unter anderem ein Badezimmer im Keller, das an eine Druckwasserversorgung nach englischem Vorbild angeschlossen war, die bis ins Dachgeschoß reichte und durch eine aus England importierte Pumpe aus einem Tiefbrunnen gespeist wurde. Außerdem gab es verschiedene damals neuartige Lastenaufzüge.

1783, ein Jahrzehnt nach der Schloßeinweihung, erteilte der Fürst an Erdmannsdorff den Auftrag, auf dem Dach ein Belvedere mit einem geräumigen Saal zu errichten. Der 1784 eingeweihte, auf Grund seiner dekorativen Ausstattung als Palmensaal bezeichnete Festraum des Belvedere eröffnet einen weiten imposanten Blick über den Park und den anschließenden Landschaftsraum der Elbaue. An dieser Stelle erinnert man sich der Beobachtungen, die Friedrich Gilly während seiner Reise im Jahre 1797 über Rinčy und über das organische Zusammenwirken von klar empfundenen Architekturformen und malerischer Landschaft niederschrieb. Sie können ebensogut auch für Wörlitz gelten:

„... der reich ausgestattete Wohnsitz ist von freien Umpflanzungen umgeben, die mehr das Werk der Natur, als der Kunst zu sein scheinen... Feld und Wald gehören zum Garten und ein malerischer Zusammenhang vereinigt sie zu einem Garten... Dies ist der Charakter des Landsitzes, in dessen Mitte sich die fürstliche Wohnung erhebt, die dem Ganzen nicht auffallend hervorsteht oder durch ihr Äußeres zu sehr blendet, sondern im Gegenteil die Wirkung der umgebenden Landschaft erhebt."
[63]

Abb. 143
Wörlitz, Blick vom Turm der Stadtkirche auf Schloß und Parkanlage

6

Der Wörlitzer Park und seine frühklassizistische Ausgestaltung (1764–1800)

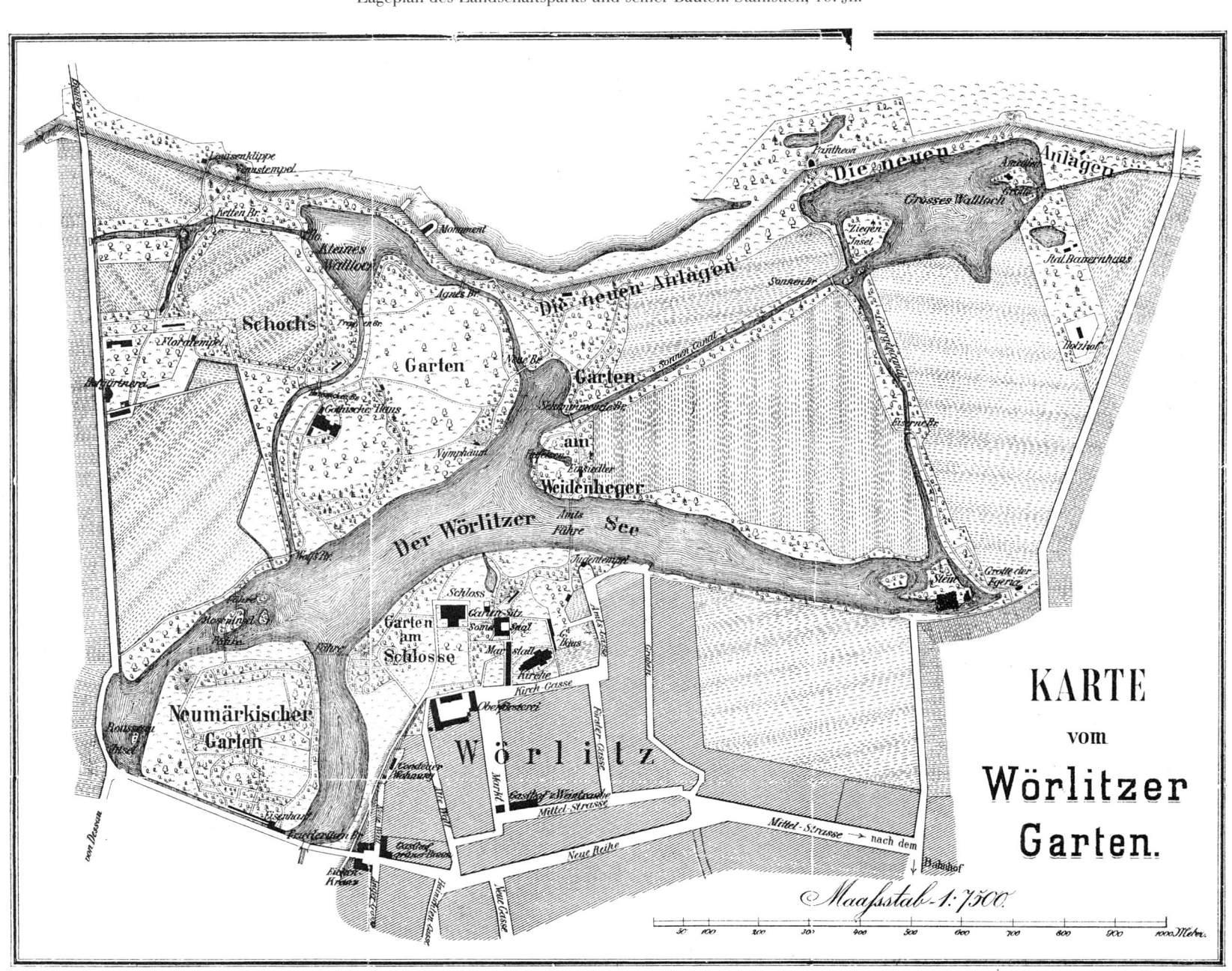

Abb. 144
„Karte vom Wörlitzer Garten".
Lageplan des Landschaftsparks und seiner Bauten. Stahlstich, 19. Jh.

„Hier ist's jetzt unendlich schön", schrieb Goethe (1749—1842) am 14. Mai 1778 an Charlotte v. Stein, „mich hat's gestern abend, wie wir durch die Seen, Kanäle und Wäldchen schlichen sehr gerührt, wie die Götter dem Fürsten erlaubt haben, einen Traum um sich herum zu schaffen. Es ist, wenn man so durchzieht, wie ein Märchen, das einem vorgetragen wird, und hat ganz den Charakter der Elysischen Felder; in der sachtesten Mannigfaltigkeit fließt das eine in das andere, keine Höhe zieht das Auge und das Verlangen auf einen einzigen Punkt; man streicht herum, ohne zu fragen, wo man ausgegangen ist und hinkommt. Das Buschwerk ist in seiner schönsten Jugend, und das ganze hat die reinste Lieblichkeit."

Wenn sich der Weimarer Dichterfürst auch wenige Jahre später von der Sentimentalität Jean Jacques Rousseaus löste, die den Wörlitzer Park durchzog, so hat er, ebenso wie viele andere, deren realistischer Humanismus sich über ästhetische Kompromisse hinwegsetzte, der künstlerischen Gesamtanlage als Ausdruck vorwärtsweisender Ideen der Aufklärung stets große Hochachtung gezollt.

Der Wörlitzer Park hat auch in den darauffolgenden Zeiten nichts an kultureller Wertschätzung eingebüßt. Denn noch 125 Jahre später, 1903, gelangte der österreichische Romancier Karl Emil Franzos in seiner literarisch einprägsamen Darstellung „Aus Anhalt und Thüringen" zu der begeisterten Feststellung:

„... dies Wörlitz mit seinen vier Gärten, seinen sieben gewaltigen Kunst- und wissenschaftlichen Sammlungen ist ja eine Welt für sich, ist ja tatsächlich das Spiegelbild, der Inbegriff eines reichen, nach allen Richtungen tapfer ringenden oder doch rührend tastenden Jahrhunderts..."

Der Wörlitzer Park ist unbestritten das künstlerisch bedeutendste gestalterische Ergebnis innerhalb des weitgedachten Vorhabens, die Elbauenlandschaft über Dessau hinaus, bis nach Großkühnau reichend, in ein zusammenhängendes „Gartenreich" zu verwandeln.

Der als „Wörlitzer See" bezeichnete Altarm der Elbe mit vier langgestreckten, buchtartigen Ausläufern, zwei teichähnliche Restgewässer, ein künstlich angelegtes Verbindungssystem gerader und gewundener Kanäle sowie ein hoher, als natürliche Geländewelle empfundener Wasserschutzdamm gliedern das etwa 112 Hektar große Territorium in mehrere Einzelbereiche: in den Garten am Schloß, in Neumarks Garten, Schochs Garten, den Weidenheger und in die Neuen Anlagen. Wiesen und Wasserläufe, aufgeschüttete Hügel, Schlängelwege, Gehölze und Buschwerk, Brücken, Kleinarchitekturen und Denkmäler verleihen dem seit 1764 in über vier Jahrzehnten gestalteten Areal trotz Erkennbarkeit dreier aufeinander aufbauender Stilphasen die Geschlossenheit einer unverwechselbar englischen Anlage.

Wörlitz war nicht der erste „natürliche" Park dieser Art in Deutschland, aber gemessen an den Anfangsversuchen in Schwöbber bei Hameln (1750), Harbke bei Helmstedt (1765) und Marienwerder bei Hannover (1765/66) das umfangreichste und reifste von den frühen Beispielen, wenn auch in vielen Details noch vom Charakter der Übergangszeit geprägt. Dies gilt insbesondere für den in der ersten Phase durch Johann Friedrich Eyserbeck angelegten Teil im westlichen Parkabschnitt. Eyserbeck hatte, wie bereits dargelegt, um 1763 erste Ideen zur Anlage konzipiert; sie wurden nach den Erfahrungen seines Englandaufenthaltes im Zusammenhang mit der Errichtung des „Englischen Sitzes" verbessert. Aus der ältesten erhaltenen Situationsskizze von etwa 1765—1768 ist ersichtlich, daß sich die Maßnahmen zuerst auf die unmittelbare Umgebung des geplanten Schloßneubaus, auf dem Blatt noch in den Umrissen einer barocken Cour d'honneur-Anlage angedeutet, erstreckten.

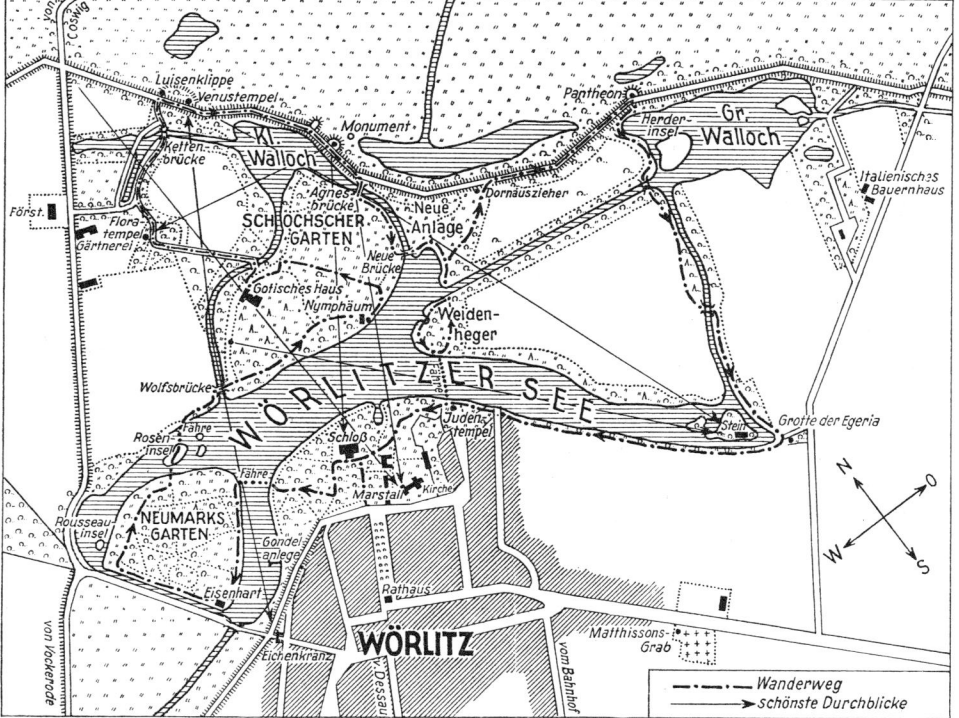

Vorwärtsweisend im Sinne des neuen englischen Stils war bei der zur Ausführung gelangten Parkdarstellung nur die Behandlung des nördlichen Terrains zwischen Schloß, offenem Gartensitz und See, das als weitläufiges, unregelmäßiges Gartenparterre aufgefaßt wurde. Der leichte Geländeabfall zum bogenförmig ausschwingenden Ufer erfüllte mit seiner großen Wiesenfläche die grundlegende Forderung nach breiter Aussicht auf die Elbaue, die durch sorgfältige Auswahl weniger Gehölzpflanzungen unbeeinträchtigt bleiben sollte. Nur nach Osten verdichteten immergrüne Bestände die „natürliche" Abgrenzung des allseitig offenen Freiraumes zum Ortskern. Ein ge-

Abb. 145
Karte des Wörlitzer Parks mit Hauptwanderweg und wichtigen Sichtbeziehungen. Heutiger Zustand

schlängelter Spazierweg, der diesen Teil des Parks peripher umgab und an den sich westlich des Schlosses der besonders markierte „Garten der Fürstin" anfügte, sollte ein möglichst komplexes Landschaftserlebnis bieten. Auffallend in ihrer Gegensätzlichkeit ist die noch nachhaltig von Barocktraditionen bestimmte Gestaltung des Schloßvorplatzes. Durch ein Rondell im Parterre, Rechtwinkligkeit, strenge Axialität und Symmetrie von Alleebäumen und Rasenstreifen wurde dem Hauptgebäude des Parks noch immer die traditionelle Note älterer Feudalsitze zuerkannt.

Diese Situation zeigt in wenig variierter Form ein 1769 gefertigter Lageplan mit der nachweisbar später aufgebrachten, rückdatierten Beschriftung: „Wörlitz. entworfen und gezeichnet. von Friedrich Eyserbeck. 1767." Das Dokument belegt, daß sich seine gartenkünstlerischen Aufgaben auch auf Teile erstreckten, die als „Insel der Fürstin" bekannt waren oder später als „Neumarks Garten" und „Schochs Garten" bezeichnet wurden. Hier offenbaren sich die noch recht unentschlossenen Bemühungen Eyserbecks, aus der praktischen Kenntnis der kleinen regelmäßigen holländischen Kabinettgärten heraus die angestrebten moderneren Formen des englischen Gartens mit seinen vielfach gewundenen Pfaden, Rasenstücken, Blumen, Stauden- und Heckenpflanzungen zu entwickeln.

Ein Dammbruch im April 1770 mit weit bis in den Dezember reichenden Überflutungen vernichtete große Teile der ersten Bepflanzung und verursachte speziell im Bereich des Sees topographische Veränderungen. Die „Insel der Fürstin" zerriß damals in mehrere Teile, deren größter seitdem als „Roseninsel" bepflanzt und bezeichnet wird. Nach neuerlichen Fluteinbrüchen in der Nacht vom 1. zum 2. Juli 1771, die wiederum die höher gelegenen Partien am Schloß verschonten, erfolgten gründlichere Überarbeitungen der ersten gartenplanerischen Konzeptionen unter Neueinbringung von Erkenntnissen, die durch Studien und Reiseerlebnisse Eyserbecks, Erdmannsdorffs und des Fürsten in England oder Italien vertieft wurden. Im Vordergrund standen nach den Hochwas-

Abb. 146
Wörlitzer Park, Blick vom Schloß auf den sogenannten Wörlitzer See

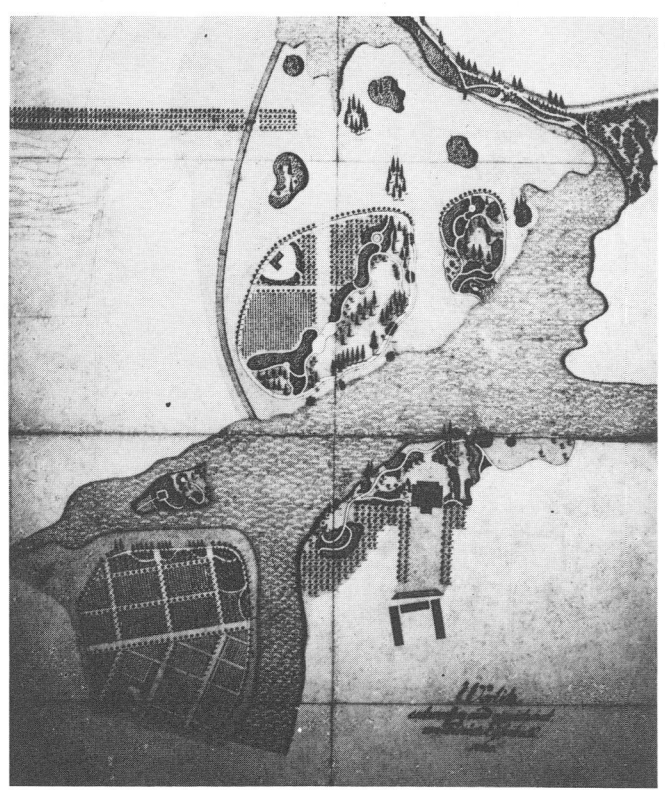

Abb. 147
Wörlitzer Park,
Planentwurf von Johann
Friedrich Eyserbeck, 1769
(nachträglich beschriftet
und auf 1767 vordatiert)

serkatastrophen zunächst die Befestigung und Neuanlage von Schutzdämmen und 1772/73 die Errichtung weiterer Wall-Wachhäuser im entfernteren Umkreis der Auenlandschaft bei Vockerode, in Rehsen, am „Schönitzer See" und „An den Mittelhölzern". Diese Maßnahmen trugen nicht allein zum Schutz, sondern auch zur charakteristischen Formung des gesamten Geländebildes bei, an dem bis ins erste Jahrzehnt des 19. Jahrhunderts weitergearbeitet wurde.

Die folgenden Jahre zwischen 1770 und 1775 waren durch Neuanpflanzungen und stilistische Korrekturen gekennzeichnet, die auf Hinweisen Erdmannsdorffs und des Bauherrn basierten. Für den erst 35- bis 40jährigen Eyserbeck, in dem A. Rode noch den „Vater der Gartenkunst in diesen Gegenden" sieht, dem es aber offensichtlich an der erwarteten künstlerischen Eigenständigkeit mangelte, verlief die Umstellung nicht problemlos, denn es gelang ihm nicht, sich aus den starken Bindungen der holländischen und französischen Gartengestaltung des frühen 18. Jahrhunderts zu lösen. Seine Versetzung in das „Luisium"

Abb. 148
Wörlitzer Park, Blick von
Schochs Garten in
Richtung Teelaubenfähre

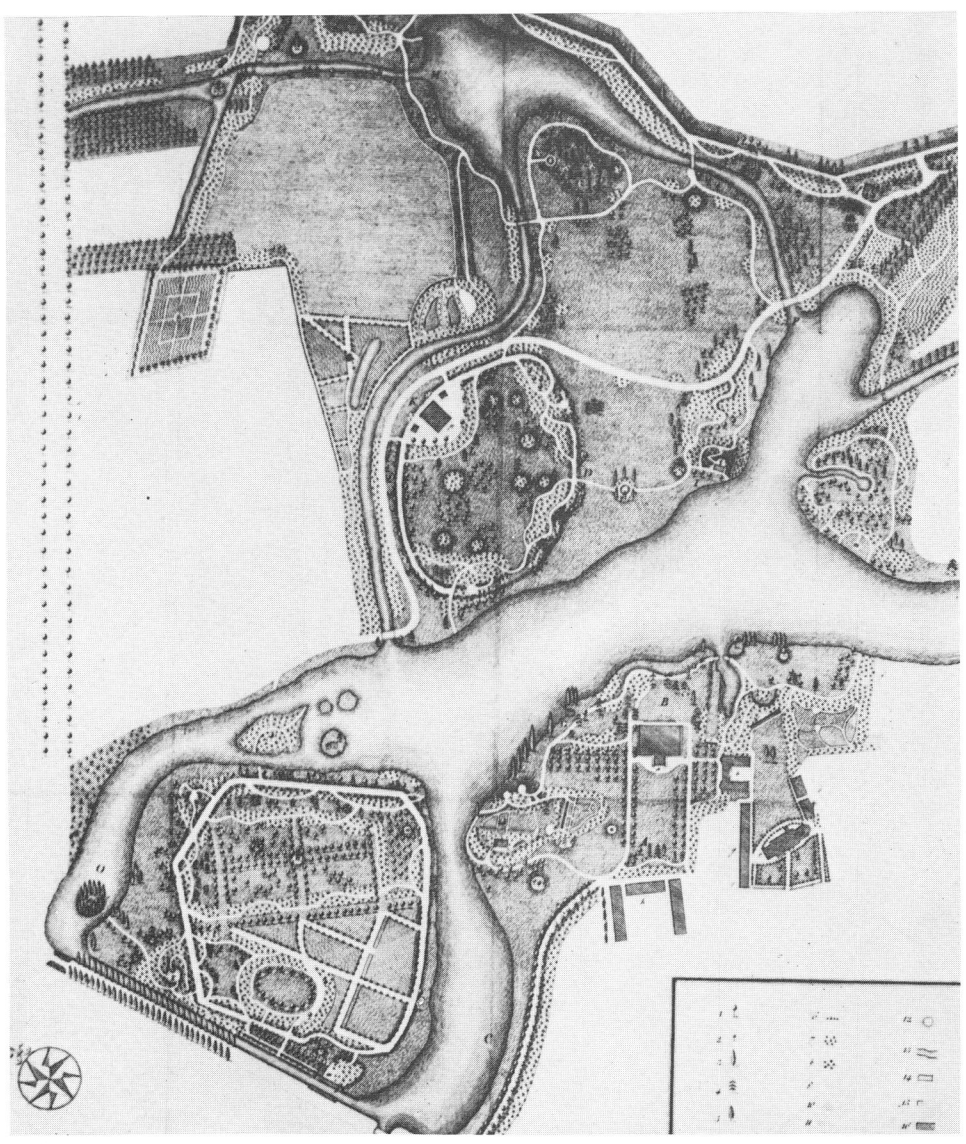

Abb. 149
Wörlitzer Park, Plan von Johann Christian Neumark. Stich von Probst, 1784

Abb. 150
Wörlitzer Park, Goldene Urne. Entwurf von Erdmannsdorff, 1767

ab 1780 muß letztlich als Verabschiedung von den Wörlitzer Aufgaben interpretiert werden.

Nach anfänglicher Zusammenarbeit mit Eyserbeck übernahm der sieben Jahre jüngere Johann Christian Neumark (1741–1811) gegen Mitte der 70er Jahre zunehmend die weiteren Ausführungen. Seine Teilnahme an der mehrmonatigen dritten Englandreise des Fürsten vom Juni bis zum September 1775 gemeinsam mit Erdmannsdorff und dem künftigen Ökonomiedirektor Georg Friedrich Raumer (1755 bis 1822) unterstreicht sowohl seine Beförderung als auch den offiziellen Charakter seiner Tätigkeit, die in einer zweiten Stilphase auf den Abbau der regelmäßigen Karreestrukturen und Axialbeziehungen Eyserbecks gerichtet war.

Ein von Neumark 1784 gezeichneter Gesamtplan zeigt die Resultate dieser Bemühungen: Besonders schwierig war es, das Schloß als nunmehriges „Landhaus" aus den traditionellen Koordinaten und dem System der Geometrisierung zu befreien, das seit der Renaissance an vorderster Stelle gestanden hatte. Das Aufeinandertreffen einiger Baumreihen der Allee des vormaligen alten Jagdhauses mit der nunmehr seitlich und schräg von Südwesten auf den Haupteingang zugeführten, leicht geschwungenen Allee mag dies verdeutlichen, ebenso wie der Verzicht auf eine von Eyserbeck in barocker Manier vorgesehene zentrale Blickachse. Sie war vom Schloß durch eine sieben Kilometer lange Schneise im Auenwald auf den Turm der Stadtkirche von Coswig ausgerichtet, wurde aber später durch das „Monument" als Nahsichtpunkt ersetzt.

Wichtig für die zunehmende Herausbildung „malerischer Landschaftsbilder" in ständig wechselnder Szenerie unter Orientierung auf zeitgenössische Darstellungen der Landschaftsmalerei und ideale Beschreibungen der Literatur war der unmittelbar persönliche Kontakt, den die Wörlitzer Englandreisenden 1775 auf ihrer Rückfahrt durch Frankreich zu Jean Jacques Rousseau aufnahmen. Neben den philosophischen Darstellungen gehört die Beschreibung des Idealgartens in seiner „Neuen Heloise" zu den anregendsten Aussagen damaliger Zeit, Natur und Kunst als gewandelten Ausdruck geistiger Strömungen zu einem lebendigen Landschaftserlebnis zu formen. Dieses Erlebnis sollte unter Gefühlsappellationen und moralisierenden Belehrungen zur Weltverbesserung beitragen, keinesfalls aber revolutionäre Stimmungen gegen das Feudalsystem auslösen.

Die inhaltlichen Motive der Wörlitzer Parkgestaltung sind nach der Fertigstellung des Schlosses offensichtlich stärker als in der Vergangenheit durch Erdmannsdorff und den Fürsten bestimmt worden. Zur gelungeneren Umsetzung trugen zweifellos die fachlichen Fähigkeiten des Gärtners Neumark bei, der in dieser entscheidenden zweiten Phase des Parkausbaus wesentlich durch seinen „Helfer" Johann Leopold Schoch d. Ä. (1728—1793) unterstützt wurde. Die persönlichen Anteile aller Beteiligten sind trotz Nutzung vieler Zeitquellen nicht exakt bestimmbar.

Die neuen Qualitäten der 70er und 80er Jahre zeigten sich vorzugsweise an der Komplettierung des Schloßgartens, an der waldartigen Bepflanzung, die in nordöstlichen Spitze des „Weidenhegers" und in der Verwandlung der „Schochschen Wiesen" im „Schochschen Garten". Großräumige Auffassungen, die in den 90er Jahren mit Erfolg weitergeführt wurden und auch die Anlagen in Weimar und Muskau stimulierten, entsprachen nunmehr weitgehend den von Horace Walpoole und William Kent deklarierten Lösungen. [64] An die Stelle des „Malerischen" trat nunmehr der bewußte Kontrast freier Feld- und Wiesenflächen zu einzelnen Baumgruppen und kompakteren Gehölzen. In einer breiten Skala verwendete man unterschiedliches Grün von Laub- und Nadelhölzern, die Wirksamkeiten von Blüten, Früchten und farbigem Laub, variable morphologische Strukturen der Bäume, Stauden und Pflanzen, berücksichtigte nicht zuletzt die atmosphärischen Wirkungen der Flora bei Licht und Schatten, Sonne, Regen und Schnee. Wegenetze, Fähren und Brücken für den besinnlichen Wanderer, stille Kanäle für Bootsfahrten, stimmungsvolle Ruhepunkte erschlossen den wachsenden Landschaftspark in immer größerer Dimension und räumlich gestaffelter Tiefe.

Der sentimentale Grundtenor tiefen Nachsinnens über das Werden und Vergehen von Natur und Menschheit beherrschte bis in die 80er Jahre unter Rückblicken auf Antike, deutsches Mittelalter, Geniekult, Religion und Okultismus die Parkstimmung. Abgesehen von Statuen und Inschrifttafeln, trugen thematische Bereiche, wie beispielsweise das „Labyrinth als Allegorie menschlichen Lebens" in Neumarks Garten, die „Romantische Partie" in Schochs Garten mit dem „Geheimnisvollen Pfad der Mysten" und die „Rousseau-Insel", zu diesen Erlebnissen bei. Die Nachbildung der Pappelinsel von Ermenonville bei Paris, auf der Rousseau in einsamer Natur 1778 bestattet wurde, setzte in Wörlitz gleichsam den programmatischen Akzent der zweiten Gestaltungsphase des Parks. Erdmannsdorff, der 1782 den Gedenkstein entwarf, verfaßte auch die Inschrift: „Dem Andenken J. J. Rousseaus, Bürger zu Genf, der die Witzlinge zum guten Verstande, die Wollüstlinge zum wahren Genusse, die irrende Kunst zur Einfalt der Natur, die Zweifler zum Trost der Offenbarung, mit maennlicher Beredtsamkeit zurückwies."

Der dritte und letzte Abschnitt der Parkerweiterung nach Osten erfolgte in den 90er Jahren. Er lag in den Händen Johann Georg Schochs des Jüngeren

(1753—1826), ein Sohn Johann Leopold Schochs, der sich zuvor vier Jahre in England und am Pariser Jardin des Plants mit neuesten Ergebnissen der Gartenkunst vertraut gemacht hatte. Die „Neuen Anlagen" östlich des Wörlitzer Sees erhielten ihre Prägung in den Jahren von 1778 bis zum Ausbruch des Napoleonischen Krieges. Sie umfaßten mehr als die Hälfte des Gesamtparks und konzentrierten sich auf die Umgebung des „Großen Wallochs" sowie die Gebiete beiderseits des Sonnenkanals (1784 angelegt) und des Georgenkanals (1791 angelegt). Das Landschaftsbild wird hier, abweichend vom Stil der vorangehenden Gestaltungsphasen, im wesentlichen durch drei große Feldfluren geprägt, die Schoch an den Außen-

Abb. 151
Wörlitz, Parkumgebung, Wallwachhaus „An den Mittelhölzern", getuschte Federzeichnung. Erdmannsdorff, 1772/73

Abb. 152
Wörlitz, Parkumgebung, Wallwachhaus „Rauches Haus", Federzeichnung. Erdmannsdorff, 1772

Abb. 153
Bildnis Jean Jacques Rousseaus (1712—1778) von Augustin de Saint-Aubin. Kupferstich, zweite Hälfte 18. Jh.

rändern mit schmalen Gehölzstreifen besetzte. Drei Inseln — Herderinsel (1788—1794), Amalieninsel (1793) und der „Stein" (1789—1794) — sowie das 1795 als Freundschaftsgeschenk des Herzogs Karl August v. Weimar im äußersten Ostteil angelegte „Italienische Bauernhaus" bestimmen den geistigen Inhalt dieser Parkregion. Das vegetative Bild spiegelt sich merkbar im Wandel vom empfindsamen Garten zum mehr ästhetischen Park wider, wobei der Versuch, möglichst viele Impressionen der Italienerlebnisse auf der „Seespitze" zu konzentrieren, bereits 1793/94 die Grenzen deutlich machte, Natur ferner geographischer Gebiete mit Felsen, Tälern, Schluchten und Vulkanen nachahmen zu wollen. So hat dann auch die Umgebung des „Steins" bei aller grundsätzlicher Bejahung der neuen Parkidylle manche Bedenken herausgefordert und Leopold Friedrich Franz um 1794 selbst zu der Einsicht geführt, daß dieser Ausklangspunkt möglicherweise doch ein „verfehltes Werk" sei. Damit scheiterte die ursprünglich vorgesehene Erweiterung nicht nur an den politisch-ökonomischen Bedingungen während der Napoleonischen Kriege, sondern auch an den veränderten philosophischen, künstlerischen und ästhetischen Auffassungen, die nach der revolutionären Periode in Frankreich in immer stärkerem Maße die Probleme künftiger bürgerlicher Entwicklung zu reflektieren begannen und eine revolutionäre Veränderung aufgeklärter Feudalstaaten — wie man glaubte, durch Ideengehalte ästhetischer Erziehung — in Frage stellte.

Goethe, den offensichtlich der erste Wörlitzbesuch vom 3. bis 9. Dezember 1776 zu seinem „Triumph der Empfindsamkeit" (1776/77) anregte, schilderte mit einem leisen Anflug bürgerlicher Kritik die Staffagen sentimentaler Empfindsamkeit, deren sich die verbürgerlichte Aristokratismus englischer Prägung bediente, indem er schreibt:

Abb. 154
Wörlitzer Park, Rousseau-Insel mit Denkmal. Entwurf von Erdmannsdorff, 1782

„Musterkarte von allem Gesträuche,
Krumme Hänge, Wasserfälle, Teiche,
Pagoden, Höhlen, Wieschen, Felsen und Klüfte!
Eine Menge Reseda und anderes Gedüfte
Weimutsfichten, Babylonische Weiden, Ruinen,
Einsiedler in Löchern, Schäfer im Grünen,
Moscheen und Türme mit Kabinetten,
Von Moos sehr unbequeme Betten.
Obelisken, Labyrinthe, Triumphbogen, Arkaden
Fischerhütten, Pavillons zum Baden,
Chinesisch-gotische Grotten, Kioske, Tings,
Maurische Tempel und Monumente,
Gräber, ob wir gleich niemand begraben:
Man muß es alles zum ganzen haben."

Es bleibt jedoch unbestritten, daß sich gerade in der Addition vieler kleiner geistig-symbolträchtiger Ausstrahlungspunkte einer der wesentlichen Unterschiede der neuen Parkidee gegenüber dem traditionellen, streng zentralisierten Gestaltungssystem des Barocks zeigte. In dieser Weise hat auch Erdmannsdorff seine Aufgaben verstanden und bis zu seinem Lebensende trotz Unterbrechungen durch Reisen und Aufträge außerhalb von Wörlitz kontinuierlich an der architektonischen Ausstattung des Landschaftsparks weitergewirkt. Abgesehen von den neogotischen Bauten, die der Fürst im Zusammenwirken mit Georg Christoph Hesekiel vorwiegend außerhalb des Gartenareals anlegen ließ, trägt die Bausubstanz überwiegend die Handschrift Erdmannsdorffs.

In den Jahren 1770–1775 häuften sich zunächst seine Aktivitäten. Ab März 1770 war südöstlich des Schlosses ein zweigeschossiges Funktionsgebäude auf U-förmigem Grundriß als „Küchenbau" mit Wirtschaftshof errichtet worden. Noch während seines Romaufenthaltes erhielt Erdmannsdorff im Frühjahr 1771 den Auftrag, dem nüchternen Mitteltrakt an der Parkseite ein „würdiges Aussehen" durch eine Blendarchitektur zu verleihen. Bei der baulichen Ausführung 1772/73 wurde eine ursprünglich verbindende

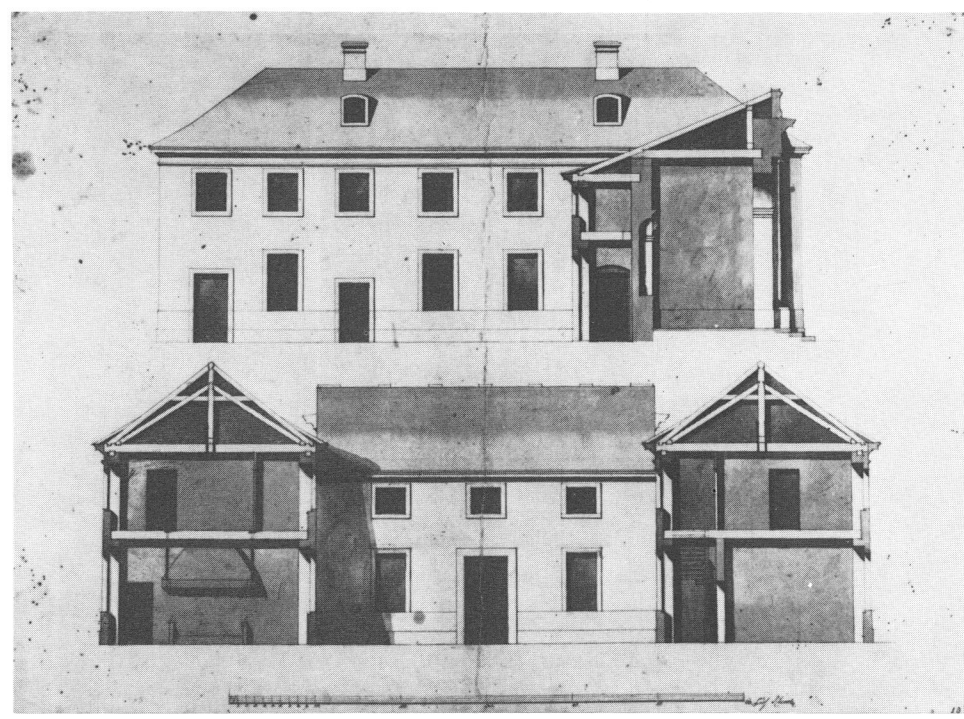

Abb. 155
Wörlitzer Park,
Küchengebäude, getuschte Federzeichnung.
Vermutlich Entwurf von Erdmannsdorff, um 1770.
Ausführung 1772/73

Abb. 156
Wörlitzer Park,
Sommersaal am Küchengebäude.
Erdmannsdorff, 1772/73

Abb. 157
Wörlitzer Park,
Nischenplastik an der
Fassade des Sommersaales.
Bartolomeo Cavaceppi,
um 1772

Abb. 158
Wörlitz, Entwurf für einen
Grabbau, getuschte
Federzeichnung.
Erdmannsdorff, um 1773

Loggia mit Pultdach durch einen massiveren „Sommersaal" ersetzt. Vier toskanische Dreiviertelsäulen und drei dazwischenliegende hohe, rundbogige Fenstertüren bildeten nunmehr den Mittelteil einer straff gegliederten Sandsteinfassade, die trotz klassizistischer Details und Maßverhältnisse ihre spätbarocken Züge noch nicht überwunden hatte. Sie kaschiert als Westfront in optisch gelungener Weise die Giebel des Küchenhauses durch symmetrische Seitenrisalite. Diese wiederum sind durch aedikulare Nischen aufgewertet, in denen die Plastiken eines Apolls und eines Fauns aufgestellt sind, die der Dresdner Bildhauer und Akademieprofessor Gottfried Knöffler (1715—1779), ein Schwiegersohn des Benjamin Thomae, schuf. Ein kräftiges Hauptgesims mit gedrungener Attika bewirkt insgesamt die harmonische Zusammenfassung dieser architektonisch ästhetisierten Abgrenzung des Schloßgartenbezirks gegenüber dem Wirtschaftshof. Eine direkte Verbindung zwischen Küchenbau und Schloß vermittelt ein unterirdischer Gang, der als Dienstbotenweg und speziell für das Auftragen der Speisen diente. Die „Ara", eine 1774 nach Erdmannsdorffs Vorstellungen vor dem Sommersaal aufgestellte Wasserpumpe in antikischer Verkleidung, assoziiert Erinnerungen an Opferaltäre des Altertums, die Neptun gewidmet waren.

1773 wurde östlich des Küchenbaus bzw. Sommersaals ein Teil des Alten Friedhofs eingeebnet. Die im Zuge der weiteren Parkausdehnung aufgefundenen Gebeine fanden einen neuen symbolhaften Ruheplatz unter einem Sarkophag nach römischen Vorbild, der von Erdmannsdorff entworfen und mit Denkinschriften Klopstocks versehen wurde. Die Ausführung übernahm Friedrich Wilhelm Eugen Doell (1750—1816), der nach seinen Studien in Paris und Rom später als Hofbildhauer in Gotha und Aufseher der herzoglichen Kunstsammlung wirkte. Sein künstlerisch bedeutenderer Sohn Leopold Friedrich (gest. 1856) arbeitete in den 90er Jahren auch in Dessau und Wörlitz.

Seelische Konflikte des Leopold Friedrich Franz, durch das unbewältigte eheliche Verhältnis zur Fürstin Luise bestimmt, führten ihn um 1773 in eine vorübergehende depressive Phase, in deren Mittelpunkt nicht nur die Flucht nach England, sondern auch die Beschäftigung mit dem Tod und mit Bestattungskulten stand, ein Thema, das im Zeitalter der Sentimentalität und Vorromantik ohnehin eine große Rolle spielte. Aus dieser Zeit stammen vier Entwurfsvarianten Erdmannsdorffs für ein fürstliches Grabmonument von etwa 20 m Höhe. Mit der Errichtung wurde noch im Jahr 1773 auf einem fast 12 000 m² umfassenden kreisförmigen Areal unweit der Landstraße nach Dessau begonnen.

Die neue „Lust am Drehberg" basierte auf der

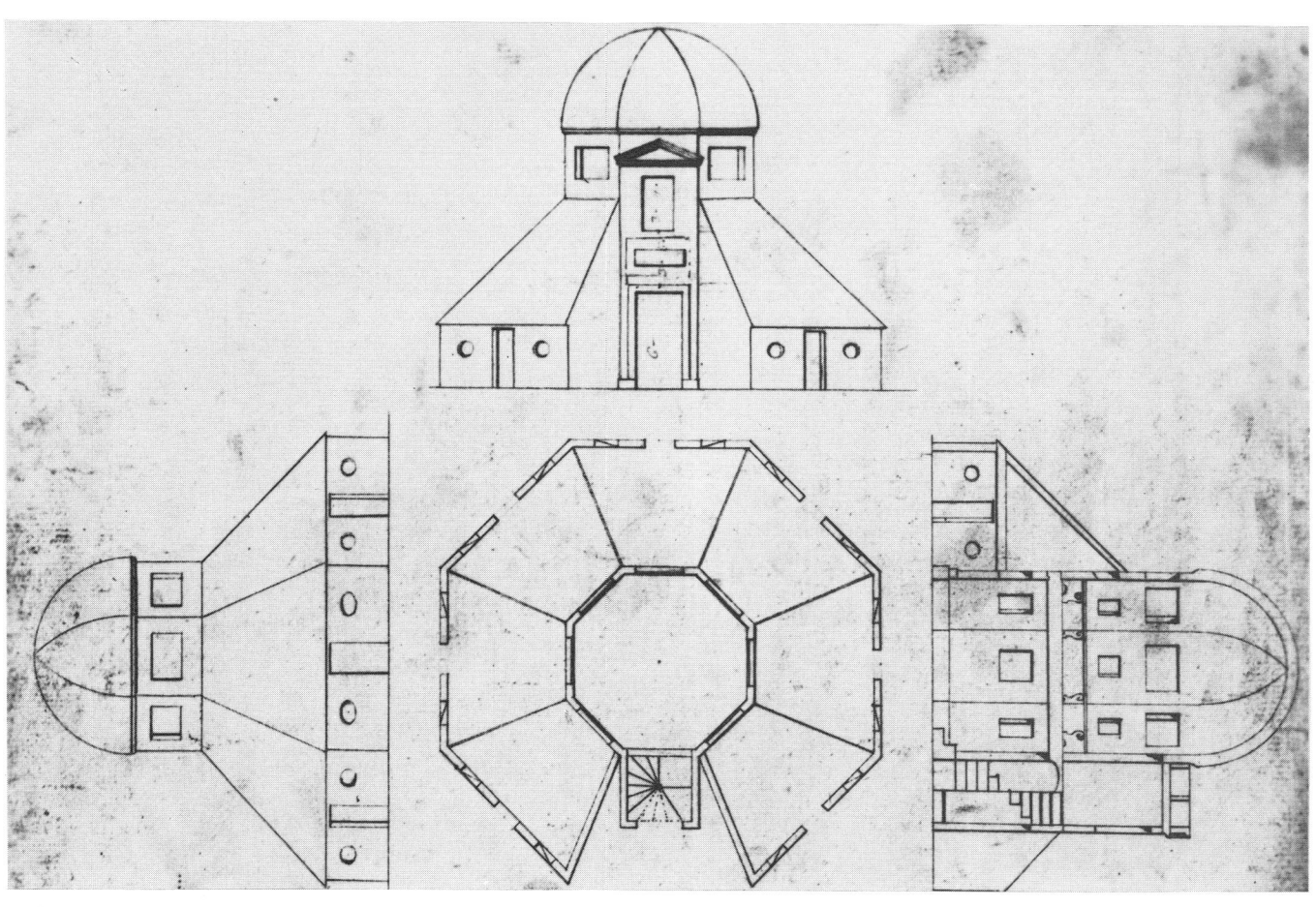

Abb. 159
Wörlitz, Entwurf für einen Grabturm, vermutlich Vorentwurf für den Hauptbau des „Drehberg", Federzeichnung. Erdmannsdorff, um 1773

Abb. 160
Wörlitzer Park, Gotisches Haus, Fassade am Wolfskanal, kolorierte Radierung von Nagel, 19. Jh. Kupferstichkabinett Dresden

Abb. 161
Wörlitzer Park, Gotisches Haus, erster Bauabschnitt am Wolfskanal. Entwurf von Erdmannsdorff, 1773

Abb. 162
Wörlitzer Park, Gotisches Haus, Erweiterung 1785–1813 durch Georg Christoph Hesekiel

Abb. 163
Wörlitzer Park, Gotisches Haus, Südwestecke des Vorzimmers zum Rittersaal. Ausstattung durch Georg Christoph Hesekiel

Grundidee eines zentralbauartigen, mehrgeschossigen überkuppelten Gruftraumes, in dem nach dem Tode des Fürsten dessen Sarg allein plaziert werden sollte. Die eigentümliche Kombination von Grabgewölbe, Gedenkhalle, Gartenhaus und Aussichtsturm resultierte aus der Verarbeitung vielfältiger architektonischer Impressionen, die Erdmannsdorff und der Fürst in Italien bei der Besichtigung alter Tumuli, römischer Gräber, Grüfte und Mausoleen sammeln konnten. Der „Drehberg" mit seinen Freianlagen für Sport-, Tanz- und Volksfeste bestand bis 1826. Er wurde niemals seiner eigentlichen Zweckbestimmung zugeführt, dagegen diente der dreigeschossige Grabturm ebenso wie zwei symmetrisch davorgesetzte korinthische Gartentempelchen, die an zwei verstorbene Schwestern des Leopold Friedrich Franz erinnern sollten, als zentrale Kulisse für eine Art Naturtheater und als Mittelpunkt einer Arena, in der unter anderem auch „Olympische Spiele" stattfanden. Höhepunkte bildeten seit 1776 über drei Jahrzehnte hinweg die Veranstaltungen eines weltlich geprägten Erntefestes, das jeweils am 24. September, dem Geburtstag der Fürstin, gemeinsam mit der Landbevölkerung aus Wörlitz, Griesen, Rehsen, Riesigk, Kakau, Horstdorf, Oranienbaum und Vockerode gefeiert wurde. Neben der Hofgesellschaft nahmen Tausende von Gästen als Zuschauer auf den als Sitzterrassen ausgebildeten kreisförmigen Wällen an sportlichen Wettkämpfen und turnerischen Übungen der Dorfjugend teil oder ergingen sich ebenfalls in volkstümlichen Spielen und Tänzen. Auf diese Weise gelang es, bürgerliche Reformbestrebungen, die seit der Eröffnung des Dessauer Philanthropinums im Jahre 1774 verstärkt propagiert und praktiziert wurden, im Rahmen eines gesellschaftlichen Ereignisses, das weit über die Landesgrenzen ausstrahlte, mit Leben zu erfüllen. Goethe gehörte 1781 erstmals zu den begeisterten Teilnehmern am Drehbergfest, 1782 dann erneut in Begleitung des Weimarer Herzogs und eines Teils des Hofes. Johann Bernhard Basedow (1723–1790) beschreibt die „Lust am Drehberg" 1776 in seinen „Pädagogischen Unterhaltungen", Friedrich Guts-

Muths (1759—1839) 1793 in seiner „Gymnastik für die Jugend", Gerhard Anton Vieth (1763—1836) 1795 in der „Enzyklopädie der Leibesübungen". Heute erinnern nur noch die aufgeschütteten runden Erdwälle an diese Geschehnisse. Die beim Abbruch des Grabturmes gewonnenen korinthischen und dorischen Säulen verwendete Erdmannsdorffs Nachfolger Carlo Ignazio Pozzi (1766—1842) um 1800 in Dessau für eine nicht mehr vorhandene offene klassizistische Säulenhalle am Markt, für die Portalfront des Leipziger Torhauses und eine Pergola am Teehäuschen im Stadtpark.

In die Jahre 1773/74 fiel auch der erste Bauabschnitt des „Gotischen Hauses", das man damals noch als „Haus in Schochs Garten" bezeichnete. Mit der Errichtung dieses malerischen, kulissenartig wirkenden Gebäudes am östlichen Ufer des Wolfskanals zwischen Kleinem Walloch und dem Westteil des Wörlitzer Sees verwirklichte sich das persönliche Bekenntnis des Dessauer Fürsten zur Neogotik und zu wiederaufgenommenen Stilformen des Mittelalters, die er, geführt von Lawrence Sterne, ein Jahrzehnt zuvor in den englischen Gärten von Kew, Stowe, Hampton Court oder in Strawberry Hill gesehen hatte.

Bekanntlich verlief die seit 1750 vom aufgeklärten Adel getragene, historisierende Strömung als Bestandteil sentimentaler Natur- und Gesellschaftsbetrachtung parallel zum Frühklassizismus, aber vorwiegend erfüllt mit retrospektiven, vorromantischen Inhalten. Progressive bürgerliche Interpretationen der mittelalterlichen Gotik unter der Sicht neu erwachenden Nationalbewußtseins im Sinne von Goethes 1773 publizierter Schrift „Von deutscher Baukunst" vermochten sich bis 1800 noch nicht allgemeingültig durchzusetzen. So empfanden auch Erdmannsdorff und andere Antikenverehrer die gotischen Formen als Eindringlinge in ihrer klassisch empfundenen Welt. Die Tatsache, daß Erdmannsdorff beim Entwurf für den ersten Bauabschnitt an der Kanalfront auf die venezianische Gotik mit vorherrschend weißen, beinahe antikischen Putzflächen orientierte und auch den klassisch-ausgewogenen Grundriß eines Quadrats bevorzugte, deutet zweifellos auf nicht unbeträchtliche Unterschiede zu den inzwischen gefestigten Meinungen und Wünschen des Bauherrn. Dieser ließ das zunächst als Gärtnerwohnung gedachte Gebäude durch G. C. Hesekiel ausführen und ab 1785 in drei weiteren Bauabschnitten bis 1813 in der rotfarbigen Backsteintechnik englischer Tudorgotik als privaten Wohnsitz vervollständigen. Gleichzeitig diente es als Aufbewahrungsort für wertvolle Kunstschätze, insbesondere der kostbaren Sammlung Schweizer Glasgemälde, bei deren Erwerb Lavater eine ausschlaggebende, vermittelnde Rolle gespielt hatte. Ebenso beachtlich war die

Abb. 164
Wörlitzer Park, neogotische Bank im Gotischen Haus. Letztes Viertel 18. Jh.

Sammlung altdeutscher Malerei, die hier schon zwei Jahrzehnte vor den kunstgeschichtlich verdienstvollen Bemühungen der Gebrüder Boisserée zusammengetragen wurde, desgleichen Gemälde der Renaissance, Kupferstiche und Zeugnisse des Kunsthandwerks.

Wenn auch das angestrebte Ziel, ein dem Wörlitzer Schloß künstlerisch ebenbürtiges Bauwerk zu schaffen, kaum erreicht wurde, so gab doch das „Gotische Haus" nach dem 1775 entstandenen Nauener Tor in

Abb. 165
Wörlitzer Park, neogotischer Stuhl im Gotischen Haus. Letztes Viertel 18. Jh.

97

Abb. 166
Wörlitzer Park, „Der Eisenhart". Entwurf von Erdmannsdorff 1779, Ausführung 1783/84

Potsdam den entscheidenden Impuls für die Weiterverbreitung der Neogotik in Deutschland. Erdmannsdorff hat sich auch später von Bauaufgaben dieses Stils zu distanzieren versucht. Sie blieben in Dessau-Anhalt vorwiegend dem in Fragen der Baukunst dilettierenden Fürsten überlassen, der seine Ideen in Vorentwürfen konzipierte und durch Hesekiel als Baudirektor ausführen ließ. Der ehemalige Kuhstall am Gotischen Haus (1775), der Marstall (1775), das Palmenhaus (1798), die „Bogenbrücke" (1786), das Graue Haus (1789/90), die Wörlitzer Kirche (1804–1809) und andere Bauten sind aus dieser Zusammenarbeit erwachsen, bei der, wie Novalis (1772–1801) und Matthisson beschreiben, Leopold Friedrich Franz auch bei Wind und Wetter alle Bauausführungen persönlich genau überwachte.

Zwischen 1775 und 1783 verlagerte sich Erdmannsdorffs architektonisches Hauptbetätigungsfeld. Damals rückten umfassende Bauaufgaben im Umkreis von Dessau in den Vordergrund: die Gestaltung von vier weiteren Parkanlagen des anhaltinischen „Gartenreiches" in Gestalt des „Luisiums" (1774–1796), des „Dessauer Lustgartens" (ab 1775), des „Sieglitzer Berges" (ab 1777) und des „Georgiums" (nach 1780). Erdmannsdorff lieferte in diesen Jahren nur wenige Entwürfe für die Ausstattung des Wörlitzer Parks. Zu den bemerkenswertesten gehörte 1775 die von Johann Christian Ehrlich ausgeführte Gedenkvase für den Fürsten Dietrich v. Anhalt, die zugleich an das alte Jagdschloß erinnerte und im Schloßgarten aufgestellt wurde, ferner der bereits erwähnte Gedenkstein für Rousseau (1782) und die Konstruktion für die ehemalige „Drehbrücke" in Schochs Garten (um 1782).

Erst ab 1783 nahm Erdmannsdorff erneut in größerem Rahmen an der Wörlitzer Parkausstattung teil. In diesem Jahr begannen die Vorbereitungen am „Eisenhart", der den Eingang zu „Neumarks Garten" am südwestlichen Ausläufer des Wörlitzer Sees architektonisch betonen sollte. Zwei hell leuchtende klassizistische Pavillons auf einer geschoßhohen Terrasse aus dunklem Raseneisenstein boten schon im Dezember 1784 den wißbegierigen Besuchern, die in großer Anzahl nahten, zusätzliche Gelegenheit, Bildungsgrundlagen zu vervollständigen, die zur geistigen Erschließung der vielfachen Erlebnisbereiche vorausgesetzt wurden.

Das eine der Gartenhäuser, in dem ursprünglich die Büsten von Erdmannsdorff, Carl Wilhelm Kolbe (gest. 1835) und August v. Rode aufgestellt waren, enthielt bis 1819 neben den größeren Bücherbeständen im Schloß und im Gotischen Haus eine kleine

Gartenbibliothek mit Spezialliteratur der Zeit. Der im September 1783 begonnene Pavillon trägt an zwei seiner Schauseiten eine toskanische Fassadengliederung, die in Formen und Proportionen an florentinische Renaissancebauten erinnert. Sein Inneres enthält einen quadratischen Hauptraum für die Bücherregale und eine vorgelagerte oblonge Pfeilerhalle mit einer Verglasung in Form hoher Rundbogentüren.

Der benachbarte Pavillon mit harmonischer Pilastergliederung war mehr naturwissenschaftlichen Studien gewidmet. Er diente speziell der Aufnahme einer wertvollen ethnologischen Sammlung, die der namhafte revolutionäre Naturforscher Johann Georg Forster 1775 von seiner Weltreise mit James Cook aus Neuseeland mitbrachte und die er dem Dessauer Fürsten im gleichen Jahr bei einer Begegnung in England geschenkt hatte.[65] Forster war in seiner zutiefst antifeudalen Haltung von den reformerischen Bestrebungen während der Regierungszeit Leopold Friedrich Franz' besonders beeindruckt. Als er 1779 erstmals nach Wörlitz kam, war er derart fasziniert, daß er die geplante Weiterreise nach Weimar aufgab und sich während seines zweiwöchigen Aufenthaltes unter anderem auch einer gründlichen Systematisierung und Inventarisierung der Waffen, Gebrauchs- und Schmuckgegenstände widmete, die in besonderen Eckschränkchen englischer Art aufbewahrt wurden. Die inzwischen wissenschaftlich neu aufbereitete Forstersammlung ist dem Besucher seit 1984 an ihrem alten Standort wieder zugänglich.

Der Unterbau des „Eisenharts" wölbt sich grottenartig über den Begrenzungskanal des Parks, der in diesem Bereich parallel zur Landstraße verläuft, von Gondeln befahrbar ist und daher auch als überdachter Gondelhafen genutzt wird. 1783 bis 1784 wurde längs des Kanals in westlicher Richtung eine „römische" Stützmauer aus Backstein an die Substruktion des „Eisenharts" angeschlossen. Im Unterbau dieser zum Parkinneren abgeböschten „Treibemauer" befinden sich teilweise beheizbare Nutzräume der Gärtnerei. Hinter der Mauerkrone führt ein Weg unter einer Pergola zum gleichnishaften, mystischen „Labyrinth". Die gärtnerische Gestaltung dieses sentimental-allegorischen „Schicksalsweges" am Fuße der Treibemauer wurde vorwiegend durch die Fürstin Luise und Lavater veranlaßt. Aber auch hier beteiligte sich Erdmannsdorff 1783 an der künstlerischen Fassung des zentralen Rondells, an dem Büsten von Gellert und Lavater aufgestellt wurden. „Nur schade", schrieb damals C. C. L. Hirschfeld in seiner ‚Theorie der Gartenkunst' „daß der Park anfängt, sich hier und da in das Seltsame zu verwirren."[66] Dafür entschädigte ihn die großzügige Weitsicht vom Palmensaal des Wörlitzer Schlosses, der 1784 durch Erdmannsdorff als Belvedere auf das Dach gesetzt wurde.

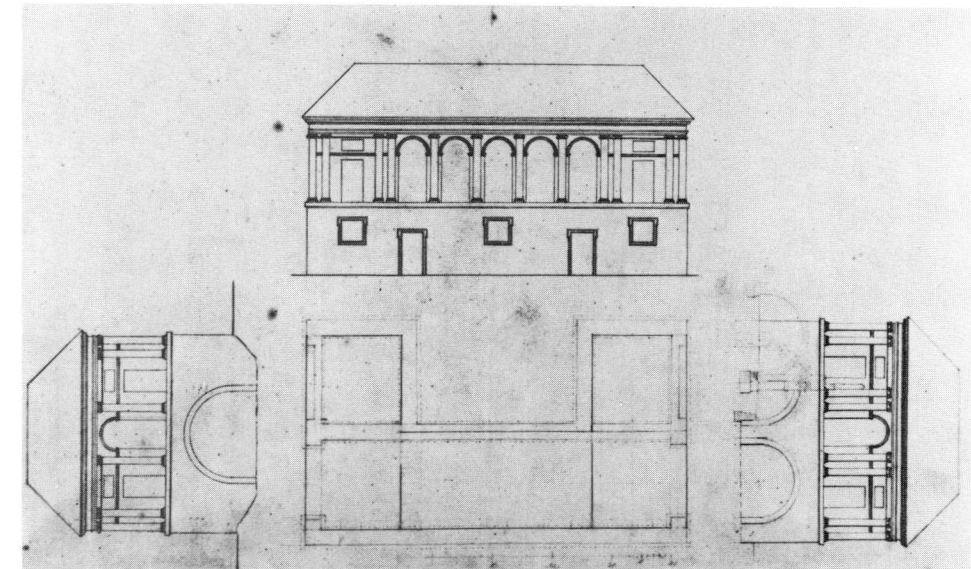

Abb. 167/168
Wörlitzer Park, zwei Entwürfe für die Pavillons des „Eisenharts",
Federzeichnungen.
Erdmannsdorff, 1778

Im unmittelbaren Blickfeld des „Eisenharts" entstanden 1785—1787 zwei weitere Objekte nach Entwürfen Erdmannsdorffs: das Gasthaus „Eichenkranz" und die Friederikenbrücke. Der „Eichenkranz" wurde in der Art eines Stadttores angelegt. Die blockhafte Außenarchitektur, insbesondere zwei quadratische Ecktürme mit markanten Pyramidendächern, lassen etwas von der Grundhaltung römischer Kastelle ahnen, wobei allerdings hier auf die wenig wehrhafte, aber volkstümliche Bauweise des verputzten Backsteins zurückgegriffen und auf besondere Veranlassung des Fürsten in der unteren Hauptzone des Mittelbaus durch neogotische Fensterformen englische und damit mittelalterliche Denkbezüge herge-

Abb. 169
Bildnis des Naturforschers Georg Forster (1754—1794). Stich nach Gemälde von Anton Graff, 18. Jh.

Abb. 170
Wörlitzer Park, Gondelstation gegenüber dem „Eisenhart"

stellt wurden. Dieses unter fürstlicher Regie betriebene Wirtshaus an der Ausfallstraße zur Dessau-Coswiger Chaussee diente vorrangig als Beherbergungsstätte für die interessierten Parkbesucher, die aus nahen und fernen Ländern herbeieilten, um am gepriesenen Erlebnis der „Elysäischen Felder" beteiligt zu sein. Dazu hatte man spezielle Führungen angesetzt, die durch Leopold Friedrich Franz, Erdmannsdorff, Matthisson, Lavater und andere Persönlichkeiten des engeren Hofkreises geleitet wurden.

So nahm in der Folgezeit die Parkbesichtigungsroute zumeist ihren Ausgang am „Eichenkranz". Am „Eisenhart" entschied man sich entweder für die Fußwanderung oder für die Gondelfahrt. Nachdem 1783 vom südlichen Ausläufer des Wörlitzer Sees ein Kanal zum „Drehberg" entstanden war, wurde an der Verbindungsstraße zur Dessau-Coswiger Chaussee der Bau einer massiven, tragfähigen Brücke notwendig, die aus Ziegeln, Werk- und Raseneisensteinen gewölbt ist und seit dem 20. August 1787 nach der Einweihung durch die zu Gast weilende preußische Prinzessin als „Friederikenbrücke" bezeichnet wird.

Der Nachvollzug italienischer Landschaft bestimmte in Wörlitz die gärtnerischen und architektonischen Maßnahmen der 90er Jahre. In dieser Zeit hatte sich das freundschaftliche Verhältnis zwischen dem fürstlichen Auftraggeber und Erdmannsdorff, das seit Mitte der 70er Jahre durch unterschiedliche Einstellung zur Neogotik einer vorübergehenden Abkühlung unterlag, erneut gefestigt. Ausschlaggebend waren offensichtlich Erdmannsdorffs Erfolge in Potsdam und Berlin sowie die sich allgemein in Deutschland verstärkende Zuwendung zum Stil des Klassizismus. Nach Erdmannsdorffs letzter Italienreise 1789/90 gelang es ihm, durch symbolhafte Kleinarchitekturen, die an ausgesuchten peripheren Geländepunkten plaziert wurden, zur künstlerisch-ästhetischen Abrundung des Landschaftsparks beizutragen.

1790 entstand im östlichen Teil des „Gartens am Schloß" der „Vestatempel". Die Anregung vermittelte der gleichnamige antik-römische Rundbau aus augustäischer Zeit an der Piazza della Bocca della Verità in Rom, der im Mittelalter zur Kirche S. Stefano Rotondo alle Carozze geweiht wurde. Die Standortwahl fiel auf den schmalsten Teil des Parks, an dem die alte Bebauung der Amtsstraße fast an den See heranreichte. Der Abriß einiger Häuser erweiterte die Uferzone, ebnete die Wegverbindung zur „Seespitze" und bestimmte die Anlegestelle für die „Amtsfähre", mit der man seitdem zum „Weidenheger" übersetzen kann. Wie ein architektonischer Drehpunkt bildete der etwa 12 m hohe, zylinderartige Zentralbau am Abschluß der verkürzten Straßenzeile einen wirksamen städtebaulichen Abschluß zum Ort, aber auch

Abb. 171
Wörlitzer Park, Entwurf für die Talutmauer am „Eisenhart", Federzeichnung. Erdmannsdorff, 1783/84

Abb. 172
Wörlitzer Park, Einsiedelei als Teil der „Romantischen Partie". Unter Beteiligung Erdmannsdorffs, 1785

Abb. 173
Wörlitzer Park, Kettenbrücke an den Luisenklippen, 1781

Abb. 174
Wörlitz, Friederikenbrücke am Gasthaus „Zum Eichenkranz". Erdmannsdorff, 1787/88. Im Hintergrund der „Eisenhart"

Abb. 175
Wörlitzer Park, Blick über den „See" zum Vesta- oder Judentempel (ehemalige Synagoge). Erdmannsdorff, 1790

lockeren, unmerklichen Übergang zum Park. Eine glatte, helle Putzfassade, die durch 12 breite Pilaster gegliedert wird, einfache Rundfenster unterhalb des Hauptgesimses, zwei antikisierte Eingangstüren und das flache Kegeldach mit abschließender Laterne verleihen dem Baukörper eine klassizistisch einfache, aber monumentale Haltung, die auch der ehemaligen Funktion als Synagoge entsprach. Es ist das einzige sakral bestimmte Gebäude, das Erdmannsdorff für eine zahlenmäßig starke Glaubensgemeinschaft der Dessau-Wörlitzer Juden schuf, die damals in Deutschland eine führende Rolle im Kampf um ihre Emanzipation innehatten. Aufgeschlossenheit gegenüber den Ideen der Aufklärung bedeutete unter Leopold Friedrich Franz zugleich auch Toleranz gegenüber kirchlichen Bekenntnissen. Die ehemalige Innenausstattung wurde ein Opfer der faschistischen „Kristallnacht" 1938, die nur die Synagoge des 18. Jahrhunderts in Dessau-Gröbzig verschonte.

Schon im Spätherbst 1789 begannen gezielte Vorbereitungsarbeiten zur weiteren Ausdehnung des Parks, in deren Verlauf die östliche „Seespitze" durch den neu angelegten Georgenkanal mit dem Großen Walloch verbunden wurde. Über den an der „Sonnenbrücke" (1796) einmündenden „Sonnenkanal" bot sich nunmehr die Möglichkeit, die interessantesten Abschnitte der östlichen Parkhälfte nicht nur zu Fuß, sondern auch durch eine romantische Gondelrundfahrt zu erschließen. „Hat man den Morgen die vorzüglichsten Partien zu Fuße durchstrichen", schreibt C. A. Boettiger 1797, „so kann man bei der Wasserfahrt nachmittags, auf dem Sitze der Gondel ausruhend, das gelesene Buch der verschönten Natur noch einmal Blatt für Blatt mit Bequemlichkeit umwenden. Man sieht das Vorige, aber mit ganz veränderter Ansicht. Alles, was sich gut darstellen soll, muß gegen das Auge etwas höher stehen. Daher auch die Alten ein eigenes Geheimnis besaßen, ihren Bildwerken und Statuen durch Erhöhung auf Rasen und Säulen die richtigste Ansicht zu geben. Dies ist nun auch bei der Wasserfahrt der Fall. Von dem niedrigen Kanal aus gesehen, erscheinen alle Gegenstände voller, reicher beleuchtet, im zauberischen Licht einer wohlgestellten Galerie."[67]

Das Ensemble des „Steins" und die gegenüberliegende „Grotte der Egeria" waren als Höhepunkte dieser Parkroute gedacht. An dieser Stelle sollten die durch den Fürsten und Erdmannsdorff in der Golfregion von Neapel und auf Sizilien gesammelten Impressionen von Landschaft und Architektur konzentriert, bewahrt und in anregender Weise an geistesverwandte Italienverehrer und Parkliebhaber weitervermittelt werden. Der „Stein" entstand als künstlich aufgeschüttete Insel. In den nördlichen Teil bettete man ab 1791 die Nachbildung der Reste eines antiken

Abb. 176
Wörlitzer Park, ehemaliger jüdischer Andachtsraum im Vestatempel. 1933 während des Faschismus entfernt

Abb. 177
Wörlitzer Park, Vestatempel von der Parkseite

Abb. 178
Wörlitzer Park, Sonnenbrücke über den Sonnenkanal. Erdmannsdorff, 1784

Abb. 179
Wörlitzer Park, „Stein" mit
„Villa Hamilton",
1789—1794

Abb. 180
Der Stein zu Wörlitz.
Radierung von Karl Kuntz,
Ende 18. Jh. Dresden.
Kupferstichkabinett

Abb. 181
Die Grotte der Egeria.
Radierung von Hermann
vom Swanevelt, 18. Jh.
Vorbild Erdmannsdorffs
für den Entwurf der
Wörlitzer Anlage, 1793/94

Abb. 182
Wörlitzer Park, Eiserne
Brücke über den
Georgenkanal.
Erdmannsdorff, 1791

Abb. 183
Wörlitzer Park, Pantheon am Großen Walloch. Erdmannsdorff, Entwurf 1794, Ausführung 1795/96

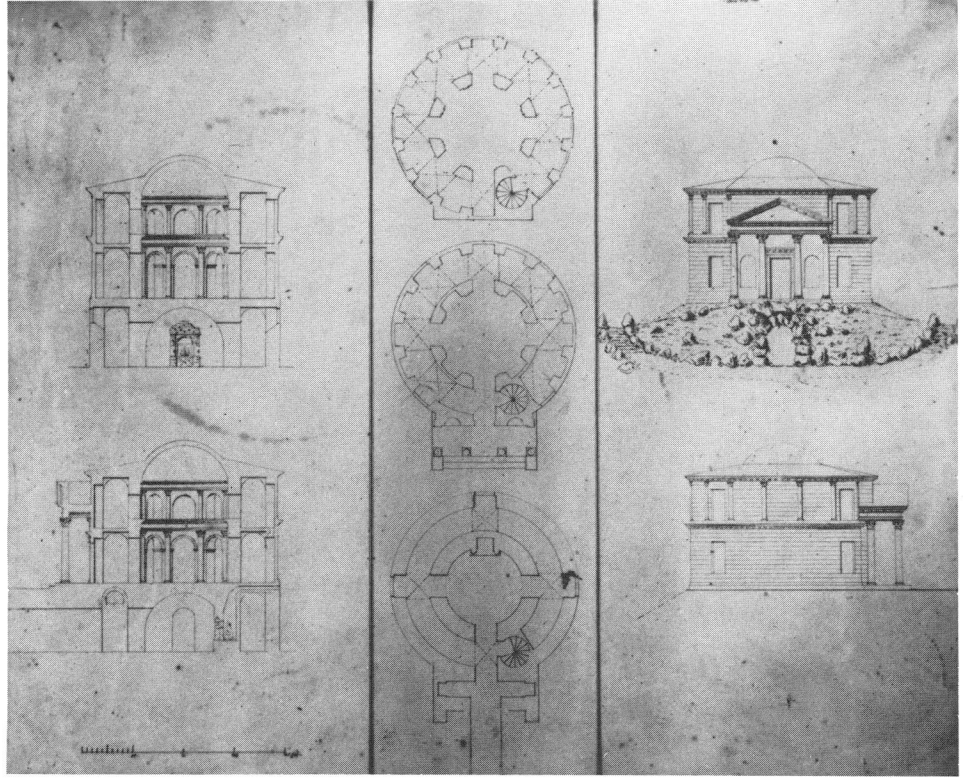

Abb. 184
Wörlitzer Park, Ausführungsentwurf für das Pantheon, Federzeichnung. Erdmannsdorff, 1794

griechischen Amphitheaters ein, das an eine Anlage bei Taormina erinnerte; mit etwa 500 Zuschauerplätzen dient es noch heute als Freilichtbühne.

Im Südwesten erhebt sich ein aus lavaähnlichen Schlackensteinen aufgetürmter „feuerspeiender Vulkan". Als Nachempfindung des Vesuvs enthält er seitlich die von Feigenbäumen umgebene „Grotte der Kalypso", an seinem Fuß die teils von Wasser durchflossene „Grotte von Capri". Dunkle Gänge mit mystischen Kabinetten und Räumen in der Art römischer Katakomben und Kolumbarien durchziehen das Innere des künstlichen Felsens — literarisch reich bestückt mit nachdenklich stimmenden Rückblicken auf die Urzeit der Menschheit, den Wandel von Natur und Gesellschaft, die geistige Größe unter Kaiser Hadrian (117—138) und dergleichen.

Am südöstlichen Vorsprung des „Steins" entstand 1792—1794 auf einer geschoßhohen Substruktion aus Granitfindlingen das im italienischen Renaissancestil gehaltene „Neue Haus" als verkleinerte Nachbildung der Villa Hamilton auf dem Posilipo bei Neapel. Dieser Ort und die für Leopold Friedrich Franz und Erdmannsdorff sehr anregenden Aufenthalte im Gesellschaftskreis des englischen Diplomaten und Altertumsforschers Sir William Hamilton (1730—1803) einschließlich der Besuche in Pompeji und Herculaneum waren besonders erinnerungsbeladen. Das flachgedeckte, eingeschossige Gebäude von 12,70 m Länge mit farbigem Rauhputzmauerwerk, Glattputzquaderungen an den Außenecken, Fenster- und Türfassungen beruht auf einer streng symmetrischen Grundrißordnung. Es verfügt über einen Vorraum und drei miteinander verbundene Zimmer, deren Interieurs ebenso wie der Außenbau auf präzisen Entwurfsvorgaben Erdmannsdorffs beruhen. Auffallend ist auch hier der starke Hang zur Geometrisierung aller Wand- und Deckenfelder sowie die durch Material, Farbe und ikonographische Thematik gedanklich anregende Fülle des Dekorativen. Die Decken und ornamental-figürlichen Wandrahmungen malte Johann Fischer, während Friedemann Hunold (1773—1840) die Friese nach antiken Gipsabgüssen formte. Die Ausstattung lebt nicht zuletzt von dekorativen Blättern des Charles-Louis Clérisseau, die in die Wände einkomponiert wurden, von Stichen nach Gemälden Jakob Philipp Hackerts (1737—1807), ausgewählten Darstellungen aus dem „Pitture antiche d'Ercolano", zeitgenössischen Kopien farbiger Wandgemälde Raffaels und Michelangelos. An der Möbelausstattung und am raumbeherrschenden, reich dekorierten Marmorkamin offenbaren sich die kunsthandwerklichen Einflüsse zeitgemäßen englischen Geschmacks. Im merklichen Gegensatz zur skurrilen Anlage des „Vulkans", der ebenfalls an Pompeji erinnern sollte, besonders dann, wenn bei Parkfesten ein loderndes Holzfeuer im Inneren entfacht wurde, gehört die Landhausarchitektur der Wörlitzer „Villa Hamilton", vor allem in ihrer Innenausstattung, zu den bemerkenswertesten Beispielen klassizistischer deutscher Dekorationskunst vor 1800.

Auch vom höchsten Punkt des „Steins" bietet sich ein allseitig weiter Blick über den Park und seine Dominanten, auf die Bebauung des Ortes und die noch heute feststellbaren, unmerklich fließenden

Übergänge in das landwirtschaftlich genutzte Umfeld. Wasserläufe, pinienartig gewachsene Kiefern, immergrüne Gehölze und teils recht fremdartige Gewächse bestimmen die unmittelbare Umgebung dieser Insel, die man nur von Osten über eine Fähre und durch eine Pforte in der „römischen" Stützmauer betritt. Von einer darüberliegenden Weinpergola aus, die an die „Villa Hamilton" anschließt, entdeckt der Parkbesucher — einer langen „lombardischen" Pappelallee nachblickend — das entfernte „Italienische Bauernhaus" (1795).

Vom Südfenster der Villa eröffnet sich der Blick auf die „Grotte der Egeria" (1793/94). Der Dessauer Fürst und Erdmannsdorff hatten drei Jahrzehnte zuvor das bekannte Heiligtum der Quellnymphe in einem Bachtal unweit Roms besucht und nun die Wörlitzer Version unter Verwendung einer Radierung des holländischen Architektur- und Ruinenmalers Herman van Swanevelt (1600—1655), der auch Herman d'Italie genannt wurde, gestaltet.

Vom Nordfenster der „Villa Hamilton" sieht man auf den Georgenkanal und die ihn überquerende ver-

Abb. 185
Das Pantheon in Rom.
Darstellung aus dem
ehemaligen Wohnzimmer
des Prinzen Johann Georg
v. Anhalt im Schloß
Wörlitz. Ölbild,
um 1770—1774

Abb. 186
Wörlitzer Park mit
architektonischer
Einordnung des Pantheons

Abb. 187
Römische Ideallandschaft, Ölgemälde von Jacob Philipp Hackert, 1785. Vermutlich anregend für die Einordnung des Wörlitzer Pantheons in den Park

Abb. 188
Wörlitzer Park, Venustempel auf dem Elbwall. Erdmannsdorff, 1793/94

kleinerte Nachbildung der ersten, 1777–1779 von T. F. Pritchard geschaffenen eisernen Bogenbrücke bei Telford am Severn. Ihr aufsehenerregendes konstruktives System, hergestellt aus wenigen Gußteilen großer Spannweite, fand während der Englandreise 1785 die uneingeschränkte Bewunderung von Erdmannsdorff und Leopold Friedrich Franz.

Von dieser Brücke wird die Aufmerksamkeit des Betrachters auf das nördlich zwischen Elbdamm und Großem Walloch gelegene „Pantheon" (1795/96) gelenkt. Inspiriert wurde es durch das berühmte, im zweiten Jahrhundert unter Kaiser Hadrian errichtete klassische Beispiel; als gewaltigster Zentralbau antiker Architektur entfachte es in seiner vollendet ausgewogenen Proportionierung und seit der Renaissance auch in seiner ideellen Bedeutung als Ruhmestempel der Künste die Begeisterung aller Vitruvianer und der Wegbereiter des Klassizismus. In diesem Sinne, aber zugleich in weitestgehend eigener architektonischer Umsetzung sollte auch das Wörlitzer „Pantheon" als kleiner Kuppelbau von nur sechs Durchmesser — wie die Widmung am Viersäulenportikus besagt — „Den Freunden der Natur und Kunst" als geistig-ästhetischer Andachtsraum und Musentempel dienen.

Erdmannsdorff sah während seines letzten Italienaufenthaltes ein Gemälde Hackerts, bei dem der Maler 1785 einen antikischen Rechteckbau mit Portikus und überkuppeltem Dach in eine ideal-heroische Flußlandschaft des Tibers gesetzt hatte. Dieses imposante Motiv bestimmte in entscheidender Weise den Entwurf im Wörlitzer Park und den Standort, für den schon seit den 80er Jahren ein besonderes Monument geplant war. Ein grottenartiger Unterbau gestattete, das „Pantheon" weit sichtbar an die Krone des Hochwasserdammes zu setzen, der hier in Erinnerung an schottische Römerwälle als „Limes" interpretiert wurde.

Die durchgehende Kuppelhalle im Inneren ist durch kreuzgewölbte Umgänge in zwei Geschoßzonen geteilt. Sie dienten der Unterbringung einer speziellen Antikensammlung, die seit 1796 durch Erwerb von zehn Plastiken — Apoll und die Musen Polyhymnia, Melpomene, Urania, Thalia, Euterpe, Klio, Erato, Terpsichore, Kalliope — bereichert wurde. Erdmannsdorff war es nicht vergönnt, die komplette Aufstellung zu erleben, weil sich der Antransport aus Italien infolge verschärfter Ausfuhrschwierigkeiten bis 1802 verzögerte. Hauptansatzpunkt innendekorativer Gestaltung bildete der Zentralraum mit seinen kräftigen, geschoßmarkierenden Kranzgesimsen, den korinthischen Pilasterordnungen und der Kuppel, die vorwiegend mit Grotesken in friesartiger Anordnung ausgemalt wurde. Ein Glasoberlicht im Scheitel der Kuppel trägt durch Modulation der Helligkeit zur vielseitigen Wandlung der Stimmungseffekte im Gebäude bei.

Im Großen Walloch führt die Gondelpartie an zwei kleineren Inseln vorüber: Westlich in Sichtbeziehung zum „Pantheon" befindet sich die 1788/94 gestaltete Herderinsel, auf der dem für den Dessau-Wörlitzer Kulturkreis anregenden Dichter, Ästheten, Geschichts- und Religionsphilosophen des Sturm und Drang und der deutschen Klassik, Johann Gottfried Herder (1744—1803), noch zu Lebzeiten ein Gedenkstein gesetzt wurde. Auf der weiter östlich gelegenen Amalieninsel errichtete man 1793 eine Grotte aus Granitfindlingen, die mit Büsten der antiken Dichter Anakreon (500 v. u. Z.) und Sappho (600 v. u. Z.) geschmückt wurden.

Nach dem „Pantheon" schuf Erdmannsdorff 1797/98 den im Geist griechischer Antike gestalteten „Venustempel". Er sollte am nordwestlichen Parkrand, westlich des Kleinen Wallochs das entgegegesetzte Ende Höhenweges markieren, der auf der Elbwallkrone entlangführt. Als kleines, ebenfalls recht monumental wirkendes bauliches Symbol leitet er zur 1798 angelegten „Luisenklippe" über, die als Miniatur einer südlichen Berglandschaft in bewußtem Gegensatz zur natürlichen Feld- und Wiesenniederung gesetzt war.

Der allseits offene Rundtempel der Liebesgöttin der griechisch-römischen Antike erhebt sich über einer Neptungrotte aus Findlingen. Im Inneren des Monopteros, dessen flaches Kuppeldach von zehn

Abb. 189
Wörlitzer Park,
Floratempel.
Erdmannsdorff, 1797/98

Abb. 190
Wörlitzer Park,
Ausführungsentwurf für
den Floratempel,
Federzeichnung.
Erdmannsdorff, um 1796

schlanken dorischen Säulen getragen wird, stellte man später eine Nachbildung der Venus Medici auf. Nach Riesenfeld [68] handelt es sich beim Typus dieses Bauwerks um die verbesserte, massive Neuausführung eines hölzernen Vorgängers, der eventuell in Anlehnung an eine ähnliche Rotunde entstand, die William Kent im Park von Stowe aufgestellt hatte. Eine Ableitung vom antiken römischen Rundtempel der Sibylle über dem wildzerklüfteten Taleinschnitt

Abb. 191
Clitumnustempel bei Spoleto in Italien. Stich, Ende 18. Jh.

des Anio bei Tivoli, dessen Ruine Erdmannsdorff zuletzt im März 1790 auf einer fünfstündigen Fußwanderung besichtigt hatte, wäre mehr in der landschaftlichen Einordnung zu suchen, die auch Piranesi in einem Stich darstellte, weniger jedoch in der Form des Tempels selbst. Enge Verwandschaft besteht dagegen zu Erdmannsdorffs „Ionischem Tempel" im Dessauer Georgium (nach 1780), der, abgesehen von den stilistischen Details, die gleichen Maßverhältnisse aufweist.

Der von Erdmannsdorff ab 1796 in Sichtbeziehung zum „Venustempel" erbaute „Floratempel" am westlichen Parkrand zwischen Luisenklippe und der neogotischen Gärtnerei (1799) stand am Ende seiner baumeisterlichen Tätigkeit im Wörlitzer Park. Hier griff er erneut auf den hellenistischen Typus des speziell in Unteritalien geprägten Podiumstempels zurück, dem er erstmalig im Dezember 1765 in Um-

brien zwischen Foligno und Spoleto am Ursprung des Clitumnus, einem Nebenfluß des Tiber, begegnet war. Die „Solitude" im Sieglitzer Park (1774 ff.) und der ehemalige Gothaer Parktempel (1778) [69] gehören zu den Vorläufern des Wörlitzer Gebäudes. Es diente in erster Linie als Musiksaal, zugleich aber als edle Staffage für das 1797/98 im Vordergrund angelegte „Blumentheater". Die quadratische Zella des Hauptgeschosses mit dem vorgelagerten toskanischen Viersäulenportikus ruht auf einem sauber gefugten Geschoß aus Sandstein-Rustika. Das im Giebelrelief anklingende Thema „Opfer der Flora" bestimmt auch die bildkünstlerische Innenausstattung. Sie wird beherrscht von einer antiken Statue, die sich als römische Kopie eines hellenistischen Originals aus dem zweiten Jahrhundert erweist, aber erst durch restaurative Ergänzungen in eine „Flora" verwandelt wurde. Auch die von Johann Fischer ausgeführten dekorativen Malereien beziehen sich auf die mythologische Welt der Blumengöttin, speziell das Deckenbild „Flora, von Nymphen und Zephiren umgeben", das nach einer ähnlichen Darstellung im Titus-Palast zu Rom entstand.

Flächengliedernde Wandbänder mit zarten Blumenranken, Festons und schwebenden Puttos geben dem Raum die heiter-festliche Note eines Musikpavillons, in den sich die durch den englischen Stil beeinflußten Möbel mit Eleganz einfügten. Erdmannsdorff erlebte die sich weit in das Jahr 1800 hineinziehende Vollendung des Innenraumes infolge seines frühen Todes nicht mehr.

Abb. 192
Wörlitzer Park, Weiße oder Stufenbrücke.
Erdmannsdorff, 1773

Abb. 193
Wörlitzer Park, Baumgruppe in Schloßnähe

7

Die Dessauer Parkanlagen Erdmannsdorffs
(1774 bis nach 1780)

Abb. 194
Dessau-Waldersee, Park Luisium,
Schloß im italienischen Villenstil
mit Chinesischer Brücke.
Erdmannsdorff, 1774—1777

Am 24. September 1774, 18 Monate nach der Einweihung des Wörlitzer Schlosses und unmittelbar anschließend an den ersten Bauabschnitt des Gotischen Hauses übernahm Erdmannsdorff die Aufgabe, für Luise v. Anhalt-Dessau einen zurückgezogenen Landsitz außerhalb der Sommerresidenz zu schaffen. Diese Entscheidung war nicht allein als Geburtstagsgabe an die Fürstin gedacht, mit der Leopold Friedrich Franz fernerhin nur noch offiziell repräsentierte. Sie stellte vielmehr ein Äquivalent für den weiteren Ausbau seines persönlichen Wohnbereiches im Gotischen Haus dar, wo er, von Luise toleriert, im illegitimen Familienverhältnis mit der Gärtnerstochter Leopoldine Luise Schoch lebte. Darüber hinaus gab die von 1774 bis in die 90er Jahre reichende Beschäftigung Erdmannsdorffs mit umfangreichen Bauaufgaben außerhalb von Wörlitz dem Bauherrn wie auch dem Baumeister Gelegenheit, sich den subjektiv bevorzugten unterschiedlichen Stilrichtungen der Neogotik und des Klassizismus auf mehr Distanz zu widmen. Geeignete landschaftliche Voraussetzungen für den Ausbau des „Luisiums" bot der „Alte Vogelherd" — ein reizvoller wilder Jagdsitz inmitten der Auenlandschaft nördlich des Ortsteils Waldersee an der Landstraße Dessau—Vockerode—Wörlitz. Leopold Friedrich Franz hatte dieses Gebiet bereits 1753 als Geschenk von seinem Vormund, dem Fürsten Dietrich, erhalten. 1761 war es durch eine mehrere Kilometer lange Lindenallee mit der Muldenbrücke an der Jonitzer Mühle verknüpft worden.

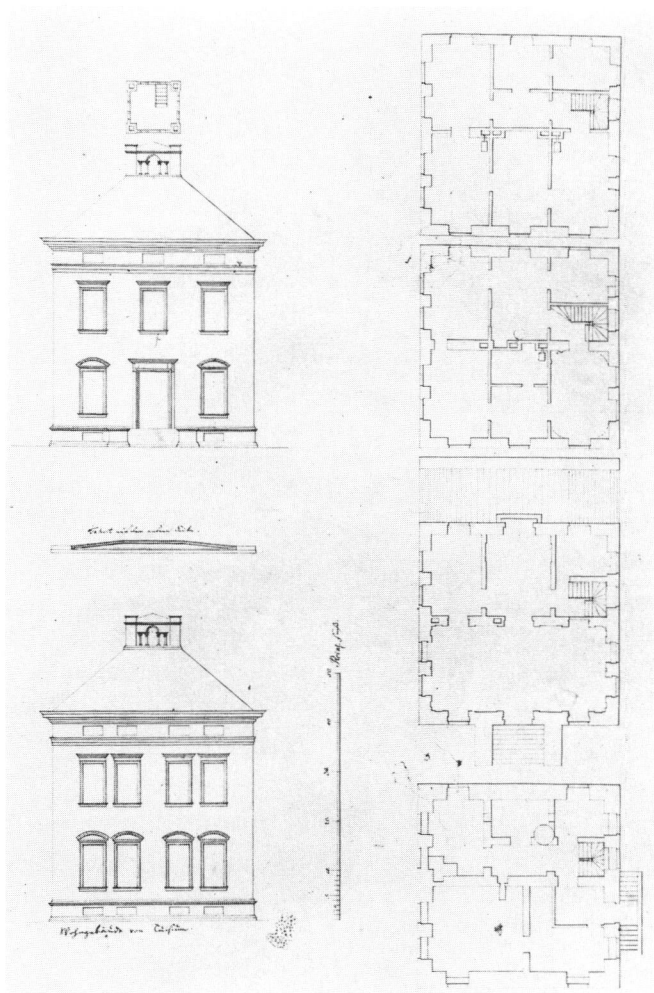

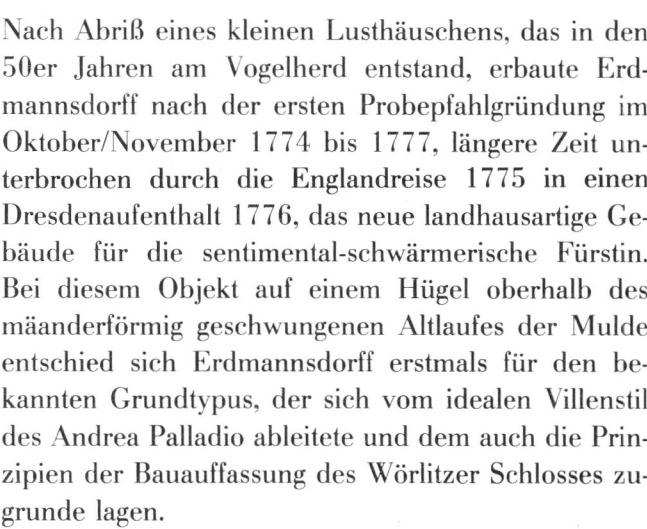

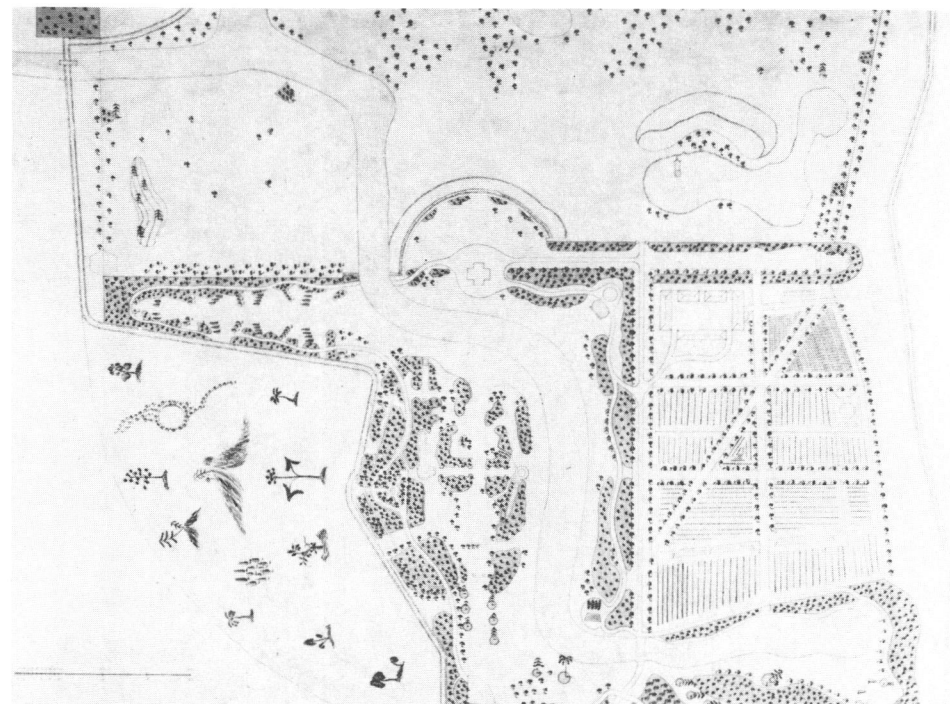

Abb. 195
Schloß Luisium, Grund- und Aufrisse, vermutlich gezeichnet um 1790

Abb. 196
Dessau-Waldersee, Plan des Parkes Luisium. Johann Friedrich Eyserbeck, um 1773

Abb. 197
„Das freystehende Hauß", beispielgebende Darstellung aus dem architektonischen Lehrwerk „Civilbaukunst" von Christoph Leonhard Sturm, 1708

Nach Abriß eines kleinen Lusthäuschens, das in den 50er Jahren am Vogelherd entstand, erbaute Erdmannsdorff nach der ersten Probepfahlgründung im Oktober/November 1774 bis 1777, längere Zeit unterbrochen durch die Englandreise 1775 in einen Dresdenaufenthalt 1776, das neue landhausartige Gebäude für die sentimental-schwärmerische Fürstin. Bei diesem Objekt auf einem Hügel oberhalb des mäanderförmig geschwungenen Altlaufes der Mulde entschied sich Erdmannsdorff erstmals für den bekannten Grundtypus, der sich vom idealen Villenstil des Andrea Palladio ableitete und dem auch die Prinzipien der Bauauffassung des Wörlitzer Schlosses zugrunde lagen.

Erdmannsdorffs Motivationen für die ästhetische Gestaltung sind einem Brief zu entnehmen, den er schon 1771 aus Rom an den Fürsten sandte und in dem er äußerte: „Nächst einer wohlangegebenen Einteilung und guten Verhältnissen aber besteht der gute Geschmack in der Baukunst in nichts anderem als in einer eleganten Profilierung und einem wohlgewählten Umriß des ganzen Gebäudes wie auch eines jeden Teiles insbesondere." [70] Sein Grundmaß, auf das er immer wieder zurückgriff, war das klassische Verhältnis 2:3. Im Inneren des „Luisiums" erfolgte eine dekorative Raumausstattung durch leichte klassizistische Stukkaturen und zierliche Malereien in

Abb. 198
Schloß Luisium, südliche Eingangsfassade

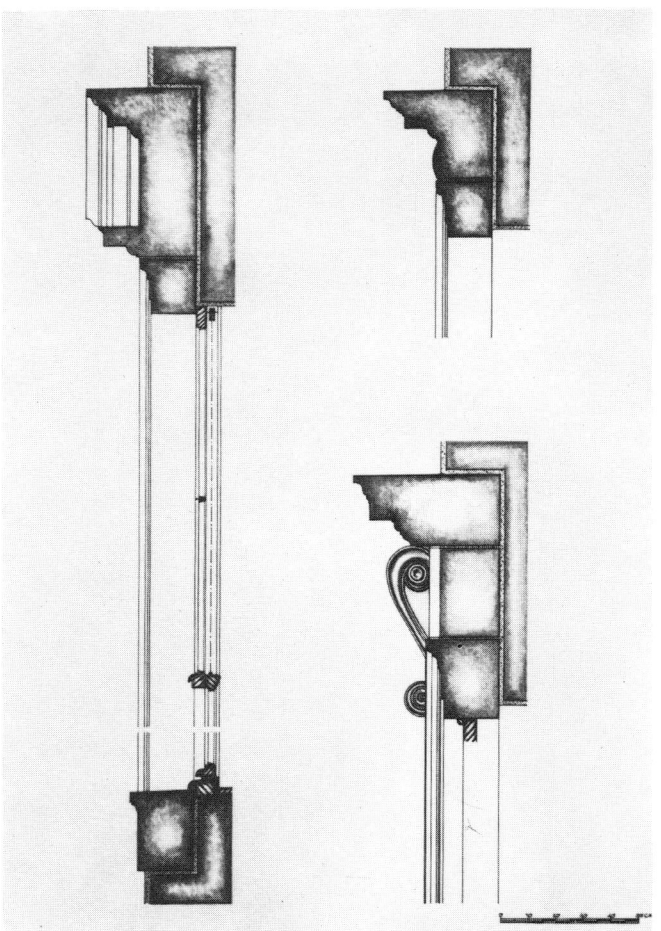

Abb. 199
Schloß Luisium, Fassadenaufrisse, Neuaufmaß 1954

Abb. 200
Schloß Luisium, Sockel- und Gesimsprofile, Neuaufmaß 1954

Form von Arabesken und Grotesken, in die wiederum zartfarbige Darstellungen einbezogen wurden, die Johann Fischer ausführte. Stärkere Farbakzente prägen allein den Fest- oder Gartensaal im Erdgeschoß, dessen Atmosphäre durch graugrün gefleckten Marmorstuck und dunkelgrüne korinthische Pilasterordnungen bestimmt ist. Er nimmt bereits Elemente vorweg, die später beim Parolesaal des ehemaligen Berliner Stadtschlosses eine Rolle spielen sollten. Im Spiegelkabinett und im Bibliothekzimmer des Obergeschosses sowie in den übrigen Räumen überwiegen die dezenteren Farbtöne des Klassizismus. Erdmannsdorff schrieb noch im Stadium der Bauvorbereitung: „Besonders werden Arabesken in kleinen Zimmern und Kabinetten mit Vorteil beibehalten werden. Denn man möchte, sollten sie auch von da verbannt sein, vielleicht nicht sogleich etwas finden, das ihren Platz da befriedigend ersetzte."

Luise von Dessau-Anhalt nutzte das „Luisium" relativ selten als Aufenthaltsort, weil es bald, ebenso wie das Wörlitzer Schloß, zu den berühmten Vorzeigebeispielen des Fürsten gehörte und ständig von Besuchern überlaufen war, die sich genau so begeistert der dortigen Parkanlagen widmeten. Die ersten umfangreichen gärtnerischen Maßnahmen hatte Johann Friedrich Eyserbeck bereits ab 1761 parallel zu seinen Wörlitzer Pflanzungen und in der für ihn bezeichnenden Weise ausgeführt. Ein später gezeichneter Lageplan weist auf den Charakter der frühen

Phase, in der noch das traditionellere geometrisierte System holländischer Karreegärten dominierte. Wie bereits erwähnt, war Eyserbeck seit Mitte der 70er Jahre in Wörlitz zunehmend durch Johann Christian Neumark, der die Methode der „natürlichen" und „zufälligen" Gruppierung des englischen Stils besser beherrschte, in eine Mitarbeiterrolle abgedrängt worden. Offensichtlich nahm er jedoch in diesen Jahren ebenfalls die progressiveren Gestaltungsgepflogenheiten an, die ihn letztlich befähigten, in einer weiteren Etappe zwischen 1780 und 1792 dem Landschaftspark „Luisium" die Merkmale des Englischen Gartens mit seiner rasch wechselnden Szenenfolge malerisch-romantischer Bilder aufzuprägen. Zu diesem Zeitpunkt entstanden auch die notwendigen Hochwasserschutzdämme und die weit in den Landschaftsraum ausgreifenden Parkachsen mit ihren Richtungsorientierungen auf die entfernten Ufer der Mulde und Elbe, auf die Kirche von Jonitz und einen 1779 bis 1781 am Nordrand des Areals angelegten Gestütshof in neogotischer Backsteinarchitektur englischen Stils. Die antikisierte Pferdetränke an der östlichen Giebelwand des Stallgebäudes beruht auf einem Entwurf Erdmannsdorffs aus dem Jahre 1780. Außerdem schuf er eine Reihe „empfindsamer" Staffagen, die in spannungsreiche Wechselwirkung zu den vielen seltenen und kontrastreichen Gehölzen gesetzt wurden. Neben seiner stimmungsvollen weißen „Chinesischen Brücke" am Schloß (1776) erarbeitete er unter anderem die Ausführungsunterlagen für einen Sandsteinbrunnen mit Pegasus-Relief (1781/82), die Ruine eines „römischen" Portals östlich des Schlosses (1782), die Grotte (1782), den Umbau der Orangerie (1784, heute Parkgaststätte) und das „Denkmal der Nonne" (nach 1785). Die gesamte Parkanlage gehört zum Bereich der Staatlichen Schlösser und Gärten Wörlitz, Oranienbaum, Luisium.

Für Erdmannsdorffs persönliches Leben sollte der Tag der Grundsteinlegung zum Schloß „Luisium" eine besondere Rolle spielen. Denn hier begegnete er erstmals als Achtunddreißigjähriger während der Freilichtaufführung des von Friedrich Wilhelm Rust inszenierten Singspiels „Elysium" der 31jährigen ledigen Wilhelmine Eleonore v. Ahlimb (1743—1795). Sie wurde im ehemaligen Tilsit (heute Sowjetsk) geboren, war später in Ringenwalde bei Templin (Uckermark) als Tochter eines preußischen Kavallerie-Obristen aufgewachsen und dann als Hofdame in den Dienst der Fürstin getreten. „Diese Dame, die sich ebenso sehr durch ihre schöne Gestalt, als durch angenehme Talente und gebildeten männlichen Geist auszeichnete, fixierte auf einmal sein Herz... Die folgenden Jahre bis 1782", kommentiert A. v. Rode „ohne sich durch Reisen oder vollbrachte Kunstwerke auszuzeichnen, gehören darum nicht weniger

Abb. 201
Park Luisium, Sandsteinbrunnen mit Pegasusrelief. Nach Entwurf Erdmannsdorffs, 1781/82

Abb. 202
Schloß Luisium, Gartensaal im Hauptgeschoß. Erdmannsdorff, 1774—1777

Abb. 203
Park Luisium,
Ruinenbogen.
Erdmannsdorff, nach 1780

Abb. 204
Ehemaliges Gestüt am Park
Luisium. Ausführung nach
Entwurf des Fürsten
Leopold Friedrich Franz,
1781

zu den glücklichsten im Leben des Hrn. von Erdmannsdorff."[71]

Wenn es sich in dieser Zeitperiode auch nicht um architektonische Größenordnungen handelte, die im einzelnen mit dem Wörlitzer Schloß vergleichbar wären, so war er doch durch die Entwurfstätigkeit für die Dessauer Parkanlagen voll in Anspruch genommen. Es ist bekannt, daß sich gerade in diesen Jahren sein chronisches Augenleiden verstärkte, das er sich gleichsam als Berufskrankheit durch Zeichnen und Schreiben bei unzureichenden Lichtverhältnissen zuzog und das er 1776 durch mehrmonatige Konsultation eines Dresdner Arztes zu behandeln suchte.

Ab Februar 1777 begannen etwa vier Kilometer nordöstlich des „Luisiums" auf einer hochwassergeschützten Erhebung der wilden Auenlandschaft im Mündungsdreieck von Elbe und Mulde erste landschaftsgärtnerische Arbeiten rund um den Sieglitzer Berg. Das insgesamt über 20 ha umfassende wildreiche Waldareal in abgelegener Einsamkeit sollte einen Eckpunkt im östlichen Teil des Dessauer „Gartenreiches" zwischen Wörlitz und Großkühnau bilden. Im Gegensatz zu den übrigen Parks und im Interesse der

Abb. 205
Ehemaliges Gestüt am Luisium,
Entwurf für die Pferdetränke am Ostgiebel des Stallgebäudes.
Zeichnung von Erdmannsdorff, um 1780

Erhaltung „natürlicher Wildheit" verzichtete man hier bewußt auf die Kultivierung größerer Gartenräume. Zu den wesentlichsten Maßnahmen der Naturgestaltung gehörten das teilweise Auslichten des Unterholzes, die Unterpflanzung durch Fichten, Lärchen, Weymouthkiefern, durch heimische Laubbäume, einige fremdländische Baumarten und insgesamt eine Durchsetzung des Bestandes mit immergrünen Gewächsen. Einige axiale Schneisen mit Durchblicken dienten der großräumigen Orientierung, wenige bauliche Einrichtungen und versteckte Monumente der praktischen und ideellen Nutzung dieses Wildgartens. Johann Christian August Grohmann aus Wittenberg, der sich 1799 einer Beschreibung des Sieglitzer Parks im „Taschenbuch für Gartenfreunde" widmete, erfaßte dieses Prinzip eindeutig, indem er schrieb: „Die Verschönerung, die Pflege dieser Anlage dient hier bloß, daß wir nicht ganz in eine(r) Wildniß, in einem einzelnen finstern Ort der Einsamkeit zu wandeln glauben." [72] Das aber bedeutete für den weitgereisten Kenner europäischer Gartenkunst Fürst Charles-Joseph de Ligne (1735—1814) ein „Aufleuchten höchster Gartenkunst", die Verwirklichung der

Abb. 206
Natürlicher Auenwald bei Dessau

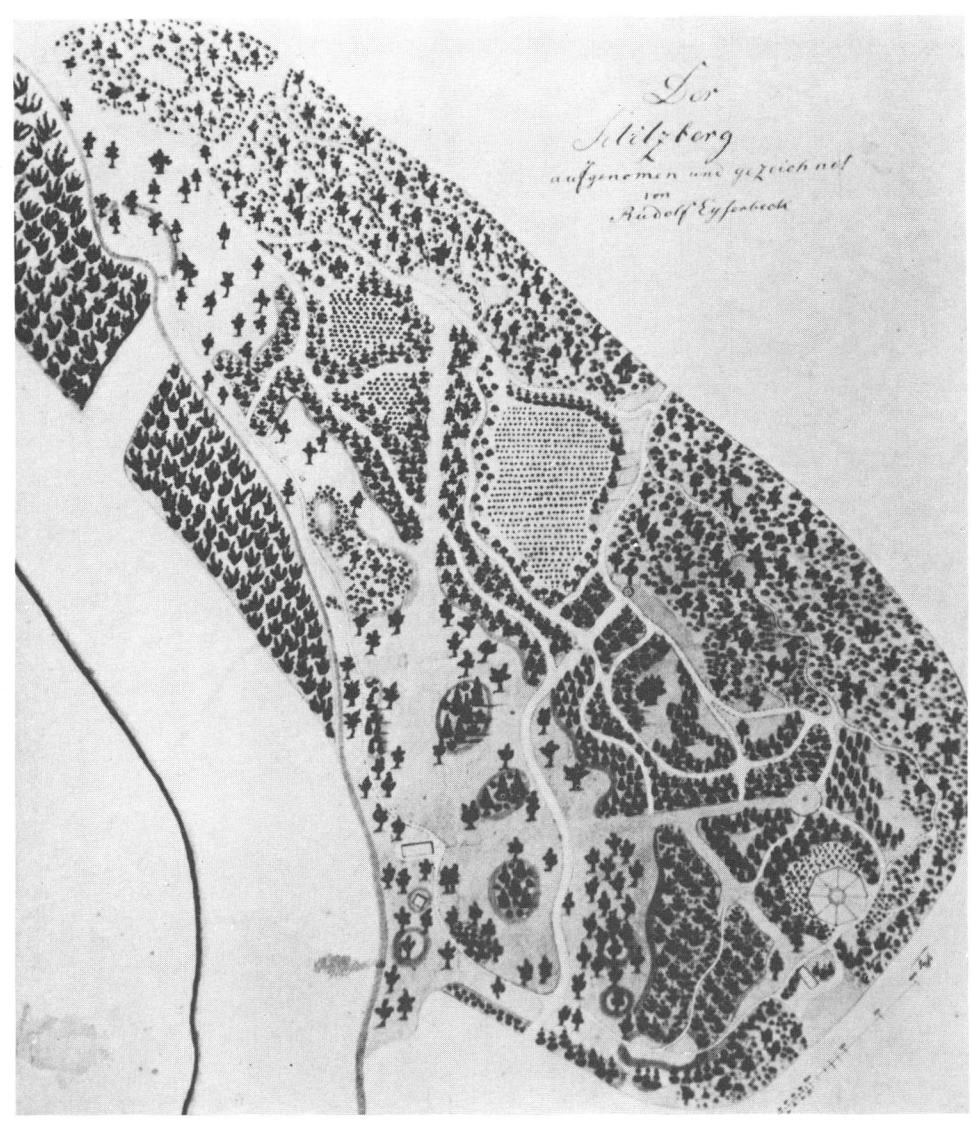
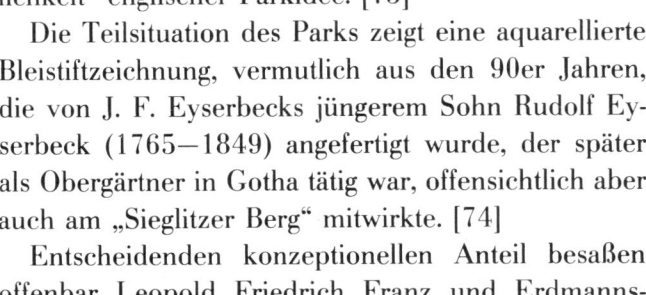

höchsten Stufe der geistig durchdrungenen „Natürlichkeit" englischer Parkidee. [73]

Die Teilsituation des Parks zeigt eine aquarellierte Bleistiftzeichnung, vermutlich aus den 90er Jahren, die von J. F. Eyserbecks jüngerem Sohn Rudolf Eyserbeck (1765—1849) angefertigt wurde, der später als Obergärtner in Gotha tätig war, offensichtlich aber auch am „Sieglitzer Berg" mitwirkte. [74]

Entscheidenden konzeptionellen Anteil besaßen offenbar Leopold Friedrich Franz und Erdmannsdorff. [75]

Den wichtigsten architektonischen Akzent setzte das Jagdlusthaus „Solitude" (französisch — Einsamkeit), ein einfacher, weiß verputzter dorischer Tempel mit viersäuliger Cella, der unmittelbar über dem westlichen Elbufer oberhalb eines kleinen Bootshafens nach Entwürfen Erdmannsdorffs entstand. An die Rohbaufertigstellung im Dezember 1777 schloß sich eine relativ lange Periode des Ausbaus bis zum September 1783 an. Die grundsätzliche Anregung für das äußere Erscheinungsbild und die Plazierung am Wasser könnte in diesem Fall ein 1745 erbauter Floratempel in Stourhead bei London gegeben haben. Die regelmäßige Grundrißaufteilung ergab sich aus dem Wunsch der intimen Nutzung als behaglicher und besinnlicher Aufenthaltsort. Dem entsprachen auch die wenigen kleinen und dezent ausgestatteten Räume, bestehend aus dem Teesalon im Anschluß an die acht Meter breite Säulenhalle, zwei Nebenzimmern, einem Schlafraum mit Badenische im englischen Stil und

Abb. 207
Dessau, Parkanlage „Sieglitzer Berg". Lageplan von Rudolf Eyserbeck, um 1790

Abb. 208
Dessau, „Sieglitzer Berg", verfallenes Monument, kolorierte Radierung. Christian Haldenwang nach Zeichnung von Heinrich Theodor Wehle, um 1799. Kupferstichkabinett Dresden

einem Dienerzimmer mit englischer Teeküche. Hauptthema der bildkünstlerischen Ausstattung war das romantisierte Hirtenleben. Dieses Erlebnis vermittelten nicht nur die Malereien J. Fischers, sondern auch der Ausblick von der Solitude über einen von Eichen beschatteten Freiraum auf die flachen Viehweiden des jenseitigen Elbufers. Auf diese Weise wurde der Fluß Bestandteil des Parks, Mittler des grenzlosen Übergangs in die sich weithin ausdehnende Landschaft.

Westlich des Gartentempels, der 1796 eine Nachfolge im Wörlitzer „Floratempel" fand, existierte seit 1779/80 das „Verfallene Monument" in Gestalt eines römischen Grabturmes. Ein Würfel und ein aufgesetzter Zylinder aus verschiedenfarbigem rotem Backsteinmauerwerk verbargen die profanen Funktionen einer Küche und eines Vorratshauses, in dem auch heißes Wasser bereitet wurde, das über eine Rohrverbindung in die Teeküche und in das Bad der Solitude geleitet werden konnte. Die Idee eines ähnlichen Grabturmes spielte bekanntlich 1773 eine Rolle als Entwurf für den Wörlitzer „Drehberg".

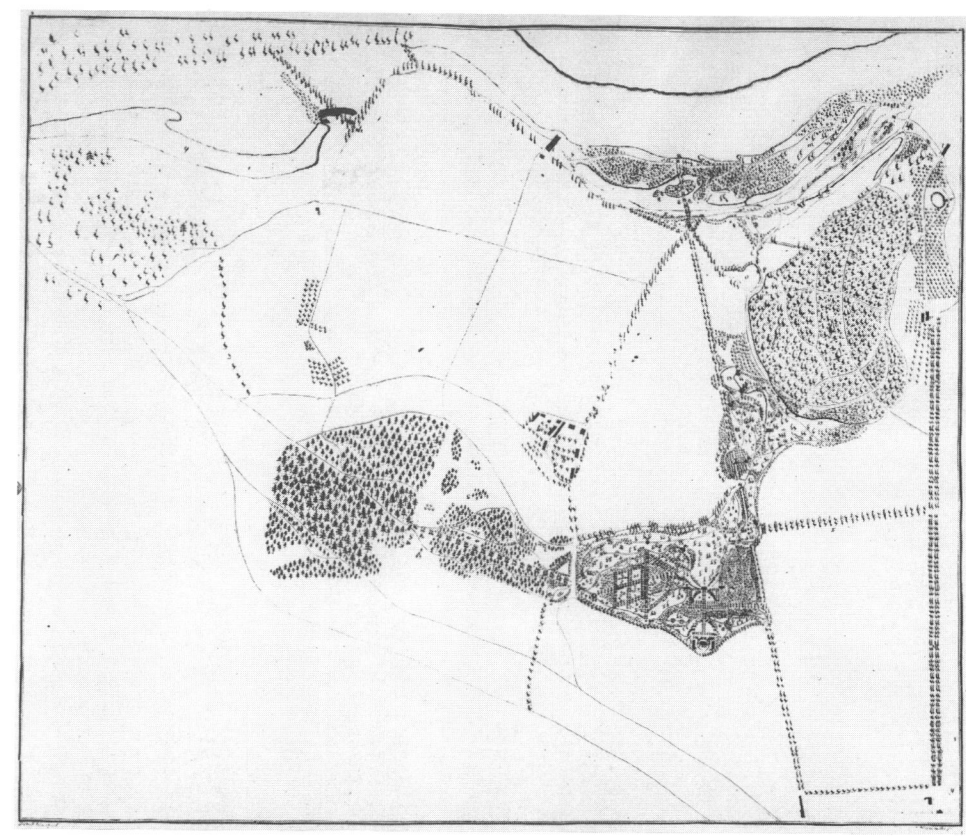

Abb. 209
Plan des Georgengartens, Stich von Rosmaesler nach Zeichnung von Dietrich Klewitz, 1796

Abb. 210
Schloß Georgium. Gemälde auf Seide von Seelmann, 1891

119

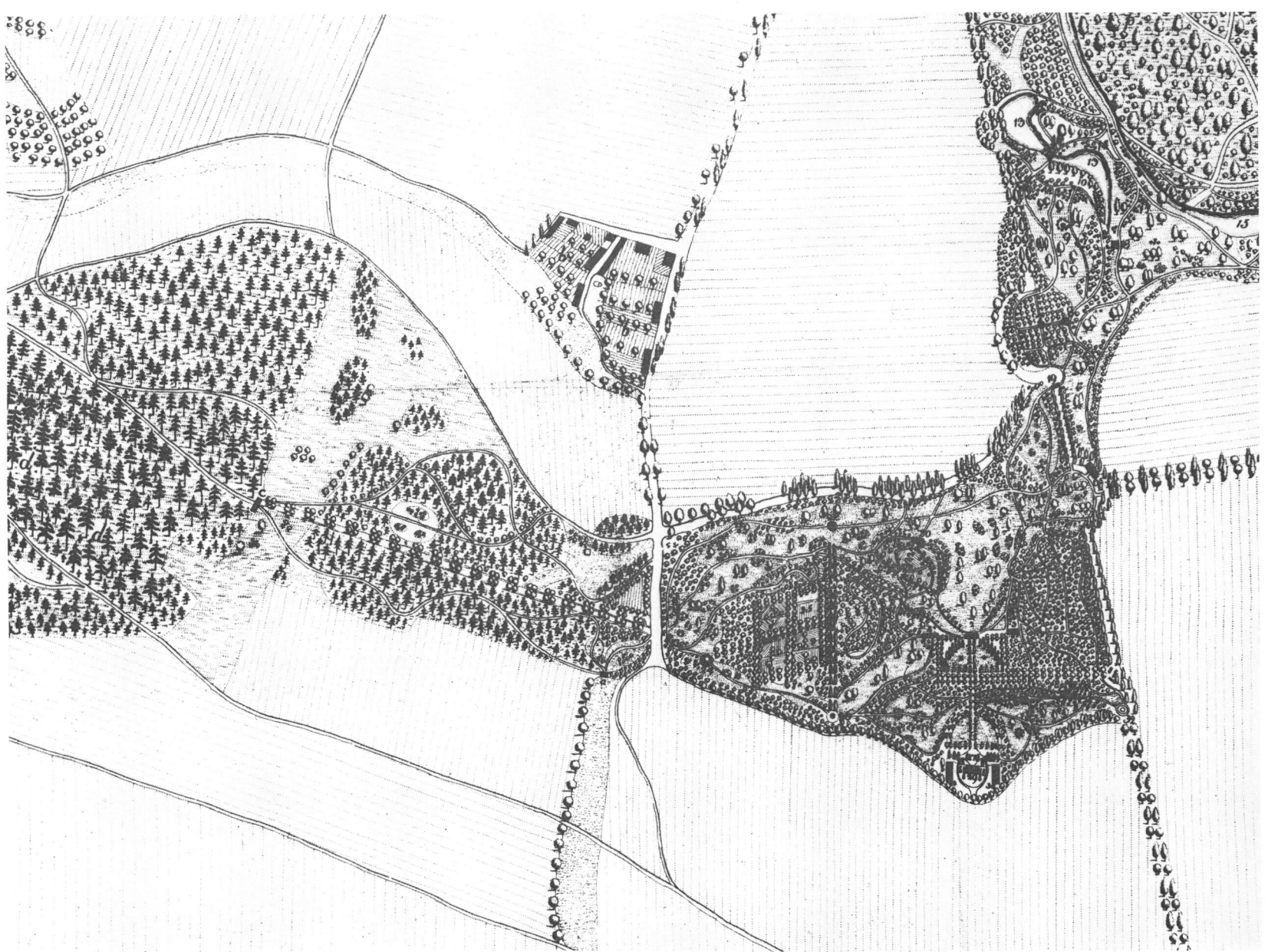

Abb. 211
Plan des Georgengartens, nähere Schloßumgebung. Ausschnitt aus dem Stich von Rosmaesler und Klewitz, 1796

Abb. 212
Die wichtigsten Baulichkeiten des Georgengartens. Stich von Trösch nach Zeichnungen von Dietrich Klewitz, 1796

Noch weiter westlich des Monumentes, umgeben von dichten Bäumen, war 1780/81 das Gärtnerhaus entstanden, an das sich im Laufe der Zeit andere Wirtschaftsgebäude anschlossen, die zur Unterhaltung des Parks einschließlich der ehemaligen Fasanerie, einer kleinen Baumschule und der Wildhüterei notwendig waren. Von 1869 bis 1945 hatte sich hier ein beliebtes ländliches Ausflugslokal entwickelt.

Der „Sieglitzer Berg" enthielt im Vergleich zu den anderen Dessauer Parkanlagen nur wenige sentimentale, mehr bildungsbetonte Staffagen. 200 m von der Solitude entfernt, errichtete man in einer der etwa 20 m breiten Schneisen das Denkmal des heidnischen Waldgottes „Faun". Die Sockelinschriften knüpften das geistige Band zu drei einflußreichen Dichtern des 18. Jahrhunderts: zu Friedrich v. Hagedorn (1708—1754), einem Lyriker auf den Spuren von Horace und Lafontaine, zu Ewald v. Kleist (1715—1759), einem Anakreontiker und Freund Lessings, der zur schwermütigen Idyllisierung des Naturgefühls beitrug, und zu Ernst Wolfgang Behrich (1738—1809), einem Jugendfreund Goethes, der seit 1773 die Erziehung des Dessauer Erbprinzen übernahm. In einer zweiten, südöstlichen Waldschneise, ebenfalls etwa 200 m von der Solitude entfernt, entstand 1784/85 das zwei Meter hohe Erinnerungsdenkmal für Wilhelm v. Anhalt, der 1763 in der Schlacht bei Torgau fiel. Der Urnensockel enthielt Widmungsinschriften von Leopold Friedrich Franz und Georg Heinrich v. Berenhorst. Am Ende der dritten östlich ausgerichteten Parkachse, etwa 350 m vom Gartentempel entfernt, wurde um 1785 als Pendant zum „Faun" eine Plastik der „Diana" aufgestellt. Ein um 1785 errichteter „Opferstein" mit Reliefs tanzender und musizierender Putten (seit 1969 im Wörlitzer Park) markierte an einer Wegegabelung den Pfad zur „Eremitage", einem kleinen gestalteten Freiraum am südöstlichen Parkrand.

In den 90er Jahren nahm die Gesamtanlage den Charakter eines Wildparks an, der durch Einhegung gesichert wurde. In diesem Zusammenhang entstanden 1791—1793 an den drei Hauptzugängen unter-

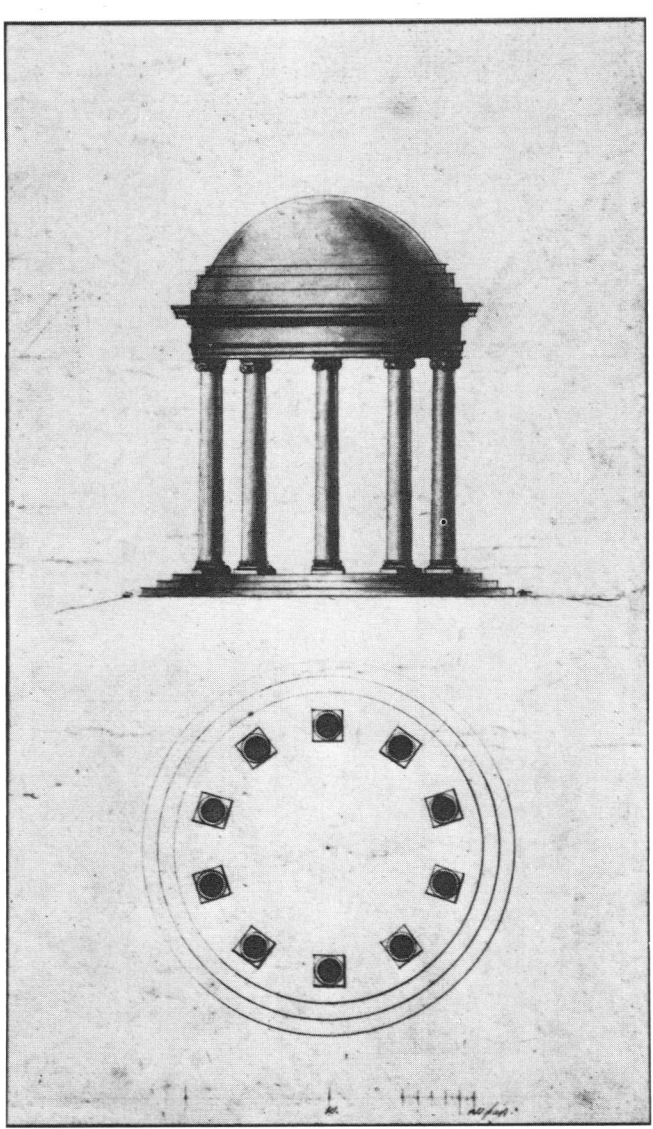

Abb. 213
Park Georgium, Entwurf der „Rotunde".
Erdmannsdorff, um 1795

schiedliche Eingangstore: das Tor am Kupenwall mit noch spätbarocken Anklängen, das Antikisierende Tor am Fahrweg nach Vockerode und das Neogotische Backsteintor am Vockeroder Wall, in das Renaissancebauteile vom alten Dessauer Schloß eingefügt wurden, um auf diese Weise den Stileindruck der Tudorgotik zu erwecken. Bis auf das letztgenannte Bauwerk kann auch bei diesen Ausstattungselementen des Parks auf eine unmittelbare Beteiligung Erdmannsdorffs geschlossen werden.

Von der ursprünglichen Parkanlage sind heute nur noch Reste erhalten.

Nachdem die Arbeiten am „Luisium" und am „Sieglitzer Berg" beträchtlich vorangeschritten waren, ließ sich der inzwischen 32jährige Bruder des Fürsten, Prinz Johann Georg v. Anhalt-Dessau (1748—1811), ebenfalls eine eigene Sommerresidenz anlegen. So entstand ab 1780 unabhängig von direkter Beeinflussung durch Leopold Friedrich Franz und in beabsichtigter Konkurrenz zu Wörlitz nordwestlich der Dessauer Altstadt das etwa 120 ha umfassende „Georgium". Im Osten und Süden begrenzten es die Landstraßen nach Roßlau und Großkühnau, westlich der Ortsteil Ziebigk und nördlich das Südufer einer engen Elbschleife. Nach Westen entwickelte sich über die sogenannte Kienheide der unmerkliche Übergang in den Großkühnauer Landschaftspark, den der Gärtner Leopold Ludwig Schoch 1753—1764 im ersten Gestaltungsabschnitt angelegt hatte.

Unterschiedliche topographische Gegebenheiten, die, ausgehend vom Ödland mit Lehmgruben, im Bereich des späteren Georgengartens (etwa 21 ha) über das Gebiet des feuchten Auenwaldes im Beckerbruch (etwa 84 ha) bis zum nassen Überflutungsgelände des Streithegers (etwa 15 ha) führten, stellten J. F. Eyserbeck, der hier ebenfalls mit den parkgärtnerischen Aufgaben betraut wurde, vor schwierige Situationen. Erst nachdem 1786 der nördliche Teil des Beckerbruchs durch einen Hochwasserschutzwall gesichert war, gelang es, die Kultivierungsmaßnahmen der versumpften Teile erfolgreich voranzutreiben. Der Ausbau des „Tiergartens" als Verbindungsstück blieb in größerer Dimensionierung dem 19. und 20. Jahrhundert vorbehalten.

Architektonischer Höhepunkt des „Georgiums" sollte das Landhaus des Prinzen sein. Es entstand ab 1781 nach Erdmannsdorffs Entwürfen in Anlehnung an den bereits beschriebenen palladianistischen Grundtypus.

Die Proportionierung beruht wiederum auf einem Rechteckgrundriß mit den klassischen Maßverhältnissen von 2:3. Der Außenbaukörper zeigt ebenfalls eine ausgewogene rhythmische Fassadengliederung. Breite toskanische Pilaster fassen oberhalb der Keller- bzw. Sockelzone die beiden Hauptgeschosse zusammen und steigen bis zum breit angelegten Abschlußgesims auf, das hinter wuchtiger Profilierung erneut ein niedriges Mezzaningeschoß verbirgt. Leicht hervorgezogene Mittelrisalite mit aufgesetzten Dreiecksgiebeln heben die Eingangs- und Gegenfront besonders hervor. Hinzu kommen einfache Portale mit Segmentgiebeln, hohe Rechteckfenster mit Dreiecksgiebeln und balkenförmigen Abschlüssen. Eine antikisch empfundene, klare Abgrenzung der einzelnen Bauteile und Gliederungselemente steht wiederum im ausgeglichenen Verhältnis zur Körperhaftigkeit und Flächigkeit und verleiht damit dem großen Gartenhaus den gewollten Ausdruck fürstlicher Repräsentation. Diesen Eindruck strenger architektonischer Ausgewogenheit vermittelt auch die räumliche Innenaufteilung, basierend auf der Disposition des Erdgeschosses, das aus sechs gleich großen Raumkuben besteht, von denen der mittlere südliche als Treppenhaus und der dahinterliegende nördliche als Rundsaal ausgebildet sind. Diese „Rotunde" mit ursprünglich gewölbter Decke und antikischen Architekturgliederungen in illusionistischer Malerei und figürlicher Darstellung stellte als Empfangs- und Festsaal wiederum die ideellen Beziehungen zum Pantheon als größtem Zentralraum der antiken Baukunst her. „Nicht Pracht, aber edle Simplizität, mit Geschmack und Nettigkeit verbunden, hat das Innere angeordnet", vermerkte A. Rode 1796 in seiner 'Beschreibung von Georgenhaus, dem Landhause und Englischen Garten seiner Hochfürstl. Durchl. des Prinzen Hans Jürge von Anhalt, bei Dessau'. [76] Seine Darstellung charakterisiert die ursprünglich recht reichhaltige Ausstattung der Gesellschaftsräume des Untergeschosses und der Wohnzimmer des ersten Obergeschosses. Hier dominierten Gemäldekopien nach Rubens, Raffael, Tizian, Parmegiano und Vernet in Form von Gesellschaftsstücken, Landschaften und Porträts, darunter auch Originale von Jakob Philipp Hackert. Neben Porträts der fürstlichen Familie hatte der Prinz nicht auf die Konterfeis seiner Vorbilder verzichtet, zu denen unter anderen der Herzog Ferdinand v. Braunschweig, Prinz Heinrich v. Preußen und vor allem Friedrich II. gehörten. Bei den zahlreich aufgestellten Plastiken handelte es sich zumeist um Antikenkopien, die Cavaceppi nach Originalen in der Villa Borghese oder in der Farnesina angefertigt hatte, darunter die berühmten Büsten der Venus Urania, des Augustus, des Caligula, des Lucius Verus und der sogenannten Zigeunerin.

Vom ursprünglichen Charakter der Innenausstattung ist nichts erhalten. Das „Landhaus Georgium" wurde 1893 durch Anbau zweier Seitenflügel erheblich verändert. Seit 1959 ist es Sitz der Staatlichen Galerie Dessau, insbesondere Domizil der kostbaren Sammlung oranischer und askanischer Gemälde. Zwei zeitgenössische, vermutlich nach 1784 entstandene Lagepläne zeigen den Schloßgarten in seinen frühen, offensichtlich partieweise vorgenommenen Ausbaustufen und in seinen axialen Einbindungen in das System der Stadtplanung Dessaus. [77] Die wichtigste verkehrsmäßige Erschließung des „Georgiums" erfolgte durch die im Zusammenhang mit der Parkanlage neu angelegte schnurgerade Georgen-Allee, die sich vom Zentrum in nördlicher Richtung bis zum Leopoldhafen an der Elbe erstreckte. Von dieser Allee war das Schloß durch eine seitliche, nach Westen

Abb. 214
Park Georgium, Hornzackenbrücke am Beckerbruch. Zeichnung von Erdmannsdorff

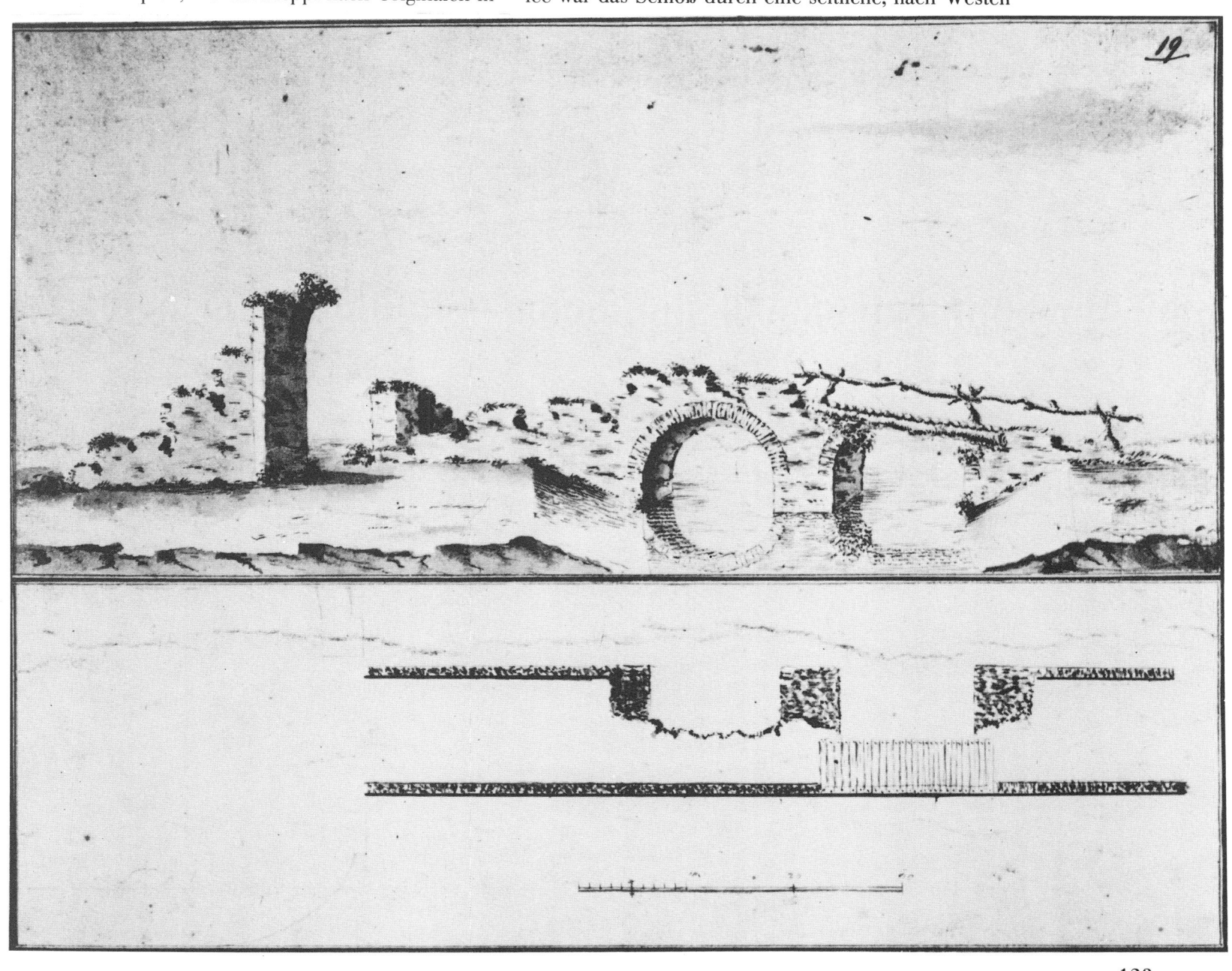

Abb. 215
Ruinenbrücke im Park Georgium, lavierte Radierung. Friedrich Wilhelm Schlotterbeck nach Zeichnung von Theodor Wehle, 1799. Kupferstichkabinett Dresden

abzweigende Anfahrt erreichbar. Eine zweite, vermutlich um 1790 ausgebaute, etwa doppelt so breite, baumgesäumte Landstraße führte vom Dessauer Markt über die heutige Joliot-Curie-Straße bis zum Wallwitzhafen. Die ebenfalls neu angelegte Querallee verband beide Stränge in der Hälfte ihres Verlaufs untereinander und bildete vermutlich den Anfang einer größeren Straße, die in Richtung „Luisium" und „Sieglitzer Berg" ausgebaut werden sollte. Ebenso wie in allen anderen Parkanlagen war im „Georgium" nicht das Schloß als primärer Ausgangspunkt des Parkerlebnisses gedacht. Den Auftakt gab ein vertiefter Rundplatz mit vier Bänken an der rechtwinkligen Einmündung der Querallee in die Georgen-Allee. Von hieraus waren im Westen der „Ionische Tempel" und im Osten die „Weiße Pyramide" des heutigen Schillerparks (1783) sichtbar. Nach Norden blickte man durch den „Weißen Bogen" auf eine quadratische Gartenpartie, aus deren Mitte sich das Standbild des Dessauer Fürsten in römischer Tracht erhob und hinter dem in weiterer Entfernung der „Gelbe Turm" aufragte. Im Süden entfaltete sich die Silhouette der Stadt Dessau. Dieser interessante Rundplatz mit panoramaähnlichen Sichterlebnissen bildete gleichsam die Drehscheibe am unmerklichen Übergang zwischen Georgengarten und Beckerbruch.

Im unmittelbaren Umfeld des Schlosses fallen auf den alten Situationsplänen einige streng geometrische Gartenquartiere auf, speziell im Abschnitt zwischen Schloß und Orangerie mit Wirtschaftshof, aber auch westlich vom Schloß. Diese regelmäßig gegliederten Blumen-, Obst- und Gemüsepflanzungen zeigen wiederum die typische Handschrift des älteren Eyserbeck. Sie waren jedoch offensichtlich mehr als „klassische" Gärten italienischen Stils in die Gesamtheit des Landschaftsparks einbezogen, der in seiner sonstigen Gestaltung der „natürlichen Art" englischer Beispiele folgte. Johann Georg v. Anhalt-Dessau hatte 1765 als Teilnehmer der ersten Italienreise des Fürsten zahlreiche Renaissancegärten besichtigt, in denen Elemente des antik-römischen Villengartens weiterlebten, insbesondere auch die Geometrie ihrer Anlagen.

Im übrigen scheint er sich vieler Anregungen bedient zu haben, die ab 1779 in C. C. L. Hirschfelds mehrbändiger „Theorie der Gartenkunst" dargelegt wurden. Die Errichtung der ehemaligen „Hornzakkenbrücke" (auch „Ruinenbrücke") im Beckerbruch und die „Wallwitzburg" — ein turmartiges Deichwachhaus mit Sichtpavillon im elbnahen Streitheger — fußen auf Abbildungen dieses Werkes. [78]

Beachtenswert ist, daß der Bauherr, ebenso wie Leopold Friedrich Franz am „Sieglitzer Berg", weitestgehend auf sentimentale Kleinarchitekturen verzichtete und damit auch eine gegenüber dem Wörlitzer Park weiterführende Tendenz bekundete. Außerdem gab es keine neogotischen Erscheinungen, sondern eine eindeutige Orientierung auf italienisches Formengut. Diese Tendenz entsprach in vollem Maße der geistig-künstlerischen Haltung Erdmannsdorffs. Seine wesentlichsten, auch heute noch erhaltenen Parkbauten sind auf einem schönen Blatt in A. Rodes „Wegweiser durch die Sehenswürdigkeiten in und um Dessau" (1795/96) vereinigt, das von Dietrich Klewitz gezeichnet und von C. Stosch gestochen wurde: das Schloß, das „Vasenhäuschen", das „Blumengartenhaus", das „Kavaliergebäude" in Gestalt einer römischen Villa, der „Jonische Tempel", der „Weiße Bogen" und der „Gelbe Turm". Aus all diesen Beispielen, die noch durch den „Roten Bogen", die „Sieben Säulen" und den „Amaliensitz" zu ergänzen wären, spricht das Bemühen, antike Formen, die Vitruvius Pollio um 33 v. u. Z. in seinen „Zehn Büchern über Architektur" empfahl und die auch von den Renaissancebaumeistern am besten beherrscht wurden, für neue zeitentsprechende Inhalte zu verwenden.

Zu den interessantesten Parkmonumenten gehört zweifellos der „Jonische Rundtempel", auch „Rotunde" genannt. Er entstand vermutlich um 1795 und ist damit der unmittelbare Vorläufer des 1797/98 errichteten, fast gleichartigen steinernen Venustempels im Wörlitzer Park. Drei getuschte Federzeichnungen Erdmannsdorffs weisen auf drei Varianten hin, von denen eine schlanke Form mit zehn Säulen auf dreistufiger Basis realisiert wurde; zwei verwandte Beispiele mit fünfstufigem Podest, acht Säulen und variiertem Kuppelabschluß blieben unausgeführt. Das immer wieder verwendete Grundmotiv des Tempietto in Rom, der 1502 durch Donato Bramante (1444—1514) erbaut wurde, galt seit der Renaissance als Ausdruck vollendeter, von antikischem Geist beseelter Harmonie und architektonischer Klarheit und wurde seitdem in allen Phasen betonter Antikenrezeption als beliebte Architekturform verwendet.

„In dem Tempel selbst hat man fast zwischen jeder Säulenweite eine andere Aussicht", schildert Rode 1796. „Ich nenne die vorzüglichsten, die nach dem Wohnhause, nach der Pyramide, nach dem Elbpavillon, nach dem Kornmagazine, nach dem Kühnauschen Schlosse, nach den Römischen Ruinen und

Abb. 216
Natürlicher Auenwald
bei Dessau

nach der Diana, hinter welcher man in der Ferne das südliche Ende der Stadt entdeckt." [79]

Der dieser gründlichen Beschreibung beigefügte Lageplan weist auf noch andere, zum Teil heute nicht mehr erhaltene Gestaltungspunkte des Gesamtparks in Form von Ruhesitzen, Lauben, Ruinen, Brücken, Gedächtnisurnen und dergleichen hin.

Der Georgengarten mit seinem kostbaren dendrologischen Bestand von etwa 125 Gehölzarten, seinen wertvollen historischen Gebäuden und Denkmalen ist im 19. Jahrhundert weitgehend umgestaltet worden. Er bildet aber noch heute den gartenkünstlerischen Höhepunkt als beliebtes Kulturgebiet Dessaus, als Teil des sich weit in die Landschaft erstreckenden Erholungswaldes mit seinen Mischbeständen aus Buchen, Eichen, Erlen, Linden und Nadelhölzern.

8

Städtebauliche Aufgaben in Dessau und Wörlitz (1780–1800)

Abb. 217
Grundriß der Stadt Dessau mit den Umgebungen. Gezeichnet von H. F. Vieth, gestochen von Carl Mare.
Kolorierter Kupferstich, 1833. Deutsche Staatsbibliothek Berlin

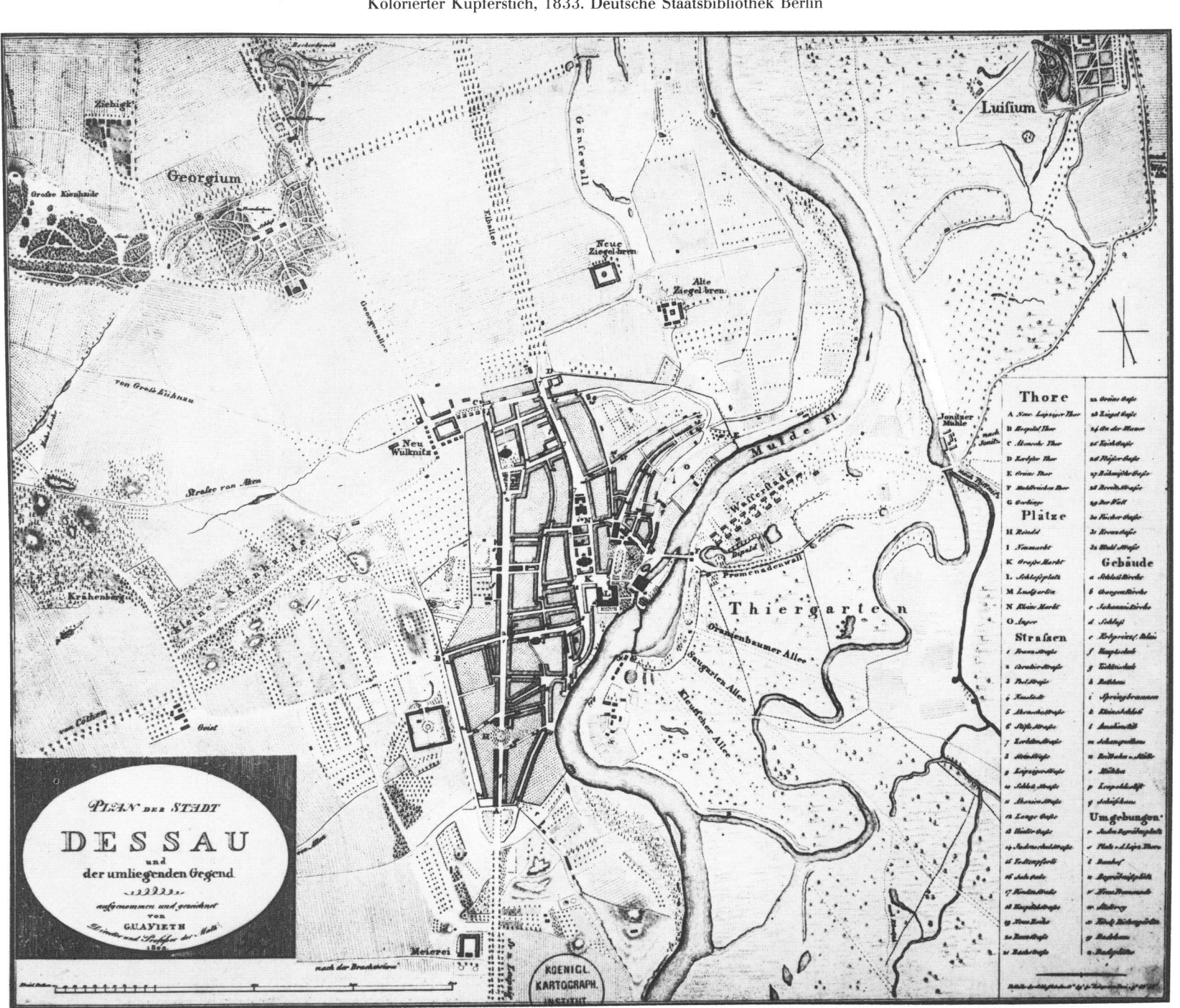

Die beiden letzten Jahrzehnte des 18. Jahrhunderts führten zu einer neuerlichen Konzentration baulicher Aufgaben in Dessau. Diese knüpften an die territorialen Ausweitungen des mittelalterlichen Stadtgrundrisses an, die ab 1708—1713 unter Fürst Leopold I. mit der Anlage der sogenannten Wasserstadt am östlichen Muldenufer begannen und in den 60er Jahren des 18. Jahrhunderts unter Leopold Friedrich Franz weitergeführt wurden. In einer zweiten Bauphase ab 1780, in der sich nach den ökonomischen Nöten des Siebenjährigen Krieges zunehmende Erfolge der merkantilistischen Wirtschaftspolitik des Fürsten zeigten, ergaben sich neue städtebauliche Projekte. Sie dienten dem ökonomischen und geistigen Prestige der Residenzstadt, die nicht nur durch berühmte Pferde- und Getreidemärkte, sondern auch durch zahlreiche profitable Manufakturbetriebe zu Ansehen gelangt war und die zwischen 1780 und 1800 ihre höchste Blüte als ein Zentrum deutscher Aufklärung erlebte.

Erdmannsdorff besaß seit Gründung einer eigenen Familie im Jahre 1782 erstmals eine größere Wohnung in der ehemaligen Kavalierstraße Nr. 482. Sie lag in der repräsentativen Hauptallee Dessaus, an deren Ausbau er seit den 60er Jahren maßgeblich beteiligt war. Erst acht Jahre nach seiner Verlobung hatte er Wilhelmine v. Ahlimb geheiratet — angeblich nach Besserung seiner materiellen Situation. Einer der wesentlichen Gründe mögen seine privaten Wohnverhältnisse gewesen sein, denen er als Lediger während seiner häufigen Abwesenheiten geringere Beachtung schenkte. In den Anfangsjahren nutzte er vor allem die für ihn reservierten Gästezimmer des Dessauer und des Wörlitzer Schlosses. Seit etwa 1770 hatte er sich in der „Goldenen Sonne" eingemietet, in ein Haus, das in der Nähe der Dessauer Muldenbrücke stand und dem Fürstlichen Oberaufseher Bobbe gehörte, später um 1848 in die Meinertsche Tuchfabrik einbezogen und 1945 zerstört wurde.

Die Wohnung in der Kavalierstraße und die stärkere Bindung an Bauaufgaben im Umkreis der Residenzstadt führten dazu, daß sich der Baumeister und Kunstgelehrte stärker dem Leben im Familienkreis widmete. Der Briefwechsel Erdmannsdorffs mit seiner Frau Wilhelmine umfaßt einen umfangreichen Teil seines schriftlichen Nachlasses und zeigt, daß er seinen engsten Angehörigen mit Liebe und Aufmerksamkeit zugetan war. Aus der Ehe gingen die Töchter Louise Friderique (1783 geb.) und Wilhelmine Carolina (1785—1802) hervor.

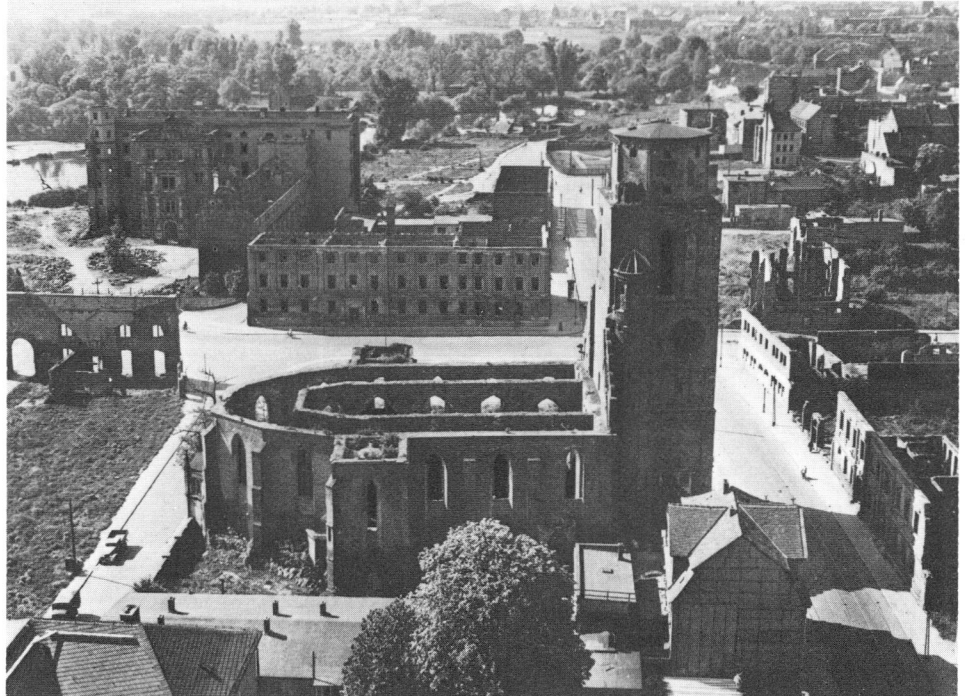

Abb. 218
Dessau, Umgebung des ehemaligen Residenzschlosses nach den Zerstörungen im zweiten Weltkrieg

Abb. 219
Dessau, Blick auf das wiederaufgebaute Stadtzentrum, das zu 84 % im zweiten Weltkrieg zerstört war

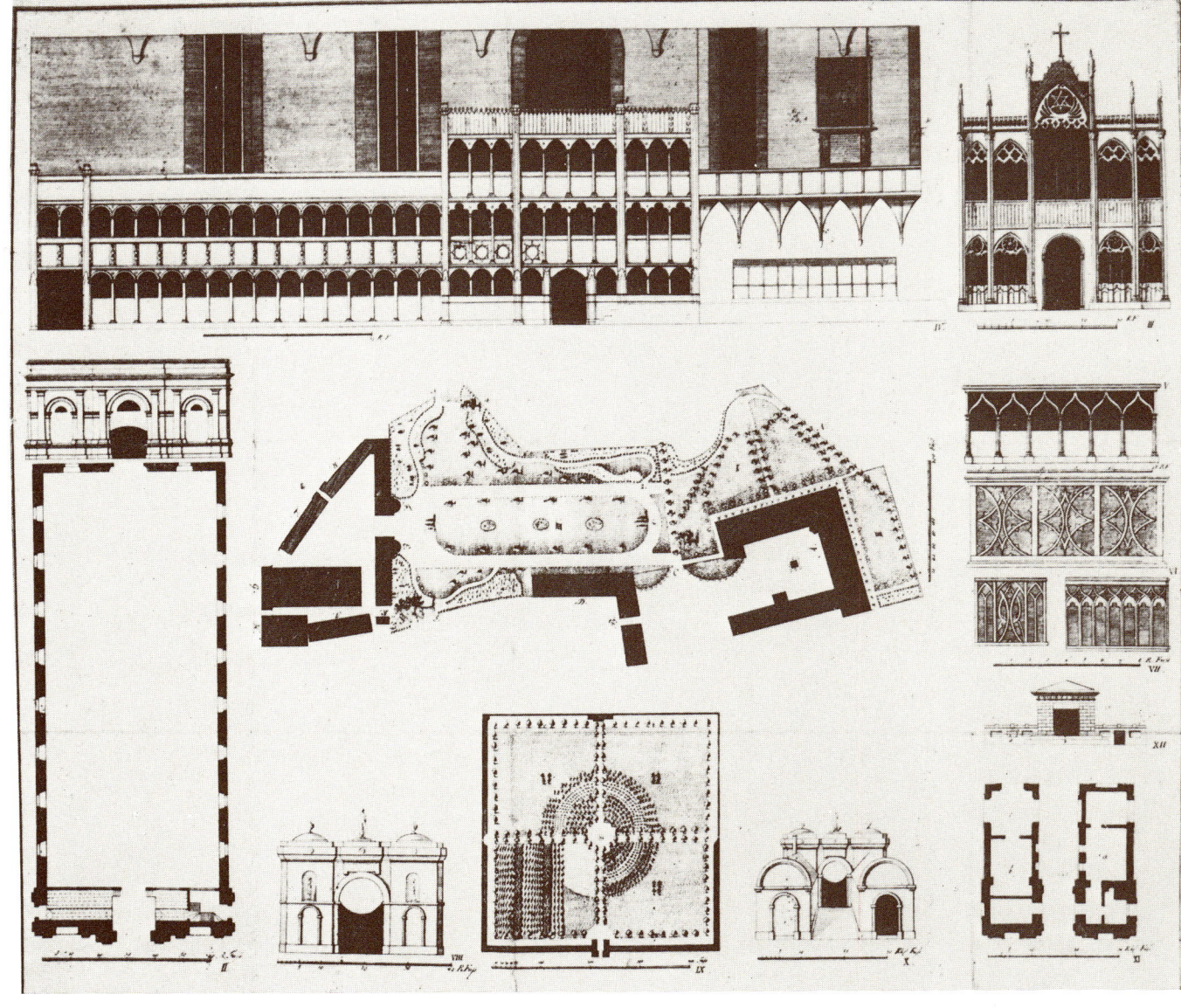

Abb. 220
Dessau, Darstellung von Bauten und Entwürfen Erdmannsdorffs, unter anderem der Anlage des Lustgartens, der Neuen Fürstlichen Reitbahn, des Neuen Begräbnisplatzes und eines Gestühls für die Stadtkirche. Kupferstich von Rosmaesler nach Zeichnung von Irmer, um 1794/95

Zwischen 1782 und seinem Tod im Jahre 1800 verbrachte er lediglich zwei größere Zeitabschnitte außerhalb Dessaus: seine für die Weiterentwicklung des deutschen Frühklassizismus sehr wichtige Tätigkeit vom Herbst 1786 bis Mai 1789 in Potsdam und Berlin sowie seinen vierten und letzten Italienaufenthalt vom August 1789 bis November 1790. Zwischenzeitlich blieb er trotz zunehmender Beeinträchtigung seiner Gesundheit infolge Lungentuberkulose und einer chronischen Augenerkrankung voll in das Baugeschehen des Fürstentums einbezogen. Kurzzeitige Unterbrechungen entstanden allein durch zwei Kurreisen nach Karlsbad (Karlovy Vary), die er 1783 gemeinsam mit dem Dessauer Fürsten und 1784 als Begleiter des Prinzen Johann Georg v. Anhalt-Dessau unternahm und die zweifellos auch seiner eigenen Erholung zugute kamen. 1789 schloß sich ein zweiwöchiger Besuch am Braunschweiger Hof an. Vom 1. Dezember 1791 bis zum Januar 1792 begleitete er den jungen Erbprinzen Friedrich v. Anhalt-Dessau an die Höfe nach Weimar, Gotha, Kassel und Karlsruhe. 1792 weilte er nochmals kurze Zeit in diplomatischer Mission in Dresden.

Abb. 221
Dessau, ehemaliger Nordteil des Lustgartens mit der Orangerie von Erdmannsdorff. 1945 zerstört

Ab 1774, etwa zeitgleich mit der Aufnahme der Gestaltungsaufgaben am „Luisium", begann die sich mit Unterbrechungen bis etwa 1795–1797 hinziehende architektonische und landschaftsgärtnerische Neufassung des ehemaligen Lustgartengeländes nordöstlich des Dessauer Residenzschlosses. Ein ungefähr dreieckiges Terrain zwischen dem alten Stadtkern, dem Feudalsitz und dem breiten Muldental, das hier durch zwei Flußinseln erheblich erweitert wurde, harrte seit dem 16. Jahrhundert einer ausgewogeneren städtebaulichen Lösung. Georg Wenzeslaus v. Knobelsdorff (1699–1753) hatte 1748 im Zusammenhang mit den Umgestaltungsmaßnahmen am Schloß die Umformung eines langgestreckten Renaissancegartens des 17. Jahrhunderts und die Errichtung einer parabelförmig nach Süden geöffneten Orangerie vorgeschlagen. In Abwandlung dieser spätbarocken Konzeption gliederte J. F. Eyserbeck d. Ä. ab 1775 nach Erdmannsdorffs Vorstellungen das Gelände in zwei ungleich große Gartenbezirke, bedingt

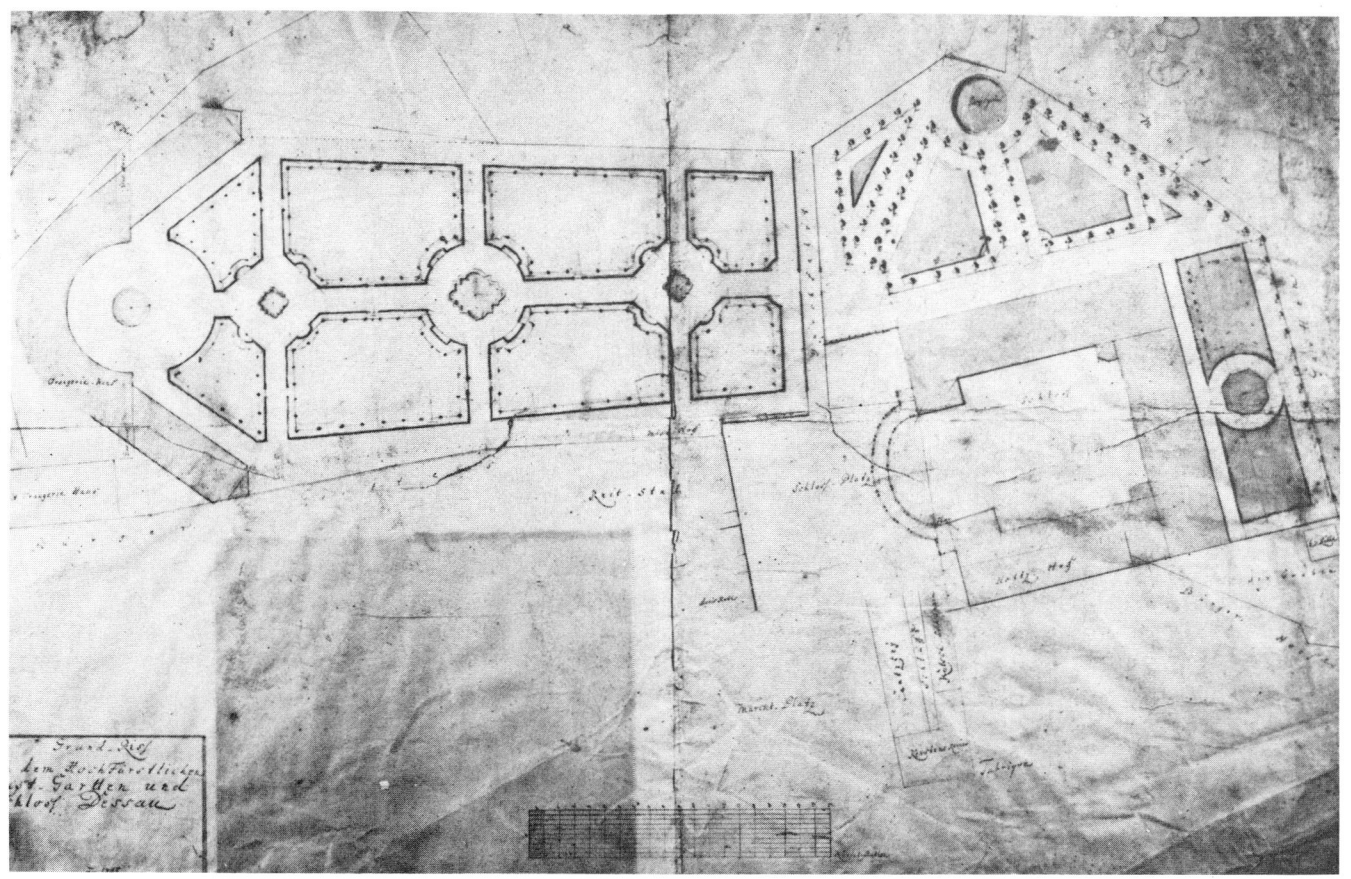

Abb. 222
Dessau, Plan des Lustgartens, getuschte Federzeichnung. Vermutlich Entwurf des Georg Wenzeslaus v. Knobelsdorff, um 1748

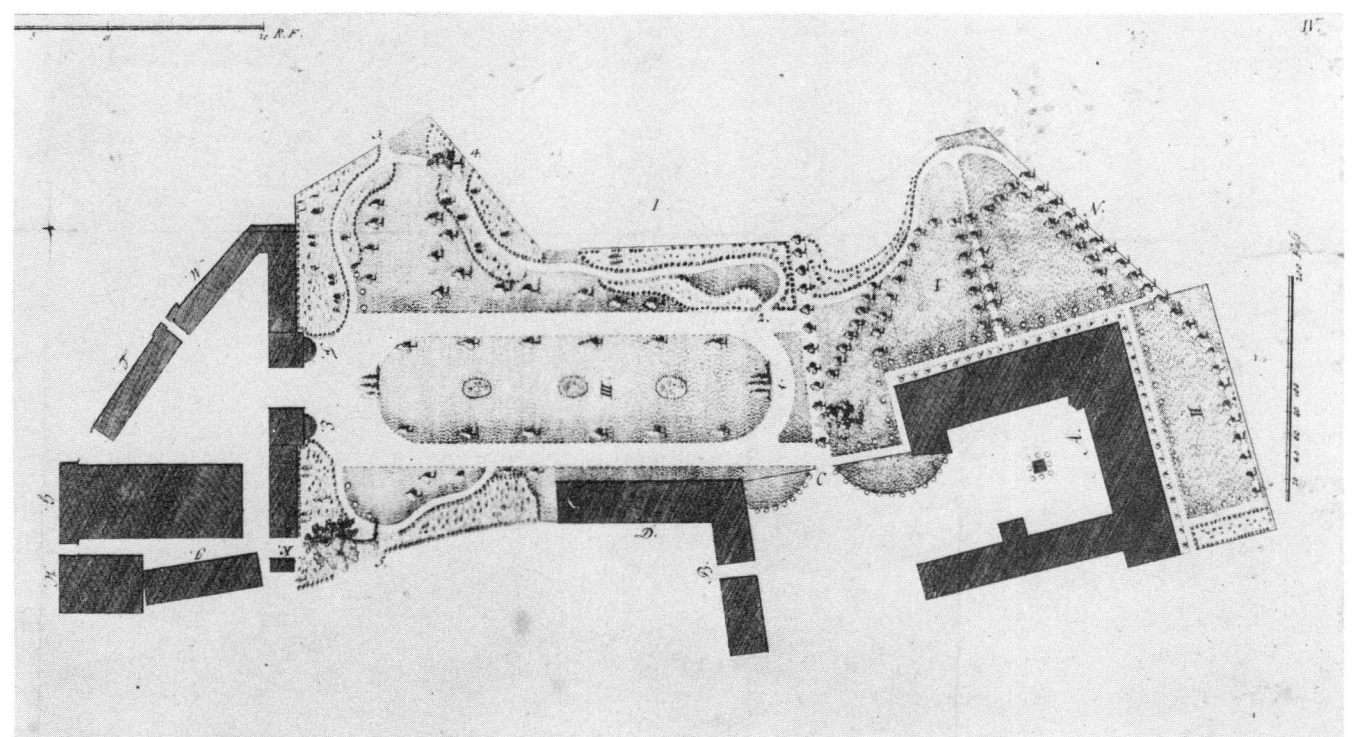

Abb. 223
Dessau, Plan des Lustgartens mit den Anlagen Erdmannsdorffs. Stich von Rosmaesler und Irmer, um 1794/95

Abb. 224
Dessau, ehemaliger Lustgarten von Süden mit Pavillons und Orangerie Erdmannsdorffs.
1945 zerstört

durch eine öffentliche Durchgangsstraße, die vom Großen Markt über den Schloßvorplatz zu den Wassermühlen am Muldenufer führte. Etwa ein Viertel des Gestaltungsterrains entfiel auf die von Bäumen umgebenen Blumenquartiere des Ziergartens, drei Viertel auf eine offene längsovale Rennbahn, die in Gestalt eines antiken Hippodroms angelegt wurde, gleichzeitig aber auch als Parkpromenade diente. Niedrige Taxuseinfassungen, pyramidenförmig geschnittene Zedern an den Langseiten und drei Blumenhügel im Mittelfeld sorgten neben einer ausgewogenen geometrisch-strengen Gliederung auch für gute Rundsicht.

Wahrscheinlich kannte Erdmannsdorff den Bericht des griechischen Schriftstellers Pausanias (2. Jh. u. Z.) über das legendäre Hippodrom in Olympia [80], in dem erwähnt wird, daß die Ablaufstelle der Pferde bei Wettkämpfen vor einer Säulenhalle lag. Diese Funktion übernahmen bei Erdmannsdorff zwei 1775 angelegte Pavillons auf fast quadratischem Grundriß. Daß sie offensichtlich nur als symbolträchtige Staffagen verstanden wurden, geht aus ihrer fassadenmäßigen Geschlossenheit zur Rennbahn bzw. zum Lustgarten, dem Hauptaktionsfeld der Anlage, hervor. Die kräftig heraustretenden Wandpfeiler, Dreiviertelsäulen und Triglyphengebälk vermitteln den Eindruck kleiner dorischer Tempelfronten. Die dazwischenliegenden glatten, grüngelb gestrichenen Mauerflächen waren mit Basreliefs und Rundmedaillons aus Weißstuck geschmückt, die sich thematisch mit Darstellungen aus der Welt der Reitkunst beschäftigten (Entwürfe zum Teil nach antiken Gemmen: Erdmannsdorff; Ausführung: F. W. Doell). In den Mittelfeldern der Fassaden standen Nymphen (Ausführung: Pfeifer und Ehrlich). An die Stelle der Pegasusbrunnen, die nach der Entwurfszeichnung im Mittelfeld der Lustgartenfassaden vorgesehen waren, traten vor den Fassaden aufgestellte Skulpturen der Flußgötter „Elbe" und „Mulde" (Ausführung: Ehrlich).

Als Friedrich Gilly mehr als zwei Jahrzehnte nach Errichtung dieser Pavillons im Mai 1797 in Dessau weilte, war er vom Klassizismus dieser Pavillons stark beeindruckt, kritisierte jedoch die Dachabschlüsse, die seinem Proportionsgefühl widersprachen. „Die Dächer sind in der Natur etwas zu hoch", vermerkte er auf einer Federskizze, die seine ästhetische Korrektur bereits einschloß.

Die weitere bauliche Prägung des Fürstlichen Lustgartens erfolgte ab 1790. Den Auftakt bildete bis 1791 die Errichtung der „Neuen Hochfürstlichen Reitbahn" in Gestalt eines geschlossenen saalartigen

Gebäudes. Fürst Leopold Friedrich Franz und Erdmannsdorff, die seit frühester Jugend begeisterte Anhänger der Pferdezucht waren, scheinen die funktionelle Idee vom englischen Trainer Tattersall (gest. 1795) übernommen zu haben, der seit 1777 in London eine ähnliche Einrichtung betrieb, in der sich begüterte Liebhaber des Pferdesports trafen, Reitunterricht erteilt wurde, Dressuren, Pferdebegutachtungen, Verkäufe von Zucht- und Reittieren stattfanden.

Äußerlich glich das Gebäude dieser Neuen Reitbahn mehr einer Orangerie. Es war in seiner architektonischen Wirkung auf die damals neu bebaute Muldstraße orientiert, wo es sich im Gegensatz zur sonstigen Verwendung von Bruch- und Backsteinmauerwerk mit einem verputzten Schaugiebel in schweren, horizontal betonten Architekturformen darbot. Eine wuchtige dreiteilige Fassadengliederung mit leicht vorgezogenem Mittelrisalit und breiten Pilastern, die das vorkragende Gebälk und die Attika mit der Sockelzone verbanden, erinnerten entfernt an den Massenaufbau römischer Triumphpforten. Das auffallend klare Verhältnis zwischen glatten Wandflächen und den plastischen Elementen dieser Eingangsfront widerspiegelte Auffassungen Vitruvs. Erinnerungen an den Palazzo Quirinale in Rom gaben den Anlaß zum Anbringen der Halbreliefs kräftiger Rossebändiger in rundbogig abschließenden Nischen seitlich des Mitteleinganges (Ausführung: Doell).

Im Inneren befand sich die etwa 45 m lange, 18 m breite Reitfläche. Sie konnte von einer erhöhten Galerie über dem Hauptzugang gut übersehen werden. Erdmannsdorff hatte auch diese fünf auf Rundbögen ruhenden Logen mit gestaffelter Sitzanordnung und die dekorative Grau-in-Grau-Bemalung mit Genien, Trophäen und Reitszenen entworfen. Die Ausführung in Holz erfolgte durch den begabten Dessauer Zimmermeister Friedrich Leideritz (gest. 1808), der auch die damals viel bewunderte Hängekonstruktion der Saaldecke schuf.

Auf den Wandfeldern zwischen den Fensteröffnungen waren im Inneren der Halle klassizistische Stuckreliefs angebracht, die sich in einer thematischen Abfolge von Darstellungen aus der Geschichte der Reitkunst zu einem breiten, den Saal umgebenden Schmuckfries addierten (Ausführung nach Modellentwürfen Doells). August Rode hat diese 22 Reliefs 1795 detaillierter in seinem „Wegweiser durch die Sehenswürdigkeiten in und um Dessau" [81] beschrieben. Das beliebte „Journal des Luxus und der Moden" rühmte die Neue Reitbahn als „Muster artistischer und historischer Dekoration", in dem sich „bildende Künste mit den gymnastischen verschwisterten".

Neben Pferdesportveranstaltungen fanden hier bis zur Einweihung des ersten Fürstlichen Hoftheaters 1798 auch größere Theateraufführungen statt, die vom Hofkapellmeister und -komponisten Friedrich Wilhelm Rust, von Conrad Jacobi (gest. 1811) und Leopold Karl Reinicke (gest. 1820) geleitet wurden. Die Einweihung als zusätzliche Bühne erfolgte 1794 durch die Bossannsche Theatergruppe aus Mainz mit der 1788 komponierten Oper „Das rothe Kaeppchen" von Karl Ditters von Dittersdorf (1739–1799). Aber auch Gaukler und Zirkuskünstler zeigten hier ihr Können. Von 1923 bis zur Zerstörung 1945 diente das inzwischen völlig umgebaute Gebäude der Reithalle, nunmehr ausgestattet mit Bühnenhaus, versenkbarem Orchester und ansteigendem Zuschauerparkett, als „Friedrichs-Theater" für Varieté- und Filmveranstaltungen.

Abb. 225 Dessau, ehemaliger Lustgarten, Entwurf für den östlichen Pavillon, Federzeichnung und Bleistift. Erdmannsdorff, 1774

Abb. 226 Dessau, Lustgartenpavillons, Federskizze. Friedrich Gilly, 1797

Abb. 227
Marmorbüste Friedrich Gillys. Gottfried Schadow, 1801

Ab 1792 entstanden nördlich des Lustgartens die vier Gebäude des Neuen Fürstlichen Marstalls. Dabei schlossen sich zwei massive Stallhäuser von etwa 30 m Länge seitlich an die Lustgartenpavillons von 1775 an; zwei weitere, gleichartige Gebäude wurden an der Muldstraße errichtet. Unter Einschluß der „Neuen Fürstlichen Reitbahn" ergab sich aus der Gesamtgruppierung der Gebäude ein Hof in Form eines rechtwinkligen Dreiecks, der dem Lustgarten vorgelagert war.

Es handelte sich bei diesen Stallhäusern jeweils um eingeschossige Baukörper von neun Achsen, die durch ein risalitartiges Mittelportal antikischer Prägung mit Säulenstellung und Bogenfenster sowie acht weitere Fenster gegliedert wurden. Die Außenhaut bestand aus rötlichem Rauhputz, von dem sich glatt angeputzte Quaderungen und Faschen absetzten. Die Steildächer mit vorgeblendeter Attika enthielten Böden, Aufbewahrungsräume, Geschirr-, Sattel- und Verwaltungskammern sowie Bedienstetenwohnungen. Der Umfang des Marstallbereiches wird deutlich, wenn man von A. Rode erfährt, daß hier täglich neben dem Hofstallmeister als Chef des Unternehmens zwei Bereiter, ein Wagenschmied, ein Hufschmied, ein Obersattelknecht, ein Gestütmeister, ein Sattelknecht, zwei Futterknechte, vier Kutscher, zwei Vorreiter, vier Postillons und 22 Reitknechte nach strenger, fast militärischer Arbeitsordnung ihren Dienst zu verrichten hatten. [82] Vermutlich erarbeitete Erdmannsdorff für die Ausstattung des Stallhofs unterschiedliche Entwürfe. Das präzise Projekt für einen eleganten, weich gefederten, halboffenen Reisewagen scheint auch aus diesen Jahren zu stammen.

Für den Hofstallmeister wurde ebenfalls 1792 anstelle eines älteren Gärtnerhauses, parallel zur Reithalle und an der Muldstraße gelegen, eine repräsentative dreigeschossige Stadtvilla erbaut, die in roter Ziegelarchitektur ausgeführt wurde. Ebenso wie bei der ersten Ausbaustufe des Gotischen Hauses in Wörlitz versuchte Erdmannsdorff auch hier, Elemente der italienischen toskanischen Backsteinbauten gegen den vom Fürsten gewünschten Nachvollzug des englischen Tudorstils auszuspielen. Angeputzte korinthische Pilaster, Gesimse und andere antikische Formen wiesen auf die Verarbeitung entsprechender Studien hin, die er 1790 während seines letzten Italienbesuches gemacht und dem Bauherrn mitgeteilt hatte. Strenge Symmetrie der Grund- und Aufrisse deutete auch bei diesem Bau, der im zweiten Weltkrieg vernichtet wurde, auf die immer wieder variierte palladianistische Gestaltungsidee des Landhauses hin.

Den Abschluß der Bautätigkeit auf dem Vorgelände des ehemaligen Dessauer Residenzschlosses bildete 1793 ein langgestrecktes, stumpfwinklig abgeknicktes Eckgebäude. Mit einer 53 m langen Fassadenfront begrenzte es als Orangerie den südwestlichen Teil des Lustgartens; mit weiteren 46 m Frontlänge war es als Hauptwache dem Schloßvorplatz zugewendet und bildete dort das Pendant zum Eingang des Ehrenhofes. Es handelte sich ebenfalls um einen streng horizontal betonten, zweigeschossigen Baukörper mit kräftigem Triglyphengebälk und massiver Attika. Toskanische Pilaster rahmten die Eckrisalite und den übergiebelten Mittelrisalit. Ein Vergleich mit dem Aufriß der Rückfassade eines älteren Grottenhauses im Park von Oranienbaum, den Erdmannsdorff im gleichen Jahr zeichnete, bevor es dann 1794 wegen Baufälligkeit abgetragen wurde, könnte als Vorüberlegung zum endgültigen Entwurf gedient haben. Ebenso wie bei den benachbarten Gebäuden des Marstalls und der Reithalle lagen hinter den aufwendigen Architekturkulissen relativ einfache Funktionsräume; sie wurden 1891 nach einem Brand massiver ausgebaut, fielen dann aber ebenfalls den Zerstörungen des zweiten Weltkrieges zum Opfer.

1961 erfolgte die Umwandlung des völlig zerstörten Lustgartens in eine Grünanlage, 1966 die Abtragung der letzten Gebäudereste des Marstalls, der Reitbahn, der Lustgartenpavillons, der Hauptwache, der Orangerie und eines Teils des Schlosses. In diesem Zusammenhang entstand eine neue Lösung für den über die Mulde geleiteten Hauptverkehrsstrom in Form einer neu erbauten mehrspurigen Brücke und einer breit anschließenden Uferstraße, die südwestlich des Schloßgebäudes unter Umgehung des Stadt-

Abb. 228
Dessau, Loge in der ehemaligen Fürstlichen Reitbahn, Federzeichnung. Erdmannsdorff, um 1790

Abb. 229
Entwurf für einen leichten Kutschwagen, Federzeichnung. Erdmannsdorff, vermutlich um 1790

zentrums in die heutige August-Bebel-Straße bzw. in die Wilhelm-Pieck-Straße einmündet. Die historische Muldstraße, die bis 1945 die Hauptverbindung zwischen dem Altstadtkern und der alten Muldebrücke von 1796/97 herstellte, existiert nicht mehr.

Nachdem das Winterhochwasser 1784 starke Verheerungen im Mündungsgebiet der Mulde hinterlassen hatte, die sich auf die neu angelegten Parks auswirkten und der auch die alte Elbbrücke bei Coswig zum Opfer fiel, mußten seit Mitte der 80er Jahre die Schutz- und Sicherungsarbeiten an Straßen und Dämmen im Umkreis der Stadt Dessau neuerlich aufgenommen werden. Erdmannsdorff war in diese baulichen Maßnahmen weitgehend einbezogen. 1788 entstand nach seinem Entwurf das frühklassizistische Elbzollhaus am Wallwitzhafen. Es schlossen sich einige Wachhäuser an. Gleichzeitig erfaßte die Erschließung vorstädtischer Erweiterungsgebiete neue Bereiche der Muldinsel. Am Ufer südlich der Muldbrücke wurde in diesen Jahren die „Neue Promenade" angelegt, 1791—1793 zwischen Promenade und Wasserstadt der „Diepold", ein pappelbestandenes Rondell mit kleinem Teich. Außerdem erhielten einige bereits vorhandene Häuser neue klassizistische Fassaden.

1796/97 entstand im Zusammenhang mit der erneuerten Muldbrücke das nach Erdmannsdorffs Entwurf errichtete „Muld-Thor". Wie aus Tagebuchnotizen Goethes, Schopenhauers (1788—1860) und anderer Dessaubesucher ersichtlich ist, erregten diese beiden gleichartigen, am östlichen Brückenabschluß symmetrisch aufgestellten Wach- und Zollgebäude auf quadratischer Grundfläche von etwa 6,40 m Seitenlänge bei den Zeitgenossen große Aufmerksamkeit hinsichtlich ihrer architektonischen Formung. Sie beeindruckten durch ihre starke Betonung des Kubus, durch klare Geschoßgliederung und relativ flache pyramidale Dächer. Hier offenbarten sich die in der Formensprache des Klassizismus weiterentwickelten Verwandtschaftsbezüge zu den 22 Jahre früher angelegten Lustgartenpavillons, aber auch zur Blendgiebelgliederung des „Kuhhäuschen" (1797), das am Wall im „Vorderen Tiergarten" auf der Muldinsel stand.

Außerhalb des ehemaligen Spitaltores, am südlichen Rand der Dessauer Altstadt, wurde 1787—1789 nach Erdmannsdorffs Konzeption einer der ersten deutschen überkonfessionellen kommunalen Friedhöfe angelegt. Der „Neue Begräbnisplatz" (heute: Historischer Friedhof an der Chapon-Straße) löste die innerstädtischen mittelalterlichen Kirchhöfe Dessaus ab. Italienische Camposanti und Friedhöfe der Herrnhuter Brüdergemeinden bestimmten seine Form. Wesentlicher inhaltlicher Aspekt der Aufklärungszeit war die Auffassung vom Tod als „Veredlung sterblicher Natur" und der daraus abgeleitete Gedanke, den

Abb. 230
Entwurf für ein Orangeriegebäude, Federzeichnung. Erdmannsdorff, 1781

Abb. 231
Aufnahme der alten Orangerie in Oranienbaum, vermutlich als Anregung für den Entwurf der Dessauer Orangerie. Erdmannsdorff, um 1793

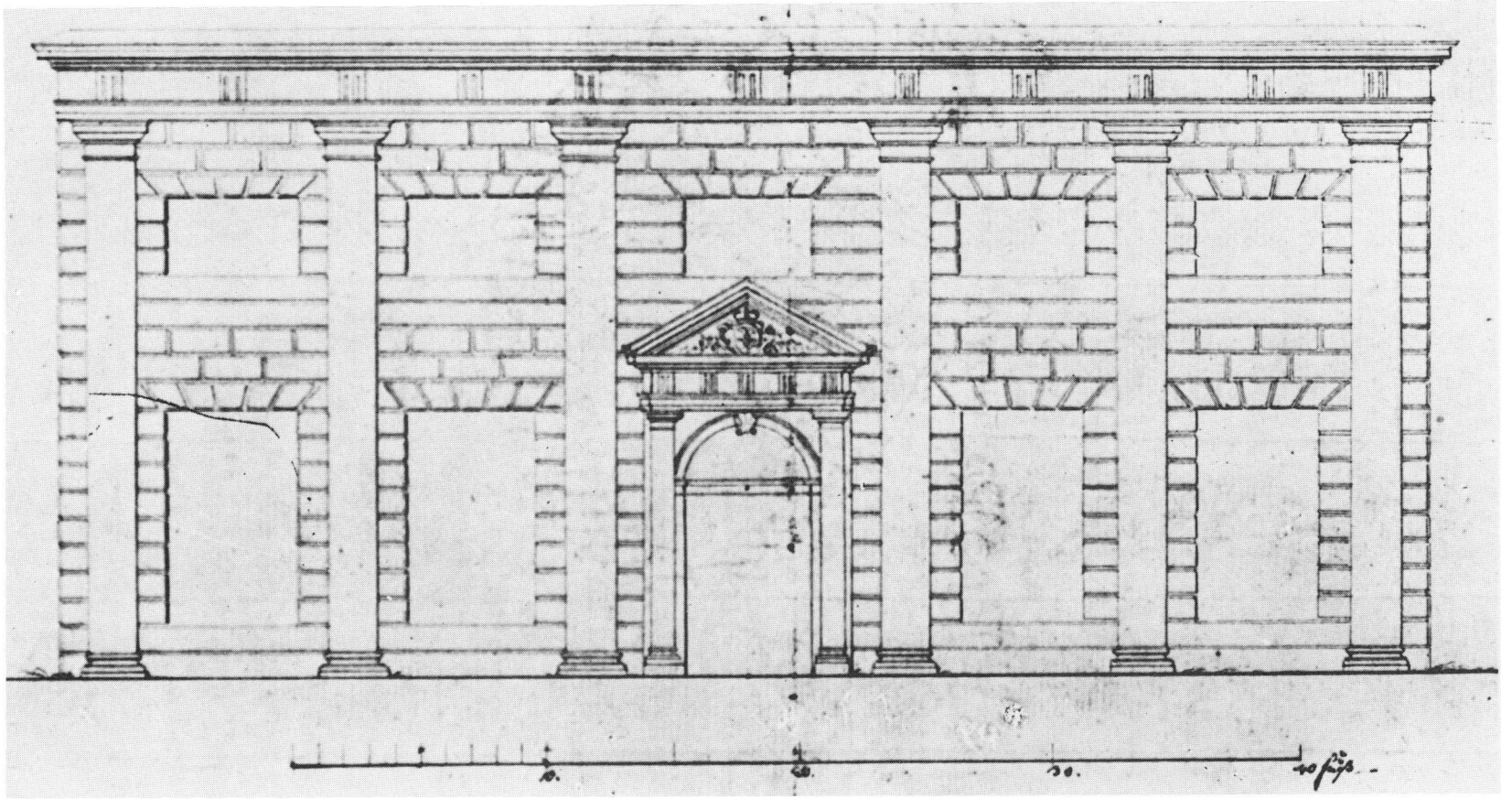

Abb. 232
Dessau, Blick vom Lustgarten auf das Wachgebäude am ehemaligen Großen Markt. Erdmannsdorff, 1793—1795. 1945 zerstört

Abb. 233
Dessau, alte Muldbrücke mit Brückenhäusern Erdmannsdorffs. Darstellung um 1820

Abb. 234
Dessau, die als „Muldtor" bezeichneten Brückenhäuser Erdmannsdorff, 1796/97. 1945 zerstört

Abb. 235
Dessau, Vorderer Tiergarten, ehemaliges „Kuhhaus".
Erdmannsdorff, 1796

Friedhof als „gestaltete Natur" für Besinnung und Erholung zu erschließen. Basedow, Goethe und der Dessauer Fürst, die ein Jahr zuvor an einer Besichtigung des Begräbnisplatzes der Herrnhuter Gemeinde in Barby teilgenommen hatten, scheinen das Vorhaben in Dessau ideenmäßig unterstützt zu haben. So entstand eine quadratische Anlage von 145 m Seitenlänge, die durch zwei Diagonalwege in vier Felder zerlegt wurde. Jedes dieser Felder war durch Robinien eingefaßt und mit Gras und Klee bestellt. Ein rundes Blumenbeet am Schnittpunkt der beiden Hauptwege sollte zunächst als Grabstelle für Leopold Friedrich Franz reserviert werden, diente dann aber 1814 der Beisetzung des Prinzen Johann Georg v. Anhalt-Dessau. Auf Grabsteine wurde verzichtet; nur an der Innenseite der Umfassungsmauer konnten Monumente aufgestellt werden, darunter auch das 1790 von Erdmannsdorff entworfene Marmordenkmal der Gräfin v. Schulenburg (Ausführung: Doell).

Viele Zeigenossen, darunter Goethe, Hölderlin (1770—1843), Novalis, Wekhrlin (1739—1792) und Schelling (1775—1854) waren noch Jahrzehnte später von der nach ihrer Meinung idealen Synthese von Philosophie, Menschlichkeit, Kunst und Schönheit dieser Bestattungsform begeistert. Berühmte Dessauer, wie der Liederdichter Wilhelm Müller, Fürst Putiatin, der Fürstliche Leibarzt Kretzschmar (1730—1793), der Advokat des Pariser Parlaments Nicolas Rey des Vauclair und später auch Erdmannsdorff selbst, fanden hier ihre letzte Ruhestätte. Den Friedhofseingang markiert das „Askanische Tor" von 1789. Es ist ein gedrungener, würdevoller Portalbau aus Pirnaer Sandstein, der in seiner Gesamterscheinung wiederum an den Massenaufbau römischer antiker Triumphbögen erinnert. Inschriften und die allegorischen Plastiken „Schlaf", „Tod" und „Hoffnung" suchten die Sterblichkeit im progressiven bürgerlichen Sinne als Naturgesetz unabhängig von religiösen Interpretationen zu symbolisieren. Zwei symmetrische eingeschossige Anbauten an der Innenseite des Tores dienten dem Friedhofswärter als Wohnung und als Geräteräume. Seit 1930 fungiert dieser Friedhof als historisches Kulturdenkmal und nach Restaurierung in den Jahren 1970—1976 als Teil des innerstädtischen Erholungsbereiches.

Innerhalb der Stadt Dessau, die bis zur Mitte des 18. Jahrhunderts überwiegend aus Fachwerksubstanz bestand, begann sich in den 80er und 90er Jahren die Zahl der glatt verputzten, klassizistisch gestalteten Backsteinbauten zu vermehren. Der Schwerpunkt der Bautätigkeit lag an der ehemaligen Franzstraße zwischen Leipziger Tor und „Rondell". Hier hatten sich vor allem Handelsbürger mit Fabrikationsstätten für Tuche, Flanell und andere Textilien angesiedelt. Ein großer Teil der Neubauten wurde durch den Dessauer Fürsten mitfinanziert, der stark daran interessiert war, an möglichst allen manufakturellen Produktionsvorhaben gewinnbeteiligt zu sein. Eine spezielle Aufsichtskommission, der Dr. Friedrich Kretzschmar als Hofrat, August Rode als Kammerrat und der Kammerassessor Beil angehörten, übten genaue Kontrollen über die Verwendung und die Zuwachsraten des investierten Kapitals aus. Die führende Rolle bei diesen und anderen Geschäftsunternehmungen spielte Graf v. Waldersee (1763—1823), der „Erstgeborene"

des Fürsten. Für ihn entstand 1793—1795 das repräsentativste einer Reihe stattlicher Häuser in frühklassizistischen Architekturformen, die Erdmannsdorff für prominente Angehörige der fürstlichen Familie und des Hofes entwarf und deren Ausführung in den Händen des Kammerrats am Fürstlichen Bauamt Peter Mann lag. Die meisten dieser stadtpalaisartigen Gebäude erhielten ihren Standort in Schloßnähe, vorwiegend in der ehemaligen Schloßstraße, Zerbster Straße, Unter den Linden und in der Poststraße.

Das breitgelagerte, dreigeschossige Palais Waldersee mit elf Fensterachsen, flach hervortretendem Mittelrisalit und klaren Geschoßtrennungen verzichtete weitgehend auf feudale Repräsentanz und entsprach mehr einer großbürgerlichen Auffassung. Diesen Eindruck vermittelten auch das ehemalige Doppelhaus Poststraße 11/12 (1792/93), das dem Hofrat Runze und dem „englischen Hofschneidermeister" Hennig gehörte, ferner das Haus Schloßstraße 9 (1794) für G. H. v. Berenhorst, weiterhin das Haus der Louise v. Beringer geb. Schoch in der Schloßstraße 3 (1796, 1820 Umbau durch Pozzi) und das elegante villenartige Gebäude in der Wallstraße 10 (1799).

Abb. 236
Dessau, Stadtgarten, Grabpyramide. Erdmannsdorff, 1783

Abb. 237
Dessau, Straßenbild mit Bebauung aus der Mitte des 18. Jh. Ehemalige Poststraße mit Jagdsaal des Fürsten Dietrich, 1758. 1945 zerstört

Abb. 238
Dessau, Straßenbild um 1910, Blick vom Turm der Johanniskirche auf das Rondell und die ehemalige Fürst-Franz-Straße, an deren baulicher Gestaltung Erdmannsdorff wesentlichen Anteil hatte. 1945 zerstört

Abb. 239
Dessau, ehemaliges Haus Poststraße 11—12. Erdmannsdorff, 1792/93. 1945 zerstört

Abb. 240
Dessau, ehemaliges Haus Zerbster Straße 52. Erdmannsdorff, 1793—1795. 1945 zerstört

Abb. 241
Dessau, ehemaliges Haus Schloßstraße 9. Erdmannsdorff, 1794. 1945 zerstört

Das ehemalige Palais Branconi, Zerbster Straße 69 (1795/96), hob sich von diesen Bauten durch seine architektonische Fassade ab, deren Klassizismus durch einen monumentalen Mittelrisalit mit vier breiten kannelierten ionischen Pilastern und vasenbekröntem Dreiecksgiebel bestimmt war. Dieser Risalit (heute am „Kristallpalast", Straße der DSF 36) und die Fassade des ehemaligen Palais Waldersee (heute: Stadtbibliothek, Straße der DSF 10) sind die einzigen nach den Kriegszerstörungen in Neubauten übernommenen Überreste baulicher Betätigung Erdmannsdorffs im Stadtkern von Dessau.

Bekanntlich betätigte sich Erdmannsdorff in Dessau auch als erfolgreicher Theaterbaumeister. Den Ausgangspunkt bildete ein Interimtheater, das Anfang des Jahres 1777 bei strengem Winterfrost in 20 Tagen und Nächten in dem seit Knobelsdorffs Zeit noch unausgebauten Corps de Logis des Schlosses im zweiten Geschoß neben dem Festsaal eingerichtet wurde. Prinz Heinrich v. Preußen (1726—1802), der sich in Rheinsberg mit ähnlichen Vorhaben beschäftigte und sich kurzfristig zu einem Besuch bei Leopold Friedrich Franz ansagte, hatte diese als Überraschung gedachten Maßnahmen ausgelöst. Nachdem der Besuch wegen Erkrankung entfiel, konnte die Einweihung auf den 6. März 1777 verschoben werden.

Bis 1828 blieb dieses Schloßtheater in Funktion; 1835—1837 wurde es beseitigt. Aus Rodes Beschreibung ist ersichtlich, daß Erdmannsdorff hier bereits den Übergang vom Logen- zum Rangtheater zu vollziehen suchte. [83] Diese frühen progressiven Bestrebungen sollten erst Jahrzehnte später bei Karl Friedrich Schinkel (1781—1841) und Gottfried Semper (1803—1879) eine wichtige Rolle spielen.

Erdmannsdorff berief sich bei seiner Lösung auf Empfehlungen, die Vitruv im V. Buch seiner „De architectura libri X" über die „Anordnung eines Lateinischen Theaters" gab, bezog sich aber auch auf Raumerlebnisse, die er aus Vicenza mitbrachte [84] und die er später erneut nach dem Besuch des Theaters in Mantua [85] bekräftigte.

Sein Ziel, die antike Bühne neuen Bedürfnissen anzupassen, realisierte er bei seinem frühesten Versuch 1777 mit einer geräumigen, etwa 14 m tiefen Kulissenbühne. Ihr war ein breiteres Proszenium vorgelagert, an das sich eine halbrunde Orchestra anschloß und ein um etwa 2,40 m ansteigender amphitheatralischer Zuschauerraum. Die Sitzreihen wurden durch Treppenzugänge in mehrere Sektionen geteilt. Die hintere Rundung des Saales umgaben zehn korinthische Säulen, in deren Mitte sich die Hofloge befand. Ihr waren an den Seitenwänden des Zuschauerraumes jeweils zwei übereinanderliegende Nebenlogen zugeordnet. Dominante Farbgebung des Gesamtraumes bildete antikisches Weiß, belebt durch dekorative Malereien des Johann Fischer.

Dieser kleine Schloßbühnensaal erregte Aufsehen bei den Liebhabern der darstellenden Künste, insbesondere aber das rege Interesse der „Gesellschaft kunstliebender Kaufleute zu Magdeburg". Diese erteilte Erdmannsdorff schließlich 1794 den Auftrag, ein ähnlich konzipiertes Schauspielhaus zu entwerfen, das dann unter Mitwirkung des Ballenstedter Bühnentechnikers und Bühnenmalers Johann Adam Breysig (1766—1831), der auch das „Fürstlich-Bernburgische Theater" in Ballenstedt eingerichtet hatte, zwischen Breitem Weg und Dreiengelstraße erbaut wurde. Von 1795 bis 1870 erfüllte dieser Bau seine Funktionen, wurde dann aber zweckentfremdet, entstellt und im zweiten Weltkrieg zerstört. Originalzeichnungen Erdmannsdorffs vom ersten Magdeburger Bürgertheater sind nicht mehr vorhanden, informativ dagegen Breysigs „Skizzen, Gedanken, Entwüfe, Umrisse, die bildende Kunst betreffend", die er 1799 veröffentlichte.

Zweifellos gaben die Entwürfe und Erfahrungen des Magdeburger Beispiels wesentliche Anregungen zur Errrichtung des Dessauer Fürstlichen Hoftheaters, das 1798 zwischen Kavalier- und Wallstraße erbaut wurde. Die Baufreiheit entstand durch Abriß von sieben alten Bürgerhäusern. Ein stehengebliebenes älteres Gebäude, das als Vestibül und Probenhaus genutzt wurde, und das erwähnte, 1799 erbaute Wohnhaus an der Wallstraße 10, in dem sich auch ein größerer ovaler Saal befand, bildeten fernerhin die äußeren Begrenzungen, zwischen der der eigentliche Theaterbau mit Bühne und Zuschauerraum ohne spezielle sichtbare Außenarchitektur eingefügt wurde.

Gegenüber den bisherigen Aufführungsmöglichkeiten im Schloßtheater, in der Neuen Fürstlichen Reitbahn und in der Orangerie bot der von Erdmanns-

Abb. 242
Dessau, ehemaliges Haus Schloßstraße 3.
Erdmannsdorff, 1793.
1945 zerstört

Abb. 243
Dessau, ehemaliges Haus Wallstraße 10.
Erdmannsdorff, 1799.
1945 zerstört

Abb. 244
Dessau, Altes Theater in der ehemaligen Kavalierstraße, Fassadenentwurf. Erdmannsdorff, um 1794

Abb. 245
Dessau, ehemalige Kavalierstraße, Altes Theater, ausgeführte Fassade. Erdmannsdorff und Carlo Ignazio Pozzi, 1797/98

dorff entworfene Bau etwa 1000 Zuschauern Platz. Damit gehörte das Dessauer Hoftheater neben dem Königlichen Opernhaus in Berlin (heute: Staatsoper), den Hoftheatern in Bayreuth und Wien zu den größten Bühnen des ausgehenden 18. Jahrhunderts. Auch hier herrschte die antikisch beeinflußte amphitheatralische Sitzordnung vor. Der etwa 18 m tiefen Bühne entsprach ein Zuschauersaal von ungefähr 18 m Durchmesser, der nur an der Rückwand Logen besaß. Erdmannsdorff schuf den Bau gemeinsam mit dem Theatermaler und -techniker Carl Ignaz Pozzi, der aus Wien stammte und nach Erdmannsdorffs Tod als Fürstlicher Baurat in Anhalt-Dessau eingesetzt wurde.

Spätestens am 26. Dezember 1798, als die Eröffnung des Hauses mit der Oper „Bathmendi" von Ernst Wolfgang Behrisch erfolgte, empfand man das Fehlen einer repräsentativ-festlichen Gebäudefassade. Vermutlich hatte Erdmannsdorff in diesem Moment bereits den Entwurf für einen klassizistischen Kopfbau mit fünfachsiger Fassade und schlankem Viersäulenportikus erarbeitet. Er sollte das alte Eingangsgebäude ablösen, im Erdgeschoß Vestibül und Kassenräume aufnehmen und im Obergeschoß einen geräumigen Konzertsaal enthalten. Erst 1820—1822 konnte diese Idee durch Pozzi in etwas abgewandelter Form ausgeführt werden. Das erste Dessauer Hoftheater ist 1855 niedergebrannt.

Neben der Erfüllung seiner vielseitigen Aufgaben in Dessau hatte sich Erdmannsdorff nach wie vor an der weiteren Vollendung des Wörlitzer Parks beteiligt. Der Ausbau der fürstlichen Sommerresidenz als Wallfahrtsstätte deutscher Aufklärer und Vorromantiker blieb gerade in seiner letzten Gestaltungsphase bis 1800 nicht ohne Einfluß auf die bauliche Struktur der Kleinstadt Wörlitz, die damals kaum 1700 Einwohner besaß.

Auf die Veränderungen des Stadtbildes durch Parkerweiterungen am Stadtrand, im Bereich des alten Kirchhofs und an der Amtsgasse wurde bereits verwiesen. Im Gegensatz zu Dessau, wo man in stärkerem Maße an vorhandene barocke Straßenführungen, Alleen und Plätze anknüpfte, zeigte sich, daß bei den architektonischen Vorhaben im gesamten „Wörlitzer Winkel" der Gedanke natürlicher Landschaftsgestaltung nach englischem Vorbild weiterhin konsequent verfolgt wurde.

1783—1787 entstand am südöstlichen Ortsausgang von Wörlitz die fürstliche Domäne, ein städtebaulich wie auch in seiner praktischen Bestimmung wichtiger Gebäudekomplex, der in programmatischer Weise als „Die Ökonomie" bezeichnet wurde. Erdmannsdorff verarbeitete bei seinem Entwurf gleichermaßen italienische, holländische, französische und englische Anregungen, die er stilistisch und funktionell auf seinen Reisen sammeln konnte. Ein großräumiger Gutshof, der rechtwinklig, fast quadratisch nach dem Pavillonsystem von symmetrisch angeordneten und höhenmäßig gestaffelten Verwaltungs-, Wohn- und Wirtschaftsgebäuden umgeben ist, empfing, damals schon von weitem sichtbar, die aus Richtung Riesigk nahenden Besucher. Es war Symbolarchitektur, die zugleich auf die zielstrebige und erfolgreiche Wirtschaftspolitik des Dessauer Landes hinwies. Das dominante Herrenhaus mit stumpfem Pyramidendach und abschließendem Belvedere entsprach wiederum dem Stil englischer palladianistischer Landhäuser und in seiner würfelförmigen Gestaltungsart dem baulichen Grundtypus, der im „Luisium" und im „Georgium" Anwendung fand und immer wieder die praktische Anwendung Vitruvscher Proportionslehren demonstrierte. Seitlich flankierende, niedrigere Stallgebäude, Scheunen und Vorratsräume wurden ihrer unterschiedli-

Abb. 246
Dessau, ehemalige Kavalierstraße mit Altem Theater um 1930

chen Nutzung entsprechend an den zur Straße gelegenen Fassaden entweder durch Pilaster- und Rundbogensysteme rhythmisch und nach klassischen Proportionsprinzipien gegliedert oder als Rohziegelbauten, mit Werkstein kombiniert, ausgeführt. Eine seitliche Allee, die vom Vorplatz der Domäne zum „Stein" führte, band das ehemals bedeutendste der landwirtschaftlichen Mustergüter des Dessauer Fürstentums direkt an die umgebende Feldmark und an den Landschaftspark an.

Die Wörlitzer „Ökonomie" war die jahrelange Wirkungs- und Versuchsstätte des verdienstvollen Agrarwirtschaftlers Georg Friedrich v. Raumer. Seine Neuerungen auf den Gebieten der Betriebsökonomie, Tier- und Pflanzenproduktion, speziell der Schaf- und Pferdezucht, der Flachsherstellung, Seidenraupenzucht, des Obst- und Tabakanbaues, die Vermehrung von Mühlen, Brauereien, Gerbereien und die Förderung zahlreicher anderer landwirtschaftlicher Nebengewerke erbrachten nach dem Vorbild englischer Farmen aufsehenerregende Steigerungsraten. Umfang und Tempo des Bauvermögens im Fürstentum Anhalt-Dessau wurden letztlich durch diese materiellen Erträge mitbestimmt. Raumers bekannte Publikation über das „System der Ökonomie in Wörlitz" zählt noch heute zu den historisch aufschlußreichen Dokumenten progressiver Anfänge wissenschaftlich betriebener Landwirtschaft. Die klassizistischen Formen der Domäne, die seit dem 19. Jahrhundert vielen baulichen Veränderungen unterlagen, wirkten sich über Jahrzehnte auf die Landbaukunst der Umgebung aus. Nachdem zwischen 1790 und 1795 an der Peripherie der Stadt Wörlitz, der „Ökonomie" gegenüberliegend, im Abzweigungsbereich der südlichen Verkehrsstraße nach Oranienbaum und Horstdorf zuerst der christliche und darauf der jüdische Friedhof unter Erdmannsdorffs Beteiligung neu angelegt waren, erfolgten im Ortszentrum die Erweiterung und Neubebauung des Marktes.

Obwohl der Ort schon seit dem 14. Jahrhundert formal von einem absolut feudalhörigen Rat verwaltet wurde, traf man unter den Vorgängern von Leopold Friedrich Franz die eigentlichen kommunalen Entscheidungen im „Alten Fürstlichen Amt", das in der Nähe des ehemaligen Alten Jagdhauses lag. 1789, möglicherweise unter dem Einfluß der Französischen Revolution, begannen die Vorbereitungen für die Neugestaltung des Wörlitzer Marktplatzes.

Abb. 247
Dessau, Altes Theater, ehemaliger Konzertsaal im Obergeschoß des Eingangsflügels. Erdmannsdorff und Pozzi, 1797/98

Abb. 248
Dessau, Altes Theater, ehemaliger Zuschauerraum. Tuschzeichnung von Hankel, 1843

Abb. 249
Nicht realisierter Entwurf für ein Nationaltheater in Berlin. Friedrich Gilly, 1800

Der Vorläufer des Rathauses, das Fürstliche Brauhaus, und die alte Synagoge wurden neben anderen verschlissenen Baulichkeiten beseitigt. Es entstand dadurch eine größere, langgestreckte Platzanlage, die an der Nordseite hinter einer niedrig gehaltenen Abgrenzungsmauer nahezu mit dem Park im Vorfeld des Schlosses verschmolz. Die alte traditionelle Form des bürgerlichen Handels- und Versammlungsplatzes wurde, offensichtlich als feudale Reaktion auf die blutigen Ereignisse in Paris und erstes Zeichen restaurativer Tendenzen, durch eine gärtnerische Anlage verdrängt, die nunmehr aus zwei größeren Rasenteilen bestand, deren Mitte jeweils mit einem Brunnen geschmückt war und deren Randbegrenzungen aus Obstbäumen und lombardischen Pappeln bestanden. Zweifellos sah man in diesem Areal ein gartenarchitektonisches Bindeglied zwischen Stadtzentrum und unmittelbarem Vorfeld des Schlosses, das ebenso wie die anderen städtebaulichen Maßnahmen nach dem Prinzip des fließenden Übergangs konzipiert war.

Den architektonischen Auftakt gab das 1792—1795 nach Erdmannsdorffs Entwürfen an der Südseite des Marktes errichtete, neue freistehende Rathaus. Auch ihm lag die Idee des auf quadratischem Grundriß beruhenden, würfelförmigen und allseits symmetrisierten palladianischen Landhauses zugrunde. Aber im Gegensatz zum Herrenhaus der Domäne sowie zu den Gartenschlößchen „Luisium" und „Georgium", wo durch Mezzanine Mehrgeschossigkeit angestrebt und verdeckt wurde, erfolgte beim Wörlitzer Rathaus die klare Gliederung des Kubus in zwei gleich hohe Geschosse. Diesem Aufbau entsprachen auch die Gestaltung der Außenfassade, die Anwendung von Putzquaderung mit Blendbögen und Rundfenstern im Erdgeschoß sowie die organische Verwendung von Glattputz und antikisch übergiebelnden Rechteckfenstern im Obergeschoß. Der Dachreiter des flachen Zeltdaches dient hier nicht als Belvedere, sondern als ästhetisierter Schornsteinabschluß. Dieses für bürgerliche Zwecke errichtete Ratsgebäude entsprach stilistisch am weitesten der bürgerlichen Auffassung von klassizistischer Architektur.

Auch außerhalb von Wörlitz gab es für Erdmannsdorff zwischen 1780 und 1800 einige bemerkenswerte Bauaufgaben in benachbarten Dörfern des heutigen Kreises Gräfenhainichen zu lösen. 1788 entstand das von Erdmannsdorff entworfene und von Georg Christoph Hesekiel ausgeführte ehemalige Dorfschulhaus in Griesen, eine frühklassizistische Dreiergruppe, bestehend aus einem eineinhalbgeschossigen Mittelgebäude und zwei durch seitliche Toreinfahrten abgesetzten eingeschossigen symmetrischen Pavillons. Die nördlichen Hauptfronten der drei Bauten des Ensembles, das im Mittelgebäude die

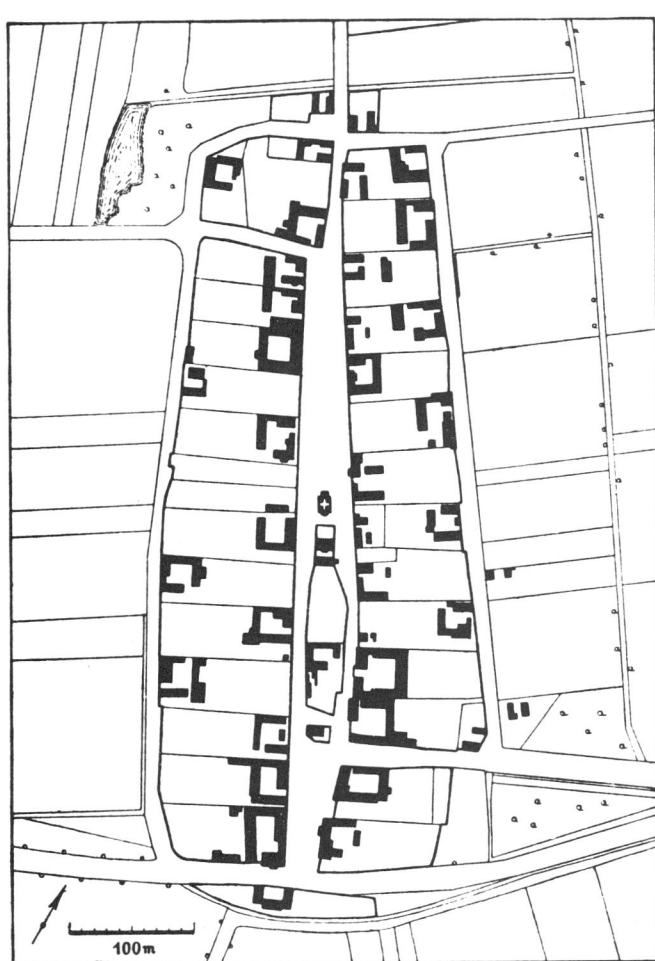

Abb. 250
Rosefeld bei Dessau. Lageplan mit der von Erdmannsdorff konzipierten Bebauungsstruktur, 1784/85

Abb. 251
Wörlitz, Rathaus von Nordwesten. Erdmannsdorff, 1792–1795

Abb. 252
Wörlitz, Blick vom Turm der Stadtkirche auf den Ort. Im Hintergrund links die ehemalige Domäne nach Entwürfen Erdmannsdorffs, 1783–1787

Lehrerwohnung, im östlichen Pavillon das Schulzimmer und im westlichen Pavillon einen Stall zur persönlichen Nutzung des Schulmeisters enthielt, waren architektonisch einheitlich durchgebildet. Horizontale Bandgesimse und Rundbogenblendnischen, die Erdmannsdorff auch bei seinen Dessauer Fassaden bevorzugte, kräftige Betonung von Mittelrisaliten mit Aufbauten, die durch Krüppelwalmdächer abgeschlossen wurden, sorgten bei schlichter Formgebung für ein ausgewogenes Gleichgewicht der Proportionen. Auch dieses Gebäude unmittelbar an der nach Wörlitz führenden Landstraße war ebenso wie der „Eichenkranz" und die „Ökonomie" in Wörlitz oder die im Umfeld verteilten Wallwachhäuser als architektonischer Blickpunkt in der Landschaft angelegt worden.

Das 1789 von Erdmannsdorff und Hesekiel erbaute Schulhaus in Riesigk zeigte eine ähnliche, allerdings gestalterisch variierte Dreiergruppierung, in der die Funktionen von Dorfschule, Wallwachhaus und Gemeindebackhaus miteinander verbunden waren.

Das 1799—1801 errichtete Amtshaus des Gemeinderates in Rehsen, ein zweigeschossiger rechteckiger Putzbau mit einfach gegliederter klassizistischer Fassade, hohem Satteldach und achteckigem Dachreiter aus Fachwerk, scheint unter Erdmannsdorffs Einfluß, vermutlich aber ohne direkte Beteiligung entstanden zu sein, während beim Neubau des Wachhauses „Am Berting" 1799—1800 noch Entwürfe des Baumeisters verwendet wurden.

Abb. 253
Wörlitz, Gasthof „Zum Eichenkranz" von Norden. Erdmannsdorff, 1785—1787

9

Wirksamkeit in Potsdam und Berlin. Letzte Italienreise (1786–1790)

Abb. 254
Potsdam, Schloß Sanssouci, Arbeits- und Schlafzimmer Friedrichs II.
Umgestaltung durch Erdmannsdorff, 1786/87

Wenige Monate nach dem Tod Friedrichs II. im August 1786 wurde Erdmannsdorff, der nicht nur durch seine Architekturschöpfungen in Anhalt-Dessau, sondern auch durch langjährige diplomatische Missionen in Preußen bekannt war, durch König Friedrich Wilhelm II. (1744—1797) vorübergehend mit künstlerischen Aufgaben in Potsdam und Berlin betraut. Der Thronfolger suchte ebenso wie sein Vorgänger den Regierungswechsel durch Änderungen der Stilgepflogenheiten im persönlichen und öffentlichen Baubereich zu dokumentieren. Schon als Kronprinz hatte er sich dem „englischen Geschmack" zugewendet, die künstlerischen Entwicklungen in Dessau-Wörlitz mit Interesse verfolgt und ab 1787 durch den von dort angeforderten Landschaftsgärtner Johann August Eyserbeck d. J. den ersten Abschnitt eines sentimentalen Parks am Heiligen See bei Potsdam anlegen lassen, den in dieser Art frühesten Park der Mark Brandenburg. 1786 übersiedelte der jüngere Eyserbeck nach Potsdam und avancierte 1788 zum Hof- und Lustgärtner in Charlottenburg. Seine privaten Beziehungen zu Wörlitz, wo inzwischen Johann Christian Neumark die landschaftsgärtnerischen Aufgaben leitete, brach er nicht ab. Die beratende Mitwirkung Erdmannsdorffs an der 1787—1797 von Eyserbeck weitergeführten Anlage des Potsdamer Neuen Gartens zwischen Heiligen See und Jungfernsee bestätigt diese Kontakte ebenso wie die Pflanzen- und Gehölzlieferungen aus den Wörlitzer Gärtnereien.

Als Erdmannsdorff, den Friedrich Wilhelm II. als „besten Kenner antiken Geschmacks" schätzte, im November 1786 nach Potsdam kam, sollte er zunächst die unter Georg Wenzeslaus v. Knobelsdorff entstandene, von Johann Christian Hoppenhaupt d. J. (1719—zwischen 1778/86) ausgeführte Innenausstattung des völlig verwohnten Arbeits- und Schlafraumes Friedrich II. im Weinbergschloß Sanssouci erneuern. „Ich gestehe, daß ich nicht ohne einigen Stolz daran denke", schrieb er damals, „daß es so meiner Willkür überlassen ist, ganz nach eigener Phantasie die Wohnung jenes bewunderungswürdigen alten Helden umzuändern, der, wäre er zugleich ein guter Mensch gewesen, ohne Zweifel einer der größten Regenten, die je ein Land regiert, gewesen seyn würde... Ich weiß nicht, ob er von meiner Umwandlung derselben eben sehr erbauet seyn möchte." [86] Bei dieser gründlichen innendekorativen Umgestaltung im sachlich-kühlen Stil des Frühklassizismus wurde mit Ausnahme des Kamins das friderizianische Rokokointerieur beseitigt. An die Stelle der ehemals mit Putten geschmückten Balustrade des Schlafalkovens traten zwei Stützenpaare, jeweils aus einem Pfeiler mit pilasterartiger Außengliederung und einer ionischen Säule bestehend. Die Türen erhielten antikische Supraporten. Den Raumabschluß bildete nunmehr ein schweres, auch sonst für Erdmannsdorffs Schöpfungen charakteristisches Stuckgesims mit reicher Profilierung und eine illusionistisch mit Friesen, Figuren und Tierkreisdarstellungen bemalte Decke. Das klassizistische Mobiliar nach Erdmannsdorffs Entwürfen und Ratschlägen wurde Mitte des 19. Jahrhunderts wieder durch persönliche Gegenstände Friedrichs II. ersetzt.

Erdmannsdorffs Tätigkeit in Sanssouci, die bis Juli 1787 andauerte, erlangte, wie er selbst betonte, die uneingeschränkte Anerkennung des Auftraggebers. Seine zwischenzeitlich am 1. Dezember 1786 auf die direkte Veranlassung Friedrich Wilhelms II. erfolgte Ernennung zum Ehrenmitglied und Assessor der „Königlichen Akademie der Künste und Mechanischen Wissenschaften" in Berlin bedeutete zugleich Ansporn zur Übernahme weiterer, bereits vorgesehener innenarchitektonischer Aufgaben, von denen A. Rode schreibt: „Kaum war diese Arbeit begonnen, als Hr. von Erdmannsdorff den Auftrag erhielt, auch diejenigen Zimmer im Schlosse zu Berlin, welche der

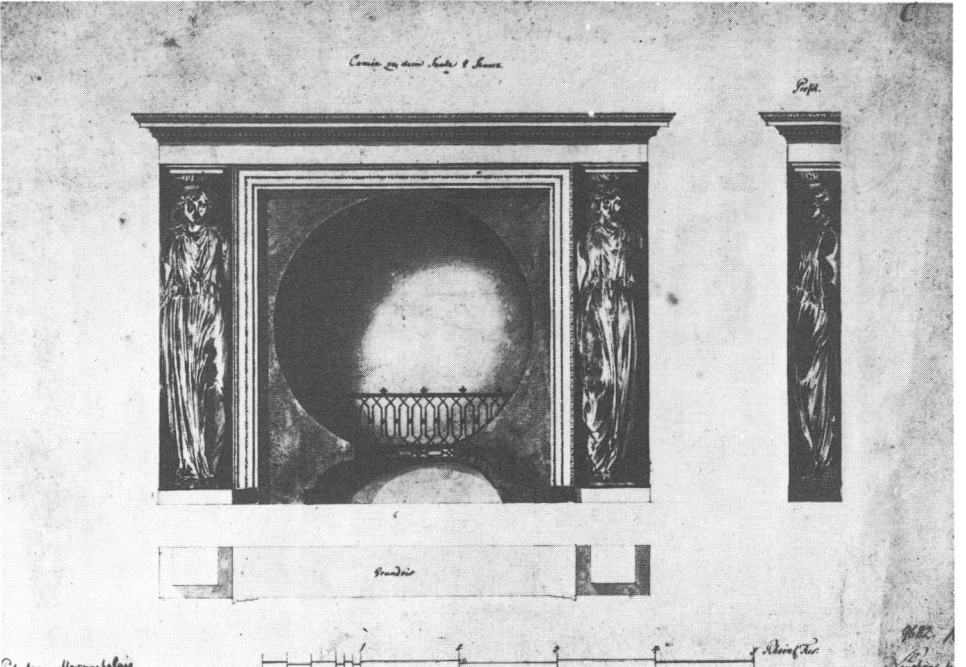

Abb. 255
Potsdam, Kaminentwurf für das Marmorpalais. Carl Gotthard Langhans, 1786, vermutlich in Anlehnung an Kaminentwürfe Erdmannsdorffs

König zu seiner Wohnung bestimmte, einzurichten und zu decorieren." [87]

Es handelte sich um die Ausstattung eines Teils der „Königskammern" in der ersten Etage des Lustgartenflügels des ehemaligen Berliner Stadtschlosses, derjenigen Räume, die vormals als Wohnungen der Schwestern Friedrichs II. dienten. Der Königliche Baudirektor Carl v. Gontard (1731—1791) hatte bereits ein Jahr vor Erdmannsdorffs Eintritt in den Berliner Künstlerkreis und parallel zu anderen Aufgaben in Potsdam und Berlin ab 1786 mit dem Neuausbau einiger Räume begonnen. Seine stärkere traditionelle Anlehnung an den Stil des Spätbarocks konfrontierte

Abb. 256
Berlin, ehemaliges Stadtschloß, Schlüterhof, Kupferstich, 18. Jh.

Abb. 257
Berlin, ehemaliges Stadtschloß, Speisesaal in der Flucht der „Königskammern". Umgestaltung durch Erdmannsdorff, 1787/88. 1945 zerstört

ihn rasch mit der „moderneren" Haltung Erdmannsdorffs und des ebenfalls 1786 aus Schlesien an den preußischen Hof berufenen Carl Gotthard Langhans d. Ä. (1732 bis 1808). Als Gontard schließlich 1788 in Ungnade fiel und Langhans als Direktor des neugegründeten Ober-Hof-Bauamtes den höchsten baumeisterlichen Rang in Preußen erhielt, darüber hinaus der Bildhauer Johann Gottfried Schadow (1764 bis 1850) ebenfalls als „Directeur aller Skulpturen" zum Leiter der Hofbildhauerwerkstatt ernannt war, begegneten sich damit in Berlin die damals profiliertesten Vertreter der neuen, auf frühklassizistische Antikenrezeption gerichteten Bewegung Deutschlands. Die unabhängig voneinander entwickelte Verwandtschaft im künstlerischen Denken und der nicht zu unterschätzende behördliche Einfluß von Langhans und Schadow trugen dazu bei, daß Erdmannsdorff, der sich, wie seine Briefe beweisen, aus vielerlei Gründen weitgehend vom sonstigen gesellschaftlichen Leben der preußischen Residenz distanzierte, im kurzen Zeitraum zwischen 1787—1789 wichtige Räume prachtvoll umgestaltete: den Gelben Säulensaal, den Speisesaal, die Grüne französische und die Blaue französische Kammer, den Parolesaal und ein Eckkabinett.

Erdmannsdorff oblagen die Entwurfsarbeiten und die präzise Kontrolle der Realisierung. Ihm standen bewährte Künstler zur Seite, wie der Bildhauer Johann Peter Anton Tassaert (gest. 1788), dessen Amtsnachfolger Johann Gottfried Schadow, die Stukkateure Constantin Philipp Georg Sartori (1747—1812), Föhr und Gügel, die Dekorations- und Perspektivmaler Johann Fischer und Johann Carl Wilhelm Rosenberg (1737 geb.). Mitbeteiligt war der damals erst 17jährige Friedrich Gilly.

Erdmannsdorff berechnete die unter seiner Leitung erbrachten Leistungen von der Entwurfsausarbeitung bis zur Übergabe einschließlich aller Materialkosten, Künstler- und Handwerkerarbeiten mit 84 023 Reichstalern — eine stattliche, aber gegenüber anderen Bauausgaben des Königs ökonomisch rationell verwendete Summe.

Die Zeitgenossen bewunderten Erdmannsdorffs Räume ebenso wie die in Anhalt-Dessau. Sie lobten die Klarheit der innenarchitektonischen Kompositionen und das gegenüber dem Rokoko strengere Verhältnis zwischen glatten Wandflächen und plastischen Details. Der Gesamteindruck der Flächengliederung und die einzelnen, der Antike entlehnten Dekorationsformen bewiesen die unmittelbare Verwandtschaft zur Innenraumkunst der Schlösser Wörlitz, Luisium und Georgium. Richard Borrmann bestätigte noch ein Jahrhundert später in seiner kurzen, treffenden Beschreibung der Königskammern [88], daß bei Erdmannsdorff der neue, konsequent durchgeführte

Abb. 258
Berlin, ehemaliges Stadtschloß, Speisesaal in der Flucht der „Königskammern", Detail der Wandgestaltung mit Ornamentmalerei von Rosenberg

Abb. 259
Berlin, ehemaliges Stadtschloß, Speisesaal in der Flucht der „Königskammern", Detail der Wandmalerei von Johann Christoph Frisch

Stil, besonders im Parolesaal und getäfelten Eckgemach „zu charakteristischem, in seiner Art mustergültigem Ausdruck gelangt" ist.

Der „Säulensaal" erhielt seine architektonische Gliederung und Bezeichnung durch 16 gelbmarmorierte korinthische Säulen, die das weiße, reich durch antikische Friese gegliederte Stuckgebälk der schweren Decke mit sechseckiger Kassettenstruktur trugen. Die Ausführung dieser Dcke basierte auf einer getuschten Federzeichnung, die Erdmannsdorff 1766 in Neapel angefertigt hatte. Die glatten Wandflächen bestanden aus grauem Stuckmarmor. Supraportenreliefs von Schadow mit Darstellungen aus der Geschichte Alexanders des Großen und darunter befindlichen Girlandenfriesen, antikische Öfen und einige Marmorstatuen in Rechtecknischen mit ädikularen Rahmungen komplettierten die monumental-vornehme Grundstimmung des Raumes, der durch eine besonders reich gearbeitete Bronzetür mit dem benachbarten „Parolesaal" in Verbindung stand.

Ein betont farblicher Gegensatz war im „Speisesaal" angestrebt. Seine Fensterseite bestand aus Spiegeltäfelung mit vergoldetem Leistenwerk, während die übrigen Wandflächen in dichter Fülle mit bildartigen Kompositionen in arabesker Ornamentmalerei von Rosenberg und mit szenischen Wandbildern in Wachsmalerei von Johann Christoph Frisch (1738–1815) zum Thema „Wettstreit von Göttern und Musen" geschmückt waren. Die genauen Aufmaße der Wandgliederung mit entsprechenden Anweisungen für die Ausführung der Malereien hatte Erdmannsdorff in speziellen Federzeichnungen festgelegt, denen wiederum genaue Proportionsstudien zugrunde lagen.

Ein Deckenfries mit kräftigen plastischen Rosetten und Fruchtgehängen, eine in viele Felder aufgeteilte glatte Decke mit Arabeskenmalerei Rosenbergs, ein weißer Kamin mit Reliefs von Tassaert, ein eingelegter Holzfußboden, Statuen, Porzellane, klassizistische Leuchter und Möbel ergänzten den ebenso kostbar wie heiter wirkenden innenarchitektonischen Gesamteindruck.

Das „Grüne französische Zimmer" wurde nach der hier tonangebenden Damasttapete benannt. Ein Plafond mit weißen Stuckornamenten, eingesetzte Felder mit grau-grüner Reliefmalerei Fischers zum Thema „Leben der Venus Marina", Ornamentmalereien in den Fensternischen, durchsetzt von Putten, Vögeln, Vasen und Schmetterlingen, und die Intarsien des Fußbodens verliehen auch diesem Raum bei strenger geometrischer Flächenaufteilung eine für diese Phase des deutschen Frühklassizismus typische, auf starken Kontrasten von Material und Farbe beruhende Ausstrahlung. Wandspiegel am Fensterpfeiler und über dem Marmorkamin, ein Spiegeltisch mit französischer Uhr und Leuchter aus vergoldeter Bronze unterstrichen diese lebhafte Wirkung, die in ähnlicher Weise auch die damastausgekleidete „Blaue französische Kammer" charakterisierte.

Das „Eckkabinett" mit dunkler Mahagonitäfelung, eingelassenen Marmorreliefs, antiken und zeitgenössischen Marmorbildwerken und der in kühlen Farbtönen gehaltenen ornamentalen und figürlichen Deckenmalerei Fischers kehrte wieder zu einer Würde, Gemessenheit und Ruhe ausstrahlenden Raumstimmung zurück.

Die strengere Wirkung von Material und Farbe ließ Erdmannsdorff in der Ausstattung des „Parolesaales" kulminieren. Er wurde immer wieder als schönster der von ihm gestalteten Innenräume des ehemaligen Berliner Stadtschlosses gewürdigt [89], weil er im Ausspielen des Gegensatzes von Dunkelfarbigkeit und Weiß der reiferen Idealvorstellung des Klassizismus am weitesten entsprach. Polierte, graugefleckte Stuckmarmorflächen mit vertikalen Reliefstreifen und Querfüllungen aus weißem Stuck, eingefügte Reliefs mit Trophäenschmuck, ovale Medaillons mit figürlichen Halbreliefs über den Türen sowie die ebenfalls mit ornamentalen Darstellungen geschmückte Stuckdecke über dem kräftigen Konsolgesims bestimmten die kühlere Atmosphäre dieses Empfangsraumes. Seine plastische Ausstattung stammte überwiegend von Schadow. Insgesamt entstanden viele Möbel der „Königskammern" nach Entwürfen Erdmannsdorffs oder wurden von David Roentgen aus Neuwied geschaffen. Die hier von Erdmannsdorff gestalteten Räume und die anschließend 1788/89 vorgenommenen innenarchitektonischen Umgestaltungen im ehemaligen Schloß Monbijou – speziell die Veränderung der Knobelsdorffschen Orangerie in einen Tanzsaal und die Neueinrichtung der „Goldenen Kammer" – setzten in den beiden letzten Jahrzehnten des 18. Jahrhunderts beachtliche Maßstäbe. Die zum reiferen Klassizismus um 1800 überleitende Stilphase orientierte sich nicht nur auf größere Formenstrenge und Monumentalität, sondern verhalf auch inhaltlich den bürgerlichen Aspekten zu stärkerem Durchbruch. Leider sind diese wichtigen Meilensteine der Entwicklung der Vernichtung durch den zweiten Weltkrieg zum Opfer gefallen.

Herrmann Schmitz behauptet zu Recht, daß Erdmannsdorff zwischen 1786 und 1806 in einer der entscheidensten Phasen des deutschen Frühklassizismus „der bahnbrechende Meister auch für die Berliner Schule" gewesen ist. [90] Die 70er und 80er Jahre des 18. Jahrhunderts förderten mit zunehmenden bürgerlichen Aufklärungsideen auch die Aufnahmebereitschaft für neue architektonische Stilformen im Sinne radikaler Abwendung vom Spätbarock. Konsequentester Vertreter neben Erdmannsdorff war

Abb. 260
Berlin, ehemaliges Stadtschloß, Deckengestaltung in den „Königskammern" nach Entwürfen Erdmannsdorffs, 1787/88. 1945 zerstört

der fast gleichaltrige Carl Gotthard Langhans d. Ä. Seit dessen erstem Wörlitzbesuch 1775 gab es wiederholt persönliche Kontakte zwischen beiden Baumeistern, die sich in den 80er Jahren unter Langhans durch fachliche Beratung, Mitarbeit und direkte Zusammenarbeit, vor allem während Erdmannsdorffs innendekorativer Aufgaben im Berliner Schloß und im Potsdamer Marmorpalais, verdichteten. Langhans wurde in Erdmannsdorffs schriftlichen Aufzeichnungen als einziger der Berliner Frühklassizisten erwähnt. In den Nachlässen beider finden sich offenbar gegenseitig ausgetauschte Zeichnungen, vor allem aus der Zeit, als Langhans um 1791 im anschließenden Trakt am Schloßplatz die neuen Ausstattungen für die Königin Friderike schuf.

Über das Verhältnis Erdmannsdorffs zu dem noch sehr jungen Friedrich Gilly gibt es bisher wenig dokumentarische Unterlagen. Man kann jedoch mit Sicherheit annehmen, daß Gilly, der damals erstmalig in eine derart umfangreiche innendekorative Tätigkeit einbezogen war, viele Anregungen aufnahm. Die Außenarchitekturen Erdmannsdorffs lernte er erst Ende April 1797 kennen, als er mit seinem Vater David während der Studienreise nach Frankreich einen ersten Zwischenaufenthalt in Anhalt-Dessau nahm und dabei Wörlitz, das Luisium, den Sieglitzer Park, das Georgium und die Residenzstadt Dessau besuchte. Wenn auch F. Gillys Reisenotizen verschollen sind, so weisen mehrere instruktive Zeichnungen auf das hohe Interesse an Erdmannsdorffs Bauten hin. Es sind Darstellungen der Vestibüle des Wörlitzer Schlosses und des Georgiums, des Erdgeschoßsaals im Schloß Luisium, der Solitude des Sieglitzer Berges und der beiden Pavillons im ehemaligen Lustgarten des Dessauer Schlosses.

Wie aus Erdmannsdorffs Briefen ersichtlich ist, hat er „in dem dürren, flachen, kalten Berlin, wo wir nur Lärmen ohne Freude, Staat ohne Wohlleben, Schwelgerei ohne Genuß, Complimente ohne Höflichkeit, Frondiren ohne Begriffe von Recht und Freiheit gefunden haben... wo seine eigenen Sachen machen für die einzige Geschicklichkeit gilt", persönlich wenig Fuß fassen können. Zu den Berliner Baukünstlern ergaben sich, nur soweit es seine unmittelbare Tätigkeit erforderlich machte, sehr lockere gesellschaftliche Beziehungen. Wie er äußerte, hatte er „dabei Gelegenheit, zur Verbesserung eines und des anderen Künstlers oder Handwerksmannes beizutragen, welches mir ein wahres Vergnügen macht. So sehr ich auch wünschte, gemeinnützig seyn zu können..." [91]

Vertrauteren Umgang und interessante Gespräche mit intellektuell Gleichgesinnten hat er mit Bedauern in Preußen vermißt.

So wirkte sein unbestrittener künstlerischer Einfluß eher mittelbar. Es sei daran erinnert, daß Langhans und Schadow Lehrer von Friedrich Gilly waren, die Familie Gilly wiederum engere Beziehungen zu dem Gontard-Schüler Heinrich Gentz (1766—1811) unterhielt. David und Friedrich Gilly wiederum waren schließlich die einflußreichsten Lehrer Karl Friedrich Schinkels, der nach den Befreiungskriegen die unter maßgeblicher Beteiligung Erdmannsdorffs vorbereitete Entwicklung des bürgerlichen deutschen Klassizismus auf den Höhepunkt führte. Es ist gleichermaßen anzunehmen, daß auch Leo v. Klenze (1784—1864) als Schüler von David Gilly (1748—1808) und Aloys Hirt (1759—1836) während seiner Frühausbildung in Berlin die aufsehenerregenden innenarchitektonischen Leistungen Erdmannsdorffs gesehen hat. Hirt nahm zumindest als Archäologe und Kunsttheoretiker 1790 an Erdmannsdorffs weiteren Rom-Studien teil und widmete ihm anschließend seine theoretische Abhandlung über das Pantheon.

Orientierend für die jüngeren Baumeister damaliger Zeit waren zweifellos Erdmannsdorffs hohe Ansprüche an künstlerische Disziplin und Qualität. Seine detaillierten, durch präzise Ausführungshinweise erläuterten architektonischen Entwürfe charakterisierten die seit Mitte des 18. Jahrhunderts rasch fortschreitende Arbeitsteilung zwischen entwerfenden und ausführenden Baumeistern und den ihnen unterstellten ausführenden Handwerkern.

Im Sommer 1788, noch während der Arbeiten in Berlin, erhielt Erdmannsdorff ein Angebot des Herzogs von Braunschweig [92], im dortigen Schloß einen Saal im klassizistischen Stil auszubauen. Das Vorhaben wurde infolge weiterer Inanspruchnahme durch den preußischen König offenbar nicht ausgeführt [93]; die Kontakte sollten jedoch wichtig für Erdmannsdorffs vierte Italienreise 1789/90 sein.

Am 24. September 1788 wurde anläßlich des Geburtstages Friedrich Wilhelms II. die 3. Berliner Akademieausstellung eröffnet. Die künstlerische Ausgestaltung der Säle erfolgte durch Erdmannsdorff. Aus dem Erfolg dieser Exposition resultierte offensichtlich die Idee zur baldmöglichen Gründung eines speziellen Antiken-Museums, in dem alle Sammlungsbestände aus königlichem und staatlichem Besitz zusammengeführt werden sollten. Ein vom Minister Friedrich Anton v. Heinitz und Erdmannsdorff vorgelegter Plan scheiterte jedoch. Auch der Versuch, ab 1794 die Königliche Kunstkammer im Berliner Stadtschloß zu reorganisieren, führte zu Kompromissen, die erst drei Jahrzehnte später durch die Errichtung des Schinkelschen Alten Museums weiter gelöst wurden.

Die Monate von November 1788 bis Mai 1789 verbrachte Erdmannsdorff in Berlin überwiegend mit Entwurfstätigkeiten im Auftrag des preußischen Königs. [94] Er gestaltete in dieser Zeit unterschiedlichste Einrichtungsgegenstände für Schloßräume, darunter Möbel, Kandelaber, Lampen, Teppiche und dergleichen. In seiner Freizeit kehrte er wiederum verstärkt zum Antikenstudium zurück. Von erneuter Italien-Sehnsucht ergriffen, beschäftigte er sich unter anderem mit den Briefen des jüngeren Gajus Plinius, der an der Wende vom ersten zum zweiten Jahrhundert als römischer Konsul unter Kaiser Trajan in einer Zeit lebte, in der das römische Reich, seine Kunst und Literatur die größte Entfaltung erlebten. Die neun Bücher umfassende, chronologisch zusammengestellte und sorgfältig ausgearbeitete Briefsammlung mit historisch verläßlichen Berichten über Leben, Begebenheiten, Verwaltungsgrundsätze und anderes mehr existierte damals noch nicht als Übersetzung. Erdmannsdorffs Interesse für Plinius bestätigte erneut sein gegenüber dem Griechischen stärkeres Verhältnis zur römischen Antike.

„Herr von Erdmannsdorff", schreibt A. Rode, „war noch kein Jahr wieder zu seinen Hausgöttern zurückgekehrt, und war des herzerfreuenden Anblicks der Seinen gleichsam noch nicht recht froh geworden, als er vom regierenden Herzog von Braunschweig den Auftrag erhielt, seinen Erbprinzen in Gesellschaft des Obristen Bodé auf einer Reise durch Italien zu führen. Er nahm ihn an." [95]

Die Kontaktaufnahme war, wie bereits erwähnt, brieflich während der letzten Arbeitsmonate Erdmannsdorffs in Berlin erfolgt. Die Kavaliertour beanspruchte etwa sieben Monate vom 21. August 1789 bis Mitte März 1790; sie wurde auf eigenen Entschluß des Baumeisters durch einen siebeneinhalbmonatigen Privataufenthalt ergänzt, der sich bis Anfang November 1790 erstreckte. Der Vorbereitung der Reise diente ein vorangehender Besuch Erdmannsdorffs am Braunschweiger Hof vom 9. bis 21. August 1789.

Abb. 261
Berlin, ehemaliges Stadtschloß, Wandgestaltung in den „Königskammern" nach Entwürfen Erdmannsdorffs, 1787/88. 1945 zerstört

Abb. 262
Berlin, ehemaliges Stadtschloß, Raum in der Flucht der „Königskammern" nach Entwürfen Erdmannsdorffs, 1787/88. 1945 zerstört

Nachdem der verschwenderische Herzog Karl I. 1753 seine Residenz von Wolfenbüttel nach Braunschweig verlegte, hatte sich dort eines der kleineren geistigen Zentren Norddeutschlands herausgebildet, das unter den ökonomisch rationaler denkenden Herzögen Karl Wilhelm Ferdinand (1735—1806) und Friedrich Wilhelm (1771—1815) bedeutenden Persönlichkeiten der bürgerlichen Aufklärung zur Entfaltung ihres programmatischen Ideengutes verhalf. Die verwandtschaftlichen Beziehungen zum englischen Königshaus spielten dabei eine nicht untergeordnete Rolle.

Seit 1742 wirkte in Braunschweig unter anderen der klassische Philologe Arnold Schmied (1716—1789); 1758 wurde hier der klassizistische Maler Georg Friedrich Weitsch (1828 gest.) geboren, und nach seinem Wirken am Dessau Philanthropium war hier seit 1786 der fortschrittliche Pädagoge Joachim Heinrich Campe (1746—1818) ansässig. Die nachhaltige Ausstrahlung Gotthold Ephraim Lessings, der als bedeutendster Repräsentant der deutschen Aufklärungsliteratur des 18. Jahrhundert von 1770 bis zu seinem Tode 1781 als Bibliothekar des Herzogs in Wolfenbüttel lebte, hatte offensichtlich Erdmannsdorffs Interesse am geistigen Fluidum der Braunschweiger Residenz geweckt. Es ist anzunehmen, daß er auch den Baumeister und Kupferstecher Christian Gottlieb Langwagen (1753—1805) kannte, einen aus Dresden kommenden Schüler von F. A. Krubsacius, der seit 1782 als Hof- und Kammerbaumeister den Übergang zum frühklassizistischen Baustil vollzog. Als Erdmannsdorff 1789 nach Braunschweig kam, hatte Langwagen nach vorausgehenden Wohnbaumaßnahmen gerade mit dem Umbau des von Hermann Korb (1656—1735) in Barockformen begonnenen Residenzschlosses begonnen. Ob und in welchem Umfang Erdmannsdorff damals als Berater der innendekorativen und Möbelausstattung mitwirkte, ist bisher nicht bekannt. Nach den unmittelbar vorausgegangenen Erfolgen Erdmannsdorffs in Preußen kann angenommen werden, daß sich der unpräzise Hinweis auf „Entwürfe für einen Saal" auf die Mitarbeit an der Ausstattung des ehemaligen Festsaales im erst 1790 fertiggestellten Corps de Logis bezog. Erdmannsdorff empfing in den zwei Wochen seines Braunschweig-Aufenthaltes auch den Auftrag, Antiken für die weitere Schloßausstattung in Italien anzukaufen. Vermutlich hat er in diesem Zusammenhang erste Beziehungen zu den Braunschweiger Kunsthändlern C. F. Bremer u. Sohn angebahnt. Ähnliche Verbindungen knüpfte Erdmannsdorff zum Verleger F. J. Bertuch in Weimar, zu den Leipziger Kunsthändlern C. C. H. Rost, Lincke Witwe & Kunze sowie zu J. Morino & Comp. in Berlin.

Die am 21. August 1789 angetretene Italienreise wurde, abgesehen von Erdmannsdorffs sehr vordergründigen privaten Interessen, durch drei Aufgaben motiviert: seine kunsterzieherische Rolle als Hauptbegleiter des Erbprinzen, den Erwerb von Kunstgegenständen für den Braunschweiger Fürsten sowie den Ankauf von Kaminen und Antiken im Auftrag des preußischen Königs Friedrich Wilhelm II.

Den Reiseverlauf, die Hauptstationen der Aufenthalte und die Besichtigungsprogramme hatte Erdmannsdorff in großen Teilen als Nachvollzug des gemeinsamen Italienerlebnisses mit dem jungen Dessauer Fürsten arrangiert. Es sollte sich jedoch erweisen, daß der Braunschweiger Erbprinz weitaus geringere geistige Aufnahmefähigkeiten für das Gebotene zeigte. In einigen Briefen an Leopold Friedrich Franz verzichtete Erdmannsdorff nicht auf wehmütige Erinnerungen an die inzwischen 25 Jahre zurückliegende Reise. Seine Korrespondenzen und persönlichen Notizen geben trotz bruchstückhafter Aussagen ein informatives Bild von dieser letzten Italienreise des Künstlers, bei der bemerkenswerterweise der Eindruck entsteht, daß für ihn auch diesmal nicht in erster Linie die Originalwerke der Antike im Vordergrund der Betrachtungen standen, sondern mehr die Verarbeitung antiker Anregungen durch Künstler des 16. bis 18. Jahrhunderts.

Wie auch 1765 führte der Weg zunächst nach Dresden, wo inzwischen im Japanischen Palais die erste größere Aufstellung antiker Plastiken erfolgt war. Über Hof, Augsburg, München, Traunstein und Bad Reichenhall erreichten sie nach drei Tagen Berchtesgaden, wo sich die Reisenden in Begleitung des Fürstbischofs von Salzburg am 24. oder 25. 9. 1789 mit den Abbaumethoden im Stein- und Salzbergbau vertraut machten sowie anschließend die heroische Landschaft des Königssees und die volkstümlichen Lebensformen der Bergbevölkerung genossen. Durch das Inntal und über Innsbruck gelangten sie, die Alpen am Brennerpaß überquerend, nach Trient. Norditalien war das Ziel der ersten intensiveren Umschau. Auf den Besuch Veronas folgte ein Aufenthalt in Mantua. Der dortige Palazzo Ducale mit den Deckenfresken Mantegnas in der Camera degli Sposi, Correggios Darstellung des San Girolamo und ein verfallenes antikes Theater vermittelten die nachhaltigsten Eindrücke. Erdmannsdorff war besonders beglückt, in der Bibliothek zu Mantua ein Exemplar der ersten gedruckten Vitruv-Ausgabe (um 1486) des Giovanni Sulpicio da Veroli (genannt Sulpicius) aufzuspüren sowie eine vollständige Cäsarübersetzung, an der sich Ludwig XIV. versucht hatte. Darüber hinaus entdeckte er eine bisher unbeachtete Vergil-Büste.

Über Parma und Modena kamen sie am 16. Oktober 1789 nach Bologna, wo eine nachhaltige Begegnung mit Carlo Bianconi, dem sehr kenntnisreichen

Abb. 263
Uhr mit Globus,
Entwurfszeichnung,
Bleistift. Erdmannsdorff,
um 1786—1789

Abb. 264
Berlin, ehemaliges Schloß
Monbijou. Entwurf für die
Wandgestaltung des
Speisesaals mit
Anweisungen für die
Ausführenden,
Federzeichnung.
Erdmannsdorff, um 1788

Vitruvianer und Sekretär der Mailänder Kunstakademie stattfand.

Am 23. Oktober 1789 erreichte die Reisegesellschaft die adriatische Küste. Bei der Besichtigung Ravennas hob Erdmannsdorff unter anderem den konstruktiven Wert des Zentralbaues von San Vitale und des in mörtelloser Steinquaderbauweise ausgeführten Theoderich-Grabmals hervor, zweier Bauwerke des sechsten Jahrhunderts, die er als folgerichtiges Ergebnis monumentaler antikischer Baugesinnung interpretierte. In Ancona, wo die Reisenden am 29. Oktober 1789 eintrafen, wählte Erdmannsdorff eine Wohnung mit Blick aufs Meer. Seine besondere Begeisterung galt erneut dem Trajansbogen auf der Hafenmole, dem er zwei Jahrzehnte nach der ersten Besichtigung „gleich vor dem Frühstück" seine ganze Aufmerksamkeit widmete. Die Darstellung dieses antiken Triumphbogens auf einem Kupferstich nahm er später als dekoratives Bildmotiv in die Wörlitzer „Villa Hamilton" und in seine Publikation „Architektonische Studien" auf. Im nahegelegenen Loreto besichtigten sie am 31. Oktober 1789 das legendäre Marien-Heiligtum mit seinen Kunstschätzen, darunter ein Bildnis der „Heiligen Familie" von Raffael. In Assisi begeisterten sie sich an der baulich noch unangetasteten korinthischen Vorhalle des aus römischer Zeit stammenden Minervatempels, den auch Goethe wenige Jahre zuvor auf seiner Italienreise bewundert hatte.

Am 6. November 1789 traf die Gesellschaft in Rom ein. Erdmannsdorffs Tagebuchnotiz vom Ankunftstag gleicht einem Hymnus auf die dreitausendjährige Ewige Stadt, den Kern des antiken römischen Weltreichs: „Nicht ohne inniges Gefühl von Ehrerbietung betrete ich nochmals den classischen Boden, und mehr als je voll Begierde nach neuem Unterricht." Er fühlte sich sofort „wie zu Hause". Interessant ist, daß er sich in Rom nicht zuerst der antiken Baukunst zuwendete, sondern einigen Hauptwerken der Renaissance. Als erstes besuchte er die städtebauliche Anlage der Piazza del popolo, um 1585 angelegt nach einer Planung von Domenico Fontana (1543—1604), und den Spanischen Platz. Nachmittags eilte er zu der 1540 von Annibale Lippi (2. H. d. 16. Jh.) errichteten Villa Medici. Außerdem machte er sofort Pläne für die nützliche Verwendung der Zeit, um vor allem seine eigenen „geringen Kenntnisse" zu erweitern. [96]

Aus seinen schriftlichen Äußerungen geht hervor, daß ihm die Reisebegleitung nur Mittel zum Zweck war, daß er es bedauerte, sich ihren Vergnügungen widmen zu müssen, ohne sofort — wie es ihm 1770 während seines dritten Italienaufenthaltes möglich war — seinen individuellen Interessen folgend, unmittelbar mit Künstlern und Gelehrten zusammenarbeiten zu können. Aus der Beschreibung seines durch-

schnittlichen Tagesablaufes ist erkennbar, daß er sich vormittags bis etwa 11.00 Uhr „geschäftlichen Angelegenheiten" widmete. Anschließend folgten Besichtigungen mit der Reisegesellschaft, wobei ihm der Kunstkenner und Kunstagent Johann Friedrich Reiffenstein, den er von seinen früheren Italienaufenthalten kannte, als bewährter Führer fürstlicher Besucher assistierte und ihm vermutlich manche Verpflichtung abnahm. So fand Erdmannsdorff auch Gelegenheit, täglich heimlich zwei Unterrichtsstunden in griechischer Sprache bei einem Geistlichen zu nehmen. Zu den gesellschaftlichen Höhepunkten in Rom zählte am 30. November 1789 eine halbstündige Audienz der Reisegesellschaft bei Papst Pius VI., an der Kardinäle und Vertreter des römischen Hochadels teilnahmen. Hauptthemen dieser Begegnung waren die weitere bauliche Verschönerung Roms, die Eröffnung des Museo Clementino, Gespräche über Kunstwerke, Künstler und die Schönheiten der südlichen Landschaft.

Erdmannsdorff notierte bei seinem letzten Italienaufenthalt wiederum viele Einzelheiten seiner Beobachtung. Er vermerkte unter anderem auch die Abneigung der progressiven Kräfte des Landes gegenüber den 1789 vermehrt nach Italien flüchtenden Gegnern der Französischen Revolution, vermißte dagegen seinen Freund Clérisseau, der 1782 an den französischen Hof in Paris zurückgekehrt war.

Seine künstlerischen Interessen galten den Neuerwerbungen der Antikensammlungen in der Villa Borghese und in der Villa Albani. Seine größte Aufmerksamkeit widmete er offensichtlich den tätigen Künstlern, die in den 80er Jahren die meisten Aufträge erhielten: Der gealterte Cavaceppi sei nach seiner Auffassung in einen derart „schlechten Stil geraten..., als ob er das gute Antike aus den Augen verloren hätte". Den vielbeschäftigten Schweizer Bildhauer Alexander Trippel (1744–1793), einen Schüler der Kopenhagener Akademie, beeinflußt durch den in Rom geschulten Franzosen Jean Antoine Houdon (1741–1828) und durch eigenes Antikenstudium, charakterisierte er als „von mittelmäßiger Erfindungsgabe". Erdmannsdorff kannte ihn von Berlin, wo sich Trippel 1787 mit einem Denkmalentwurf für Friedrich II. an der 3. Akademieausstellung beteiligt hatte. Antonio Canovas (1757–1822) bildhauerische

Abb. 265
Berlin, ehemaliges Schloß Monbijou. Entwurf für eine Wanddekoration, Federzeichnung. Erdmannsdorff, um 1788

Abb. 266
Berlin, ehemaliges Schloß Monbijou, Goldene Kammer. Umgestaltung durch Erdmannsdorff, 1788/89.
1945 zerstört

Leistungen, die zu den bedeutendsten der Zeit gehörten, empfand er als „glutvoll", nicht ohne Warnung vor dessen klassizistisch-manieriertem Virtuosentum.

Weit mehr imponierte ihm die plastische Kunst des Carlo Albacini d. J. (1777—1858), die sich an Canovas Stil anlehnte, aber einen stärkeren Realismus im Ausdruck der körperlichen Bewegungen zeigte.

Höchstes Lob für den Klassizismus in der Malerei zollte er der Schweizerin Angelika Kauffmann (1741—1807), die, bevor sie 15 Jahre als Konkurrentin des Malers Joshua Reynolds in London wirkte, ab 1782 ihren ständigen Wohnsitz in Rom nahm. Sie stand bekanntlich in engem Kontakt zu Winckelmann, Goethe, Tischbein (1750—1812), Jakob Philipp Hackert, Herder, Matthisson, Reiffenstein, der Herzogin Amalie v. Sachsen-Weimar und der Fürstin Luise v. Anhalt-Dessau.

Im Februar und März 1790 erfolgte ein Zwischenaufenthalt der Reisegruppe in Neapel, der bereits im Januar 1790 geplant war, aber infolge des achttägigen Besuchs der Markgräfin von Bayreuth und eines „Fiebers mit catharr" [97] verschoben wurde. Erdmannsdorff freute sich insbesondere auf ein Wiedersehen mit Hackert, den er seit der zweiten Italienreise 1765 kannte und der inzwischen seit 1786 als frühklassizistischer Hofmaler des Königs von Neapel arbeitete. Erdmannsdorff bewunderte Hackerts internationalen Ruhm, seine Freizügigkeit und sein fürstliches Gehalt. Er erwarb damals acht Tuschzeichnungen, die später zusammen mit 28 Stichen nach Originalen des Malers und mit Gouache-Zeichnungen Clérisseaus ebenfalls als Innenraumelemente der Wörlitzer „Villa Hamilton" verwendet wurden.

Die Reisegesellschaft traf sich in der Caserta bei Neapel mehrfach an der „zwanglosen Tafel des Königs". Sie wurde öfters vom Prinzen begleitet und fand gastliche Aufnahme bei Hackert und Lord Hamilton. Erdmannsdorff traf mit letzterem auch allein zusammen. Anfang Februar 1790 erweiterte sich der Kreis durch die inzwischen nachgereiste Markgräfin v. Bayreuth und die Herzogin v. Weimar. Erdmannsdorff berichtete von Opern- und Schauspielbesuchen, die qualitätvoller als in Rom waren, von Konzerten, Bällen, Diners und anderen gesellschaftlichen Ereignissen. Es fanden Abstecher nach Terracina, Cap Circeo und Capua statt. Auf den Ausgrabungsplätzen in Paestum, Portici und Pompeji informierte sich Erdmannsdorff intensiver über die neuesten Ergebnisse, speziell auch über technisch-konstruktive Baulösungen bei antiken Stadthäusern. Den gerade erschienenen letzten Band der „Pitture di Ercolano" sandte er sofort an den Dessauer Fürsten.

Nach einem dreiwöchigen Abschlußaufenthalt in Rom vom 21. (od. 23.) 3. 1790 bis 14. April 1790 trat die Gesellschaft die Heimreise nach Deutschland an. Sie führte über Livorno nach Pisa, wo eine Begegnung mit dem ebenfalls durch Italien reisenden Prinzen August v. England stattfand, weiter über Lucca bis Florenz. Erdmannsdorff verließ die Stadt Mitte März 1790 mit dem Hinweis, sie sei „tot". Die auf seiner ersten Italienreise 1761—1763 sehr eindrucksvoll empfundenen Kunstwerke der Florentinischen Frührenaissance erwähnte er nicht mehr. Möglicherweise resultierte seine Mißstimmung aus der Trennung von der schon vorher als Hemmnis privater Ambitionen empfundenen „höchst merkwürdigen Reisegesellschaft", über die er sich resümierend äußerte: „Unter die sensible(n) travellers gehören sie gewiß nicht." Der Erbprinz von Braunschweig und sein Anhang fuhren allein nach Deutschland zurück, während es Erdmannsdorff nach neuerlichem Besuch der Steinbrüche von Carrara und Aufenthalten in Arezzo, Cortona und Perugia, die sich bis weit in den Mai 1790 erstreckten, wiederum nach Rom zog. In den folgenden vier Monaten bis Anfang Oktober suchte er dort in Ungebundenheit Versäumtes nachzuholen. Am 2. Juli 1790 schrieb er an Wilhelmine v. Erdmannsdorff: „Das Anschauen selbst der Ruinen, dieser herrlichen Werke, erweckt Ideen und Empfindungen von Größe, zu der sich der Mensch zu erheben vermag. Ich bin zwar weit entfernt zu wünschen, daß Talent und Kunst wieder an solchen ungeheuren Werken des Luxus arbeiten möchten. Denn das kann ohne abscheulichen Menschendruck, ohne äußeres Verderbnis der Sitten nicht stattfinden."

Erdmannsdorff nutzte die Zeit in Rom auch, um zehn von Friedrich Wilhelm II. v. Preußen für das Potsdamer Marmorpalais bestellte Kamine anzukaufen, vermutlich über Albacini, der in Erdmannsdorffs Auftrag auch Antiken repariert hatte. Anfang September 1790 fand er ein Schiff, das die in Italien erworbenen Gegenstände nach Hamburg brachte. Ein Brief an Wilhelmine v. Erdmannsdorff vom 28. September 1790 enthält den Plan seiner Rückreise nach Dessau, die durch die Lombardei über Verona, durch Tirol, mit Zwischenstationen in Augsburg und Bayreuth nach Hof und von dort über Zwickau, Altenburg und Leipzig erfolgen sollte. Anfang November 1790 traf er wieder in seiner Heimat ein. Nach Jahren der Abwesenheit in Berlin und Italien verbrachte er die anschließende Zeit bis zum Tod seiner Frau im Dezember 1795 im engeren familiären Kreis, teils in philosophischer Zurückgezogenheit, teils in einer neuen gesteigerten Phase der Bautätigkeit, die sich auf den weiteren Ausbau der Residenzstadt Dessau konzentrierte.

Abb. 267
Berlin, ehemaliges Schloß Monbijou, Tanzsaal. Umgestaltung durch Erdmannsdorff, 1788/89. 1945 zerstört

10

Ausklang seines Lebens

Abb. 268
Dessau, Neumarkt mit Johanniskirche und Sterbehaus Erdmannsdorffs (links im Bild).
Gemälde, um 1750

Das historische Quellenmaterial bestätigt, daß der unmittelbare persönliche Einfluß Erdmannsdorffs auf das Dessauer Kultur- und Geistesleben in den letzten Jahrzehnten des 18. Jahrhunderts einen besonderen Höhepunkt erreichte. Es waren die reifsten Jahre des Baukünstlers und Kunstgelehrten mit intensiven Kontakten zu den dort ansässigen oder vorübergehend von weither herbeigeeilten Vertretern progressiver bürgerlicher Gesellschaftsanschauungen. Sie sammelten sich hier, um unter Ausnutzung der inzwischen legendären „Toleranz" des aufgeklärt-absolutistischen Landesfürsten die „Humanisierung des Bestehenden" durch kulturelle und Bildungsmaßnahmen zu vollziehen. [98] Mehr denn je galt in diesen Jahren zwischen 1770 und 1800 das Regierungsverhalten Leopold Friedrich Franz' für die gebildeten Kreise aller deutscher Länder als überragendes Vorbild, als ein Reform- und Kulturwerk, das sich auf viele Gebiete erstreckte. „Als Mitarbeiter stand dem Fürsten Freiherr Friedrich Wilhelm v. Erdmannsdorff zur Seite, der nicht nur der Schöpfer jener anmutigen Bauten, war, die den Klassizismus in der Architektur begründeten; er wirkte auch entscheidend mit bei allen künstlerischen und kulturellen Fragen und hatte teil an allen Regierungshandlungen des Fürsten." Diese 1930 von A. F. Heine besonders betonte Feststellung verdient, unterstrichen zu werden. [99]

Wenn auch Dessau im letzten Drittel des 18. Jahrhunderts in der Dichtkunst und Schriftstellerei nicht die Stellung Weimars und anderer Stätten klassischer deutscher Literatur erlangte, so konnte man jedoch beispielsweise in der Musikpflege durch die Wirksamkeit von Rust und Kottowsky große Fortschritte verbuchen. Ab 1766 stieg die Anzahl öffentlicher Konzerte, die in Schlössern und Parks oder in Verbindung mit bürgerlichen Veranstaltungen durchgeführt wurden, ständig an. Ausgangspunkt für den Aufschwung der Theaterkunst mit bürgerlicher Thematik waren seit 1774 die Freilichtaufführungen im „Luisium", seit März 1777 die Veranstaltungen im Dessauer Schloßtheater, seit 1793 in der „Neuen Fürstlichen Rennbahn" und ab 1798 im neuerbauten Hoftheater an der Kavalierstraße. Neben Werken von Mozart, Händel, Haydn standen vor allem gesellschaftskritische Schauspiele wie Shakespeares „Hamlet", Goethes „Clavigo", Lessings „Emilia Galotti" und „Nathan der Weise", Schillers „Räuber" und „Don Carlos" auf dem Programm, aber auch Stücke antikischen Inhalts, die insgesamt auf eine Besserung der herrschenden Feudalzustände orientierten.

Die frühzeitige Öffnung der fürstlichen Bibliotheken für Bildungswünsche des Bürgertums sowie die Herausgabe und Verbreitung zahlreicher aufklärerischer Zeitungen und Journale unterstützten die bahn-

Abb. 269
Dessau, Historischer Friedhof, Hauptportal des „Neuen Begräbnisplatzes". Gesamtanlage nach Entwürfen Erdmannsdorffs, 1787–1789, ab 1800 auch Bestattungsort Erdmannsdorffs. Stich der Chalkographischen Gesellschaft, geätzt von Friedrich Wilhelm Schlotterbeck, Dessau 1797

brechenden Schritte der Vorkämpfer deutscher Pädagogik, die sich um Johann Bernhard Basedow und Joachim Heinrich Campe geschart hatten. Die bereits erwähnte Institution des „Philanthropinums" im ehemaligen Palais des Prinzen Dietrich v. Anhalt (heute: Straße der DSF 12) trug während ihres Bestehens vom Dezember 1774 bis 1786 als „Musterschule der Menschenfreunde und Pflanzschule des Patriotismus" oder, wie sie Immanuel Kant (1724—1804) bezeichnete, als „die Stammutter aller guten Schulen der Welt" tatsächlich zur Änderung gesellschaftlicher Verhaltensweisen bei. Diese äußerten sich nicht nur in einer praktischen Umsetzung der Rousseauschen Erziehungslehre, an der sich in den 20 Jahren des Bestehens dieser Institution mehr als 50 Pädagogen beteiligten, sondern auch in der zunehmenden Verabschiedung von barocken spätfeudalen Elementen französischer Lebenskultur, in der nationalen Rückbesinnung auf die Schönheit der deutschen Sprache, in der zunehmenden Orientierung auf nationale Ereignisse der deutschen Geschichte, aber auch auf naturwissenschaftliche Disziplinen wie Geographie, Naturkunde und Mathematik. Trotz des Scheiterns infolge vieler subjektiv differenzierter Lehrauffassungen sind aus dem „Philanthropinum" wichtige Impulse auf entsprechende Nachfolgeeinrichtungen in Hamburg, Lübeck, Worms und 1784 auch auf Salzmanns (1744—1811) Pädagogium in Schnepfenthal bei Gotha ausgestrahlt.

Diese Entwicklung des „philanthropischen Absolutismus" als Sonderform des aufgeklärten Absolutismus nahm einen beachtlichen Stellenwert innerhalb der deutschen bürgerlichen Geistesströmungen am Vorabend der Französischen Revolution von 1789 ein. Sie kennzeichnete aber auch die gesellschaftlichen Grenzen der Progressivität des Dessau-Wörlitzer Reformkreises, die H. Ross wie folgt definiert: „Die Trennungslinie zwischen sehr weitgehenden Reformen, größtmöglicher Toleranz und Wohlwollen für die politische Linke einerseits und die Ablehnung von Revolution und revolutionärer Propaganda andererseits wird nicht überschritten, kann in diesem letztlich feudalen Kleinstaat nicht überschritten werden." [100]

Aus wirklichkeitsbezogener Humanität, überbetontem Bildungsdrang und Praxisverbundenheit resultieren beispielsweise erste Versuche, den Schulunterricht mit einer Art Werklehre zu verbinden. Insbesondere propagierte man die leistungs- und gesundheitsfördernde Rolle des Sports. Der hier eingeschlagene Weg führte von ersten Übungsplätzen, die mit besonderer Förderung des Fürsten auf dem Gelände des „Philanthropinums" angelegt wurden, bis zu den über Jahrzehnte veranstalteten volkstümlichen „Olympischen Spielen" auf dem Wörlitzer „Drehberg". Konzeptionsfördernder Sport und gymnastische Spiele gehörten auch zum Ausbildungsprogramm des Lehrerseminars, das 1779 im „Gelben Haus" zu Wörlitz gegründet und von Johann Leberecht Tamm (tätig 2. H. 18. Jh.) geleitet wurde, dann aber 1785 in die neueröffnete Dessauer Hauptschule umsiedelte. Äußerst bemerkenswert, daß in diesem Seminar, erstmalig in der Geschichte der Pädagogik, befähigte Söhne aus ärmeren Bevölkerungsschichten bei freier Unterkunft, Beköstigung und Bekleidung eine Ausbildung als Landlehrer erhielten, ohne Schulgeld entrichten zu müssen. Auf der Basis der 1785 im Dessauer Fürstentum durchgeführten Landschulreform entstand in einem nur kurzen Zeitabschnitt von 15 Jahren ein staatlich gelenktes und kontrolliertes Schulwesen, das vorübergehend die kirchliche Bevormundung beseitigt hatte. [101]

Unter dem Einfluß des „Philanthropinums" war schließlich 1781 die „Buchhandlung der Gelehrten und Künstler" in Dessau gegründet worden. Als Interessenvereinigung auf genossenschaftlicher Basis sollte sie vor allem den ihr angehörenden, meist in großer Misere lebenden Autoren eine Gewinnbeteiligung an Verlagsveröffentlichungen sichern und den Kampf gegen die bestehende Flut unerlaubter Nachdrucke aufnehmen. Ebenso wie in der Landwirtschaft und in der manufakturellen Produktion verstärkten sich in Anhalt-Dessau im kulturellen Bereich die Tendenzen zur Ökonomisierung und Kommerzialisierung des künstlerischen Schaffens. Vorbildlich war in dieser Hinsicht immer wieder England als Vorposten kapitalistischer Entwicklung in Europa.

Das wohl eindrucksvollste Experiment für die Popularisierung und Vermarktung der Kunst bot zweifellos die von 1795 bis 1803 wirkende Dessauer „Chalkographische Gesellschaft", für deren Gründung, Ziele und künstlerische Leitung sich Erdmannsdorff in besonderem Maße einsetzte. Der eigentliche Initiator dieses Unternehmens war Freiherr Moritz v. Brabeck (1728—1808), ein eifriger Sammler bedeutender Werke der Malerei, der in der qualitätsvollen Reproduktion von Kunstwerken ein wirksames Mittel zur Hebung der künstlerisch-ästhetischen Kultur sah. In seiner programmatischen Kampfschrift „Vues sur l'etat des arts de Allemagne et sur l'institute de gravure établi à Dessau" (erst 1796 öffentlich publiziert) hatte er sich an den Dessauer Fürsten, den er schon in England kennengelernt hatte, mit der Aufforderung gewandt, sich des hohen Zieles anzunehmen, eine Schule für Kupferstecher ins Leben zu rufen. Nach Absolvierung eines anspruchsvollen Lehrprogramms, das auch die Beschäftigung mit Architektur, Mechanik, Botanik, Mineralogie, Geographie und Anatomie vorsah, sollten hier Spezialisten entstehen, deren reproduktive Künste zugleich die Basis für einen finanziell einträglichen Kupferstichhandel bil-

Abb. 270
Wörlitz, neogotische Stadtkirche. Umbau und Erweiterung einer älteren Anlage. Georg Christoph Hesekiel, 1805—1809. Zeitgenössische Darstellung

deten, der der englischen Konkurrenz auf dem europäischen Markt gewachsen war. Gewarnt durch das Scheitern des Philanthropinums, lehnte der Fürst zunächst die Finanzierung ab, stellte jedoch als Domizil das ehemalige „Kleine Schloß" am Kleinen Markt in Dessau zur Verfügung und übernahm das Protektorat, während Brabeck die neue Stecherschule vorerst auf eigene Rechnung führte. In dieser Phase nutzte Erdmannsdorff seinen ganzen Einfluß, um den Fürsten umzustimmen, denn Brabecks Privatschule enthielt bereits Charakterzüge einer Kunstakademie und eröffnete Möglichkeiten der Verwirklichung einer theoretischen und praktischen Kunsterziehung, mit der sich Erdmannsdorff schon seit 1771 besonders intensiv in Rom befaßt hatte. [102]

„Auf seinen Rath besonders geschah es, daß der Fürst das schwankende Kupferstecher-Etablissement des Barons von Brabeck übernahm, und im Jahre 1796, nach einer zweckmäßigeren und einsichtsvolleren Einrichtung, es in die hier blühende Chalkographische Gesellschaft verwandelte", scheibt A. Rode damals. [103] Nach einem sorgfältig durchdachten Plan, den er gemeinsam mit dem Grafen Waldersee und dem erfahrenen Schriftsteller, Buchhändler und Verleger Friedrich Justin Bertuch (1747—1822) aufstellte, erfolgte 1796 die Umwandlung in die „Fürstlich Anhalt-Dessauische Chalkographische Gesellschaft", die nunmehr als Aktiengesellschaft betrieben wurde. „Die Chalkographische Gesellschaft", heißt es in dem Dokument der Neugründung, „ist eine artistisch-merkantilistische Entreprise, zu welcher sich eine Aktiengesellschaft von Unternehmern auf gleichen Gewinn und Verlust vereinigt. Sie besteht aus 100 zahlbaren und 5 Freiaktien ... Die einzuzahlenden Anteile werden mit 4% verzinst, sollen aber aus den Überschüssen allmählich getilgt werden, wonach die Reinerträge der Dividende den Aktionären zukommen..." [104] Jede der Aktien umfaßte 200 Ta-

Abb. 271
Wörlitz, Stadtkirche,
heutiger Zustand

ler. Es ist interessant, daß sich fast 50 Prozent dieser Kapitalanlagen in den Händen des Leitgremiums befanden: Zehn Prozent besaß Leopold Friedrich Franz, zwölf Erdmannsdorff als 1. Direktor, 18 Graf Waldersee als 2. Direktor und Präsident des Verwaltungsdirektoriums, drei Prozent gehörten Bertuch als 3. Direktor und Hauptverantwortlichen für den Vertrieb der Blätter. Bertuch galt in dieser Funktion als Experte, der über große finanzökonomische Erfahrungen verfügte; er war Geheimsekretär und Schatullenverwalter des Herzogs Karl August v. Weimar (1757–1828) und betrieb seit 1791 einen eigenen Verlag unter der Firmenbezeichnung „Landesindustriecomptoir". Nach der materiellen Absicherung des Unternehmens wandte man sich den Aufgaben zu, für die Erdmannsdorff als künstlerischer Direktor verantwortlich war. Noch im gleichen Jahr, 1796, formulierte er in einer Handschrift die speziellen kunstpädagogischen Zielstellungen als „Entwurf einiger Gedanken über die Führung des artistischen Theils unserer chalcographischen Arbeiten". Sie erschien 1797 als werbende Ankündigung in Bertuchs „Journal des Luxus und der Moden". Erdmannsdorff forderte insbesondere edle, korrekte Zeichnungen und eine bedachte Wahl der Bildinhalte. Er orientierte vorrangig auf die „historische Komposition", verlangte Darstellungen, die „den Geist aufregen und in die Seele sprechen", und erklärte, unerwünscht sei „ein gewisser theatralischer, oft gar gotischer Ton". [105] Unschwer gelang es ihm, bekannte Maler und Zeichner, Kupferstecher, Meister der Schab- und Aquatintakunst für diese Zielstellung zu gewinnen. Johann Joseph Langhöffel (1751–1808), Karl Kuntz (1770–1830), Johann Georg Huck (geb. 1748), Heinrich Theodor Wehle (1778–1805), Johann Joseph Freidhoff (1768–1818), Johann Christian Haldenwang (1777–1831), Wilhelm Friedrich Schlotterbeck (1777–1819), Johann Christoph Senn (tätig um 1796 bis nach 1811), Johann Peter Pichler (1775–1807), Ludwig Buchhorn (1770–1856) und andere unterstrichen durch ihr meisterliches Können in den wenigen Jahren bis 1803 den Ruf Dessaus als hervorragende Kunststadt. Von hier aus wurden durch Bertuchs verlegerische Arbeit vor allem qualitätsvolle Stiche berühmter Gemälde der Dresdner Galerie und stimmungsvolle Blätter der Dessau-Wörlitzer Parklandschaft an deutsche Sammler und Kunstzentren vertrieben. Sie gelangten darüber hinaus in alle europäischen Kunststädte, aber auch bis nach New York und San Francisco. In vielen bedeutenden Sammlungen der Welt sind sie noch heute zu finden.

Auch von den Studienblättern, die Erdmannsdorff in Italien in Anlehnung an Clérisseau gezeichnet hatte, erschienen im Januar 1797 24 Blatt als Ausgabe der „Chalkographischen Gesellschaft". Es handelte sich um eine von Schlotterbeck, Buchhorn und Hössel gestochene Motivauswahl unter dem Titel „Architektonische Studien, gezeichnet in Rom von Freiherrn v. Erdmannsdorff". Die Studien umfaßten eine Folge von vier Heften, jeweils sechs Folioblätter enthaltend; das erste Heft war mit einer zusätzlichen Einleitung Erdmannsdorffs ausgestattet. [106]

Um 1798 brachte die Gesellschaft erneut drei Spezialblätter mit römischen Ruinendarstellungen und Architekturfragmenten heraus, die Erdmannsdorff gezeichnet hatte. Für die 1798 von der Gesellschaft publizierte „Auswahl antiker Gemälde aus dem vom Grafen Caylus nur in wenigen Exemplaren herausgegebenen Werke" verfaßte er ebenfalls einen kleinen Einführungstext. 1799 wurden dann nochmals einige Blätter in Aquatintatechnik nach Erdmannsdorffs Zeichnungen vertrieben, davon sechs Blätter mit römischen Architekturstudien, vier weitere Blätter über das Marcellus-Theater und zwei Blätter über Raffaels Capella Chigi in Rom.

Trotz zunehmender Ausstrahlung der „Chalkographischen Gesellschaft" erwies sich bald, daß Absatz und Gewinn in keinerlei Verhältnis zum Aufwand standen. Hohe Künstlerhonorare, Reisespesen, Reproduktionskosten, aber auch verschleierte Abrechnungen führten wenige Jahre nach Erdmannsdorffs Tod zwischen 1803 und 1810 zu einer mühevollen Liquidation. [107]

Die Gründung und Anfangserfolge der Gesellschaft bestärkten Erdmannsdorff in dem Vorhaben, eine weitere Institution zur systematischen Ausbildung von künstlerischem Nachwuchs ins Leben zu rufen. Eine nach seinen Ideen konzipierte staatliche „Landeszeichenschule" sollte zukünftig diese Aufgaben übernehmen. Die Zielstellung formulierte er um 1796 in seinen „Gedanken über eine allgemein vorbereitende Unterrichtsanstalt zu mechanischen Gewerben und zu bildender Kunst in Dessau". Hier sollte angesichts zunehmender Bauaufgaben die Ausbildung der Maurer, Tischler, Zimmerleute, Schlosser und anderer, „welche irgend ein mechanisches, bauendes und bildendes Geschäft zu ihrem Gewerbe machen wollen", durch künstlerisch-ästhetische Erziehung vervollständigt werden [108]. Auf diese Weise versprach sich Erdmannsdorff die Entstehung leistungsstarker Produktionszweige, die auch durch exportierbare Erzeugnisse gewinnbringend zum wirtschaftlichen Wohl des Landes beitragen konnten. Seine „Architektonischen Studien" von 1797 waren als methodischer Leitfaden der dreistufigen Ausbildung, die von der Vorbereitung über die Vervollkommnung bis zur Spezialisierung reichen sollte, gedacht. Im Gegensatz zu dem über mehrere Jahre betriebenen Kupferstichunternehmen fand das Projekt für die Dessauer Landeszeichenschule keine Unterstützung durch den Fürsten. Damit scheiterte ein weiterer interessanter Versuch, die Entwicklung der industriellen Revolution durch Lösung des Widerspruchs zwischen bürgerlichen und feudal-repräsentativen Kunstbestrebungen voranzutragen. Trotz enthusiastischen Einsatzes progressiv-bürgerlicher Kräfte waren die Gesellschaftsverhältnisse in Deutschland in dieser Zeit für viele Ideen und Aktivitäten noch nicht reif genug.

Diese Erfahrung mußte auch Erdmannsdorff sammeln, der unbestritten zu den zentralen Persönlichkeiten der Dessauer Gesellschaft gehörte, dem es wie kaum einem anderen gelang, in Gesprächen und Auseinandersetzungen gegenseitig anregende Kontakte zu unterschiedlichsten Vertretern bürgerlich-progressiver Kultur in und außerhalb der Residenzstadt zu schließen, zu pflegen und zu vertiefen. Nicht nur anerkannte Gelehrsamkeit, sondern auch zielstrebiger organisatorischer Eifer, weitreichender politischer Einfluß und diplomatisches Geschick, zwischen unterschiedlichen, oft konträren Auffassungen zu vermitteln, kamen trotzdem vielen neuen Entwicklungsansätzen positiv zugute. Mehr als in der Zeit seiner „Wanderjahre" war er in den seßhaften Jahren ab 1782 in der Lage, seine universelle Bildung auf das örtliche Geistesleben in Dessau auszustrahlen. Die auch in dieser Zeit weiter vertieften Sprachkenntnisse in Französisch, Englisch, Italienisch, Latein und Griechisch erschlossen ihm alte und neue europäische Literatur. Als Abonnent mehrerer Zeitungen, darunter der „Vossischen" aus Berlin, der „Leipziger" und einiger englischer Journale, verschaffte er sich aktuelle Informationen aus politischen, ökonomischen und künstlerischen Bereichen anderer Länder. Naturwissenschaftliche Studien ergänzten weiterhin seine kulturellen Interessen. Die im Alter zunehmende Leidenschaft des Sammelns konzentrierte sich vor allem auf Bücher, Gemälde, Stiche, Zeichnungen, Briefe, physikalische Instrumente, Meßgeräte, Gipsabgüsse und dergleichen. Er besaß damals allein 36 Abdrücke der Reliefs der Trajansäule und nahezu 250 Büsten. Seine Bibliothek mit fast 2000 Werken bildete nach seinem Tode den Grundstock der ehemaligen Dessauer Landesbibliothek. Die wissenschaftliche Erschließung seiner Gegenstände als „Mustersammlungen" für viele wißbegierige Besucher ließ die Ansprüche der räumlichen Unterbringung ansteigen, ohne daß Erdmannsdorff die bürgerliche Schlichtheit seines Lebensstils wesentlich veränderte.

In seinem Haus dominierte das geistige Gespräch mit Gästen, die er oftmals auch beherbergte. 1795, im Todesjahr seiner Ehefrau Wilhelmine, nahm er beispielsweise die Familie des Malers Friedrich August Tischbein für längere Zeit freundschaftlich bei sich auf. Tischbein hatte vor seiner vorübergehenden Berufung als Hofkünstler des Dessauer Fürsten beim französischen Revolutionsmaler Jacques Louis David (1748–1825) in Paris studiert, später einige Jahre in Rom und Neapel gelebt. Als berühmtester deutscher Porträtist der Übergangsphase zum Frühklassizismus stand er in persönlichem Kontakt zu vielen namhaften Vertretern seiner Zeit. Er trat zwar der „Chalkographischen Gesellschaft" nicht bei, scheint aber Erdmannsdorff in den Jahren seines Dessauer Aufenthaltes in vielen kunstpädagogischen Auffassungen bestärkt zu haben; seine Frau nahm sich damals offensichtlich der verwaisten Töchter Erdmannsdorffs an. [109]

1797 wechselte der Kunstgelehrte und Baumeister letztmalig seine Wohnung. Er bezog das geräumige ehemalige v. Stenzsche Haus in der Straße Unter den Linden, die in unmittelbarer Nähe der Johanniskirche und des Neuen Marktes lag. Ein Gemälde von 1750 überliefert dieses aus zwei fünfachsigen spätbarocken Gebäuden bestehende Grundstück. Gleichartige Mansarddächer und frühklassizistische Fassadengliederungen in Form breiter, vertikaler, bis zum Traufansatz reichender Lisenenbänder kennzeichneten das Äußere. Eine massiv gemauerte, beide Gebäude verbindende Mitteleinfahrt, auf deren schweren Rechteckpfeilern Torsen antikischer Figuren standen, gaben dem Anwesen die strenge Note der in Italien geformten Architekturauffassung des deutschen Bürgertums um 1800.

Man kann in diesem „Haus eines Gelehrten" eine Parallele zum Goethehaus am Weimarer Frauenplan sehen, das seit 1782 vom Dichter und Staatsmann bewohnt wurde und wertvolle Gegenstände enthielt, die er in vielen Jahren aus verschiedenen Wissensgebieten zusammentrug, „nicht zum Wohlleben, sondern zu möglichster Verbreitung von Kunst und Wissenschaft". Das entspricht auch E. P. Riesenfelds Interpretation des Erdmannsdorffschen Wohnsitzes: „Sein Haus wurde eine Akademie, eine Handwerksschule…" [110]

Leider ist die Ausstattung der Räume heute nur noch teilweise anhand des Versteigerungsprotokolls vom März 1800 rekonstruierbar [111], das Gebäude selbst wurde im zweiten Weltkrieg vernichtet.

Es scheint, daß Erdmannsdorff in den Jahren von 1797 bis 1800, in denen er sich mehr und mehr vom offiziellen Leben am Hof zurückzog — vermutlich enttäuscht, daß die von ihm erträumte Gründung einer Zeichenschule nicht stattfand —, nochmals seine gesamten geistigen und physischen Kräfte gegen seine in ihr Endstadium eintretende Lungentuberkulose einsetzte. Außer gelegentlichen Hinweisen auf seine von Natur feingliedrig-zarte körperliche Konstitution und das sich verschlechternde chronische Augenleiden gibt es keine nähere Beschreibung seines rapide absinkenden Gesundheitszustandes. Nur August Rode berichtet: „Schon rang Herr von Erdmannsdorff mit dem Tode, als der junge neuvermählte Erbprinz von Mecklenburg-Schwerin durch ein schmeichelhaftes Schreiben ihn zu sich einlud, um den ihm bestimmten Landsitz durch seine Kunst zu verschönern. Allein, des Schicksals ernstes Nichts weiter! war bereits gesprochen. Auszehrung machten dem ruhig thätigen Leben des Edlen am 9ten März 1800 ein Ende." [112]

Im amtlichen Register der Dessauer Johanniskirche lesen wir die Eintragung: „Am 13. März ist der derweil hochwohlgeborene Friedrich Wilhelm von Erdmannsdorff, 9. März des Nachts 3/4 auf 11 Uhr allhier an der Lungen-Schwindsucht gestorben, beigesetzt worden. Seines Alters 63 Jahre 9 Monate 2 Wochen und 5 Tage."

Sein Grab befindet sich gemeinsam mit dem seiner Ehefrau auf dem Alten Friedhof in Dessau, den er 1787 angelegt hatte. Erdmannsdorff ließ seine noch unmündigen Töchter Louise Friderique und Wilhelmine Carolina als Waisen im Alter von 17 und 15 Jahren zurück. Da er keine testamentarischen Festlegungen getroffen hatte, übernahm Graf Waldersee die Funktion des Nachlaßverwalters. Es wird berichtet, daß er sich schon 15 Minuten nach der Bestätigung von Erdmannsdorffs Tod in rücksichtsloser Geschäftsmanier der schriftlichen Bestandsaufnahme widmete, die dann später als Auktionsprotokoll für die Versteigerung diente. Es stellte sich heraus, daß Erdmannsdorff zu den vermögenden Leuten des Dessauer Landes gehörte und abgesehen von seinem sonstigen Besitz, etwa 3000 Taler, davon 200 Taler in Gold, hinterließ, so daß auch die vormundschaftliche Erziehung seiner Kinder gesichert war.

Nach Erdmannsdorffs Tod bestimmte Leopold Friedrich Franz allein über die Ausführung von Bauten, die von nun an fast ausschließlich im neogotischen Stil erfolgten. Leiter des 1797 gegründeten Fürstlichen Bauamtes, das der Rentkammer unterstellt wurde, war bis 1818 Georg Christoph Hesekiel, zum Teil unterstützt durch seinen Sohn, den fürstlichen Bauinspektor Franz Hesekiel, der aber bereits 1809 in Wörlitz starb. Carl Ignaz Pozzi, der ein Jahr nach dem Tod des inzwischen zum Herzog erhobenen Fürsten das Amt übernahm und bis 1842 innehatte, kehrte wiederum zur klassizistischen Gestaltungsweise der Architektur zurück.

Erdmannsdorffs architektonisches Credo ist in aller Kürze in den „Vorerinnerungen" seiner „Architektonischen Studien" ausgesprochen. Sie enthalten erneut sein tiefes Bekenntnis zu den für ihn richtungweisenden theoretischen Auffassungen Vitruvs, orientieren aber zugleich auf Verarbeitung und zeitgemäße Weiterführung des Erbes, indem er betont: „Allein es wären die Kunst zu sehr herabgesetzt und ihre Grenzen zu sehr beschränkt, wenn man solche zum Beispiel gegebenen Regeln als unwandelbare Vorschriften für die Künstler ansehen wolle." Vor allem müsse sich „der Baukünstler beim Studium der Alten und überhaupt der großen Meister über den kleinlichen Sinn der Nachahmung erheben."

Erdmannsdorff bewies, daß er sich in dieser Weise nach besten Kräften in Theorie und Praxis bemühte.

Sein früher Klassizismus ist einer der bedeutenden Meilensteine der Architekturentwicklung in Europa an der Schwelle vom 18. zum 19. Jahrhundert, in der sich die moderne bürgerliche Gesellschaft herauszubilden begann.

In enger Verbindung mit der Garten- und Landschaftskunst trug er als Baumeister und Kunstgelehrter in Deutschland bahnbrechend zur evolutionären Aufnahme fortschrittlicher bürgerlicher Ideen und Gestaltungshinweisen durch herrschende „aufgeklärte" Vertreter der Feudalgesellschaft bei.

Teil II

Selbstzeugnisse

Abb. 272
Wörlitz, Blick vom Park über den „See" auf die Stadtkirche

1. *Florenz, den 26. Mai 1761,*
   an Leopold Friedrich Franz v. Anhalt-Dessau,
   über seine Tätigkeit in Florenz:

…„Ich habe meine Zeit nicht damit verbracht, nur zu sehen und täglich diese unvergleichlichen Denkmale zu bewundern, sondern ich versuche, daraus einen noch solideren Vorteil zu ziehen, indem ich das, was ich am meisten nach meinem Geschmack finde, zeichne und kopiere. Dadurch hoffe ich, nach und nach gute Kenntnisse zu erwerben und vielleicht selbst etwas Fertigkeit."… (BA)

2. *Florenz, den 26. Mai 1761,*
   an Leopold Friedrich Franz v. Anhalt-Dessau,
   über die Anfertigung von Antiken-Kopien:

…„Ich kann die Erlaubnis erhalten, die Kopien einiger der schönsten antiken Statuen in Gips machen zu lassen, u. a. der berühmten Venus von Medici, die gewiß eine Perle ist. Wenn Ihr sie bestellen würdet, ließe ich sie von einem geschickten Manne machen, mit dem ich leicht den Preis vereinbaren konnte. Ich garantiere Euch, daß sie nach den Originalen selbst gemacht werden und daß sie mit Sorgfalt und so getreu wie möglich gearbeitet sind. Den Transport betreffend, was Euch etwas schwierig erscheinen könnte, habe ich mir schon Gedanken gemacht. Einer meiner Freunde, die ich hier habe, hat mir schon versprochen, daß er für mich eine 300 Pfund wiegende Kiste von hier nach Hamburg bringen wird, mittels 40 und einiger Gulden. Von Hamburg, wo sie an einen der ersten Händler adressiert wird, könnt Ihr sie leicht auf dem Wasserweg bis Dessau transportieren lassen. Ihr seht also, daß Ihr sie ohne allzugroße Kosten haben könnt, und ich bin davon überzeugt, daß sie Euch ein unendliches Vergnügen bereiten werden. Ich erwarte also Eure Befehle, die ich Euch bitte, mir so bald wie möglich zu erteilen."… (BA)

3. *Rom, den 26. April 1766,*
   an Leopold Friedrich Franz v. Anhalt-Dessau,
   über seine Beziehung zum Fürsten:

…„So brachte mein gutes Glück mich zu Euch, gnädigster Herr. Ich fand bei Euch eine natürliche und offenherzige Art zu denken, eine Güte, die selten geworden ist in dem Staat, in dem Ihr geboren seid und die vielleicht zum Teil die Frucht Eurer ersten Ungnaden ist, und schließlich einen Charakter, der die Wahrheit liebt."… (BA)

4. *Rom, den 26. April 1766,*
   an Leopold Friedrich Franz v. Anhalt-Dessau,
   über eigene Verhaltensweisen:

…„Ihr wißt, daß ich niemals eine Vorstellung von dem hatte, was Eigennutz ist. Ziemlich in meinen Wünschen beschränkt, gab es niemals den geringsten Teil an meinen Absichten. Der Ehrgeiz, ich gestehe es, hatte Reize für mich. Ich fühle noch, daß die Idee des Ruhms und der Ehrungen mein Blut erwärmte. Wenn ich mich dem ausgeliefert hätte, jung und voller Gesundheit, wie ich war, wäre ich vielleicht über die gewöhnlichen Grenzen hinausgegangen. Aber da ich seit dem Alter der leidenschaftlichen Jugend in Unabhängigkeit lebe, kam ich in die Lage, zeitig einige Erfahrungen zu erwerben. Ich lernte Menschen aller Art kennen, und ich verfiel in viele Irrtümer. Die Schwierigkeiten, in die sie mich brachten, zwangen mich, Überlegungen anzustellen. Einige gute Prinzipien, die ich das Glück hatte, mir mit meiner ersten Erziehung anzueignen, ließen mich die Augen öffnen. Ich gewöhnte mich ans Nachdenken. Ich versuchte, die Wesen, die um mich herum waren und in der Reichweite meiner Bekanntschaften zu ergründen, ich beobachtete mich selbst und ich arbeitete daran, mich zu entdecken. Ich bemerkte gleich, daß ich nicht für die Großen gemacht war. Ich sah, daß, um zu diesen Ehren zu gelangen, die meiner Vorstellungskraft geschmeichelt hätten, man kriechen müßte, man sich vielen Dingen unterwerfen müßte, vor denen ich Widerwillen empfand. Ich fühlte, daß ich eine Seele hatte, die sich der Schmeichelei nicht hingeben würde und die sich dem Stolz derer nicht beugen könnte, die ich meiner Wertschätzung unwürdig fand. All diesem hinzugefügt, daß die Freiheit, die ich genoß, mein Idol war. Wie hätte ich ihr abschwören können? Schließlich verzichtete ich auf all diese glänzenden und trügerischen Phantome und entschied, daß mein einziger Ehrgeiz darin bestehen sollte, mir den Ruf eines redlichen Mannes zu verschaffen und ein Herz ohne Tadel zu haben." (BA)

5. *Rom, 1770,*
   Merkzettel Erdmannsdorffs unter den Briefen
   an Leopold Friedrich v. Anhalt-Dessau
   über Besorgungen für die Einrichtung
   des Schlosses Wörlitz:

„Ich habe zu besorgen:
1. Die Verzierung des Gewölbes wie auch der Füllung im runden Vestibül.
2. Die Verzierung des Gewölbes, des Sims, der Arabesken und der Rahmen im Großen Saal.
3. Die Verzierungen des Plafonds im Speisesaal nebst einem Rahmen zu den Portraits darinnen, wie auch einer großen Lampe oder Krone zur Erleuchtung der Schenke wie auch die übrige Verzierung der Schenke.
4. Die Verzierung der Plafonds in den langen Kammern auszuarbeiten.
5. Eine Lampe auf den Tisch der Bibliothek.
6. Die Verzierung der Schlafkammern und der Betten, ohne Gardinen mit Basreliefs zum Kopf und Füßen.
7. Die Verzierung der Toilettekammern S. Hoheit.
8. Die Verzierung der Plafonds der Bibliothek.
9. Verzierung des Plafonds in des Fürsten Schlafkammer und Garderobe, worin die Kopie des Ganimedes kommen soll.
10. Zeichnung zu verschiedenen Friesen in den Kammern zu gebrauchen." (STD)

6. *Rom, den 5. November 1770,*
   an Leopold Friedrich Franz v. Anhalt-Dessau,
   über den Schloßbau in Wörlitz:

...„Das größte Verdienst, welches ich mir hierbei zuerkenne, ist, daß ich es so gut gemacht habe, als ich es damals konnte. Da ich die Teile davon aus schönen alten Gebäuden genommen und selbige hier mit aller Simplicität und ohne unnötige Unterbrechungen in einem erträglichen Verhältnisse angewendet habe, so wird freilich der Effect davon nicht ganz unglücklich sein, zumal neben dem noch unreifen Geschmack in der Baukunst unseres Vaterlandes."... (STD)

7. *Rom, den 5. November 1770,*
   an Leopold Friedrich Franz v. Anhalt-Dessau,
   über die Anfertigung von Kaminen für Schloß
   Wörlitz:

...„Piranesi hat einen Kamin zusammensetzen lassen, von welchem die beiden Pilaster sowohl als die Friese antik, die Carniese aber sind nach einem nicht längst bei Tivoli gefundenen alten Stucco gearbeitet. Er ist nicht in seinem gewöhnlichen ausschweifenden Stil komponiert. Er zeigte mir die Stücke davon vorher und ich deutete ihm einigermaßen die Zulage davon nach meinem Geschmack an. Wenn ich noch heute die Zeichnungen davon bekommen kann, so werde ich selbige mit beifügen. Ich hatte dabei einen Gedanken auf die Bibliothek in Wörlitz. Die alten Stücke darin sind besonders sauber gearbeitet und was neu daran ist, hat Piranesi mit all dem Geschmack verfertigen lassen, wovon er wirklich Meister ist und worin er, in der Ausführung zu sagen, den Alten nichts nachgibt. Er verlangte 300 Skudi dafür, aber für 250 Skudi getraue ich mir ihn zu bekommen. Das wären 122 Zechinen, ein Preis, der mir in Anbetracht der reichen Arbeit daran im Vergleich der bei Minelli verfertigten Kamine nicht unbillig erscheint. ... In der Bibliothek würde etwas Antikes sich wohl schicken, Sie würden daran einen schönen Kamin haben und die Verzierungen daran würden endlich noch bei uns zum Muster in der gleichen Arbeit dienen können."... (STD)

8. *Rom, den 29. November 1770,*
   an Leopold Friedrich Franz v. Anhalt-Dessau,
   über seine Studien in Rom:

...„Ich führe hier ein sehr philosophisches Leben unter beständigen Studien. Denn da mir in Rom alle Augenblicke kostbar sind, so suche ich womöglich nicht einen einzigen zu versäumen. Aller Umgang, den ich hier habe, ist mit Künstlern oder Leuten, welche in den Wissenschaften nicht unerfahren sind. Früh lese ich, des Tages modelliere ich, des Abends zeichne ich und die Festtage wende ich an, einige der besten Kunstwerke zu sehen. So laufen meine Tage hin, und ich darf mir schmeicheln, nicht ganz ohne Nutzen."... (STD)

9. *Rom, den 18. Januar 1771,*
   an Leopold Friedrich Franz v. Anhalt-Dessau,
   über die Gestaltung des Bettes der Fürstin
   im Schloß Wörlitz:

...„Für die Felder worauf die Figuren der Kinder und am Ende des Bettes die zwei Brustbilder vorge-

Anmerkungen:
STD Stadtbibliothek Dessau
BA Kopiensammlung, Bauakademie der DDR
Ro. Wiedergabe bei A. Rode: Leben des Herrn F. W. v. E., 1801. Originale verschollen
MdV. Wiedergabe in Mitteilungen des Vereins für Anhalts Geschichte und Altertumskunde

stellt sind, für diese Felder sage ich, sollte nach meiner Meinung Raum gelassen werden, um selbige einzulassen. Es werden nämlich solche als Kameen verfertigt werden, wovon der Grund von einer helleren Farbe, die Figuren selbst aber etwas dunkler sein können, um ihnen mehr Geist zu geben... Die Fugen, wo diese Kameen, die man hier recht sauber nach guten Originalen anfertigt, eingelassen sind, können hernach mit einer sehr leichten verzierten Einfassung von Metall bedeckt werden. Ich habe mich bemüht, soviel als möglich dabei im reinen antiken Geschmack zu bleiben. Ich fand verschiedene antike Betten, welche von Liebesgöttern getragen werden. Der Gedanke gefiel mir, ich versuchte etwas ähnliches zu machen, ich fand aber dann, daß es schwer sein würde, diese Kinder bei uns von so guter Form in Holz verfertigen zu lassen, als es sich gehört, um hieraus ein gefälliges Werk zu machen, außerdem es vielleicht etwas gotisch scheinen möchte. Ferner dünkte mich, es möchte doch etwas unschicklich aussehen, daß ein Bett von so einer Last sich nur auf einige Kinder stützen sollte; ich glaube, Sie selbst würden damit nicht zufrieden sein, ich änderte daher meine Zeichnung auf die Art, wie ich selbige überschicke und suchte darin den angenehmen Gedanken beizubehalten, der ganzen Form aber etwas Festes und Solides zu geben, so wie es nach meinem Bedenken die Notwendigkeit einer Ruhestätte erfordert. Die zwei Medaillons am Kopfe des Bettes werden das eine Hymen, den Gott der Ehe, das andere aber Hysperus, den Abendstern, vorstellen. Die erhaltenen Verzierungen des Sockels, worauf der Gott des Schlafs zum Kopf des Bettes ruht, diese Verzierung sage ich, soll Diadema vorstellen, um doch einige Andeutung des fürstlichen Standes zu geben. Der ruhende Genius oder Gott des Schlafes könnte vielleicht von schwarzem Ebenholze oder sonst einer dunklen Materie gearbeitet werden, wie man dergleichen ähnlich in Basalt sieht. Der Fußtritt, welchen ich auf beiden Seiten des Bettes angegeben habe, ist nach dem Antiken ebenfalls nachgeahmt und wird im Gebrauch nicht unnötig erscheinen. Die übrigen Verzierungen habe ich gesucht, so deutlich als es sich im kleinen tun läßt, zu bezeichnen und bin versichert, Ehrlich wird sie gut machen. Da die Verzierung an den Seiten mit den Schwänen ein ziemliches Feld einnimmt und doch nur von der Seite zu sehen sein wird, so denke ich, es wird gut sein, solche nur erhaben in Holz schnitzen zu lassen."... *(STD)*

10. Rom, den 3. Februar 1771,
an Leopold Friedrich Franz v. Anhalt-Dessau,
über die Gestaltung des Alkovens der Fürstin
im Schloß Wörlitz:

..."Die Figuren in dem Pilaster am Eingange des Alkovens habe ich gesucht, einigermaßen bedeutend zu wählen. Eine Juno Pronuba, als Schutzgöttin der Ehen, ein Gott des Stillschweigens, eine Diana, welcher bei den Alten die jungen Frauen nach ihrem ersten Kindbett pflegten ihren Gürtel zum Opfer zu bringen, und endlich ein Bild der Nacht, dieses schienen mir sämtlich Vorstellungen, welche hier an ihrem rechten Ort sind. Auch die Sphinxe, deucht mich, stehen nicht ungereimt am Eingang einer so heiligen und geheimnisvollen Stelle. Ohnerachtet die Wahl von dergleichen Verzierungen von nicht großer Wichtigkeit ist, so glaube ich dennoch, sie sei glücklicher und angenehmer, wenn selbige Gedanken erregen, die der Bestimmung des Ortes gemäß sind. Die beiden Pilaster sollten meiner Meinung nach in Stuck gearbeitet werden, und könnte man dem Grunde einen ganz gelinden Anstrich einer Farbe geben, um die Verzierungen etwas zu heben, welche in weiß bleiben könnten. Die Verzierungen selbst müßten ganz fein und leicht und nur wenig erhaben gearbeitet werden, doch aber so, daß ihnen nicht aller Geist benommen werde. Ich hoffe, Schätzel ist im Stande selbige gut zu machen und in den wenigen Figuren ist des Ehrlich seine Hand vollkommen hinreichend." *(STD)*

11. Rom, den 28. Februar 1771,
an Leopold Friedrich Franz v. Anhalt-Dessau,
über den Maler Anton Raphael Mengs:

..."Endlich ist Mengs hier angelangt und ich habe gleich einige Tage nach seiner Ankunft Bekanntschaft mit ihm gemacht. Ich habe einige ganz vortreffliche Stücke bei ihm gesehen und bin versichert, Ew. Durchlaucht würden seine jetzige Arbeit von einem viel höheren Grade finden, als alles, was Sie vorher von ihm gesehen haben, eine natürliche Folge des unermüdlichen Fleißes dieses Mannes. Er ist gewiß ein großer Künstler und ohne Vorurteil; alle anderen jetzt Lebenden sind so weit hinter ihm, daß man gar keine Vergleichung anstellen kann. Ja, was noch mehr ist, wenn man ein ganzes Jahrhundert zurücksucht, wüßte ich doch keinen zu finden, den man ihm an die Seite setzen möchte. Was aber die Kenntnis der verschiedenen Teile der Malerei anbetrifft, so hat ihn vielleicht keiner der berühmtesten Meister übertroffen. Ich meinesteils wünschte, daß seine meiste oder fast gänzliche Arbeit nicht in geistlichen Stücken, außer den Portraits bestehen möchte, welche man ermüdet, so oft zu sehen. Im übrigen ist er ein Mann von solidem, dabei aber doch munterem und sehr freien Geist. Er ist 42 Jahre alt, verdient jährlich über 10 000 Skudi, welche er auch meistens verzehrt, und denkt an nichts als an seine Arbeit und dann auch in seinen Ruhestunden die Früchte seines Fleißes zu genießen."... *(STD)*

12. Rom, den 11. Mai 1771,
   an Leopold Friedrich Franz v. Anhalt-Dessau,
   über die Gestaltung des Speisesaales
   im Schloß Wörlitz:

...„Ich suche hierin die Ecken und Formen der Verzierungen auf verschiedene Weise zu verändern, ohne jedoch aus der Harmonie des Ganzes herauszugehen. Denn unser Auge, welches zwar eine gewisse Übereinstimmung der ganzen Massen einer Sache verlangt, hat dennoch dabei eine gefällige Mannigfaltigkeit nötig, um nicht bald von dem Gegenstande ermüdet zu werden. Auch kann man seiner Bestimmung nach einem jeden Teile seinen gehörigen Charakter geben, der ihm eigen ist und ihn von den übrigen unterscheidet. Denn so sehen wir auch, daß die Natur verfährt und sie ist allein die große Meisterin, die wir in unseren schwachen Werken nachzuahmen bemüht sein sollen."... *(STD)*

13. Rom, den 10. August 1771,
   an Leopold Friedrich Franz v. Anhalt-Dessau,
   mit Bitte um Verlängerung des Aufenthaltes:

Ew. Durchlaucht sind sogar genöthiget von Zeit zu Zeit unumgängliche Baue zu unternehmen, und Sie wissen wohl, daß auch in der gemeinen Bau-Art bey uns viel zu verbessern ist. Gute Maximen in der Baukunst, welche nicht auf eine hergebrachte Gewohnheit denn auf die gesunde Vernunft und auf reifere Überlegung gegründet, ist diese nicht allein bey Tempeln und Pallästen nöthig, sondern dienen auch in Errichtung der gemeinsten Gebäude. Was das Materielle im Bauen anlangt, so ist es kein Zweyfel, daß die Grundsätze immer dieselben sind welche die Festigkeit eines Werkes ausmachen, und daß nur die Stärke der Theile welche tragen im Verhältnis der Last zunehmen muß, die von ihnen unterstützt werden soll. Aber auch ein guter Geschmack in der Architektur ist nicht allein für prächtige Monumente gewidmet. Ein jedes kleines Bauernhaus oder ein Wirtschafts-Gebäude hat dieselben Haupt-Theile welche ein Kgl. Schloß hat, nehmlich Mauern, Thüren, Fenster, ein Gesims und ein Dach. Wenn diese zusammen ein gutes Ganzes ausmachen, wenn diese Theile sowohl in Absicht auf ihre Bestimmung als in ihrem Verhältnis gegen einander wohl proportioniert sind, wenn das Gesims und die wenigen Verzierungen daran gefällig gezeichnet und das ganze Werck reinlich ausgeführt ist, so siehet man auch im Kleinen, daß der Bau-Meister mit Kenntniß der Sache und mit Überlegung gearbeitet hat, und es ist oft ebenso schwer in einem so simplen Wercke elegante Formen zu finden, als es an einem Pallast die reichsten Verzierungen und Marmor und Vergoldung an seinem gehörigen Orte anzubringen. Denn bey diesem Letzteren siehet das Auge von der Pracht und der künstlerischen Arbeit verblendet oft über die Mängel im gantzen hinweg. Also bitte ich Sie, gnädigster Herr, machen Sie sich von meiner wenigen Wissenschaft der Baukunst nicht die Vorstellung, als ob selbige nur das Große zeige."... *(BA)*

14. Rom, 1771,
   „Gedanken über eine allgemein vorbereitende
   Unterrichtsanstalt zu mechanischen Gewerken
   und zu bildener Kunst in Dessau":

...„Für alle diejenigen also, welche irgend ein mechanisches, bauendes oder bildendes Geschäft zu ihrem Gewerbe machen wollen, müßte eine zweckmäßig eingerichtete Zeichen- und plastische Schule die wesentlichen Vorteile hervorbringen, und man dürfte sich mit allem Recht versprechen, schon in wenigen Jahren die glückliche Wirkung eines solchen Zusatzes zu der öffentlichen Erziehung unserer Jugend in mannigfaltigen Zweigen der nützlichsten Handwerke und Künste zu verspüren.

...In dem Plane zu derselben müßte immer vornehmlich und in allen Stücken die erste Sorgfalt auf dieje-

171

nigen Geschäfte, Handwerker und Künste gerichtet werden, welche als die unentbehrlichsten und allgemeinnützigsten anzusehen sind. Unter diese rechnen wir vornehmlich alle diejenigen, welche für die Zurichtung unserer Wohnungen, ingleichen der vielen verschiedenen, für unsere Bedürfnisse und unsere Bequemlichkeit notwendig gewordenen Gerätschaften beschäftigt werden, genug alle diejenigen, welche nach Maßstab und Zirkel, Richtscheid und Winkel, Wage und Lot arbeiten. Von diesem beträchtlichen Teil unserer Bürger, welche nicht allein für die Stadt, sondern auch für so viele Erfordernisse der Landwirtschaft ununterbrochene Dienste leisten muß, und dessen Geschicklichkeit zu dem guten Fortgang so vieler Geschäfte wesentlich beitragen kann."…

(MdV, 4., 1890)

15. Wörlitz, Ende 1786,
   an Wilhelmine v. Erdmannsdorff,
   über seine Arbeiten in Berlin:

…„Du kannst leicht denken, meine liebe Seele, mit welchem Widerwillen ich hier bin und wieder nach Berlin zurückkehre, um mich abermals zu plakken."…   (Ro., S. 40)

16. Berlin, Ende 1786/Mitte 1787,
   an Wilhelmine v. Erdmannsdorff,
   über seine Wohnung in Berlin:

…„Meine Schlafkammer liegt nach den Hintergebäuden, welche nicht hoch sind, und ich sehe in einen ziemlich großen Hof des nächsten Hauses, wo es ganz bürgerlich wirtschaftlich aussieht. Da spielen aber vier oder fünf kleine Mädchen, und springen, und um sie her ist allerlei Federvieh. Du weißt, daß dieses Bild mir besser behagt als das glänzendste Fest mit allem Getümmel des Hofs. Da sitze ich hier, vorgestern um diese Zeit, an der Königstafel, heut in meiner halben Einsiedelei mit meiner, Gott lob! noch immer lebhaften Phantasie."…   (Ro., S. 42)

17. Berlin, Ende 1786/Mitte 1787,
   an Wilhelmine v. Erdmannsdorff,
   über seine Arbeiten in Berlin:

…„Kannst Du glauben, daß ich nunmehr erst zwei Leute erhalten habe, die mir im Zeichnen und andern Voranstalten zu Gebote stehen sollen, und noch habe ich sie erst aus Potsdam müssen herholen lassen, wo mir der Obrist Stein solche empfohlen hatte. Hätte ich diese nicht noch aufgetrieben, so glaube ich, hätte ich alles müssen mit eigner Hand zeichnen. Dieses nun, hoffe ich, wird mir viel Luft machen und meine Arbeit erleichtern."…   (Ro., S. 37/38)

18. Vermutlich Wörlitz, 1786,
   an Wilhelmine v. Erdmannsdorff,
   über die Umgestaltung des Wohn-Schlaf-Raumes Friedrichs II. in Potsdam-Sanssouci:

…„Ich gestehe, daß ich nicht ohne einigen Stolz daran denke, daß es so meiner Willkür überlassen ist, ganz nach eigener Phantasie die Wohnung jenes bewunderungswürdigen alten Helden umzuändern, der, wäre er zugleich ein guter Mensch gewesen, ohne Zweifel einer der größten Regenten, die je ein Land regiert, gewesen seyn würde. Hier entwarf er die meißten Pläne zu seinen ruhmvollen, kriegerischen und politischen Thaten, welche das Wunder seines Zeitalters waren. Hier regierte er als König durch sich selbst ohne irgend einen prémier ministre fast ein halbes Jahrhundert lang; Erfinder einer neuen Kriegszucht, welche das Muster von ganz Europa geworden ist. Hier lebte er als Philosoph nach seiner eigenen Art, als eigener Geschichtsschreiber und Biograph, als Schriftsteller, der ewig gepriesen werden wird; genoß in weiser Zurückgezogenheit sein selbst und des Umgangs witziger Köpfe, in deren Kreise er selbst einer der angenehmsten Gesellschafter war; und theilte seine Zeit mit unnachahmlicher Ordnung unter seine Geschäfte und seine arbeitsame Muße, welche er durch seinen Geschmack an Musik und Poesie belebte, in welcher Letzteren er sich selbst hervorgethan haben würde, hätte ihm nicht das Dichterherz gefehlt. Dies sind die Betrachtungen, welche, bei manchem Seitenblick auf die Schwächen menschlicher Größe, mir durch den Sinn fahren, indem ich in dieses verstorbenen Monarchen Zimmern arbeite. Ich weiß nicht, ob er von meiner Umwandlung derselben eben sehr erbauet seyn möchte."... *(Ro., S. 30/31)*

19. *Berlin, 1786,*
 an Wilhelmine v. Erdmannsdorff,
 über seine Arbeiten im ehemaligen Stadtschloß:
...„Wie sie dem König gefallen, wie sie bei dem hiesigen zu diesem simplen Geschmack gar nicht gewöhnten Publikum Beifall finden wird, dürfte sich nun bald zeigen. Ich bin übrigens ganz ruhig dabei, und habe mein Herz nicht an Lob dieser Art gehangen. Ich begnüge mich damit bei mir selbst überzeugt zu seyn, daß ich gethan habe, was ich gekonnt habe, und daß mir ohne eine falsche Bescheidenheit annehmen zu wollen, mein eigen Gefühl sagt, es ist nicht ganz mittelmäßig."... *(Ro., S. 34)*

20. *Berlin, 1786,*
 an Wilhelmine v. Erdmannsdorff,
 über seine Tätigkeit in Berlin:
...„Zudem habe ich dabei Gelegenheit, zur Verbesserung eines und des anderen Künstlers oder Handwerksmanns beizutragen, welches mir ein wahres Vergnügen macht. So sehr ich auch wünschte, gemeinnützig seyn zu können, wenn ich die Fähigkeiten dazu hätte, so beneide ich doch wahrlich nicht so viele, die ich hier um mich her sehe, die immer die Köpfe so voll hoher Dinge haben, und immer nur vom König und vom Staat sprechen, bei denen dennoch aber oft des Schwatzens mehr ist als des Thuns. Könnte ich doch um den Preis, da sie sich solche anschaffen, alle ihre Titel und Ordensbänder nicht gebrauchen! Indessen freue ich mich hier meiner Arbeit, wenn sie so ziemlich geräth, denke aber nicht viel daran, ob mir meine Bemühung hier viel verdankt werden wird, und sehe meine beste Belohnung in der süßen Hoffnung, bald wieder mit Dir, meine Willy, vereinigt zu seyn, meine Kinder um mich spielen zu sehen, und mit Muße an ihrer Erziehung mitarbeiten zu können, und in häuslicher Zufriedenheit zu leben."... *(Ro., S. 33)*

21. *Berlin, Ende 1788/Anfang 1789,*
 an Wilhelmine v. Erdmannsdorff,
 über seinen Aufenthalt in Berlin:
...„Alle Abende bin ich zu Hause. Gestern zu Mittag habe ich beim Minister Armheim gegessen. Vorgestern bin ich einmal am Hof gewesen. Und das ist denn hier auch alles, wie Du wohl weißt. Couren, Assembleen, Conversationen, Déjeûnés, großmächtige Dinés, das nimmt hier die ganze Zeit weg, die man dem socialen Leben geben kann, und da bleibt denn freilich fast kein Raum übrig, für vertrauteren Umgang, oder doch wenigstens nicht für die kleineren gewählteren Gesellschaften, in welchen nähere Bekanntschaft Freiheit, munteren Witz und interessantere Gespräche hervorbringt. Ich kann mich rühmen, in der ganzen Zeit, daß ich hier bin, unter der ganzen Noblesse ein einziges Abendessen, auf freundschaftlichem Fuß, unter acht oder zehn Personen genossen zu haben... Diese große Versammlungen aber von einer Menge Menschen, wo es immer bei dem allgemeinen, alltäglichen Gespräch bleiben muß, wo man einem Jeden nur ein paar Worte sagt, oder höchstens, wenn der ganze Haufe an den Spieltischen sitzt, sich mit einem, der keine Partie hat, oder mag, in einen Winkel setzen kann, die kann ich mir immer noch nicht in meinem Kopfe zusammen reimen, daß sie vernünftige Leute für guten Umgang halten können."...
(Ro., S. 60/61)

22. *Rom, den 10. Oktober 1789,*
 Tagebuchaufzeichnung,
 nach dem Besuch des Theaters in Mantua:
...„Alle unsere modernen Theater sind für die eigentlichen Schauspiele so unvorteilhaft, als an sich unansehnlich, zu nichts bequem als zu kleinen Zusammenkünften, wo man auf das, was auf der Bühne vorgeht, nur gar wenig Acht hat, als um welches sich mehrentheils nur die Zuschauer im Parterre bekümmern, die aber nur unbequem sitzen oder stehen."...
(Ro., S. 88)

23. *Rom, den 6. November 1789,*
 Tagebuchaufzeichnung, über Eindrücke in Rom:
...„Nicht ohne inniges Gefühl von Ehrerbietung betrete ich nochmals den classischen Boden, und mehr als je voll Begierde nach neuem Unterricht. Schon zweimal kam ich zu dieser lehrreichen Schule, die uns so viele und so außerordentlich vorleuchtende Muster des Großen und des Schönen darstellt. Welche Stadt darf sich mit dir, oh Rom, bis jetzt in Vergleichung setzen? Du, deren Existenz seit mehr als zwanzig Jahrhunderten für den ganzen von uns gekannten Theil der Menschheit immerfort so merkwürdig geblieben ist. Du, die du in den Jahrbüchern der Geschichte zweimal in so unterschiedlichen Verhältnissen als die Beherrscherin, Gesetzgeberin des cultivierten Erdtheils dastehst. London und Paris sind doch gegen dich nur Neulinge auf dem großen Schauplatze. In Ueppigkeiten, in Thorheiten, in Sittenverderbnis wollten sie mit dir wohl wetteifern; aber selbst in deinen Ausschweifungen warst du ein Riese gegen sie. Du bist freilich nicht mehr die Gebieterin der politischen Welt, und das ist nun auch wohl sehr

gut. Weder vor der Macht deiner Waffen, noch vor dem Donner deines Bannes beugen sich mehr die Völker um dich her. Allein, aus allen Nationen in Europa, von dessen entferntesten Grenzen, kömmt alles, was zu wandern vermag, was nach Wissen und nach Kunstkenntnissen strebt, noch immer in großer Menge, um dich zu besuchen und die Schätze, die du noch aufbewahrst, zu bewundern und auch noch den Trümmern deiner Größe zu huldigen. Nicht nur der Künstler allein findet hier die höheren Muster, nach denen er mit demüthiger Ehrfurcht sich zu bilden bemüht ist, und genießt hier Vortheile für seine Studien, die ihm kein anderer Ort gewähren kann. Auch der Philosoph fühlt sich in Rom in eine Stimmung gesetzt, die ihm ungemein behagt. Die Freiheit, deren hier ein Fremder genießt, ein Jeder nach seinem Sinne zu leben! Die Art von stillschweigender Erlaubnis, die er hier hat, manche Weltconvenienzen etwas bei Seite zu setzen, die er vielleicht in jeder anderen großen Stadt nicht ohne Unanständigkeit vernachlässigen dürfte! Die Absonderung, die ihm hier gestattet ist, ohne eben ein Sonderling zu scheinen! Der Vortheil, hier wenigstens sehr oft einer beträchtlichen Zahl ausgezeichneter interessanter Personen aus allen Ländern zu begegnen! So viele Monumente aus den verschiedenen Epochen der Vorzeit, auf welche man fast bei jedem Schritte trifft, und welche uns nicht nur so viele merkwürdige Begebenheiten, sondern vornehmlich den Charakter und die Sitten des Alterthums weit sinnlich und zuverlässiger schildern, als es uns Schriften, selbst aus den damaligen Zeiten, können, die uns die besten Commentare über die Schriften der Alten werden, je mehr wir sie betrachten! So viele Werke der schönen bildenden Künste der Alten, von ihren ersten Zeiten bis zu ihrem Verfalle und in Vergleichung mit ihnen, wiederum so viele Werke der wieder aufgelebten Kunst in den neueren Zeiten! Der reizende Gedanke, daß wir jetzt wirklich auf dem Grund und Boden einhergehen, auf welchem jene edle Menschen gingen und handelten, deren Namen wir, von unsern frühesten Jahren an, gewöhnt worden sind, mit Verehrung zu nennen; wo jene Weisen wohnten und arbeiteten, deren Schriften uns noch immer von so großem Werth und Unterricht sind, deren Stil noch immer das Muster der Wohlredenheit bleibt; wo jene feinen Köpfe, voll vom Geiste des griechischen Gefühls, des griechischen Witzes, der griechischen Urbanität, verbunden mit kühnem männlichen Römersinn, in Vorempfindung ihrer Unsterblichkeit, dichteten und philosophierten, deren unschätzbare Fragmente so glücklich für uns aus den tiefen Verwüstungen der finstersten Barberei gerettet, wir lesen und mit Begierde weiterlesen, studiren und auswendig lernen, die uns so oft neue Energie geben, so oft neue Freuden einhauchen! Der forschende Untersuchungstrieb, mit welchem wir hier unter den majestätischen Ruinen der öffentlichen Pracht und des Privatluxus jener Völkerbezwinger umherwandeln, mit welchem wir, nach langen eremitischen Spaziergängen, ermüdet im Schatten einer wundervoll über uns erhobenen halbeingestürzten Bogenwölbung, mitten unter einem über den alten Boden hochaufgethürmten, mit allerlei wildem Gesträuch sonderbar durchwachsenen Haufen von Bruchstücken, auf irgend einen Überrest eines Frieses von meisterhafter Sculptur oder eines umgekehrten Kranzgesimses hingestreckt ausruhen und uns allmählig in Erwägungen der Schicksale der Menschen und der Dinge verlieren, in denen wir, bei der in diesen verlassenen Wohnungen meistens weit umher verbreiteten tiefen Stelle, ungestört fortfahren mögen? Die sanfte Melancholi, in die man wohl gerathen kann, die aber, meinem Bedenken nach, gar nichts Niederschlagendes in sich hat! Denn warum sollte der vernünftige Mann trauren, wenn er sieht, daß ihrer Natur nach, vergängliche Dinge dahin sind? Warum sollte er sich nicht vielmehr gar bald freuen, daß es ihm vergönnt ist, von Dingen zu wissen, die keiner Zerstörung unterworfen sind, die vielmehr ins Unendliche fort immer zu einer höhern Existenz steigen müssen? Der Trübsinn kann hier nur schwachen Sterblichen anwandeln, die vor den weisen und wohlverbreiteten Gesetzen der Vorsehung schaudern. Giace l'alta Cartago etc., sang der liebevolle Torquato, und so mußte es auch dir, großes Rom, ergehen, doch so weit deine Macht die Macht aller anderen Reiche des Erdbodens überstiegen hat, so herrlich prangt deine noch unsäglich reiche Niederlage über den Trümmern aller anderen Menschenwerke."... (Ro., S. 96/101)

24. Rom, den 7. November 1789,
an Wilhelmine v. Erdmannsdorff,
über Kunstankäufe
für König Friedrich Wilhelm II. v. Preußen:

..."Ich glaube wirklich in Berlin vergessen zu seyn, als ich heut einen Brief vom König hier bekam, ziemlich lang und in gar gnädigen Ausdrücken, worinnen er mir aufträgt, zehn Camine hier für ihn machen zu lassen, und ihm noch etwa allerlei Antiken und andere Sachen zu kaufen, die er meiner Wahl überläßt, und mir befiehlt, ihm einen Bankier hier zu nennen, an denen er einen Wechsel von zwanzig tausend Thaler überschicken lassen will, deren Anwendung er meiner Disposition überläßt."... (Ro., S. 111)

25. Rom, den 20. November 1789,
an Wilhelmine v. Erdmannsdorff,
über seine Familie:

..."Indessen glaube mir, liebste Willy, mit aller der Einsicht, mit welcher ich dabei bin, so schwebt mein ganzer Sinn, mein Herz und meine Hoffnungen stets um Dich und um unsre lieben Kinder. Alle Schönheiten der Natur, aller Reiz der Künste, alle Vorzüge der Wissenschaften, sind noch lange nicht das, was den Menschen glücklich zu machen vermag. Nur Freundschaft, Liebe und vertraulicher Umgang können das Leben versüßen, und der Mensch, der dieses verkennt, wird niemals erfahren, wie weit der Schöpfer dem Sterblichen vergönnt hat, wahre Wonne zu schmecken. So kommt mirs auch, daß ich jenes andere immer großentheils mit Rücksicht auf Dich und unsere Lieben genieße. Ich fühle immer dabei, ich könnte Dir dadurch interessanter, meinen Kindern vielleicht auf einige Weise nützlich werden, und mein bißgen Geistesgaben schärfen, und dadurch noch in Deinem Wohlwollen und in der Achtung meiner Freunde gewinnen. Sodann werden jene Dinge erst von wirklichem Werth für mich, und nur dadurch entschädige ich mich für das freiwillige Opfer, welches ich mache, mich so lange von Allem zu trennen, worinnen mein Herz lebt. Du, meinen einzige Freundin, der gewiß das Wohl unserer Kinder ebenso warm am Herzen liegt, als mir, Du wirst indessen, ich weiß es, alle Zeit anwenden, sie sanft allmählig in den Weg zu leiten, in welchem sie glücklich seyn können. Gott schenke den lieben Mädchen, beiden Seelen voll Gefühl und Munterkeit, die herrlichsten Gaben."…

(Ro., S 115/116)

26. Berlin, vermutl. 1789,
    an Wilhelmine v. Erdmannsdorff,
    über den Aufenthalt in Berlin und die Annahme der Reiseführung
    für den Prinzen v. Braunschweig:

…„Nach meinem Aufenthalte und manchem nicht ganz angenehmen Zeitumstand in dem dürren, flachen, kalten Berlin, wo wir nur Lärmen ohne Freude, Staat ohne Wohlleben, Schwelgerei ohne Genuß, Complimente ohne Höflichkeit, Frondiren ohne Begriffe von Recht und Freiheit gefunden haben; wo man nach keinem Wissen fragt als nach der nouvelle du jour, wo seine eigenen Sachen machen für die einzige Geschicklichkeit gilt: Da brauchte ich wirklich etwas, das mein halbeingeschrumpftes Herz wieder erweiterte, und meinem Geist wieder einen Schwung geben möchte."…

(Ro., S. 71/72)

27. Rom, den 18. Dezember 1789,
    an Wilhelmine v. Erdmannsdorff,
    über Eindrücke in Rom:

…„Ich wandle wohl manchmal ganz allein durch diese ehrwürdigen Trümmer jener, uns beinahe ein Traum scheinenden, ungeheueren Römischen Größe, umher. Besonders im Colliseum klettere ich gern durch die übereinander aufsteigenden Reihen von Arkaden so hoch hinaus, als ich kommen kann und übersehe von da einen Theil dieser sonderbaren Lagen. Da mache ich denn wohl einige Bemerkungen als Liebhaber der Baukunst, bald aber gehe ich mehr in mein inneres Gefühl zurück, und bin dabei, was jeder vernünftige Mensch ist, Philosoph nach meiner eignen Art."…

(Ro., S. 121/122)

28. Pisa, den 14. Mai 1790,
    an Wilhelmine v. Erdmannsdorff,
    über die Marmorbrüche in Carrara:

…„Auch ist es interessant zu sehen, mit was für simpler, leichter Mechanik diese Leute mit ungemeiner Behändigkeit Lasten von einigen hundert Centnern bewegen, die sie mit zwölf oft zwanzig starken Ochsen bis an die Seeküste herunter schleppen, wo ich ihnen wiederum einen Nachmittag zusah, wie sie solche auf eben so bequeme Weise einschiffen. Doch ist das Ganze eine harte Menschenarbeit, und wüßten die Reichen, wieviel sauern Schweiß es kostet, ihre Liebhaberei oder mehr ihre Eitelkeit zu befriedigen, und wie manchem armen Teufel es sein Leben oder doch seine gesunden Glieder kostet, vielleicht würde doch Mancher mit mehr Achtung auf die niedrige und nützlichere Klasse der Mitmenschen herabsehen."

(Ro., S. 162/163)

29. Livorno, den 16. Mai 1790,
an Wilhelmine v. Erdmannsdorff,
über Kunstankäufe
für König Friedrich Wilhelm II. v. Preußen:

…„Mein Geschäft an diesem Orte ist von einer andern Art, als ich sonst wohl treiben mag. Ich bemühe mich nehmlich einigermaßen zu erfahren, wie man die Absendung der Sachen von hier zur See am besten und mit Ersparniß behandeln könne. Ich weiß aber eben nicht, ob ich zureichende Wissenschaft darinnen erlangen kann, außer einer Überzeugung, daß man mit aller Vorsicht immer doch in den Händen des Spediteurs ist. Denn es sind so eine Menge Schliche bei diesem Werke, daß man nie darinnen klar sehen kann. Doch ists ein Vortheil, wenigstens einen Theil derselben kennen zu lernen, und mit diesen Herren persönlich bekannt zu seyn, weil doch mehr oder weniger in diesem Leben immer etwas Beträchtliches ausmacht, wo einmal nichts Vollständiges zu erreichen ist. Ich habe also hier gestern meinen Tag ganz unter Handelsleuten zugebracht und zu Mittag bei meinem Bankier Otto Frank gesessen, eines der ersten hiesigen Handelshäuser."…

(Ro., S. 164/165)

30. Rom, den 3. Juni 1790,
an Leopold Friedrich Franz v. Anhalt-Dessau,
über seine Tätigkeit in Rom:

…„Ich hoffe diese drei Monate hier mit einigem Nutzen zuzubringen, und ich wünsche vor allem, daß ich noch einige Kenntnisse von hier wegnehmen möchte mit denen ich Ihnen, gnädigster Herr, hier und da dienen könnte. Ich mache jetzt mehr Untersuchungen hier über den Theil der eigentlichen Konstruktion, als über den schönen Teil der Baukunst, und ich finde immer mehr, daß die Alten hierin ebenso zum Muster dienen können, als in dem edleren Teile, daß sie immer mit ungemeiner Überlegung und doch in der simpelsten Weise ihren Bau behandelt haben."…

(STD)

31. Rom, den 2. Juli 1790,
an Wilhelmine v. Erdmannsdorff,
über Architektureindrücke in Rom:

…„Unterdessen bin ich hier in diesen Tagen viel in den Überresten der Palläste der alten Cäsaren herumgestiegen, die in ihren malerischen Trümmern noch so ungemein interessant und für einen Liebhaber der Baukunst so unterrichtend sind. Da kömmt einem alles Neuere so kleinlich dagegen vor, selbst die ungeheure Masse der Peterskirche mit samt dem Vatican, aus deren Materialien man doch gewiß eine ansehnliche Stadt bauen könnte. Aber jene Palläste waren ganz ein anders gedachtes Werk. Ihr Umfang nahm den ganzen Palatinischen Berg ein und ging nach und nach fort bis auf den Aesquilinischen Berg. Außer den Wohnungen der Kaiser enthielt der ganze große Raum eine Anlage von den prächtigsten Tempeln, von Gärten, von Bädern, von Wohnungen für die Kaiserlichen Garden, von Schauspielplätzen, von Rennbahnen, von Bibliotheken, Überall umher die herrlichsten Aussichten. Parthien darinnen, als ob sie für Riesen gebauet wären, und mit soviel Verstand konstruiert. Wie kommen mir da die Häuser unserer großen Monarchen vor?

Das Anschauen selbst der Ruinen, dieser herrlichen Werke erweckt Ideen und Empfindungen von Größe, zu der sich der Mensch zu erheben vermag. Ich bin zwar weit entfernt zu wünschen, daß Talent und Kunst wieder an solchen ungeheuren Werken des Luxus arbeiten möchten. Denn das kann ohne abscheulichen Menschendruck, ohne äußerstes Verderbnis der Sitten nicht stattfinden. Allein Weisheit in den Distributionen, großer Stil in den Formen und Verhältnissen, Solidität und Prezision in dem Bau selbst, das läßt sich in weit eingeschränkteren Werken zeigen und mit der bestüberlegten Oeconomie verbinden."…

(Ro., S. 180/182)

32. Dessau, 1797,
Vorwort zu den „Architektonischen Studien",
über Auffassungen zur Kunst:

…„Allein es wäre die Kunst sehr herabgesetzt und ihre Grenzen sehr beschränkt, wenn man solche zum Beispiel gegebenen Regeln als unwandelbare Vorschriften für die Künstler ansehen wollte… In den freien Künsten sind nur wenige auf Augenschein überführende oder auf allgemeingültige Vernunftsschlüsse gegründete Lehrsätze als unbewegliche Gesetze zu verehren. Mehr als diesen Gebieten auch noch gemessenen Vorschriften unterwerfen zu wollen, würde den Geist der Kunst vernichten und ein bloß mechanisches Geschäft aus ihr machen… Von seinem Genie geleitet, bildet er sich seine Formen und ordnet seine Verhältnisse nach eigenem Geschmack und nach seiner eigenen Beurteilung."…

Anhang

Wichtige Lebensdaten

1736 (18. 5.) Geboren in Dresden als Sohn des kursächsischen Hofmarschalls Ernst Ferdinand v. Erdmannsdorff und dessen Ehefrau Henriette Margarethe v. Heßler. Wohnhaft in Dresden „Am Stall" (ehemals Augustusstr. 8)

ab 1746 Nach dem Tod der Eltern in Vormundschaftserziehung

1750–1754 Ausbildung an der Ritterakademie in Dresden

1754 (Mai)–1757 (März) Studium an der Universität Wittenberg, währenddessen 1755 Besuch im Gestüt Graditz und in Torgau. 1756 Messebesuch in Leipzig. Am 10. August 1756 erster persönlicher Kontakt zum Erbprinzen Leopold Friedrich Franz v. Anhalt-Dessau

1757 (August) In Dresden längeres Zusammentreffen mit Leopold Friedrich Franz, gemeinsames Studium des dortigen Kulturlebens

1758 (Februar) Übernahme des Familien-Lehngutes in Kössern bei Grimma

bis 1760 Vertiefung der freundschaftlichen Beziehungen zu Leopold Friedrich Franz durch häufigere Besuche in Dessau

1761 (Februar)–1763 (Frühjahr) Erste selbständige Italienreise

1763 (Frühjahr) Eintritt in die Dienste des Dessauer Fürsten als Freund, Gesellschafter, Berater in Kunstangelegenheiten, Reisebegleiter. Erster gemeinsamer Besuch mit Leopold Friedrich Franz und Johann Friedrich Eyserbeck in den Niederlanden und England

1764 Beginn der Vitruv-Übersetzungen Erdmannsdorffs als wichtige geistige Vorbereitung auf die zweite Italienreise

1765 Erste bauliche Aufgaben Erdmannsdorffs in Dessau und Wörlitz

1765 (Oktober)–1767 (Mai) Zweite Italienreise mit Leopold Friedrich Franz, Hans Jürgen v. Anhalt-Dessau, Georg Heinrich Berenhorst, Johann Christian Ehrlich, Friedrich Wilhelm Rust und Georg Wilhelm Kottowsky. Wegweisende Begegnungen mit Johann Joachim Winckelmann, William Hamilton, Luigi Vanvitelli, Giovanni Battista Piranesi, Charles-Louis Clérisseau, Bartolomeo Cavaceppi u. a. Rückreise über Frankreich, England (zweite Reise), Schottland und Irland

1767–1768 Verstärkte Konzentration auf Bauaufgaben in Wörlitz, speziell auf die Park- und Schloßanlage

1770 (Oktober)–1771 (Oktober) Dritte Italienreise als Basis für die Erarbeitung der innengestalterischen Entwürfe für das Wörlitzer Schloß

seit 1772 Erdmannsdorffs Name erscheint in den Besoldungslisten des Dessauer Hofes

1775 (Juni)–1775 (September) Dritte Englandreise mit Leopold Friedrich Franz, Georg Friedrich v. Raumer und Christian Neumark. Rückreise über Paris (zweiter Frankreichaufenthalt) mit Besuch bei Jean Jacques Rousseau

1782 Ehe mit Wilhelmine Eleonore v. Ahlimb aus Riegenwalde (Uckermark)

1783 (10. 3.) Geburt der ersten Tochter Louise Friderique

1785 (3. 2.) Geburt der zweiten Tochter Wilhelmine Carolina

1786 (1. 12.) Ernennung zum Ehrenmitglied der Königlichen Akademie der Künste und mechanischen Wissenschaften in Berlin

1787 (Februar)–1789 (Mai) Mit Unterbrechung tätig im Auftrag Friedrich Wilhelms II. v. Preußen als Baumeister in Potsdam und Berlin, u. a. 1788 (24. 9.) künstlerische Gestaltung der 3. Berliner Akademieausstellung

nach 1787 Schriftliche Darlegung seiner „Gedanken über eine allgemeine vorbereitende Unterrichtsanstalt zu mechanischen Gewerben und zu bildender Kunst für Dessau"

1789 (9.–21. 8.) Reise nach Braunschweig

1789 (August)–1790 (November) Vierte und letzte Italienreise

1791 (11.–17. 8.) Weimarreise mit Leopold Friedrich Franz, anschließend bis Januar 1792 Aufenthalt an den Höfen in Gotha, Kassel und Karlsruhe

1792 Kurzer Aufenthalt in diplomatischer Mission in Dresden

1795 (31. 12.) Tod der Gattin

1796 (17. 12.) Berufung als künstlerischer Leiter in das Direktorium der 1795 gegründeten „Chalkographischen Gesellschaft" in Dessau. Schriftliche Fixierung eines „Entwurfs einiger Gedanken über eine Landeszeichenschule"

1797 Schriftliche Darlegung seiner „Architektonischen Studien"

1800 (9. 3.) Gestorben an Lungenschwindsucht in Dessau, Beisetzung am 13. März in einer Gruft auf dem Alten Friedhof in Dessau

Bauten und Entwürfe

1765   Wörlitzer Park, ehemals „Englischer Sitz" oder „Sommersitz"

um 1765   Wörlitzer Park, erster Vorentwurf für ein Schloß mit Walmdach

1765–1770   Dessau, Armen-, Kranken-, Zucht- und Arbeitshaus in der Franzstraße, Entwurf 1765, Ausführung 1766/70, 1945 zerstört

1766–1768   Wörlitzer Park, Nyphäum. Entwurf 1766, Ausführung 1767/68

1767   Wörlitzer Park, zweiter Entwurf für ein Schloß mit flachem Satteldach hinter massiver Attika
Wörlitzer Park, Wallwachhaus „Zum Pferde"
Wörlitzer Park, Golde Urne

1767/68   Dessau, Schloß, Ausbau des Festsaals und des „Rundkabinetts für die Fürstin". 1945 zerstört

1769–1773   Wörlitzer Park, Errichtung des Schlosses. Grund- und Aufrisse 1769, Grundsteinlegung 5. April 1769, Rohbaubeginn 1770, Ausbau der Repräsentationsräume 1771/72, Einweihung 22. März 1773, Ergänzung des Belvedere mit dem Palmensaal 1783/84

1772/73   Wörlitzer Park, Neues Gebäude oder Küchenhaus, Umgestaltung an der Parkseite durch Einfügung des Sommersaals
Elbniederung bei Wörlitz, vier Wallwachhäuser: 1. bei Vockerode, 2. „An den Mittelhölzern" oder „Paule Überfahrt", 3. bei Rehsen, 4. „Am Schönitzer See"

1773   Wörlitzer Park, Erinnerungsdenkmal in Gestalt eines römischen Sarkophags auf dem ehemaligen Friedhofsgelände östlich des Küchenbaus
Wörlitzer Park, Stufenbrücke

1773/74   Wörlitzer Park, erste Baustufe des Gotischen Hauses. Ausführung und Weiterausbau bis 1813 durch G. Ch. Hesekiel
Südwestlich von Wörlitz, ehemaliger „Drehberg". 1826 bis auf Rundwälle abgetragen
Elbniederung bei Wörlitz, Rotes Wallwachhaus
Bei Dessau, Wallwachhaus „Am Klodden"

1774/75   Dessau, ehemaliger Schloßgarten, zwei Lustgarten-Pavillons

1774–1778   Dessau-Waldersee, Schloß Luisium (Parkanlagen von J. F. Eyserbeck d. Ä., erste Phase ab 1763, zweite Phase 1780–1796)

1775   Park Luisium, Weiße Stufenbrücke am Schloß
Park Wörlitz, Denkmal für Fürst Dietrich v. Anhalt. Ausführung: J. Ch. Ehrlich

1777   Dessau, Schloß, Interimsbühne. 1798 beseitigt

1777–1783   Sieglitzer Berg, Solitude. Rohbau Februar bis Dezember 1777, Innenausbau bis September 1783

1778   Gotha, Schloßpark, ehemaliger Podiumstempel

1779/80   Sieglitzer Berg, „Monument" (Küchenbau) an der Solitude

1781   Dessau-Georgium, Landhaus
(Parkanlage ab 1780 durch J. F. Eyserbeck d. Ä.)
Park Georgium, Entwurf für eine Vase auf Sockel
Park Georgium, Entwurf für eine Sphinx auf Sockel
Nähe Vockerode, Vase auf Sockel
Nähe Park Luisium, Pferdetränke am Stallgebäude des Gestüts
Entwurf zu einer Orangerie

1781/82   Park Luisium, Brunnen mit Pegasusrelief

1782   Wörlitzer Park, Rousseau-Denkmal

1782–1789   Dessau, Palais Waldersee, Zerbster Straße
(heute Stadtbibliothek", Straße der DSF 10).
Mittelfassade nach Zerstörung im zweiten Weltkrieg 1962 wiederhergestellt

1783   Dessau, Schillerpark, Grabpyramide

1783/84   Wörlitzer Park, „Römische Stützmauer", „Treibemauer" und zwei Pavillons auf dem „Eisenhart"
Wörlitzer Park, Gestaltung des Rundteils im „Labyrinth"

1783–1787   Wörlitz, Domäne an der heutigen Thälmannstraße

1784   Wörlitzer Park, Sonnenkanal

1784/85   Sieglitzer Berg, Denkmal für Wilhelm v. Anhalt

1785   Wörlitz, Gelbes Haus
Sieglitzer Berg, Opferstein (seit 1969 im Wörlitzer Park)

1785–1787   Wörlitz, Gasthof „Zum Eichenkranz", Angergasse

1786   Wörlitz, Obelisk am Oberwall

1786/87   Potsdam-Sanssouci, Neuausstattung des ehemaligen Wohn-Schlaf-Zimmers Friedrichs II.
Dessau-Ziebigk, Obelisk am Elbwall

1787   Wörlitz, Funktionsgebäude für den Jüdischen Friedhof
Wörlitz, Friederikenbrücke an der Chaussee nach Coswig

1787/88   Potsdam, Marmorpalais, vermutlich beratende Mitarbeit
Berlin, ehemaliges Stadtschloß, Ausstattung der „Königskammern" im Lustgartenflügel

1787–1789   Wörlitzer Park, Entwurf für eine Vase mit Postament am Küchengebäude
Dessau, Neuer Begräbnisplatz (heute: Historischer Friedhof an der Chapon-Straße). Anlage 1787, Askanisches Tor 1789

1788   Berlin, Innenraumgestaltung der am 25. 9. 1788 eröffneten 3. Berliner Akademieausstellung
Dessau-Wallwitzhafen, Elbzollhaus
Roßlau, Elbzollhaus an der Elbbrücke (heute: Station Junger Techniker)
Griesen bei Wörlitz, ehemalige Dorfschule. Ausführung G. Ch. Hesekiel
Braunschweig, Herzogliches Schloß, Entwurf für die Ausstattung eines Festsaales

1788/89 Berlin, Entwürfe für Innenausstattungen im Auftrag von König Friedrich Wilhelm II., unter anderem Tanzsaal und Goldene Kammer im ehemaligen Schloß Monbijou

1789 Wörlitzer Park, Projekt zur Anlage des „Steins"

1790 Wörlitzer Park, Vestatempel als Synagoge
Riesigk bei Dessau, Schulhaus, Ausführung G. Ch. Hesekiel
Nähe Riesigk, Wallwachhaus
Dessau, Historischer Friedhof, Grabmal Wolfarthine Gräfin v. Schulenburg; Ausführung: F. E. W. Doell

1790/91 Dessau, Hochfürstliche Reitbahn

1791 Wörlitzer Park, Georgenkanal mit „Eiserner Brücke".
Entwurfsskizze für die Fahne der Anhalt-Dessauischen Jäger-Kompanie (Seidenstickerei)

1791/92 Sieglitzer Park, Tor am Kupenwall

1791–1794 Wörlitzer Park, Bebauung der Seespitze mit „Stein" und „Villa Hamilton"

1792 Dessau, ehemalige Muldstraße, Marställe und Stallmeisterhaus, 1945 zerstört

1792/93 Dessau, Wohnhaus Poststraße 11/12. 1945 zerstört

1792–1795 Wörlitz, Rathaus

1793 Dessau, ehemals Wohnhaus für Graf Bose (später Prinz-Wilhelm-Palais), Schloßstraße 3. 1820 umgebaut, 1945 zerstört
Sieglitzer Berg, Tor am Vockeroder Wall
Wörlitzer Park, Insel im Großen Walloch, Amaliengrotte

1793/94 Wörlitzer Park, Grotte der Egeria
Wörlitzer Park, Venustempel

1793–1795 Dessau, ehemaliger Lustgarten am Schloß, Orangerie und Hauptwache, 1945 zerstört

1794 Dessau, Wohnhaus Schloßstraße 9. 1945 zerstört
Magdeburg, Entwurf für das Alte Theater zwischen Breitem Weg und Dreiengelstraße

1794–1798 Dessau, ehemaliges Herzogliches Hoftheater zwischen Kavalier- und Wallstraße (gemeinsam mit Carl Ignaz Pozzi). Einweihung 26. 12. 1798, Zerstörung 1945

1795/96 Dessau, ehemaliges Palais Branconi, Zerbster Straße (heute „Kristallpalast", Straße der DSF 36). 1945 zerstört, Teil der Hauptfassade 1964 in den Neubau übernommen
Wörlitzer Park, Pantheon
Park Georgium, Ionischer Tempel

um 1795/96 Dessau, ehemaliges Wohnhaus Zerbster Straße 52 (heute: Straße der DSF). 1945 zerstört

1796 Dessau, Vorderer Tiergarten, ehemaliges „Kuhhaus", um 1930 abgetragen

1796/97 Dessau, Muldtor (Brückenhäuser). 1945 zerstört

1797/98 Wörlitzer Park, Blumentheater am Floratempel

1798 Dessau, Wohnhaus Zerbster Straße 19 (heute: Straße der DSF). 1945 zerstört

1799 Dessau, Wohnhaus Wallstraße 10. 1945 zerstört

1799–1800 Rehsen bei Wörlitz, ehemaliges Gutshaus
Nähe Wörlitz, Wallwachhaus „Am Berting" (Ersatz des Vorgängerbaues von 1774)

1799–1801 Rehsen bei Wörlitz, ehemals Amtshaus (heute: Rat der Gemeinde)

1800 Sieglitzer Berg, Wallwachhaus „Taubenhaus"

Verzeichnis der Originalzeichnungen

(nach E. P. Riesenfeld: F. W. v. Erdmannsdorff und seine Bauten, Berlin 1913, S. 133—134; siehe Anmerkung 113)

I. Zeichnungen im Herzogl. Kupferstich-Kabinett zu Dessau (572 Blatt)

351—360	Verschiedene Landschaftsstudien auf dunklem Papier	Federzeichnung
361—373	Verschiedene Landschaftsstudien auf weißem Papier	desgl.
374—375	Landschaften auf dunklem Papier	desgl.
376	Architektonische Fragmente mit dem Triumphbogen des Titus	Kupferstich, mit Tuschfarben illuminiert
377	Architektonische Fragmente	Federzeichnung mit Tusche
393	Die Villa des Domitian. Vorlage zu Blatt Nr. 86 der Chalkographischen Gesellschaft	Aquarell
395	Antike Ruine	Federzeichnung
9668—9674	Zeichnungen zu den Stickereien auf der Fahne des Anhalt—Dessauischen Jäger-Bataillons	Bleistift mit Tusche
9675—9681	Zeichnungen zu Kaminen	desgl.
9683—9690	desgl.	desgl.
9691—9694	Zeichnungen zu Fußböden	desgl.
9698	Eine Arabeske (klein)	Guache
9699	Die Friesverzierung aus dem großen Saale im Schlosse zur Wörlitz	Federzeichnung mit brauner Tusche
9700 u. 9701	Füllungsverzierungen	Federzeichnung
9702	desgl. mit Waffen	desgl.
9703	Hohe Arabeske für Beleuchtung	desgl.
9704	Füllungsverzierung	desgl.
9705	Skizze zu einer Spiegelverzierung	Blei
9706	Skizze zu einer hohen Arabeske	Federzeichnung
9707	Wandverzierung mit römischen Waffen aus dem Speisesaal im Schlosse Wörlitz. 65 cm × 49 cm	Federzeichnung mit Tusche
9708	Deckenverzierung aus dem Schlosse Wörlitz	desgl.
9709	Skizze zu einer Deckenverzierung	Federzeichnung
9710	Skizziertes Deckengemälde	Federzeichnung
9711	Sofitto nell'orto delle sette Sale contiquo alle Terme di Tito sul Monte Esquilino	Federzeichnung mit Tusche
9712	Verzierung zu einer Decke	Bleistift mit Tusche
9713	Entwurf zu Decke im Schauspielhause zu Dessau	Federzeichnung mit Tusche
9714	Sofitto antico vicino a Baja fuori di Napoli	desgl.
9715	Sofitto antico dipinto delli bagni di Livia a Monte Palatino	desgl.
9716	Bagni di Livia in Monte Palatina. Deckenzeichnung	desgl.
9717	Wandverzierung	desgl.
9718	Deckenverzierung	desgl.
9719	Deckenverzierung	desgl.
9720—9736	Aus dem Wörlitzer Schloß:	
9720	Deckenverzierung	desgl.
9721	Zwei Füllungsverzierungen	desgl.
9722	Decke zum großen Saal. 74,5 cm × 45,5 cm	desgl.
9723	Kamin und Wandverzierung im Kabinett der Fürstin. 36,5 cm × 52 cm	desgl.
9724	Teil einer Wandverzierung daselbst	desgl.
9725	Reichverzierte Wand aus dem Schlafzimmer der Fürstin. 19 cm × 32 cm	desgl.
9726	Zeichnung zu einem Pilaster daselbst	desgl.
9727	Bett der Fürstin. Längsseite	desgl.
9728	desgl. Schmalseite. 30 cm × 20,5 cm	desgl.
9729	Arabeske (Efeublätter) daselbst	desgl.
9730	Fries: Blumengewinde mit Fackeln daselbst	desgl.
9731	Hohe Arabeske daselbst	desgl.
9732	Blinde Tür mit Füllungsverzierungen daselbst	desgl.
9733	Wandverzierung daselbst	Federzeichnung mit Tusche
9734	Deckenverzierung daselbst. 46,5 cm × 46,5 cm	Federzeichnung mit Tusche
9735	Skizze zu einer Deckenverzierung im Bibliothekszimmer	Bleistift
9736	Deckenverzierung daselbst	Federzeichnung mit Tusche
9750	Ein Alliancewappen	Aquarell
9751	Drei dreieckige Füllungsverzierungen	Federzeichnung
9752	Eine Vase	Bleistift
9753	Ein Springbrunnen mit Figur	desgl.
9754	Ein Tisch mit Delphinen	Tusche
9755—9764	Rosetten	Rotstift
9765—9792	Rosetten	Schwarze Kreide
9793—9797	Päpstliche Wappen	Bleistift
9798—9803	Römische Helme	Rotstift
9804—9807	Consolen	Federzeichnung
9808	Karniesverzierungen	Federzeichnung mit Tusche
9809—9813	Zeichnungen zu Reliefs	desgl.
9814—9830	Zeichnungen und Pausen zu Gefäßen	Schwarze Kreide und Blei
9831—9843	Verschiedene architektonische Skizzen	Bleistift und Kreide
9844 u. 9845	Zeichnungen nach der Natur	Bleistift
9846—9849	Friese	Feder und Tusche
9850—9852	Leuchter	Bleistift und Feder
9853—9855	Kronleuchter	Tusche und Bleistift
9856	Ein Lehnstuhl	Tusche
9857—9858	Zeichnungen zu Stühlen	Tusche und Bleistift
9860—9863	Zeichnungen zu Sofas	desgl.
9864—9868	Fußböden	Tusche
9869	Das kleine Anhalt. Wappen	Schwarze Kreide
9870	Zeichnung zu einem Kachelofen	Bleistift
9890	Tür aus dem Kabinett der Fürstin im Schloß Wörlitz. 50 cm × 67 cm	Feder mit Tusche

9891	Wand mit Bettnische aus dem Schlafzimmer der Fürstin im Schloß Wörlitz	desgl.
9901	Verzierung à la Grec	Braune Tusche
9902	desgl.	Schwarze Tusche
9903	Springbrunnen. Adler mit Kranz	Braune Tusche
9904	Teil eines Sarkophags	desgl.
9905	Zwei Fragmente aus Tivoli	desgl.
9906	Friese aus dem Palaste Mattei und dem Garten des Vatikans und eine Rosette	desgl.
9907	Fries aus dem Tempel des Jupiter Tonans und Rosette	Braune Tusche
9908	Fregio antico	desgl.
9909	Ornati di Sansovino	desgl.
9910	Aufnahme antiker Deckenverzierung	desgl.
9911	Zwei Zeichnungen nach antikem Ornament	desgl.
9912	Ornati di Michel Angelo	desgl.
9913	Soffito d'un arco	desgl.
9914	Ein Architrav	Federzeichnung
9915	Pilastro delle Terze Logge del Vaticano	desgl.
9916	Wandverzierung	desgl.
9917—9920	Studien nach antiken Ornamenten	Schwarze Kreide
9921—9937	desgl.	Rötel, schwarze Kreide und Federzeichnung
9938—10008	Zeichnungen nach antiken Denkmalen mit genauen Maßen, wonach das Chalkogr. Institut in Dessau das Kupferwerk „Architektonische Studien" herausgegeben hat	Federzeichnung
10009	Antike Fragmente	desgl.
10010	Kaiserpalast auf dem Palatin. Grundriß	desgl.
10011	Grundriß eines alten Schlosses	desgl.
10012	Grundriß eines Gewölbes	desgl.
10013	Skizze einer Fassade	Bleistift
10014	Skizze eines Postaments mit Relief	desgl.
10015	Inschrift zu einem Denkmal (Wörlitz): DEM ANDENKEN/DIETRICHS/DES FREIGEBIGEN/MANNES/TAPFERN KRIEGERS/GUTEN OHEIMS/REDLICHEN VORMUNDS/FRANTZ/MDCCC XXV./	Bleistift
10016	Inschrift zu einem Grabmal: DEM ANDENKEN/SEINER INNIGSTGELIEBTEN FREUNDIN UND GATTIN/WILHELMINE ELEONORE VON ERDMANNSDORFF/GEBORENE VON ALHIMB/ZU TILSIT IN PREUSSEN GEB. DEN X. AUG. MDCCXLV/ZU DEM SELIGEN ABGERUFEN DEN XXXI DEC. MDCCXCV/WIDMET DIESES DEM SIE UNVERGESSLICH BLEIBT/FRIEDR. WILH. VON ERDMANNSDORFF./	desgl.
10017—10038	Figürliche Studien	Schwarze Kreide und Blei
10039—10058	Nachbildungen antiker Gemmen und Kameen	Schwarze Tusche
10059—10062	Skizzen zu figürlichen Gemälden	Federzeichnung und Tusche
10063—10085	Durchgezeichnete Köpfe aus den Frescogemälden Raphaels im Vatikan	Schwarze Kreide
10086—10101	Pausen und Skizzen nach Gemälden	desgl.
10102—10129	Allerlei Skizzen und Phantasien	Feder, schwarze Kreide und Blei
10130—10176	Landschaftliche Skizzen (z. T. Skizzenbuchblätter)	desgl.
10179—10187	desgl.	desgl.
10188—10258	Aktstudien	Feder, Rötel, schwarze und weiße Kreide, einige auch Pastell

II. Zeichnungen im Herzogl. Hochbauamt zu Dessau (16 Blatt)

4 Blatt	Grundrisse des Schlosses zu Wörlitz
3 Blatt	Fassaden des Schlosses zu Wörlitz — Vorderansicht, 41 cm × 60 cm — Seitenansicht, 48 cm × 72 cm
2 Blatt	Grundriß, Ansicht und Schnitt eines Entwurfs zum Pantheon in Wörlitz. Ansicht und Grundriß 32,5 cm × 46,5 cm
1 Blatt	Grundrisse, Ansichten, und Schnitte des Floratempels zu Wörlitz
1 Blatt	Fassade und Grundriß der Reitbahn zu Dessau. 32 cm × 47,5 cm
2 Blatt	Ansichten der Pavillons vor den Marställen im Lustgarten zu Dessau
1 Blatt	Fassade der Hauptwache zu Dessau
1 Blatt	Entwurf der Fassade des Hoftheaters in Dessau. 43 cm × 55,5 cm
1 Blatt	Entwurf einer Deckenzeichnung

III. Zeichnungen in der Kgl. Akademie der Künste zu Berlin (2 Blatt)

— Entwurf zu einem Ausstellungssaal für die dritte Ausstellung der Akademie (1788)

IV. Zeichnungen in Privatbesitz
(Aus dem Besitz des Herrn Ober-Hofbaukommissar Marx, Dessau, 8 Blatt)
Die Blätter sind fast sämtlich mit dem Signum des Fürsten Franz (LFF) versehen.

— Entwurf zu einem Schloß in Wörlitz. Ansichten und 2 Grundrisse
— Zeichnung zum Drehberg. Ansicht, Schnitt, 3 Grundrisse. Sämtlich farbig angelegt
— Haus am jüdischen Friedhof zu Wörlitz. 2 Blatt. Ansichten, Schnitte und Grundrisse
— Wachhaus am Berting. Ansicht und Grundriß
— Domänengebäude in Rehsen. Ansicht und Grundriß
— Flügelgebäude des Domäniums Wörlitz. Ansichten und Grundrisse
— Wachhaus in Rehsen. Ansicht, Schnitt, Grundriß

V. Nach Erdmannsdorffs Zeichnungen von Wilhelm Friedrich Schlotterbeck, Karl Ludwig Buchhorn und Johann Baptist Hössel gestochene Tafeln in: „Architektonische Studien, gezeichnet in Rom vom Freiherrn von Erdmannsdorff. I.–IV. Heft, nebst Text zum I. Heft als Einleitung. Dessau im Januar 1797." (Herausgeber: Chalkographische Gesellschaft Dessau)

Tf. I.	Gebälke und Kapital vom Tempel des Jupiter Tonans in Rom.
Tf. II.	Gebälke vom Tempel des Jupiter Stator in Rom.
Tf. III.	a) Korinthisches Kapitäl vom Tempel des Jupiter Stator.
	b) Kragsteine im Hofe des Palastes Mattei.
Tf. IV.	Ruine vom Tempel des Mars im Forum des Nerva.
Tf. V.	Deckenverzierung im Innern des Säulenganges am Tempel des Mars im Forum des Nerva.
Tf. VI.	a) 4 antike Rosetten im Kloster der Madonna del popolo.
	b) Antike Patera im Fries am Gebälk des Tempels des Jupiter Tonans.
Tf. VII.	Einzelne Teile vom Theater des Marcellus.
Tf. VIII.	Dergleichen ebendaher.
Tf. IX.	Ionisches Kapitäl, Säulenfuß und Untersatz der oberen Bogenstellung ebendaher.
Tf. X.	Ionische Gebälke und Kämpfer der Bogenstellung ebendaher.
Tf. XI.	Gebälke und Fußgesims in der Kirche der Madonna del popolo nach Raphael d'Urbino.
Tf. XII.	a) Zweites Gebälk in der Kirche ebenda selbst.
	b) Fragment eines schönen Gebälkes zu Albano.
Tf. XIV.	Durchschnitt des Triumphbogens des Titus auf dem Forum zu Rom.
Tf. XV.	Gebälke und andere Teile des vorigen Triumphbogens.
Tf. XVI.	Einzelne Teile des vorigen Triumphbogens.
Tf. XVII.	Triumphbogen des Trajan am Hafen zu Ancona.
Tf. XVIII.	Einzelne Teile des vorigen Triumphbogens.
Tf. XIX.	Hälfte des Grundrisses des inneren Hofes im Farnesischen Palaste zu Rom.
Tf. XX.	Aufriß des inneren Hofes des vorigen Palastes.
Tf. XXII.	a) Dorisches Kapitäl und Fußgesims und
	b) Durchschnitt in der Breite des Haupteinganges in den inneren Hof des vorigen Palastes.
Tf. XXIII.	Durchschnitt in der Länge des Haupteinganges in den inneren Hof des vorigen Palastes.
Tf. XXIV.	Grundriß des Haupteinganges in den inneren Hof des vorigen Palastes.

Wichtige zeitgenössische Persönlichkeiten

ALBACINI d. J., Carlo (1777–1858), ital. Bildhauer in Rom, angelehnt an den naturhaften Klassizismus Antonio Canovas, Restaurator antiker Skulpturen, unter anderem tätig 1790 im Auftrag Erdmannsdorffs

ADAM, Robert (1728–1792), engl. Architekt, beeinflußt durch die römische Baukunst und Renaissancearchitektur Andrea Palladios. Gemeinsam mit seinem Bruder James Schöpfer des „Adam Style", durch Publikationen von nachhaltigem Einfluß auf den europäischen Kontinent. Enge persönliche Kontakte zu → G. B. Piranesi und → C.-L. Clérisseau. Vermutlich erste direkte Bekanntschaft mit Erdmannsdorff auf der Englandreise 1767

ALBANI, Alessandro (1692–1779), ital. Kardinal, päpstlicher Diplomat, Neffe Papst Clemens XI., Bibliothekar am Vatikan, Begründer der Antikensammlung in der Villa Albani, Rom. 1765 erste persönliche Kontakte zu Erdmannsdorff

BASEDOW, Johann Bernhard (1723–1790), dt. Pädagoge u. Philanthrop. Progressiver Vertreter bürgerlicher Aufklärung, Verfasser zahlreicher reformerischer Schriften. 1771–1781 in Dessau, 1774 Begründer des „Philanthropinums" in Dessau als erste Schule moderner bürgerlich-reformierter Pädagogik in Deutschland mit erheblicher Ausstrahlung auf die Ideenwelt des Dessau-Wörlitzer Kreises

BEHRISCH, Ernst Wolfgang (1738–1809), dt. Dichter u. Hofmeister, Jugendfreund von → J. W. v. Goethe. Seit 1773 Erzieher des Dessauer Erbprinzen

BERENHORST, Georg Heinrich v. (1733–1814), dt. Offizier, ehem. Adjutant Friedrichs II., Militärtheoretiker, Begründer der bürgerlichen Militärkritik in Deutschland, Dichter u. Philanthrop. Anhänger des → J. J. Rousseau und der dt. Aufklärung. Blutsverwandt mit Leopold Friedrich Franz v. Anhalt-Dessau, Stiefbruder von → A. Rode. Vertrauter, Oberhofmeister u. Oberjagdmeister des Dessauer Fürsten

BOSSANN (tätig 2. H. 18. Jh.), dt. Schauspieler und Theatergruppenleiter, Teilnehmer an der Mainzer Revolution, ab 1793 im Dienst des Dessauer Fürsten als Chef der Aufführungen in der Dessauer Reitbahn und am Fürstlichen Hoftheater

BOETTIGER, Carl August (1760–1835), dt. Philologe u. Archäologe, vielseitiger Gelehrter der Goethezeit, Schuldirektor in Weimar. Befreundet mit → Ch. M. Wieland, → A. L. Hirt, eng bekannt mit → J. W. L. Gleim und → A. Rode, 1814 Direktor der Antikensammlung in Dresden. Seine Beschreibung „Reise nach Wörlitz" (1797) ist ein beachtliches Dokument zeitgenössischer Wörlitz-Verehrung

BRENTANO, Sophie (1770–1806), dt. Erzählerin, seit 1803 verehelicht mit Clemens Brentano (1778–1842). 1796 bis 1800 Mitarbeiterin an F. Schillers (1759–1805) „Musenalmanach". Darlegung ihrer Wörlitzbegeisterung im ersten Band ihrer 1800 herausgegebenen „Gedichte" im Abschnitt „Der Garten zu Wörlitz"

BUCH, Vorname unbek. (tätig um 1769 ff.), dt. Stukkateur, hauptsächlich an Bauvorhaben in Wörlitz beteiligt

CAMPE, Joachim Heinrich (1746–1818), dt. Pädagoge, Philanthrop und Schriftsteller d. Aufklärung, u. a. Erzieher der Gebrüder → Humboldt. Seit 1776 Lehrer, zeitweise Leiter des Dessauer Philanthropinums. 1789 Teilnehmer an der Französischen Revolution, Ehrenbürger der französischen Republik

CANOVA, Antonio (1757–1822), ital. Bildhauer, seit 1768/69 in Venedig, seit 1779 in Rom. Hauptmeister klassizistischer Plastik auf der Basis des Antiken- u. Naturstudiums. Vermutlich in Italien persönliche Kontakte zu Erdmannsdorff

CAVACEPPI, Bartolomeo (1716–1799), ital. Bildhauer in Rom. Spezialist für die Wiederherstellung antiker Skulpturen, die er 1768–1772 in einem bedeutenden Kupferstichwerk publizierte. Persönliche Kontakte zu vielen kunstsinnigen Romreisenden, u. a. befreundet mit → J. J. Winckelmann, ab 1765 mit Erdmannsdorff. Letzterer betrieb unter C.s Anleitung Aktstudien und modellierte. C. arbeitete als Bildhauer, Restaurator und Antikenkopist auch für Dessau und Potsdam.

CHAMBERS, Sir William (1726–1796), engl. Gartenarchitekt u. -theorektiker, königlicher Hofarchitekt, Hauptvertreter des englischen Klassizismus unter Einfluß Palladios. Seine Anlagen, Entwürfe und Veröffentlichungen waren von großem Einfluß auf Dessau-Wörlitz. Persönliche Bekanntschaft mit Erdmannsdorff und dem Dessauer Fürsten auf deren Englandreisen

CHODOWIECKI, Daniel Nikolaus (1726–1801), dt. Maler, Radierer und Zeichner in Berlin, u. a. Illustrator der Elementarwerke → J. B. Basedows und Fragmente → J. C. Lavaters. 1797 Direktor der Berliner Kunstakademie. 1772 Besuch in Dessau und Wörlitz

CLÉRISSEAU, Charles-Louis (1722–1820), franz. Architekt und Maler, Akademiestudium in Paris, Rompreisträger. Mitglied der Académie de France, in deren Dienst 1749–1768 in Rom tätig. Spezialisiert auf Erfassung und Publikation antiker römischer Baudenkmale. Seit 1765 persönliche Kontakte zu Erdmannsdorff, dessen eigentlicher Lehrer bei der Vervollkommnung des Antikenverständnisses und der Zeichenkunst. Einfluß auf nordamerikanischen und russischen Klassizismus

DAUMANN, Johann Gottlob (tätig um 1758 bis nach 1794), dt. Baumeister, tätig als Unteroffizier im polnisch-sächsischen Ingenieurkorps. Ab 1763 private Beschäftigung mit „Civil-Baukunst". 1771 Baukonduktor ohne Gehalt am sächsischen Oberhofbauamt unter C. F. Exner. Ab 1774 Heranziehung zu Bauhilfsarbeiten in Warschau. Seit 1775/76 Übernahme der praktischen Bauleitung am Wörlitzer Schloß

DELILLE, Jacques (1738–1813), franz. Schriftsteller u. Garten-Theoretiker, enthusiastischer Vertreter englischen Gartenstils. Nach Besuch in Wörlitz begeisterte Aufnahme des dortigen Beispiels in sein Hauptwerk „Die Gärten oder die Kunst der Landschaftsverschönerung" (1782)

DOELL, Friedrich Wilhelm (1750–1816), dt. Bildhauer aus Gotha. Ausführung frühklassizistischer Arbeiten für Parke und Bauten in Dessau und Wörlitz

EHRLICH, Johann Christian (gest. um 1780), dt. Bildhauer und Stukkateur, tätig in Dessau und Wörlitz. Hauptleistungen sind die figürlichen Teile der Stuckausstattung der von Erdmannsdorff entworfenen Gebäude.

EYSERBECK d. J., Johann August (1763 geb.), dt. Landschaftsgärtner, älterer Sohn des → J. F. Eyserbeck. Nach Lehre beim Vater seit 1787 im Dienst König Friedrich Wilhelms II. v. Preußen. 1787 noch unter beratender Mitwirkung Erdmannsdorffs tätig in Potsdam, seit 1788 Hof- und Lustgärtner in Charlottenburg

EYSERBECK d. Ä., Johann Friedrich (1734–1818), dt. Landschaftsgärtner. Nach Lehre in Zerbst sechs Jahre tätig in Holland, zweieinhalb Jahre in England. Seit 1762 Obergärtner im Dienst des Dessauer Fürsten. Seine ersten Parkentwürfe für Wörlitz stark beeinflußt durch holländische Traditionen, die Auffassungen Erdmannsdorffs und von Leopold Friedrich Franz. Seine wichtigsten Mitarbeiter waren → J. Ch. Neumark, → J. G. Schoch und → J. L. Schoch.

EYSERBECK d. J., Rudolf (1765–1849), dt. Landschaftsgärtner, jüngerer Sohn des → J. F. Eyserbeck. Nach Lehre beim Vater im Park Luisium später Nachfolger des Gothaer Obergärtners Wehmeyer. Mitbeteiligt an den Anlagen Luisium und Sieglitzer Berg

FISCHER, Johann (tätig um 1760 bis nach 1800), dt. Architektur-, Perspektiv- u. Dekorationsmaler, Mitglied der Berliner Kunstakademie. Unter Erdmannsdorff nach dessen Entwürfen tätig an vielen Bauten in Dessau, Wörlitz und 1787/89 an der Ausstattung der „Königskammern" im ehemaligen Berliner Stadtschloß

FORSTER, Johann Georg (1754–1794), dt. Naturforscher, Schriftsteller, Anhänger der Französischen Revolution, Mainzer Jacobiner, Völkerkundelehrer des → A. v. Humboldt. 1766 Übersiedlung nach England, 1772–1775 Teilnehmer an der zweiten Weltreise des James Cook. 1775 in England erste Begegnung mit dem Dessauer Fürsten. Übereignung einer völkerkundlichen Neuseeland-Sammlung, die er 1779 während eines 14tägigen Wörlitzbesuchs systematisierte

184

FRIEDRICH Ludwig v. Mecklenburg-Schwerin (1778—1819), Erbprinz, Antikenliebhaber. Zweimaliger Wörlitzaufenthalt, suchte 1796 Erdmannsdorff für Entwurfsarbeiten zu gewinnen, deren Ausführung am frühen Tod des Baumeisters scheiterten

FFRIEDRICH WILHELM II., König von Preußen (1744—1797). Langjährige Kontakte zu Anhalt-Dessau über die aus Dessau stammende Mätresse Wilhelmine Gräfin Lichtenau (1753—1820). Nach Regierungsantritt als Nachfolger Friedrichs II. 1786—1789 Verpflichtung Erdmannsdorffs nach Potsdam-Sanssouci und Berlin. 1790 spezielle Aufträge für Antikenkäufe in Italien

FRISCH, Johann Christoph (1738—1815), dt. Wand- und Ornamentmaler, Hauptmeister der Berliner Wand- und Deckenmalerei, Schüler von Bernhard Rode (gest. 1797). Vermutlich erste Kontakte zu Erdmannsdorff 1765 in Rom. Ab 1787 Mitarbeiter bei der Ausstattung der „Königskammern" im Berliner Stadtschloß.

GELLERT, Christian Fürchtegott (1715—1769), dt. Dichter, Schriftsteller, Universitätslehrer in Leipzig für Rhetorik, Moral, Poesie und Literatur, u. a. 1765—1768 Unterweisung von → J. W. v. Goethe. Einer der bedeutendsten Vertreter der Vorklassik, seit 1765 persönliche Kontakte zum Dessauer Fürsten und Erdmannsdorff

GEORG AUGUST v. Mecklenburg-Strelitz (1748—1785), Prinz, Bruder der Königin Charlotte v. England. 1765 enge Kontakte als Antikenliebhaber zu → J. J. Winckelmann, Leopold Friedrich Franz und Erdmannsdorff

GILLY, Friedrich (1772—1800), dt. Architekt des Frühklassizismus, Sohn des David Gilly (1748—1808). Schüler von → C. G Langhans d. Ä., → J. G. Schadow und → D. N. Chodowiecki, beeindruckt von der Französischen Revolution. 1787—1789 Mitarbeiter Erdmannsdorffs bei der Ausstattung der „Königskammern" im ehemaligen Berliner Stadtschloß. 1797 Aufenthalte in Wörlitz und Dessau als erste Etappe einer Frankreichreise

GLEIM, Johann Wilhelm Ludwig (1719—1803), dt. Dichter, Jurist, Philosoph, seit 1747 Domsekretär in Halberstadt, vorher 1745 kurzfristig Sekretär des Fürsten Leopold I. v. Anhalt-Dessau („Alter Dessauer"). Förderer zeitgenössischer Schriftsteller der Aufklärung. 1776—1779 etwa fünf Wörlitz-Besuche, seit 1781 enge Kontakte zur Dessauer „Allgemeinen Buchhandlung der Gelehrten und Künstler"

GOETHE, Johann Wolfgang v. (1749—1832), dt. Dichter der Klassik, seit 1775 in Weimar. Zwischen 1776 und 1797 acht Aufenthalte in Dessau-Wörlitz, z. T. als Begleiter des Herzogs → Karl-August v. Sachsen-Weimar. Stand in engen Kontakten zu fast allen führenden Vertretern des Dessau-Wörlitzer Kreises, ließ zu Lebzeiten Erdmannsdorffs dessen Büste (F. Hunold 1798/99) in der Weimarer Herzoglichen Bibliothek aufstellen

GROHMANN, Johann Christian (1769—1847), dt. Schriftsteller, Ästhetiker der Gartenkunst. Kenner der Parkanlagen von Dessau und Wörlitz, publiziert in G. W. Beckers „Taschenbuch für Gartenfreunde" (1795—1799)

GUJÉR, Jacob (1716—1785), Schweizer Landwirt u. Agrarreformer, Wegbereiter progressiver Ertragsökonomie, bezeichnet als der „philosophische Bauer". 1765 Besuch seiner Musterwirtschaft durch den Dessauer Fürsten und seine Begleiter auf dem Weg nach Italien

GÜNTHER, Christian August (1759—1824), dt. Maler u. Zeichner des Klassizismus, Schüler der Dresdner Akademie unter Einfluß von Adrian Zingg. 1794 Wörlitzbesuch, u. a. Anfertigung von vier Architekturzeichnungen

HACKERT, Jakob Philipp (1737—1807), dt. Landschaftsmaler des Frühklassizismus, Schüler der Berliner Akademie, seit 1768 in Rom, 1786—1799 Hofmaler in Neapel, einer der am höchsten geschätzten Maler seiner Zeit, bekannt mit vielen Vertretern der dt. Aufklärung. Seit 1765 befreundet mit Erdmannsdorff

HÄFELI, Kaspar (2. H. 18.—A. 19. Jh.), Schweizer aufgeklärter Theologe aus dem Kreis von → J. C. Lavater. Seit 1784 Hofkaplan in Wörlitz, Vorleser und Privatsekretär der Fürstin Luise. 1787 Konsistorialrat und Mitglied der Anhaltisch-Dessauer Pastoralgesellschaft. Später tätig in Bremen, seit 1805 Superintendent in Bernburg

HAMILTON, Gavin (1723—1798), schott. Maler und Archäologe, ansässig in Rom. Konsequenter Vertreter des von der griechischen Antike bestimmten Klassizismus. Seit 1769 Veranstalter zahlreicher Grabungen in Italien, dabei Kontakte zu Erdmannsdorff

HAMILTON, Sir William (1730—1803), engl. Diplomat und Antikenforscher, seit 1764 Gesandter im Königreich Neapel. Reger Förderer und Kenner der Ausgrabungen in Herculaneum. Seit 1765 persönliche Kontakte zu Erdmannsdorff, darüber hinaus zu vielen namhaften Antikenverehrern

HARDENBERG, Friedrich v., genannt Novalis (1772—1801), dt. Dichter und Philosoph der Aufklärung, Hauptvertreter der Romantik. Hielt sich zweimal in Wörlitz auf, u. a. im April 1793

HERDER, Johann Gottfried (1744—1803), dt. Dichter, Ästhetiker, Geschichts- und Religionstheoretiker an der Wende von der Aufklärung zur Klassik. Anhänger der Lehren von I. Kant und → J. J. Rousseau, eng befreundet mit → J. W. v. Goethe, F. Schiller, W. Leibniz, → F. G. Klopstock, → J. K. Lavater und → J. W. L. Gleim. Seit 1776 in Weimar. Seine gesellschaftskritischen Schriften basierten auf einer neuen Naturbetrachtung und der Propagierung der Humanität als höchste Blüte menschlicher Natur. Einer der Lieblingsautoren des Dessauer Fürsten. Die Hauptwerke „Ossian" (1773) und „Ideen zur Philosophie der Geschichte der Menschheit" (1784—1791) waren von besonderem Einfluß auf die Spätphase der Wörlitzer Parkgestaltung.

HESEKIEL, Georg Christoph (1732—1818), dt. Baumeister, vorher fürstlicher Kammerdiener in Anhalt-Dessau. Seit 1786 Dessauischer Bau-, später Oberbaudirektor. Ausführung neogotischer Entwürfe nach Vorgaben und Vorstellungen des Fürsten Leopold Friedrich Franz

HEYBRUCH, Heinrich (2. H. 18. Jh.), dt. Buchdrucker aus Hamburg, seit 1762 als Hofdrucker in Dessau und Leiter der von ihm eingerichteten Fürstlichen Druckerei. Seit Mai 1763 Herausgeber der ersten Zeitung des Fürstentums: „Fürstlich Anhaltische Dessauer wöchentliche Nachrichten", als wichtiges Publikationsmittel der progressiv-reformerischen Kräfte

HIRT, Aloys Ludwig (1759—1837), dt. Archäologe, bedeutendster Vertreter nach → J. J. Winckelmann mit engen Kontakten zum Dessauer Hof. 1782—1796 in Rom, dort 1790 Beziehungen zu Erdmannsdorff, 1795/96 Reisebegleiter der Fürstin Luise. Später Direktor der Berliner Antikensammlung und Lehrer von K. F. Schinkel

HÖLDERLIN, Johann Christian Friedrich (1770—1843), dt. lyrischer Dichter, angeregt durch griechische Antike und Ideen der Französischen Revolution. Wiedergabe der Eindrücke des ersten Wörlitzbesuchs 1795 in einer unvollendeten „Ode an eine Fürstin von Dessau"

HUMBOLDT, Alexander (1769—1859) u. Wilhelm (1767—1835), dt. Naturwissenschaftler, beeinflußt durch die Ideen der Aufklärung und Französischen Revolution. Enge persönliche Kontakte zu den Hauptvertretern des dt. Klassizismus, mehrfache Aufenthalte in Wörlitz

HUNOLD, Friedemann (1773—1840), dt. Bildhauer aus Dessau, tätig in Berlin unter → J. G. Schadow, Mitglied der „Chalkographischen Gesellschaft" in Dessau, um 1790 Anfertigung von Büsten des Leopold Friedrich Franz und Erdmannsdorffs. 1800 Berufung nach Dessau im Zusammenhang mit der geplanten, aber nicht realisierten Gründung einer Akademie

IRMER, Johann Andreas (1730—1798), dt. Kunsttischler aus Dessau. Nach Beteiligung am Neuausbau der Dessauer Schloßkirche ab etwa 1770 Hauptmeister der Schreinerarbeiten bei der Ausstattung der fürstlichen Bauten in Dessau und Wörlitz. Möbelherstellung nach Vorbildern von → W. Chambers u. → Thomas Chippendale (1709—1779)

JOHANN GEORG (Hans Jürgen) v. Anhalt-Dessau (1748—1811), Prinz, Bruder des Fürsten Leopold Friedrich Franz. 1765—1767 Teilnahme an Italien- und Frankreichreisen des Fürsten u. Erdmannsdorffs. 1780 Auftraggeber für die Anlage des Dessauer Georgiums

KARL AUGUST v. Sachsen-Weimar, Herzog, (1757—1828), dt. Vertreter des aufgeklärten Absolutismus, Förderer der Entwicklung Weimars nach Berufung von → J. W. v. Goethe, J. G. Herder, F. v. Schiller u. a. m. zum Zentrum deutscher Klassik. Enge geistige und freundschaftliche Beziehungen zu Leopold Friedrich Franz. Häufige Besuche, meist in Begleitung Goethes, in Dessau-Wörlitz

KARL WILHELM FERDINAND v. Braunschweig-Lüneburg (regierte 1735—1806), aufgeschlossen gegenüber der dt. Aufklärung, Förderer des Klassizismus. Ab etwa 1788 Kontakte zu Erdmannsdorff

KAUFFMANN, Angelika (1741–1807), Schweizer Malerin des Frühklassizismus, u. a. 15 Jahre tätig in London als Konkurrentin von J. Reynolds (1723–1792). Seit 1782 ansässig in Rom, enge Kontakte zu den Hauptvertretern dt. Aufklärung, z. B. zu → Goethe, Tischbein, Hackert, Herder, Matthisson, Winckelmann, Reiffenstein, den Herzoginnen Amalie v. Sachsen-Weimar und Luise v. Anhalt-Dessau

KLAUER, Martin Gottlieb (1742–1801), dt. Bildhauer des Frühklassizismus aus Weimar, u. a. beauftragt, für Wörlitz Büsten von Gellert und Lavater sowie ein Denkmal des Leopold Friedrich Franz zu schaffen

KLOPSTOCK, Friedrich Gottlieb (1724–1803), dt. Dichter der Aufklärung, Wegbereiter der Klassik, Vorkämpfer bürgerlicher Emanzipation, Anreger des „Sturm und Drang" mit Kontakten zum Dessau-Wörlitzer Kreis. Eng befreundet mit → J. W. L. Gleim

KOHLS, Ludwig (1746–1821), dt. Maler u. Zeichner aus Dessau. Veröffentlichte Landschaftsdarstellungen aus dem Bereich Dessau-Wörlitz

KOLBE, Carl Wilhelm v. (gest. 1835), dt. Radierer u. Sprachlehrer, Lehrer der Landschaftsmaler Karl und Ferdinand Olivier. Urspr. in Berlin, ab 1757 in Dessau, ab 1795 führendes Mitglied der Chalkographischen Gesellschaft

KRAUS, Georg Melchior (1737–1806), dt. Maler u. Zeichner, Leiter der Landeszeichenschule Weimar, befreundet mit → J. W. v. Goethe. Nach Wörlitzbesuch 1783 Publikation seiner „Wörlitzer Ansichten" (18 Blätter in sechs Heften)

KRETZSCHMAR, Friedrich S. (1730–1793), dt. Arzt in Dessau, Reformer des Kranken- und Armenwesens, höchster medizinischer Beamter im Fürstentum Anhalt-Dessau. 1786 Einrichtung des ersten Städtischen Krankenhauses u. Einführung der Pockenschutzimpfung nach englischem Vorbild

LANGHANS D. Ä., Carl Gotthard (1732–1808), dt. Baumeister des Frühklassizismus, 1786 Berufung nach Berlin, seit 1788 nach Entlassung C. v. Gontards Direktor des neugegründeten preußischen Oberhofbauamtes. In dieser Funktion 1788/89 Zusammenarbeit mit Erdmannsdorff bei der Neugestaltung der „Königskammern" im ehemaligen Berliner Stadtschloß. Fortführung persönlicher Kontakte in den 90er Jahren

LANGWAGEN, Christian Gottlieb (1753–1805), dt. Baumeister u. Kupferstecher aus Dresden, Schüler von F. A. Krubsacius, seit 1782 Hof- und Kammerbaumeister in Braunschweig. Bei Umbau des ehemaligen Grauen Hofs zum Residenzschloß (1788–1790) im August 1789 beratende Mitarbeit an Innengestaltung des Hauptsaales durch Erdmannsdorff

LAVATER, Johann Caspar (1741–1801), Schweizer Theologe, Vertreter der mystisch-religiösen Strömung „Sturm und Drang". Enge berufliche u. persönliche Kontakte zum Dessauer Fürstenpaar und dem Wörlitzer Dichter → F. v. Matthisson

LEIDERITZ, Friedrich (gest. 1808), dt. Zimmermeister aus Dessau, Spezialist für Dach- und Brückenkonstruktionen. Hauptleistungen: Ausbau der Neuen Reitbahn (1790/91) und der damaligen Elbbrücke bei Coswig (1787)

LIGNE, Charles-Joseph de (1735–1814), belg. Diplomat, Offizier im Dienst der Habsburger, bedeutender Gartenpraktiker u. -theoretiker, Verfasser des damaligen Standardwerkes „Überblick über Beloel und einen großen Teil europäischer Gärten" (1. Aufl. 1781). Nach Dessau-Wörlitz-Besuch 1794 dortige Beispiele in Neuauflage 1795 als „Krönung" und „Muster" gepriesen

LUISE HENRIETTE WILHELMINE v. Anhalt-Dessau (1750–1811), aus dem Hause Brandenburg-Schwedt, Cousine von Leopold Friedrich Franz, auf Betreiben Friedrichs II. seit 1767 Gemahlin des Dessauer Fürsten. Enge ideenmäßige Anlehnung an → J. C. Lavater, den sie als Privatsekretär anstellte. Enge Kontakte zu → F. v. Matthisson und vielen Persönlichkeiten der Aufklärung. Geistig hoch begabt, aber seelisch erkrankt an „sentimentaler Schwärmerei"

MATTHISSON, Friedrich v. (1761–1831), dt. sentimentaler Dichter und Philanthrop, Vertreter des idealen Freundschaftskultes der dt. Aufklärung. Nach Tätigkeit als Hofmeister in Hamburg-Altona, Heidelberg, Mannheim u. Nyon ab 1781 in Dessau und Wörlitz; ab 1792 Vertrauter, Sekretär, Vorleser und Reisebegleiter der Fürstin → Luise v. Anhalt-Dessau. Nach Heirat der jüngeren Tochter des → J. L. Schoch d. Ä. von 1810–1828 tätig in Stuttgart, dann Rückkehr nach Wörlitz. Enger bekannt mit → Goethe u. Beethoven. Hauptwerk: 20bändige „Deutsche Anthologie" (1803–1807). Sein dichterisches Werk steht in engsten Beziehungen zum Wörlitzer Park.

MINELLI, (tätig 2. H. 18. Jh.), ital. Bildhauer in Rom, bekannt mit Erdmannsdorff. Liefert in dessen Auftrag 1771 Kamine für das Wörlitzer Schloß

MÜLLER, Wilhelm, auch „Wandermüller" (1794–1827), dt. volkstümlicher Liederdichter, z. T. vertont durch Franz Schubert. Hofbibliothekar Leopold Friedrich Franz', verheiratet mit einer Enkelin des → J. B. Basedow

NEEFE, Christian, Gottlieb (1748–1798), dt. Musiker aus Bonn, ehem. Lehrer von L. van Beethoven. Seit 1797 Nachfolger des → F. W. Rust als Fürstlicher Kapellmeister in Dessau

NEUENDORF, Carl Gottfried (1750–1798), dt. Pädagoge aus Halle, seit 1778 Lehrer am Philanthropinum in Dessau, eng bekannt mit → J. W. L. Gleim. Seit 1783 Direktor aller Dessauer Schulen, Verfasser vorbildlicher reformerischer Schulordnungen (1785 u. 1787) zur grundlegenden Verbesserung des Volksschulwesens

NEUMARK, Johann Christian (1741–1811), dt. Gärtner in Wörlitz, 1775 Teilnahme an dritter Englandreise von Leopold Friedrich Franz gemeinsam mit Erdmannsdorff und → G. F. v. Raumer, 1784 Neuüberarbeitung des Gartenplanes von Wörlitz, in den 90er Jahren Anlage des Chinesischen Gartens in dem von → J. F. Eyserbeck 1793–1797 angelegten Landschaftspark Oranienbaum

PAUL, Jean (Friedrich Richter, 1763–1825), dt. Dichter, einer der beliebtesten Schriftsteller der Goethezeit. Nach zwei Wörlitzbesuchen 1800 und 1801 dichterische Beschreibung des Parks in seinem „Seebuch des Luftschiffers Gianozzo"

PIRANESI, Giovanni Battista (1720–1778), ital. Kupferstecher, Radierer, Architekt. Herausgeber umfangreicher Reiseberichte und Studien zur römischen Baukunst, Sammler antiker Kleinkunst, Antikenausgräber ähnlich → G. Hamilton. Spezialist für das Zeichnen antiker Ruinen und Veduten, ab 1765 persönliche Kontakte zu Erdmannsdorff

POZZI, Carl(o) Ignaz(o) (1766–1842), dt. Theatermaler u. Baumeister, zunächst engagiert als Ausstatter fürstlicher Theateraufführungen. Ab 1800 Vollendung des ersten Hoftheaterbaus in Dessau und Übernahme der baumeisterlichen Funktionen Erdmannsdorffs

PÜCKLER-Muskau, Fürst Hermann (1785–1871), dt. Gartengestalter und -theoretiker. Nach Englandstudien weitere Vervollkommnung der Stilphase des englischen Landschaftsparks in Anlehnung an das frühe Wörlitzer Beispiel. Lebte in jungen Jahren längere Zeit in Dessau

RAUMER, Georg Friedrich v. (1755–1822), dt. Ökonom, nach Ausbildung auf den anhaltischen Besitztümern im ehem. Ostpreußen seit 1775 im Dienst des Dessauer Fürsten, Teilnehmer an dessen dritter Englandreise. Anschließend ein Jahr Studienaufenthalt in England, dann Leiter des Ökonomieamtes in Wörlitz. Ab 1796 Rat der Amtskammer Dessau. Einrichtung landwirtschaftlicher Musterwirtschaften nach dem Vorbild englischer Farmen

REBMANN, Georg Friedrich (1768–1824), dt. Schriftsteller der Goethezeit, Anhänger der Französischen Revolution, demokratisch-radikaler Vertreter der Aufklärung. Durfte sich trotz Verfolgungen in anderen deutschen Staaten unangefochten in Anhalt-Dessau aufhalten. Begeisterte Naturbeschreibung des „Dessauer Ländchens" in „Hans Kiekindiwelts Reisen in alle vier Erdteile und andere Schriften" (1795)

REIFFENSTEIN, Johann Friedrich v. (1719–1793), Baron, litauischer Diplomat, kaiserlich-russischer und sächsisch-gothaischer Hofrat, Weltreisender, Kunstagent, Altertumsforscher. Seit 1762 in Rom, Reiseführer fürstlicher Italienbesucher. Enge Kontakte zu → J. F. A. Tischbein, → J. P. Hackert, → A. Kauffmann, → J. J. Winckelmann, → J. W. v. Goethe, G. E. Lessing, J. G. Herder u. a. m. Seit 1765 bekannt mit Leopold Friedrich Franz und Erdmannsdorff

RICHTER, Friedrich (1763–1825) → Paul, Jean

RIEM, Andreas R. (1749–1807), dt. Vernunftstheologe, 1789 aus Preußen verwiesen. Beschreibt 1796 die Dessau-Wörlitzer Landschaft als „Paradies"

ROBIGLIARD, Bartolomeo (tätig um 1760–1780), ital. Maler. 1771 im Auftrag Erdmannsdorffs mit Kopien von Carracci-Fresken für Wörlitz beschäftigt

RODE, August v. (1751–1837), dt. Gelehrter, Diplomat, Schriftsteller der Goethezeit, Sprachkenner, Vitruvianer. Verwandt mit Leopold Friedrich Franz, Stiefbruder von → G. H. v. Berenhorst. Lehrer am Philanthropinum Dessau. Privatsekretär, seit 1795 Geheimer Kabinettsrat. Engste Kontakte zu → F. v. Matthisson und Erdmannsdorff. 1788–1814 Verfasser literarischer Führer durch Dessau und Wörlitz, 1801 erste Erdmannsdorffbiographie

Rousseau, Jean Jacques (1712–1778), französ. Philosoph der Aufklärung, von großem Einfluß auf die deutsche oppositionelle Bewegung „Sturm und Drang". 1775 persönliche Begegnung in Frankreich mit Dessauer Fürstenpaar und Erdmannsdorff. Wichtiger Anreger der philanthropischen Bewegung in Dessau unter Führung → J. B. Basedows

Rust, Friedrich Wilhelm (1739–1796), dt. Komponist, Schüler von Friedemann und Philipp Emanuel Bach. Seit 1764 aus Berlin kommend, an Dessauer Hofkapelle. 1765 Teilnahme an erster Italienreise von Leopold Friedrich Franz mit anschließendem Studienaufenthalt. Seit 1775 Fürstlicher Musikdirektor, 1794–1797 Leiter der Hof- und Theaterkapelle unter → Bossann. Anreger des Musiklebens in Anhalt-Dessau

Salzmann, Christian Gottfried (1744–1811), dt. Pädagoge, seit 1774 tätig am Dessauer Philanthropinum. 1784 Begründer der Pädagogischen Musteranstalt Schnepfenthal bei Gotha

Sartori, Constantin Philipp Georg (1747–1812), dt. Stukkateur aus Berlin. 1789/90 unter Erdmannsdorff Mitarbeit an der Ausstattung der „Königskammern" im ehemaligen Berliner Stadtschloß

Schadow, Johann Gottfried (1764–1850), dt. Bildhauer, bedeutendster Plastiker des Klassizismus nach 1800. Nach Ausbildung an Berliner Akademie und Romaufenthalt ab 1787 tätig in Berlin, ab 1788 Nachfolger von → J. P. A. Tassaert als Leiter der Hofbildhauerwerkstatt in dem von → C. G. Langhans d. Ä. geleiteten Oberhofbauamt. Zusammenarbeit mit Erdmannsdorff 1787–1789 bei der Ausstattung der „Königskammern" im ehemaligen Berliner Stadtschloß und bei der Gestaltung eines Denkmals für Fürst Leopold I. (1798, Replik in Mosigkau)

Schätzel, Vorname unbekannt (tätig um 1769ff.), dt. Stukkateur, Ausführer der ornamentalen Teile der Stuckdekorationen in Dessau und Wörlitz nach Entwürfen Erdmannsdorffs

Schlotterbeck, Wilhelm Friedrich (1777–1819), dt. Zeichner u. Radierer. Nach Ausbildung in Basel 1798–1800 erste Anstellung bei der Chalkographischen Gesellschaft in Dessau, währenddessen Schüler von → C. W. Kolbe, später Lehrer der Gebrüder Olivier. Schuf den Hauptanteil der von der Dessauer Chalkographischen Gesellschaft produzierten Aquatintablätter

Schoch d. J., Johann Georg (1753–1826), dt. Landschaftsgärtner aus Wörlitz, Sohn des → J. L. Schoch d. Ä. Nach Lehre in Wörlitz vierjähriger Studienaufenthalt in England, anschließend im Gardin des Plants in Paris. Überwiegend Gestalter des letzten Wörlitzer Parkabschnitts östlich des „Wörlitzer Sees" (90er Jahre)

Schoch d. Ä., Johann Leopold (1728–1793), dt. Landschaftsgärtner aus Wörlitz. Hauptanteil der Parkgestaltung nach der Hochwasserkatastrophe 1770

Schoch, Leopoldine Luise (1767–1813), ältere Tochter des → J. L. Schoch d. Ä. Mit Einverständnis der → Fürstin Luise v. Anhalt-Dessau Lebensgefährtin von Leopold Friedrich Franz, dem sie drei Kinder schenkte

Schubart, Johann Christian (1734–1787), dt. Agrarökonom, praktischer und theoretischer Experte auf dem Gebiet neuer, von England übernommener Anbau- und Wirtschaftsmethoden. Wirksam auf das „System der Ökonomie" in Dessau-Wörlitz

Schummel, Johann Gottlieb (1748–1813), dt. Schriftsteller der Goethezeit, Absolvent des Philanthropinums Dessau, Anhänger der Französischen Revolution. 1771/72 Beschreibung seiner progressiven Vorstellungen in „Empfindsame Reise nach Dessau"

Seume, Johann Gottfried (1763–1810), dt. Dichter der Goethezeit mit engeren Kontakten zu → F. v. Matthisson. Seit 1797 Lektor des Göschen-Verlags in Grimma. 1805 Besuch in Wörlitz

Sterne, Lawrence (1713–1768), engl. Schriftsteller des Sentimentalismus, von großem Einfluß auf → J. Paul und → C. M. Wieland, seit 1765 bekannt mit Leopold Friedrich Franz u. Erdmannsdorff

Tamm, Johann Leberecht (tätig 2. H. 18. Jh.), dt. Pädagoge der Aufklärung, seit 1779 Leiter des ersten deutschen Lehrerseminars im Wörlitzer Gelben Haus, das 1785 in die neu eröffnete Dessauer Hauptschule verlegt wurde. Führend beteiligt an der 1785 in Anhalt-Dessau durchgeführten „Landschulreform"

Tassaert, Johann Peter Anton (vor 1727–1788), niederl. Bildhauer, Amtsvorgänger von → J. G. Schadow als Leiter der Berliner Hofbildhauerwerkstatt. 1787/88 Zusammenarbeit mit Erdmannsdorff bei Gestaltung der „Königskammern" im ehemaligen Berliner Stadtschloß

Temanza, Tommaso (1705–1789), ital. Schriftsteller u. Architekturtheoretiker, Zivil- und Kriegsingenieur der Republik Venedig. Zahlreiche Bauten u. Veröffentlichungen, Kontakte zu vielen Kunstinteressierten, u. a. vermutlich auch zu Erdmannsdorff

Tischbein, Johann Friedrich August (1750–1812), dt. Bildnismaler des frühen empfindsamen Klassizismus. Ausbildung in Paris, Rom und Neapel. 1795 Hofmaler in Dessau, zeitweise wohnhaft im Hause von Erdmannsdorff. Seit 1800 Nachfolger des A. F. Oeser als Direktor der Leipziger Kunstakademie

Trippel, Alexander (1744–1793), Schweizer Bildhauer, Akademieschüler in Kopenhagen, beeinflußt von J. A. Houdon und der Antike. Nach Aufenthalten in Berlin, London und Paris seit 1778 ständig in Rom. Vielbeschäftigter Vorläufer von → A. Canova. Kontakte zu Erdmannsdorff 1787 durch Beitrag auf Jahresausstellung der Berliner Akademie und während der Italienreise 1789/90

Vanvitelli, Luigi (1700–1773), ital. Architekt der Übergangsphase zum Frühklassizismus. 1751 Übersiedlung von Rom nach Neapel, dort Errichtung des Schlosses Caserta. 1766 Bekanntschaft mit Erdmannsdorff

Vieth, Gerhard Ulrich Anton (1763–1836), dt. Pädagoge u. Philanthrop, seit 1786 Lehrer für Mathematik, Französisch und Sport am Dessauer Philanthropinum. 1794 Veröffentlichung einer Enzyklopädie der Leibesübungen, macht Dessau zur Wiege der Turnkunst

Wackenroder, Wilhelm Heinrich (1773–1798), dt. Literatur- u. Kunsttheoretiker der frühen Romantik, befreundet mit L. Tieck. Nach 1792 Besuch in Wörlitz, seine Eindrücke mitverarbeitet 1797 im Hauptwerk „Herzensergießungen eines kunstliebenden Klosterbruders"

Walkhoff, Johann Friedrich (1751–1839), dt. Pädagoge, seit 1786 Schulinspektor des Amtes Dessau-Gröbzig, maßgeblich mit → J. L. Tamm beteiligt an der seit 1785 durchgeführten Dessauer „Landschulreform"

Walpole, Horace (1717–1797), engl. Staatsmann, Diplomat, Gartenschöpfer u. Schriftsteller. Erbauer des berühmten neogotischen Landhauses Strawberry Hill. Bei dessen Einweihung 1764 persönliche Kontakte zu Leopold Friedrich Franz und Erdmannsdorff

Wieland, Christoph Martin (1733–1813), dt. Schriftsteller der Aufklärung, führender Wegbereiter der Klassik, Vorkämpfer bürgerlicher Emanzipation. Seit 1772 Prinzenerzieher in Weimar, stark beeinflußt von → L. Sterne und → F. G. Klopstock. 1775 Aufenthalt in Wörlitz

Winckelmann, Johann Joachim (1717–1768), dt. Begründer der klassischen Archäologie u. Kunstwissenschaft, Wegbereiter des Klassizismus. Seit 1755 in Rom, dort seit 1763 Präsident aller Altertümer u. Skriptor der Vatikanischen Bibliothek. Seine grundlegenden Publikationen über die griechische Antike waren von nachhaltigstem Einfluß auf die klassische deutsche Literatur, Philosophie, bildende Kunst u. Architektur. Ab 1765 enge persönliche Kontakte zu Leopold Friedrich Franz und Erdmannsdorff. Sein idealistisches Konzept der Aneignung der Antike regte an, wurde aber nicht als eklektizistische Übernahme akzeptiert.

Anmerkungen

1 Deutsche Bauzeitung, Jg. XLVII, 1913, Nr. 74, S. 661–664
2 Grundsätze für die sozialistische Entwicklung von Städtebau und Architektur in der Deutschen Demokratischen Republik. In: Neues Deutschland, Berlin, B-Ausg. v. 29./30. 5. 1982
3 Hirsch, E.: Die Geschichte des Wörlitzer Gartens und seiner Bauten. In: Der Dessau-Wörlitzer Kulturkreis. Beiträge zur Wörlitzer Geschichte. Wörlitz 1965, S. 114
4 Hirschfeld, C. C. L.: Theorie der Gartenkunst, Bd. I–V. Leipzig 1779–1785
5 Siehe: Der Dessau-Wörlitzer Kulturkreis. Beiträge zur Wörlitzer Geschichte. Wörlitz 1965, S. 128
6 Die Begriffsprägung erfolgte um 1965. Heute z. T. ersetzt durch die fast synonyme Bezeichnung „Wörlitz-Dessauer Reformwerk". Siehe dazu Fiedler, H.; Scheibe, S.; Ross, H.: Georg Forster. Naturforscher, Weltreisender, Humanist und Revolutionär... Wörlitz 1984, S. 89
7 wie 5 und Schöler, W.: Der fortschrittliche Einfluß des Philanthropinums auf das niedere Schulwesen im Fürstentum Anhalt-Dessau 1785–1800. Diss. Greifswald 1957
8 Böttiger, C. A.: Journal des Luxus und der Moden, 12., 1797
9 Justi, C.: Winckelmann. Sein Leben, seine Werke und seine Zeitgenossen. Leipzig 1866–1872 und 1898
10 heute: Museum der Stadt Halberstadt, Sammlung Gleimhaus
11 Harksen, M.-L.: Der Nachlaß des Herrn v. Erdmannsdorff. Ein Aktenbericht. In: Dessauer Kalender, 10. Jg., 1966, S. 38
12 Riesenfeld, E. P.: F. W. v. Erdmannsdorff und seine Bauten. Berlin 1913
13 Bericht über die Restaurierung 1969 in: Denkmale in Sachsen. Weimar 1978, S. 284
14 Genealogica v. Erdmannsdorff, Vol. I u. III im Staatsarchiv Dresden. Dazu Akten des Staatsarchivs Magdeburg, Außenstelle Oranienbaum
15 Rode, A.: Das Leben des Herrn Friedrich Wilhelm v. Erdmannsdorff. Dessau 1801, S. 5
16 Brief an den Dessauer Fürsten v. 10. Oktober 1789
17 Universitäts- und Landesbibliothek Halle (S.), Wittenberger Matrikel, Bd. 9, Eintragung v. 7. Mai 1754
18 nach Speler am 10. August 1756. Siehe dazu: Speler, R.-T.: Friedrich Wilhelm von Erdmannsdorff. Begründer der klassizistischen Baukunst in Deutschland. Diss. Halle (S.), 1981
19 Siehe Reil, F.: Leopold Friedrich Franz, der Vater des Vaterlandes. Dessau 1844
20 wie 15; S. 7
21 Seemann-Lexikon der Kunst, Bd. IV., Leipzig 1977, S. 102
22 Nach dem Dreißigjährigen Krieg ehelichte Fürst Johann Georg II. v. Anhalt-Dessau die oranische Prinzessin Henriette Katharina. Die reiche oranische Erbschaft begründete die kostbare Sammlung holländischer und flämischer Meister (heute fast ausschließlich im Besitz der Staatlichen Galerie Dessau, Schloß Georgium)
23 Brief Erdmannsdorffs an den Dessauer Fürsten v. 5. 5. 1761
24 wie 19, S. 11
25 wie 15, S. 9
26 Weise, C. F.: Shaftesbury und das deutsche Geistesleben. Leipzig 1916
27 Hennebo, D./Hoffmann, A.: Geschichte der deutschen Gartenkunst, Bd. III., Hamburg 1963, S. 70
28 Handschrift von F. W. v. Erdmannsdorff, 90 Blatt, deutsch, Titelblatt mit Autograph des Verfassers. Stadtbibliothek Dessau
29 wie 15, S. 11
30 wie 15, S. 10
31 Vgl. 1. Schoch, G.: Johann Friedrich Eyserbeck. In: Beilage z. d. Mitt. d. Vereins f. Anhaltische Geschichte und Altertumskunde, Bd. 8, Magdeburg 1898 und 2. Skizze in 27, S. 71
32 Akten zur Stadtentwickung Dessaus 1910 durch Archivbrand vernichtet. Erhalten nur: „Acta betr. den Bau der neuen Straße zu Deßau und der neuen Leipziger Straße und was dem anhängig 1763/91", Blätter 94, 134 und 172 zur Anlage der Franz-Straße und Plan der Stadt Dessau (Vieth 1808). Im: Staatsarchiv Magdeburg, Außenstelle Oranienbaum, Abt. Dessau
33 wie 12, S. 40
34 1. Erdmannsdorff, F. W. v.: Tagebuch der 2. Italienreise. Handschrift 1765–1766, franz., Stadtbibliothek Dessau und 2. Berenhorst, G. H. v.: Journal de voyage de Princes Leopold Frederic François et Jean George d'Anhalt du 18. octobre 1765 jusqu'au 3. mars 1768, conduit par de Berenhorst le 19. avil 1775. Handschrift, franz., Folio, 1775. Stadtbibliothek Dessau
35 Siehe Bahn, R.: G. H. Berenhorst, der Verfasser der Betrachtungen über die Kriegskunst. Diss. Halle (S.) 1911
36 Erdmannsdorff, F. W. v.: Tagebuch der 2. Italienreise. Handschrift 1765/66, franz., Stadtbibliothek Dessau
37 wie 34
38 wie 15, S. 12
39 Winckelmann, J. J.: Ewiges Griechentum, Auswahl aus seinen Schriften und Briefen. Stuttgart 1943, S. 56–57
40 wie 39, S. 355–356
41 wie 39, S. 943
42 Speler, R.-T.: Friedrich Wilhelm v. Erdmannsdorff. Begründer der klassizistischen Baukunst in Deutschland. Diss. Halle (S.) 1981, Anmerk. 780
43 Piranesi, G. B.: Beiträge aus seinem 1745–1775 entstandenen Vedutenwerk
44 wie 15, S. 12
45 Mitt. d. Vereins f. Anhaltische Geschichte und Altertumskunde, Bd. 3, Dessau 1883, S. 274
46 wie 15, S. 14
47 wie 12, S. 16
48 Ehemals Staatsarchiv Zerbst. Verlust
49 wie 15, S. 16
50 wie 15, S. 17
51 Rode, A.: Beschreibung des Fürstlich-Anhalt-Dessauischen Landhauses und Englischen Gartens zu Wörlitz. Dessau 1788, S. 158
52 Bruhns, L.: Die Meisterwerke, Bd. VI. Köln 1954, S. 78
53 wie 51, S. 19
54 Grote, L. in der Neubearbeitung und Herausgabe der unter 51 genannten Darstellung. Dessau 1928, S. 137
55 Siehe Hentschel, W.: Sächsische Baukunst des 18. Jahrhunderts in Polen. Berlin 1967, S. 79–80
56 Usemann, W.: Dessau-Wörlitz. Dresden 1958, S. 18
57 wie 15
58 Brief Erdmannsdorffs an den Dessauer Fürsten v. 26. 4. 1771
59 Brief Erdmannsdorffs an den Dessauer Fürsten v. 29. 11. 1770
60 Quellen: 1. Briefsammlung in der Stadtbibliothek Dessau. 2. Briefe Kopiensammlung Archiv, Bauakademie d. DDR 3. Teilwiedergaben in Siebigk, F.: Aus dem brieflichen Verkehr des Fürsten Leopold Friedrich Franz von Dessau mit Friedrich Wilhelm von Erdmannsdorff, in: Mitt. d. Vereins f. Anhaltische Geschichte und Altertumskunde, Bd. 2. Dessau 1880, S. 117 ff. 4. Wiedergaben inzwischen verlorengegangener Briefe in dem unter 15 genannten Titel
61 wie 15, S. 17
62 Pitture Antiche d'Ercolano, 1762. Teil III., S. 161, und Teil IV, S. 221
63 zitiert nach Schmitz, H.: Berliner Baumeister vom Ausgang des 18. Jahrhunderts. Berlin 1914, S. 52
64 Walpole, H.: Über die neuere Gartenkunst. Leipzig 1800 und Jourdain, M.: The Work of William Kent. London 1948

65 Fiedler, H./Scheibe, S./Ross, H.: Georg Forster. Naturforscher, Weltreisender, Humanist und Revolutionär — sein Verhalten zum Wörlitz-Dessauer Reformwerk. Wörlitz 1984
66 wie 4 Bd. V, S. 138
67 Boettiger, C. A.: Reise nach Wörlitz. 1797. Aus der Handschrift bearbeitet und kommentiert von E. Hirsch. Hrsg. Staatliche Schlösser und Gärten Wörlitz, Oranienbaum, Luisium, 1976
68 wie 12
69 Abbildung in dem unter 4 genannten Titel, Bd. IV, S. 235
70 Brief Erdmannsdorffs an den Dessauer Fürsten v. 24. Juni 1771
71 wie 15, S. 24 u. 27
72 Grohmann, J. Chr. A.: Beschreibung des englischen Gartens zu Wörlitz bei Dessau. In: W. G. Beckers Taschenbuch für Gartenfreunde. 1795, S. 27
73 Ligne, Ch.-J. de: Coup d'oeil sur Beloeil et sur une grande partie des Jardins de l'Europe, Bd. II. Dresden 1795
74 Sammlung Staatliche Galerie Dessau, Schloß Georgium
75 Günther, H.: Der Sieglitzer Berg. In: Dessauer Kalender, 26. Jg., Dessau 1982, S. 49—54
76 Rode, A.: Beschreibung von Georgenhaus, dem Landhause und Englischen Garten seiner Hochfürstl. Durchl. des Prinzen Hans Jürge v. Anhalt bei Dessau. 1796, S. 10
77 wie 76, Gesamtlageplan im Anhang der Darstellung, Zustand um 1796
78 wie 4, Bd. IV u. V
79 Rode, A.: Wegweiser durch die Sehenswürdigkeiten in und um Dessau. 1795, 2. Heft, S. 49
80 Pausanias, Beschreibung Griechenlands, Buch VI
81 wie 79, 1. Heft, S. 47—98
82 wie 79, 1. Heft, S. 101—116
83 wie 79, 1. Heft
84 Notiz im Italienischen Tagebuch Erdmannsdorffs v. 22. 11. 1765
85 Brief Erdmannsdorffs aus Mantua vom 10. 10. 1789
86 Brief Erdmannsdorffs an seine Frau Wilhelmine vom Jahr 1786. Siehe: Auszüge aus seinem schriftlichen Nachlaß
87 wie 15, S. 32
88 Borrmann, R.: Die Baudenkmäler von Berlin. Berlin 1893, S. 294 ff.
89 wie 88, S. 297
90 Schmitz, H.: Berliner Baumeister vom Ausgang des 18. Jahrhunderts. Berlin 1925, Vorwort, S. 11
91 Brief Erdmannsdorffs an seine Frau Wilhelmine, vermutlich aus dem Jahre 1786
92 Brief Erdmannsdorffs an den Dessauer Fürsten v. 5. 8. 1788
93 Schloßbrand 1830. Nach Abriß und verändertem Neuaufbau keine Nachweise über Ausführung vorhanden
94 Die Berliner Zeichnungen Erdmannsdorffs sind bis auf wenige Blätter seit etwa neun Jahrzehnten verschollen. Vgl. auch Harksen, M. L.: Die Arbeiten von Erdmannsdorff in Potsdam und Berlin (1786—1789). In: Dessauer Kalender 1974, S. 38
95 wie 15, S. 71
96 Siehe: Auszüge aus Erdmannsdorffs schriftlichem Nachlaß
97 Brief Erdmannsdorffs an seine Frau Wilhelmine v. 21. 1. 1790
98 Siehe Anhang: Aufstellung über wichtige zeitgenössische Persönlichkeiten mit Einflüssen auf den Dessau-Wörlitzer Kulturkreis
99 Heine, A. F. (Hrsg. L. Grote): Die Chalkographische Gesellschaft in Dessau 1795—1803. Dessau 1930, S. 9
100 Siehe Ross, H.: Georg Forster und die praktizierte Aufklärung in Dessau-Wörlitz. In: Fiedler, H./Scheibe, S./Ross, H.: Georg Forster. Naturforscher, Weltreisender und Revolutionär. Wörlitz 1984, S. 67—69.
101 Schöler, W.: Der fortschrittliche Einfluß des Philanthropinums auf das niedere Schulwesen im Fürstentum Anhalt-Dessau 1785—1800. Diss. Greifswald 1957
102 Erdmannsdorff, F. W. v.: Gedanken über eine allgemein vorbereitende Unterrichtsanstalt zu mechanischen Gewerken und zu bildender Kunst in Dessau. In: Mitt. d. Ver. für Anhaltische Geschichte und Altertumskunde, Bd. 5, 1890, H. 6, 7, 8.
103 wie 15, S. 205
104 wie 99, S. 13, speziell „Plan und Constitution der Fürstlich-Anhalt-Dessauischen Chalcographischen Gesellschaft in Dessau" v. 1. Okt. 1796
105 Handschrift Erdmannsdorffs, Stadtbibliothek Dessau. Veröffentl. in: Mitt. d. Ver. für Anhaltische Geschichte und Altertumskunde, Bd. 3, Dessau 1883
106 Über den Inhalt der Darstellungen siehe Anhang: Verzeichnis der Originalzeichnungen Erdmannsdorffs (nach Riesenfeld), Position V
107 Siehe auch 1. Valentini, A. H.: Die chalkographische Gesellschaft zu Dessau unter der Regierung des Herzogs Leopold Friedrich Franz. Dessau 1847. 2. Hosäus, W.: Die chalkographische Gesellschaft zu Dessau 1796—1806. In: Mitt. d. Ver. für Anhaltische Geschichte und Altertumskunde, Bd. 2, Dessau 1880, S. 442 ff. 3. Boettger, G.: Die chalkographische Gesellschaft zu Dessau. Dessau 1896. 4. Harksen, J.: Die Chalcographische Gesellschaft in Dessau. Dessau 1973
108 wie 102
109 Hosäus, W.: Johann Friedrich August Tischbein in Dessau 1795—1800. In: Mitt. d. Ver. für Anhaltische Geschichte und Altertumskunde, Bd. 8, 1898
110 wie 12
111 Detaillierte Ausführungen über die Einrichtung des letzten Wohnhauses von Erdmannsdorff in Dessau, Unter den Linden, bei Speler, R.-T.: Friedrich Wilhelm von Erdmannsdorff. Begründer der klassizistischen Baukunst in Deutschland. Diss. Halle (S.) 1981, S. 63—137
112 wie 15, S. 205. Das hier genannte Landhaus des Erbprinzen von Mecklenburg-Schwerin befand sich vermutlich entweder in Doberan oder Ludwigslust.
113 Die hier aufgeführten Zeichnungen befinden sich überwiegend im Besitz der Staatlichen Galerie Dessau (Schloß Georgium). Eine gegenwärtig dort vorgenommene und als Publikation vorbereitete katalogmäßige Erfassung ist noch nicht abgeschlossen. Die ältere Aufstellung von Riesenfeld vermittelt zunächst eine erste Vorstellung vom Umfang und Inhalt des zeichnerischen Werkes Erdmannsdorffs.

Literaturauswahl

AHRBECK, R.: Jean Jacques Rousseau. Leipzig/Jena/Berlin 1978

AUTORENKOLLEKTIV (Hrsg. P. Betthausen): Studien zur deutschen Kunst und Architektur um 1800. Dresden 1981 (Fundus-Bücher 75/76)

AUTORENKOLLEKTIV (Hrsg. Rat der Stadt Wörlitz): Der Dessau-Wörlitzer Kulturkreis. Wörlitzer Beiträge zur Geschichte. Wörlitz 1965

BAHN, R.: G. H. Berenhorst, der Verfasser der „Betrachtungen über die Kriegskunst". Phil.Diss. Halle 1911

BERENHORST, G. H. v.: Journal de voyage de Princes du 18. Octobre 1765 le 19. Avil 1775. Handschrift, franz., Stadtbibliothek Dessau

BIELEFELD, E.: Die Wörlitzer Antiken. Ein Bild-Katalog. Mit Beiträgen über das Verhältnis Fr. W. v. Erdmannsdorffs zur antiken Malerei und Plastik. Photographien von Eberhard Zwicker. Masch.Schr. 1948, Institut für Denkmalpflege, Arbeitsstelle Halle

BOECK, W., Ulrich, G.: Alte Gartenkunst. Leipzig 1939

BONSTETTEN, L.: Über die Gartenkunst. In: Taschenbuch für Gartenfreunde, Tübingen 1801

BORRMANN, R.: Bau- und Kunstdenkmäler Berlins. Berlin 1893, S. 294 ff.

BOETTGER, J. G.: Die chalkographische Gesellschaft zu Dessau. Dessau 1896

BOETTGER, J. G.: Triumph der schönen Gartenkunst oder malerische Ansichten einiger neuen musterhaften Gartenpartien. Leipzig 1801

BOETTIGER, C. A.: Die neue Reitbahn in Dessau, ein Muster artistischer und historischer Dekorationen. In: Journal des Luxus und der Moden 10, 1795, S. 154—185

BOETTIGER, C. A.: Literarische Anzeige einer teutschen Übersetzung des Vitruvius. In: Neuer Teutscher Merkur 1796, S. 108

BOETTIGER, C. A.: Reise nach Wörlitz 1797. Aus der Handschrift bearbeitet und kommentiert von E. Hirsch. Wörlitz 1976

BOETTIGER, C. A.: Beschreibung des gotischen Hauses im Park zu Wörlitz. Aus dem handschriftlichen Tagebuch eines Reisenden. In: Taschenbuch aus dem Jahre 1799 für Natur- und Gartenfreunde, Tübingen 1799

BOETTIGER, C. A.: Besprechung von A. Rode: Leben Erdmannsdorffs, Dessau 1801. In: Neuer Teutscher Merkur 1801

BRABECK, M. v.: Vues sur l'état des arts en Allemagne et sur l'institut de Gravure établi à Dessau. o. O. 1796

BRUYN, G. de: Das Leben des Jean Paul Friedrich Richter. Halle 1975

BÜLOW, E. v.: Aus dem Nachlaß des Georg Heinrich v. Berenhorst. Dessau 1845

BUTTLAR, A. v.: Der englische Landsitz (1715—1760) als Symbol eines liberalen Entwurfs. Diss. München 1977

BÜTTNER, Pfänner zu Thal, F. F.: Anhalts Bau- und Kunstdenkmäler. Dessau 1894

CAMPBELL C: Vitruvius Britannicus. London 1717—1725

CHAMBERS, W.: Plans, Elevations, Sections and Perspective Views of the Gardens and Buildings at Kew in Surry. London 1763

CHIPPENDALE, T.: The Gentleman and Cabinet Makers Director. London 1754

CLEMEN, P.: Strawberry-Hill und Wörlitz. Von den Anfängen der Neugotik. In: Neue Beiträge deutscher Forschung. Wilhelm Worringer zum 60. Geburtstag. Königsberg 1943, S. 37—60

DOEBBER, A.: Das Schloß in Weimar. Jena 1911

DOERING, v.: Bemerkungen über das landwirtschaftliche System der Herzogl. Ökonomie zu Wörlitz. Dessau/Leipzig 1808

EHLERT, I., Harksen, J.: Die Chalkographische Gesellschaft in Dessau. Dessau 1973

ERDMANNSDORFF, F. W. v.: Tagebuch der Italienreise 1765—1767. Handschr., franz., Stadtbibliothek Dessau

ERDMANNSDORFF, F. W. v.: Vitruvius-Übersetzung. Handschr., dt., Stadtbibliothek Dessau

ERDMANNSDORFF, F. W. v.: Architektonische Studien. Dessau 1797

ERDMANNSDORFF, F. W. v.: Vorrede zur „Auswahl antiker Gemälde aus den vom Grafen Caylus und in wenigen Exemplaren herausgegebenen Werken". Dessau 1798

ERDMANNSDORFF, F. W. v.: Gedanken über eine allgemein vorbereitende Unterrichtsanstalt zu mechanischen Gewerken und zu bildender Kunst für Dessau. Handschr., dt., Stadtbibliothek Dessau

ERDMANNSDORFF, F. W. v.: Entwurf einiger Gedanken über die Führung des arthistischen Theils unserer chalkographischen Arbeiten. Handschr., dt., Stadtbibliothek Dessau

ERDMANNSDORFF, F. W. v.: Architektonische Studien in Rom gezeichnet und zur Übung für Bau und andere Werk-Zeichenschulen bestimmt. Weimar 1805

ERICHSEN, J.: Antique und Grec. Studien zur Funktion der Antike in der Architektur und Kunsttheorie des Frühklassizismus. Köln 1976

FALKE, J. v.: Der Garten, Stuttgart 1884

FEIST, P. H.: Klassizismus und Neugotik in Wörlitz. In: Künstler, Kunstwerk und Gesellschaft, Dresden 1978 (Fundus-Bücher 51/52)

FIEDLER, H., Scheibe, S., Ross, H.: Georg Forster. Naturforscher, Weltreisender, Humanist und Revolutionär — sein Verhältnis zum Wörlitz-Dessauer Reformwerk, Wörlitz 1984

FRAENKEL, A.: Goethe und der Fürst von Dessau. Sondershausen 1864

FRANZOS, K. E.: Aus Anhalt und Thüringen. Stuttgart/Berlin 1903

FUCHS, A.: Dessau, Wörlitz und Oranienbaum. Dessau 1843

FUCHS, A.: Wegweiser durch Dessau und Umgebung sowie den Herzoglichen Garten zu Wörlitz. Dessau 1875

GIERSBERG, H.-J.: Zur neogotischen Architektur in Berlin und Potsdam um 1800. In: Studien zur deutschen Kunst und Architektur. Dresden 1981 (Fundus-Bücher 75/76)

GILLY, F.: Beschreibung des Landhauses Bagatelle bei Paris. Berlin 1799

GLEIM, J. B.: Erinnerungen aus dem Leben Leopold Friedrich Franz's, ältest regierenden Herzogs zu Anhalt. o. O. 1821

GOETHE, J. W. v.: Winckelmann und sein Jahrhundert. Tübingen 1805

GOTHEIM, M. L.: Geschichte der Gartenkunst. Jena 1914

GREEN, A.: The 18th Century Achitecture of Bath. Bath 1904

GRIESEBACH, A.: Der Garten. Leipzig 1911

GROHMANN, J. Chr. A.: Beschreibung des englischen Gartens zu Wörlitz bei Dessau. In: W. G. Beckers Taschenbuch für Gartenfreunde 1795

GROHMANN, J. Chr. A.: Ansicht vom Luisium bei Dessau. In: W. G. Beckers Taschenbuch für Gartenfreunde 1796

GROHMANN, J. Chr. A.: Über deutsche Gärten, nebst einer Beschreibung des Silitzer Berges bei Dessau. In: W. G. Beckers Taschenbuch für Gartenfreunde 1799

GROTE, L.: Führer durch den Wörlitzer Park. Dessau 1927, 1929, 1938

GROTE, L.: A. Rode, Beschreibung des Fürstlich Anhalt-Dessauischen Landhauses und Englischen Gartens zu Wörlitz. Neubearb. u. herausgegeben von L. Grote. Dessau 1928

GROTE, L.: Friedrich Wilhelm von Erdmannsdorff. In: Mitteldeutsche Lebensbilder, herausgegeben von der Historischen Kommission für die Provinz Sachsen und für Anhalt, Bd. 4. Magdeburg 1929, S. 151—170

GROTE, L.: Das Land Anhalt. Berlin 1929

GROTE, L.: Die chalkographische Gesellschaft in Dessau 1795—1803. Dessau 1930

GROTE, L.: Goethe in Dessau und Wörlitz. In: Montagsblatt, Wiss. Beilage der Magdeburger Zeitung 1932, Nr. 12

GROTE, L.: Der Park zu Wörlitz. Berlin 1944 (Führer zu großen Baudenkmälern 15)

GROTE, L.: Deutsche Gärten des 18. Jahrhunderts. Stuttgart 1946

GÜNTHER, H.: Vom Schloß auf dem Vogelherd. In: Dessauer Kulturspiegel 2. 1955, S. 46—48

GÜNTHER, H.: Zur Geschichte der Gärtnerfamilie Schoch. In: Dessauer Kulturspiegel 5. 1958, S. 128

GÜNTHER, H.: Das Schaffen der Gärtner Eyserbeck, Neumark und Schoch. In: Dessauer Kulturspiegel 5. 1958

GÜNTHER, H.: Park Georgium. Dessau 1983 (Zwischen Wörlitz und Mosigkau 24)

GÜNTHER, H.: Luisium. Natur und Kunst in anhaltischer Auenlandschaft. Dessau 1970 (Zwischen Wörlitz und Mosigkau 2)

GÜNTHER, H.: Der Sieglitzer Park. In: dessauer kalender. dessau 1982

HALLERVORDEN, H.: Der Park von Wörlitz als Werk der Gartenkunst. In: Gartenkunst, Zeitschrift für den gestaltenden Gartenbau 36. 1923

HÄNDLER, G.: Dessauer Baumeister. In: Der goldene Reiter 2. 1939

HÄNDLER, G.: Der Architekt von Wörlitz im Dienste des preußischen Königs. 150 Jahre Königskammern im Berliner Schloß. In: Luginsland 1939, S. 29—31

HÄNDLER, G.: Erdmannsdorff reist nach Italien. In: Der goldene Reiter 4. 1941, S. 46

HARKSEN, H.: Friedrich Wilhelm von Erdmannsdorff. Dessau 1970 (Zwischen Wörlitz und Mosigkau 3)

HARKSEN, J.: Schloß und Park Luisium und das Museum der Gartenkunst. In: Dessauer Kulturspiegel 2. 1955

HARKSEN, J.: Das Georgium. In: Dessauer Kalender 1962, S. 16—32

HARKSEN, J.: Schloß und Park Luisium. Dessau 1970 (Zwischen Wörlitz und Mosigkau 2)

HARKSEN, J.: Park und Galerie Georgium. Dessau 1972 (Zwischen Wörlitz und Mosigkau 7)

HARKSEN, J.: Die Handzeichnungen F. W. v. Erdmannsdorffs — ihr künstlerischer Einzelwert und ihre Rolle im Gesamtwerk des Künstlers. In: Dessauer Kalender 1976, S. 43—50

HARKSEN, M. L.: Die Kunstdenkmale des Landes Anhalt. Bd. 1. Die Stadt Dessau. Burg bei Magdeburg 1937

HARKSEN, M. L.: Die Kunstdenkmale des Landes Anhalt. Bd. 2. Landkreis Dessau-Köthen. 2. Teil. Stadt, Schloß und Park Wörlitz. Burg bei Magdeburg 1939

HARKSEN, M. L.: Der Nachlaß der Herrn von Erdmannsdorff, ein Aktenbericht. In: Dessauer Kalender 10. 1966, S. 38—41

HARKSEN, M. L.: Die Arbeiten von Erdmannsdorff in Potsdam und Berlin (1786—1789). In: Dessauer Kalender 1974, S. 38

HARKSEN, M. L.: Erdmannsdorff und seine Bauten in Wörlitz. Wörlitz 1975

HARKSEN, M. L.: Schloßmuseum Wörlitz. Wörlitz 1978

HARKSEN, S.: Friedrich Wilhelm von Erdmannsdorffs Ankäufe von Skulpturen für Berlin und Potsdam. In: Forschungen und Berichte der Staatlichen Museen, Bd. 18. Berlin 1977, S. 131—154

HARKSEN, S.: Die Romreise Friedrich Wilhelm von Erdmannsdorffs 1789/90. In: Dessauer Kalender 1980, S. 81

HARTMANN, A.: Der Wörlitzer Park und seine Kunstschätze. Berlin 1913

HEERS, A.: Das Leben Friedrich von Matthisson. Leipzig 1913

HEESE, B.: Vater Franz. Sein Leben und sein Lebenswerk. Nach dem Buche von Probst Reil: Leopold Friedrich Franz, Dessau 1845. Dessau 1936

HEINE, A. F.; Grote, L.: Die Chalkographische Gesellschaft in Dessau 1795—1803. Dessau 1930

HENNEBO, D., Hoffmann, A.: Geschichte der deutschen Gartenkunst, Bd. I—III. Hamburg 1963

HENTSCHEL, W.: Die sächsische Baukunst des 18. Jahrhunderts in Polen. Berlin 1967, S. 79—80

HERRE, P.: Leopold Friedrich Franz von Anhalt-Dessau. Zu seinem 200. Geburtstag. In: Deutsche Allgemeine Zeitung v. 10. August 1940

HIRSCH, E.: Der Erdmannsdorff-Friedhof in Dessau. In: Dessauer Kalender 10. 1966, S. 41—44

HIRSCH, E.: Progressive Leistungen und reaktionäre Tendenzen des Dessau-Wörlitzer Kulturkreises in der Rezeption der aufgeklärten Zeitgenossen. Diss. Halle 1969

HIRSCH, E.: Die „Allgemeine Buchhandlung der Gelehrten und Künstler" und die „Verlagskasse" zu Dessau (1781—1785). In: Dessauer Kalender 13. 1969, S. 69—74

HIRSCH, E.: Triumph der schönen Gartenkunst. In: Dessauer Kalender 13. 1969, S. 32—36

HIRSCH, E.: Halberstadt und Dessau. Zwei Kulturkreise der Goethe-Zeit in ihren Wechselbeziehungen. In: Festschrift zur 250. Wiederkehr der Geburtstage von Johann Ludwig Gleim und Magnus Gottfried Lichtwer. Halberstadt 1969

HIRSCH, E.: „Zierde und Inbegriff des 18. Jahrhunderts", Studien zum Philanthropinum und zur Dessauer Aufklärung. In: Wiss. Beiträge Universität Halle 1970/3 (A8), S. 100—149

HIRSCH, E.: Dessau-Wörlitzer Kulturlandschaft. Dessau 1974 (Zwischen Wörlitz und Mosigkau 11)

HIRSCH, E.: Die Dessau-Wörlitzer Kulturlandschaft und ihre landeskulturellen Probleme. In: Hercynia N. F., Leipzig 1976/3, S. 265

HIRSCH, E.: Bildung und Erziehung zur bürgerlichen Kultur. Eine Deutung der Dessau-Wörlitzer Gärten als Kulturpropaganda der Aufklärung und des Klassizismus. In: Wiss. Zeitschrift Universität Halle 1978(G), H. 6, S. 51

HIRSCHFELD, C. C. L.: Theorie der Gartenkunst, Bd. I—V. Leipzig 1779—1785

HOFFMANN, A.: Der Landschaftsgarten. Hamburg 1963

HOSÄUS, W.: Erdmannsdorff. In: Allgemeine Deutsche Biographie, Bd. 6, Leipzig 1877 und Bd. 33, Leipzig 1891

HOSÄUS, W.: Großherzog Carl August und Goethe in ihren Beziehungen zu Herzog Leopold Friedrich Franz von Anhalt-Dessau. In: Mitteilungen des Vereins für Anhaltische Geschichte, Bd. 1. Dessau 1879, S. 505

HOSÄUS, W.: Georg Forster in Wörlitz, 1779. In: Mitteilungen des Vereins für Anhaltische Geschichte, Bd. 1. Dessau 1879, S. 39

HOSÄUS, W.: Herzog L. F. Franz von Anhalt-Dessau und J. J. Winckelmann. In: Mitteilungen des Vereins für Anhaltische Geschichte, Bd. 2, Dessau 1880, S. 17

HOSÄUS, W.: J. Fr. Eyserbeck (1734—1818). In: Mitteilungen des Vereins für Anhaltische Geschichte, Bd. 2. Dessau 1880, S. 67

HOSÄUS, W.: Die Chalkographische Gesellschaft zu Dessau (1796—1806). In: Mitteilungen des Vereins für Anhaltische Geschichte, Bd. 2. Dessau 1880, S. 442

HOSÄUS, W.: Aus den Erinnerungen des fürstlich Anhalt-Dessauischen Hof- und Amtsrathes Johann August Rode (1737—1771). In: Mitteilungen des Vereins für Anhaltische Geschichte, Bd. 2. Dessau 1880, S. 447

HOSÄUS, W.: F. W. v. Erdmannsdorffs Denkschrift über die artistische Leitung der Chalkographischen Gesellschaft zu Dessau. In: Mitteilungen des Vereins für Anhaltische Geschichte, Bd. 3. Dessau 1883, S. 386—408

HOSÄUS, W.: F. W. Rust und das Dessauer Musikleben (1766—1796). In: Mitteilungen des Vereins für Anhaltische Geschichte, Bd. 3. Dessau 1883, S. 256

HOSÄUS, W.: F. W. v. Erdmannsdorffs Gedanken über eine allgemeinvorbereitende Unterrichtsanstalt zu mechanischen Gewerben und zu bildender Kunst für Dessau. In: Mitteilungen des Vereins für Anhaltische Geschichte, Bd. 5. Dessau 1890, S. 377—520

HOSÄUS, W.: J. Fr. Eyserbeck (1734—ca. 1816). In: Mitteilungen des Vereins für Anhaltische Geschichte, Bd. 5. Dessau 1890. S. 67

HOSÄUS, W.: Johann Kaspar Lavater in seinen Beziehungen zu Herzog Franz und Herzogin Luise von Anhalt-Dessau. In: Mitteilungen des Vereins für Anhaltische Geschichte, Bd. 5. Dessau 1890, S. 201

HOSÄUS, W.: Johann Friedrich August Tischbein in Dessau, 1795—1800. In: Mitteilungen des Vereins für Anhaltische Geschichte, Bd. 8. Dessau 1902, S. 1

HOSÄUS, W.: Wörlitz. Dessau 1902

JOSEPH, D.: Der Früh-Hellenismus der Berliner Architekturschule. Berlin 1908

JUSTI, C.: Winckelmann. Sein Leben, seine Werke und seine Zeitgenossen. Leipzig 1898

KABEL, R.: Die Entstehung des Magdeburger Nationaltheaters. Diss. Berlin 1955

KANIA, H.: Anfänge deutsch-klassischer Baukunst in Berlin und Potsdam. In: Brandenburgia 50. 1942, S. 5

KEMPEN, W. van: Dessau und Wörlitz. Leipzig 1925 (Stätten der Kultur 35)

KEMPEN, W. van: Römische und griechische Bauten in und um Dessau. In: Askania 1926, Nr. 13

KEMPEN, W. van: Die Baukunst des Klassizismus in Anhalt nach 1800. In: Marburger Jahrbuch für Kunstwissenschaft 4. 1928, S. 1—87

Kempen, W. van: Handzeichnungen und Entwürfe Erdmannsdorffs in Anhaltischem Staatsbesitz. In: Zeitschrift für Denkmalpflege 7. 1933, S. 229
Kempen, W. van: Ausstellung von Zeichnungen und Entwürfen Erdmannsdorffs in Dessau. In: Architectura 1. 1933, S. 194
Kempen, W. van: Der Wörlitzer Park. In: Mitteldeutsches Jahrbuch 1956, S. 104
Kießmann, R.: Wörlitz und Weimar. Dessau 1917
Kießmann, R.: Leopold Friedrich Franz von Dessau und seine Beziehungen zu Goethe. In: Jahrbuch der Goethe-Gesellschaft V. 1918, S. 40
Klopfer, P.: Von Palladio bis Schinkel. Eßlingen 1911
Kochler, W.: Die Geschichte des Dessauischen Hoftheaters. Dessau 1846
Korneli, P.: Die Anfänge der Neugotik in Anhalt, Sachsen und Thüringen. Diss. TH Dresden 1962
Krusser, F. W. v.: Beschreibung des Fürstlichen Gartens bei Dessau, Luisium genannt. In: W. G. Beckers Taschenbuch für Gartenfreunde 1796
Lammert, M.: David Gilly. Ein Baumeister des Klassizismus. Berlin 1964 (Studien zur Architektur und Kunstwissenschaft 3)
Lammert, M.: Zu Problemen der klassizistischen Architekturentwicklung. In: Studien zur deutschen Kunst und Architektur. Dresden 1981, S. 53—78 (Fundus-Bücher 75/76)
Lein, K.: Bäume und Sträucher im Wörlitzer Park. Coswig 1965
Ligne, Ch.-J. de: Coup d'oeil sur Beloeil et sur une grande partie des Jardins d'Europe, Bd. II. Dresden 1795
Lindner, H.: Geschichte und Beschreibung des Landes Anhalt. Dessau 1833
Machlitt, U.: Johann Bernhard Basedow und die Gründung des Dessauer Philanthropins 1774. In: Dessauer Kalender 1974, S. 25
Machlitt, U.: Der historische Friedhof von 1787. In: Dessauer Kalender 1976, S. 60
Mackowsky, H.: Johann Gottfried Schadow. Berlin 1927, S. 216
Milde, K.: Die Rezeption antiker Formen in der bürgerlichen Architektur. Ihre gesellschaftlichen Grundlagen und historische Gültigkeit als besonderes Mittel der architektonischen Aussage. Diss. TU Dresden 1967
Milde, K.: Architektur und Aufklärung in Deutschland — realistische Tendenzen und revolutionäre Drapierung. In: Wissenschaftl. Zeitschrift TU Dresden 18. 1969, H. 1
Mcller, H.: Die Frühzeit des Dessauer Hoftheaters. Diss. Halle 1939
Mcller, K.: Dessau-Wörlitz im Strom der Geistesgeschichte der zweiten Hälfte des 18. Jahrhunderts. In: Gartenkunst, Zeitschrift für den gestaltenden Gartenbau 36. 1923, S. 73
Mcller, K.: Wörlitz. Ein Beitrag zur deutschen Geistesgeschichte. In: Sachsen und Anhalt 10. 1934, S. 214
Neumeyer, A.: Die Erweckung der Gotik in der deutschen Kunst des 18. Jahrhunderts. Ein Beitrag zur Vorgeschichte der Romantik. In: Repertorium für Kunstwissenschaft 49. 1928, S. 75
Paul, E.: Wörlitzer Antiken. Eine Skulpturensammlung des Klassizismus. Wörlitz 1965
Pauli, G.: Die Kunst des Klassizismus in der Romantik. Berlin 1925
Piltz, G.: Schlösser und Gärten. Oranienbaum, Mosigkau, Dessau, Wörlitz. Leipzig 1964
Prosky, M. v.: Das Herzogliche Hoftheater zu Dessau. Dessau 1885
Rave, P. O.: Gärten der Goethezeit. Vom Leben in Kunst und Natur. Leipzig 1941
Reil, F.: Wegweiser durch die Sehenswürdigkeiten in und um Dessau. Dessau 1795
Reil, F.: Das Gothische Haus zu Wörlitz. Dessau 1818
Reil, F.: Leopold Friedrich Franz, der Vater des Vaterlandes. Bruchstücke aus einem größeren Werk über sein Wesen und Wirken. Dessau 1844
Reil, F.: Leopold Friedrich Franz, Herzog und Fürst von Anhalt-Dessau, ältestregierender Fürst in Anhalt, nach seinem Wirken und Wesen. Mit Hinblick auf merkwürdige Erscheinungen seiner Zeit. Dessau 1845
Riesenfeld, E. P.: Erdmannsdorff. Der Baumeister des Herzogs Leopold Friedrich Franz von Anhalt-Dessau. Berlin 1913
Riesenfeld, E. P.: F. W. v. Erdmannsdorff und seine Bauten. Berlin 1913
Rietdorf, A.: Gilly — Wiedergeburt der Architektur. Berlin 1940
Rode, A. v.: Beschreibung des Fürstlichen Anhalt-Dessauischen Landhauses und Englischen Gartens zu Wörlitz. Dessau 1788, 1798, 1814
Rode, A. v.: Wegweiser durch die Sehenswürdigkeiten in und um Dessau. Dessau 1795 und 1796
Rode, A. v.: Des M. Vitruvius Pollio Baukunst. Leipzig 1796
Rode, A. v.: Leben des Herrn Friedrich Wilhelm von Erdmannsdorff. Dessau 1801
Rode, A. v.: Das Gothische Haus zu Wörlitz neben anderen Ergänzungen der Beschreibung des Herzoglichen Landhauses und Gartens zur Wörlitz. Dessau 1818
Ross, H.: Kleiner Führer durch die historischen Wörlitzer Anlagen. Leipzig 1983
Ross, H.: Georg Forster und die praktizierte Aufklärung in Dessau-Wörlitz. In: Fiedler, H., Scheibe, S., Ross, H.: Georg Forster. Naturforscher, Weltreisender, Humanist und Revolutionär — sein Verhältnis zum Wörlitz-Dessauer Reformwerk. Wörlitz 1983, S. 64—89
Rusch, H.-J.: Dessau und Umgebung mit Wörlitz, Mosigkau und Oranienbaum. Leipzig 1980
Schädlich, Chr.: Die Grundzüge der klassischen Architekturtheorie. Versuch einer Wertung an Hand der Schriften des L. C. Sturm (1669—1719). Diss. HAB Weimar 1957
Schlegel, R.: Wörlitz, ein Landschaftsidyll und ein Kunstkreis in Anhalt. Berlin 1926
Schmitz, H.: Kunst und Literatur des 18. Jahrhunderts in Deutschland. München 1922
Schmitz, H.: Berliner Baumeister vom Ausgang des achtzehnten Jahrhunderts. Berlin 1925
Schoch, L.: Das Geschichtliche vom Wörlitzer Garten. In: Anhaltisches Magazin 1828/29, H.1 und H.3
Schöler, W.: Der fortschrittliche Einfluß des Philanthropismus auf das niedere Schulwesen im Fürstentum Anhalt-Dessau 1785—1800. Diss. Greifswald 1957
Schulz, A.: Winckelmann und seine Welt. Berlin 1962
Schulze-Wollgast, K, und E.: Die Bauten Friedrich Wilhelm v. Erdmannsdorffs in Wörlitz, Gräfenhainichen 1950
Schulze-Wollgast, K.: Die Jugend Friedrich Wilhelm von Erdmannsdorffs, des Baumeisters des Klassizismus in Dessau. In: Dessauer Kulturspiegel 1. 1954, H.1 und H.2
Schulze-Wollgast, K.: Anhalt-Dessau in den beiden Jahrzehnten vor der bürgerlichen Revolution von 1789. In: Dessauer Kulturspiegel 1. 1954, H.5 und H.6
Schulze-Wollgast, K.: Friedrich Wilhelm von Erdmannsdorff. Materialsammlung von 1954. Bauakademie der DDR
Schulze-Wollgast, K.: Der „Drehberg" bei Wörlitz, ein Grabmalbau Erdmannsdorffs. In: Dessauer Kulturspiegel 2. 1955, H.2
Siebigk, F.: Ein Bild aus Dessaus Vergangenheit. Dessau 1864
Siebigk, F.: Das Herzogtum Anhalt-Dessau. Dessau 1867
Siebigk, F.: Aus dem brieflichen Verkehr des Fürsten L. F. Franz v. Dessau mit Friedrich Wilhelm v. Erdmannsdorff. In: Mitteilungen des Vereins für Anhaltische Geschichte 2. Dessau 1880, S. 117
Specht, R.: Bibliographie zur Geschichte von Anhalt. Magdeburg 1930—1935 und Dessau 1935, Nachträge 1957 (Manuskript Staatsarchivaußenstelle Oranienbaum)
Speler, R.-T.: Friedrich Wilhelm von Erdmannsdorff. Begründer der klassizistischen Baukunst in Deutschland. Diss. Halle 1981
Staatliche museen zu berlin: Katalog der Schinkel-Ausstellung vom 23. 10. 1980 bis 29. 3. 1981. Berlin 1980, S. 13, 154, 377, 379
Stichwort erdmannsdorff in: Lexikon der Kunst in fünf Bänden. Bd. I. Leipzig 1968, S. 631
Stichwort erdmannsdorff in: Thieme-Becker, Allgemeines Lexikon der Bildenden Künstler, Bd. X, Leipzig 1914, S. 593
Ulbricht, G.: Johann Bernhard Basedow — Lebensbilder großer Pädagogen. Berlin 1963
Usemann, W.: Dessau/Wörlitz. Dresden 1958 (Kleine Städtereihe 2)
Valentin, A. H.: Die Chalkographische Gesellschaft zu Dessau unter der Regierung des Herzogs Leopold Friedrich Franz. Dessau 1847

VOGEL, H.: Deutsche Baukunst des Klassizismus. Berlin 1937

WAETZOLT, W.: Johann Joachim Winckelmann, der Begründer der deutschen Kunstwissenschaft. Leipzig 1946

WALPOLE, H.: Über die neuere Gartenkunst. Leipzig 1800

WEINITZ, F.: Das Schloß Luisium bei Dessau. Eine geschichtliche und kunstgeschichtliche Studie. Berlin 1911

WINCKELMANN, J. J.: Sämtliche Werke, herausgegeben von J. Eyselein. Bd. 1—12. Donaueschingen 1825—1829

WINCKELMANN, J. J.: Geschichte der Kunst des Altertums. Vollständige Ausgabe, herausgegeben von V. Fleischer. Berlin/Wien 1913

WINCKELMANN, J. J.: Ewiges Griechentum. Auswahl aus seinen Schriften und Briefen, herausgegeben von F. Forschepiepe. Stuttgart 1943 (Kröners Taschenbuch, Bd. 181)

WINCKELMANN, J. J.: Kleine Schriften und Briefe, herausgegeben von W. Senff. Weimar 1960

WOOD, R.: The Ruins of Palmyra. Bd. 1—2. London 1753 und 1757

WUERDIG, L.: Chronik der Stadt Dessau. Dessau 1876

WUERDIG, L.: Unser Dessau innerhalb eines Jahrhunderts. Dessau 1876

WUERDIG, L.: Ein Gang über die alten Dessauer Friedhöfe. Dessau 1887

WUERDIG, L.: Heese, B.: Die Dessauer Chronik. Dessau 1924—1928

WÜTSCHKE, J.: Wörlitzer Park, Oranienbaum. Leipzig 1956 (Unser kleines Wanderheft 56)

Zwischen Wörlitz und Mosigkau. Schriftenreihe zur Geschichte der Stadt Dessau und Umgebung, herausgegeben von S. Dohnert und G. Opitz. Dessau 1970 ff.

o. V.: Friedrich Wilhelm von Erdmannsdorff. In: Deutsche Bauzeitung XLVII. 1913, Nr. 74, S. 661—664

Personenregister

Adam, James 184
Adam, Robert 40, 59, 60, 184
Addison, Joseph 36
Ahlimb, Wilhelmine Eleonore v.
 (→ W. E. v. Erdmannsdorff)
Albacini d. J., Carlo 158–159, 184
Albani, Alessandro, Kardinal 49, 53, 74, 157, 184
Alberti, Leon Battista 30–31, 69, 71
Albrecht v. Anhalt-Dessau, Prinz 84
Alembert (Jean d' Le Rond) 40
Algarotti, Francesco, Graf 25
Amalie v. Sachsen-Weimar, Fürstin 158–159, 186
Anakreon 109
Archinto, Kardinal 49
August II. (der Starke), König v. Polen
 (→ Friedrich August I., Kurfürst v. Sachsen)
August III., König v. Polen
 (→ Friedrich August II., Kurfürst v. Sachsen)
August, Prinz v. England 159
Augustus, Caesar Oktavianus 29
Averkamp, Hendrik van 83

Bach, Friedemann 187
Bach, Philipp Emanuel 187
Basedow, Johann Bernhard 11, 14, 18, 74, 96, 136, 162, 184, 186–187
Bause, Johann Friedrich 18
Becker, G. W. 185
Beethoven, Ludwig van 186
Behrich, Ernst Wolfgang 120, 140, 184
Beil, Kammerassessor 135
Berenhorst, Georg Heinrich v. 45–46, 49, 54, 57, 120, 137, 178, 184, 187
Bernini, Giovanni Lorenzo 54
Berton, Nicolas 83
Bertuch, Friedrich Justin 154, 163–164
Bianconi, Carlo 154
Bobbe, Fürstl. Oberaufseher 127
Bodé, Obrist 153
Boettiger, Carl August 11, 103, 184
Boisserée, Gebrüder 97
Borrmann, Richard 149
Borromini, Francesco 54
Bose, Graf 180
Bossann, Theaterleiter 131, 184, 187
Bötticher, Jac Gottlieb Isaak 11
Brabeck, Moritz v. 162–163
Bramante, Donato 125
Bremer u. Sohn, Kunsthändler 154
Brentano, Clemens 184
Brentano, Sophie v. 11, 184
Breysig, Johann Adam 139
Brühl, Heinrich Graf v. 22
Bruhns, Leo 68
Buch, Innendekorateur 84, 184
Buchhorn, Ludwig 164, 183
Bünau, Appellationsgerichtspräsident 22
Bünau, Graf Heinrich v. 26

Campbell, Colen 39
Campe, Joachim Heinrich 11, 154, 162, 184
Canaletto (Bernardo Belotto) 24, 32
Canova, Antonio 157–158, 184, 187
Carracci, Annibale 72, 75, 80, 157, 187
Cavaceppi, Bartolomeo 53, 67, 74, 76–78, 83–84, 94, 123, 178, 184
Caylus, Anne Claude Philippe, Graf v. 164
Chambers, William 35, 37, 60, 76, 82, 184–185
Charlotte v. England, Königin 185
Chiaveri, Gaetano 25, 27
Chippendale, Thomas 76, 81–82, 85, 185
Chodowiecki, Daniel Nikolaus 11, 184–185
Clemens XI., Papst 49, 184
Clérisseau, Charles Louis 48, 52–53, 56, 74, 106, 157–158, 164, 178, 184
Condillac, Bonnot de 58
Cook, James 99, 184
Corregio (Antonio Allegri) 154
Craig, James 60–61

Daumann, Johann Gottlob 18, 65, 73, 184
David, Jacques Louis 165
Defoe, Daniel 59
Delille, 184
Diderot, Denis 58
Dietrich v. Anhalt, Fürst 98, 112, 137, 162
Dittersdorf, Karl Ditter v. 131
Doell, Friedrich Wilhelm Eugen 94, 130–131, 136, 180, 184
Doell, Leopold Friedrich 94

Ehrlich, Johann Christian 45, 54, 65, 74, 77, 81, 84, 98, 130, 170, 178–179, 184
Erdmannsdorff, August Dietrich v. 24, 29
Erdmannsdorff, Charlotte Christiane v. 26
Erdmannsdorff, Ernst Ferdinand v. 22, 25, 178
Erdmannsdorff, Henriette Margarethe v. 23, 178
Erdmannsdorff, Johann Adolph v. 22, 29, 45
Erdmannsdorff, Johann Friedrich v. 24
Erdmannsdorff, Louise Friderique v. 127, 166, 178
Erdmannsdorff, Wilhelmine Carolina v. 127, 166, 178
Erdmannsdorff, Wilhelmine Eleonore v. (W. E. v. Ahlimb) 115, 127, 159, 165, 178, 182
Erdmannsdorff, Wolf Dietrich v. 22
Exner, Christian Friedrich 27, 184
Eyserbeck d. Ä., Johann Friedrich 14, 35, 38, 40, 43, 67, 87–90, 113–118, 122, 124, 129, 178–179, 184, 186
Eyserbeck d. J., Johann August 147, 184
Eyserbeck, Rudolf 118, 184

Ferdinand v. Braunschweig, Herzog 123
Fielding, Thomas 59
Fischer, Johann 11, 72, 77, 81, 83–85, 106, 111, 114, 119, 139, 149, 151, 184
Flemming, Graf Jakob Heinrich v. 27
Fontana, Domenico 156

Forster, Johann Georg 11, 82, 99, 100, 184
Forster, Johann Reinhold 82
Frank, Otto 176
Franke, Johann Michael 49
Franzos, Karl Emil 87
Freidhoff, Johann Joseph 164
Friederike v. Preußen 100
Friedrich v. Anhalt-Dessau, Erbprinz 128
Friedrich August I., Kurfürst v. Sachsen (August II., König v. Polen) 22, 25
Friedrich August II., Kurfürst v. Sachsen (August III., König v. Polen) 22, 25
Friedrich Ludwig v. Mecklenburg-Schwerin 166, 185
Friedrich II. v. Preußen 12–13, 25, 28–29, 123, 146–147, 157, 172, 179, 184, 186
Friedrich Wilhelm v. Braunschweig-Wolfenbüttel, Herzog 154
Friedrich Wilhelm I. v. Preußen 12, 39
Friedrich Wilhelm II. v. Preußen 11, 18, 38–39, 64, 147, 153–154, 159, 174–179, 184–185
Frisch, Johann Christoph 149, 151, 185

Gellert, Christian Fürchtegott 23, 45, 99, 185–186
Gentz, Heinrich 15, 18, 153
Georg August v. Mecklenburg-Strelitz, Prinz 49, 185
Gilly, David 15, 20, 152–153, 185
Gilly, Friedrich 15, 18, 71, 79, 85, 130–132, 143, 149, 152–153, 185
Glaser, Johann Christoph 24
Gleim, Johann Wilhelm Ludwig 11, 18, 184–186
Goethe, Johann Wolfgang v. 11, 17, 23, 63, 67, 87, 92, 96–97, 120, 133, 136, 156, 158, 161, 184–186
Gontard, Carl v. 15, 147, 149, 153, 186
Gottsched, Johann Christoph 23, 25
Graff, Anton 100
Grohmann, Johann Christian August 11, 117, 185
Grote, Ludwig 71
Guardi, Francesco 32
Gujer, Jacob 185
Günther, Christian August 185
Gustav Adolf II. v. Schweden, König 46
GutsMuths, Johann Christoph Friedrich 11, 96

Hackert, Gebrüder 74
Hackert, Jakob Philipp 106, 108, 123, 158–159, 185–186
Hadrian 56, 106, 108
Häfeli, Johann Kaspar 11, 185
Hagedorn, Friedrich v. 120
Haldenwang, Johann Christian 118, 164
Hamilton, Gavin 185–186
Hamilton, Sir William 50, 74, 104, 106, 159, 178, 185
Händel, Georg Friedrich 161

194

Hankel, Zeichner 142
Hardenberg, Friedrich v. (Novalis) 185
Haydn, Joseph 161
Heine, A. F. 161
Heinitz, Friedrich Anton v. 153
Heinrich v. Preußen, Prinz 123, 139
Hein(t)ze, Tapetenmaler 77, 84
Hennig, Hofschneider 137
Herder, Johann Gottfried 109, 158, 185–186
Hesekiel, Franz 166
Hesekiel, Georg Christoph 11, 17–18, 79, 93, 96–98, 143, 145, 163, 166, 179–180, 185
Heybruch, Heinrich 185
Hirschfeld, C. C. L. 99, 124
Hirschmann, L. 40
Hirt, Aloys Ludwig 153, 184, 185
Hobbes, Thomas 59
Hoffmeyer, Archidiakon 38
Holbach, Paul 58
Hölderlin, Friedrich 11, 136, 185
Holl, Elias 46
Holland, Henry 71
Hoppenhaupt, Johann Christian 147
Horaz (Quintus Horatius Flaccus) 54, 120
Hössel, Johann Baptist 164, 183
Houdon, Jean Antoine 157, 187
Huck, Johann Georg 164
Humboldt, Alexander v. 11, 184–185
Hunold, Friedemann 106, 185

Irmer, Johann Andreas 76–79, 81, 128–129, 185

Jacobi, Conrad 131
Johann Georg v. Anhalt-Dessau (Prinz Hans Jürge) 45, 84, 107, 122–124, 128, 136, 178, 185
Jones, Inigo 35, 60

Kant, Immanuel 162, 185
Karl I. v. Braunschweig-Wolfenbüttel, Herzog 154
Karl August v. Sachsen-Weimar, Herzog 11, 19, 92, 96, 164, 185
Karl Wilhelm Ferdinand v. Braunschweig-Wolfenbüttel, Herzog 154, 185
Kauffmann, Angelika 16, 158, 186
Kent, William 36–38, 60, 91
Klauer, Martin Gottlieb 186
Kleist, Ewald v. 120
Klenze, Leo v. 15, 153
Klewitz, Dietrich 119–120, 125
Klopstock, Friedrich Gottlieb 94, 185–186
Knobelsdorff, Georg Wenzeslaus v. 63, 65, 129, 139, 147, 151
Knöffel, Johann Christoph 24, 27–28, 94
Kohls, Ludwig 168
Kolbe, Carl Wilhelm 19, 98, 186–187
Konstantin, Kaiser 56
Korb, Hermann 154
Kottowsky, Georg Wilhelm 45, 54, 161, 178
Kraus, Georg Melchior 186
Kretzschmar, Friedrich S., Dr. 136, 186
Krubsacius, Friedrich August 25, 27, 154, 186
Kuntz, Karl 104, 164

Laeck, Maria van 81
Lafontaine, Jean de 120
Lagrenée, Jean Jacques 51
Langhans d. Ä., Carl Gotthard 15, 18, 147, 149, 152, 185–187
Langhans d. J., Carl Ferdinand 15, 18
Langhöffel, Johann Joseph 164
Langwagen, Christian Gottlieb 154, 186
Lauterer, Franz 83
Lavater, Johann Kaspar 11, 14, 97, 99–100, 184–186
Leibniz, Gottfried Wilhelm 185
Leideritz, Friedrich 131, 186
Leopold I. v. Anhalt-Dessau, Fürst („Alter Dessauer") 11–12, 35, 39–40, 67, 73, 126, 185, 187
Leopold II. Friedrich Franz v. Anhalt-Dessau 10, 11–17, 26, 29–50, 55–60, 65–84, 92–100, 106–139, 154, 161, 164, 166–178, 184–187
Lessing, Gotthold Ephraim 48, 120, 154, 161
Lezius, Daniel 40
Lezius, Salomon 40, 42
Lichtenau, Wilhelmine v., Gräfin 185
Ligne, Charles-Joseph de 11, 117, 186
Linke Witwe u. Kunze, Kunsthändler 154
Lippi, Annibale 156
Lisiewski, Christian Friedrich Reinhold 49, 81
Localli, Andrea 81
Locke, John 59
Longuelune, Zacharias 24–25, 27
Lorrain, Claude 36
Ludwig XIV. v. Frankreich, König 154
Ludwig v. Mecklenburg-Schwerin 11
Luise (Louise) Henriette Wilhelmine v. Anhalt-Dessau (L. H. W. v. Brandenburg-Schwedt) 15, 38, 63, 70, 73, 77, 84, 94, 99, 112–114, 158, 172–176, 185–187

Maderno, Carlo 54
Mann, Wilhelm Peter 18, 137
Mantegna, Andrea 154
Marchionni, Carlo 49–50
Mare, Carl 126
Maron, Anton v. 74, 81–82
Martin, David 13
Marx, Oberhofkommissar 182
Matthisson, Friedrich 11, 67, 98, 100, 158, 186–187
Mauvillon, Eleazar 23
May, Georg Oswald 17
Meinert, Tuchfabrikant 127
Mendelssohn, Moses 11
Mengs, Anton Raphael 26, 49–50, 71, 74, 170
Michelangelo Buonarotti 31, 50, 54, 106, 182
Miller, Joseph S. 37
Minelli, Bildhauer 76, 81–82, 84, 169, 186
Mondran, L. de 58
Montesquieu, Charles Louis 58
Morelli-Fernandez, Maria Maddalena („Corilla") 32
Morino u. Comp., Kunsthändler 154
Mozart, Wolfgang Amadeus 161
Müller, Wilhelm („Wandermüller") 11, 136, 186

Nagel, Johann Friedrich 95

Neefe, Christian Gottlieb 186
Neitschütz, Adolf Heinrich v. 26
Neuendorf, Carl Gottfried 186
Neumark, Johann Christian 11, 14, 90, 115, 178, 184, 186
Nostiz, Gottlieb v. 26
Novalis (→ Hardenberg, Friedrich v.) 11, 98, 136

Oeser, Adam Friedrich 26, 187
Oev, T. R. v. 30
Olivier, Gebrüder 186

Palladio, Andrea 35, 39, 43, 47–48, 51, 68, 71, 113, 184
Parmeggiano, Girlamo 123
Passionei, Kardinal 49
Paul, Jean (Friedrich Richter) 11, 186–187
Pausanias 130
Pavona, Francesco 48
Pesne, Antoine 81
Pfeifer, Bildhauer 130
Pichler, Johann Peter 164
Piranesi, Giovanni Battista 51–52, 67, 74, 79, 83, 169, 178, 184, 186
Pius VI., Papst 83, 157
Plinius d. J., Gajus 29, 153
Plutarch 29
Pope, Alexander 36
Pöppelmann, Matthäus Daniel 22, 26
Poussin, Nicolas 37
Pozzi, Carl(o) Ignaz(io) 11, 97, 137, 140, 142, 166, 180, 186
Pritchard, T. F. 108
Pronti, Domenico 47
Pückler-Muskau, Fürst Hermann 11, 186
Putiatin, Fürst 136

Raffael 30, 50–51, 54, 81, 106, 123, 156, 164, 182–183
Ramondon, Julius 81
Ramsay, Allan 13
Raumer, Georg Friedrich v. 14, 90, 178, 186
Rebmann, Georg Friedrich 8, 186
Reiffenstein, Johann Friedrich v. 50, 157–158, 186
Reil, Friedrich 33
Reinicke, Leopold Karl 131
Reiss, Christian 58
Rembrandt Harmensz van Rijn 32
Reni, Guido 31
Revett, Nicholas 40
Reynolds, Joshua 60, 158, 186
Richardson, Samuel 46
Richter, Friedrich (→ Jean Paul)
Riem, Andreas R. 187
Riesenfeld, E. P. 7, 20, 57, 82, 109, 166
Rivius, Walter 39
Robigliard, Bartolomeo 72, 74–75, 80, 187
Rode, August v. 7, 11, 20, 23, 31, 35, 39–40, 48, 52, 57, 64, 66, 73, 77, 89, 98, 115, 123, 125, 131–132, 136, 139, 147, 153, 163, 166, 169, 172–176, 184, 187
Rode, Bernhard 185
Roentgen, Abraham 76
Roentgen, David 76, 79, 81, 151

Rosenberg, Johann Carl Wilhelm   149, 151
Rosmaesler (Rossmäßler), Johann August   119—120, 129
Ross, Hartmut   162
Rost, C. C. H., Kunsthändler   154
Rousseau, Jean Jacques   13, 58—59, 87, 90, 92, 98, 162, 178—179, 184—187
Rubens, Peter Paul   123
Runze, Hofrat   137
Rust, Friedrich Wilhelm   11, 14, 45, 54, 115, 131, 161, 178, 186—187
Ruysdael, Salomon   83

Saint-Aubin, Augustin de   92
Salathé, Friedrich   65
Salomon, Christian   40
Salzmann, Christian Gotthilf   11, 162, 187
Sangallo, Antonio da   54
Sanmicheli, Michele   46
Santi, Raffaello (→ Raffael)
Sappho   109
Sartori, Constantin Philipp Georg   149, 187
Scamozzi, Vicenzo   48
Schadow, Johann Gottfried   18, 132, 149, 151, 153, 185, 187
Schätzel, Stukkateur   74, 76—77, 81, 84, 170, 187
Schelling, Friedrich Wilhelm Joseph   136
Schill, Ferdinand Baptista v.   11
Schiller, Friedrich v.   161, 184—185
Schinkel, Karl Friedrich   7, 15, 139, 153, 185
Schlotterbeck, Wilhelm Friedrich   124, 161, 164, 183, 187
Schmied, Arnold   154
Schmitz, Herrmann   151
Schoch d. Ä., Johann Leopold   11, 14, 91, 184, 186—187
Schoch d. J., Johann Georg   11, 14, 91, 184, 187
Schoch, Leopoldine Luise (L. L. v. Behringer)   77, 112, 122, 137, 187
Schopenhauer, Arthur   133

Schroers, Georg Friedrich, Dr.   24
Schubart, Johann Christian   186—187
Schulenburg, Gräfin v.   136, 180
Schulze-Wollgast, Karl   7
Schummel, Johann Gottlieb   25, 187
Semper, Gottfried   16, 139
Senn, Johann Christoph   164
Seume, Johann Gottfried   11, 187
Shaftesbury, Antony, Earl of   36
Shakespeare, William   161
Steen, Jan   32
Stein, Charlotte v.   63, 67, 87
Stein, Obrist   172
Sterne, Lawrence   35, 59, 97, 187
Stosch, C.   125
Stranfield   38
Stuart, J.   40
Sturm, Leonard Christoph   20, 113
Swanevelt, Herman van (Hermann d' Italie)   105, 107
Swift, Jonathan   59

Tamm, Johann Leberecht   162, 187
Tassaert, Johann Peter Anton   149, 151, 187
Tattersall, Pferdetrainer   131
Temanza, Tommaso   51, 187
Thomae, Benjamin   94
Tieck, Ludwig   11, 187
Tintoretto (Robusti, Jacopo)   48
Tischbein, Friedrich August   11, 15—16, 18, 158, 165, 186—187
Tizian   123
Trajan   29, 153
Trapp, Ernst Christian   11
Trippel, Alexander   157, 187
Trösch, Kupferstecher   120

Usteri, Buchverleger   32, 49

Vanvitelli, Luigi   51, 74, 178, 187
Varus   54

Vauclair, Nicolas Rey de   136
Vergil   24, 154
Verkolje I, Jan   83
Vernet, Charles   123
Veroli, Giovanni Sulpicio da (Sulpicius)   154
Vieth, Gerhard H.   41
Vieth, Gerhard Ulrich Anton   39, 97, 187
Vieth, H. F.   126
Vitruvius Pollio   16, 31, 37, 39, 51, 69, 125, 131, 139, 154, 166, 178

Wackenroder, Wilhelm Heinrich   11, 187
Wackerbarth, Graf August Christoph v.   24—25, 28
Wackerbarth-Salmour, Graf Joseph Anton Gabelon v.   22
Waldersee, Graf v.   136—138, 164, 166, 179
Walkhoff, Johann Friedrich   187
Walpole, Horace   38, 91, 187
Weber, Carl Julius   11
Wedgwood, Josiah   39, 74, 81
Wehle, Heinrich Theodor   118, 124, 164
Wehmeyer, Obergärtner   184
Weitsch, Georg Friedrich   81, 154
Wekhrlin, Ludwig   136
Werner, Friedrich Bernhard   33—34, 36, 44, 57
Wieland, Christoph Martin   11, 184, 187
Wilhelm v. Anhalt   120, 179,182
Wilhelm II. v. Preußen   18
Winckelmann, Johann Joachim   17, 26, 29—30, 32, 48—54, 68, 71, 85, 158, 178, 184—186
Wood, Robert   39, 59, 64, 69
Wouwermann, Philips   83
Wren, Christopher   36
Wüstemann, Prof.   23

Ziesenis, Johann Georg   13
Zingg, Adrian   185
Zuccarelli, Francesco   81
Zucchi, Lorenzo   27

Ortsregister

Aix-en-Provence 56
Altenburg 159
Alyscamps 56
Amsterdam 35
Ancona 48, 156, 183
Aqua Sextina 56
Arezzo 159
Arles 56
Arqua-Petrarca 48
Assisi 156
Athen 40
Augsburg 46, 154, 159

Bad Reichenhall 154
Balbek 39, 40
Balgstedt bei Naumburg 23
Ballenstedt 139
Barby 136
Basel 187
Bath 59—60
Bayreuth 30, 46, 140, 159
Benevento 51
Berchtesgaden 154
Berlin 7, 18, 38, 39, 64, 82, 101, 114, 126, 128, 140, 146—149, 151—159, 165, 172—179, 182—187
Bernburg 185
Bologna 30, 55, 154
Bozen 30
Branitz 7
Braunschweig 128, 153—154, 178—179, 186
Bremen 185
Brindisi 51

Calais 35
Cap Circeo 159
Capua 159
Carletonhouse 36
Carrara 159, 175
Charlottenburg 147, 184
Chiswick bei London 36
Claremont bei London 36
Cortona 159
Coswig 7, 11—12, 29, 41, 90, 100, 133, 179, 186

Den Haag 34
Dessau 7, 8—9, 10—14, 16—20, 26, 29, 30, 32—76, 80, 86, 93, 96, 98—103, 111—112, 116, 123, 125—145, 152, 154, 159—187
Dorset 35
Dresden 7, 11, 15, 17—18, 22, 24—32, 45, 48, 67, 94, 97, 104, 113, 116—124, 128, 154, 164, 178, 184—186
Dublin 61

Edinburgh 60, 61
Erlangen 46
Ermenouville bei Paris 91
Esher bei London 36

Ferrara 48
Florenz 30—32, 52, 55, 79, 159, 168
Foligno 48, 111
Forli 48
Frascati 54
Fürth 46

Genf 91
Genua 55
Glasgow 57
Gotha 11, 94, 111, 118, 128, 178—179, 184
Graditz bei Torgau 26, 178
Gräfenhainichen 143
Griesen 96, 143, 179
Grimma 187
Gröbzig 14, 103, 187
Großkühnau bei Dessau 86, 116, 122
Großsedlitz 7
Grubnitz bei Riesa 29

Halberstadt 185
Hall/Tirol 46
Hamburg 159, 162, 167, 185—186
Hampton Court 97
Harbke bei Helmstedt 86
Heidelberg 186
Herculaneum 50, 83, 106, 185
Herrnhut 133, 136
Hof 154, 159
Horstdorf 96
Hubertusburg (Sa.) 33

Innsbruck 30, 154

Jonitz 112, 115

Kakau 96
Karlsbad (Karlovy Vary) 128
Karlsruhe 11, 128, 178
Kassel 11, 128, 178
Kew 36—37, 97
Klieken bei Zerbst 35
Kolin 29
Kopenhagen 157
Körlitz bei Wurzen 29
Kössern bei Grimma 21—22, 29, 32, 39, 45, 178

Lausanne 74
Leipzig 23, 26, 39, 45—46, 159, 178, 185, 187
Livorno 159, 176
London 36, 37, 39, 52, 60, 69, 131, 158, 173, 186—187
Loreto 156
Lübeck 162
Lucca 159

Magdeburg 29, 139, 180
Mailand 55, 156
Mainz 184
Mannheim 186

Mantua 23, 139, 154, 173
Marienwerder bei Hannover 86
Marseille 55—56
Meißen 26
Modena 154
Mosigkau 187
München 30, 154
Münsterberg 14
Muskau 7, 11, 91

Neapel 50—51, 74, 103, 106, 151, 158, 165, 181, 185
Nettuno 50
Neuwied 151
New York 49, 164
Nöthnitz bei Dresden 30
Nürnberg 46
Nyon 186

Olympia 130
Oranienbaum 7, 11, 32, 42, 48, 66, 96, 115, 132, 134
Orea 54

Padua 30, 31, 48
Paestum 50, 159
Palestrina 54
Palmyra 38—40, 64, 94
Paris 52, 57—58, 94, 136, 143, 157, 165, 173, 184, 187
Parma 55, 154
Perugia 159
Pesaro 48
Pilmont 55
Pirna 73, 136
Pisa 159, 175
Pompeji 26, 50, 56, 80, 106, 159
Ponte Lugano 67
Portici 50, 159
Porto d'Anzio 50
Potsdam 7, 18, 63—64, 98, 101, 128, 146—147, 152, 159, 172, 178—179, 184—185
Pozzuoli 50, 56

Ragewitz 29
Ravenna 48, 54, 156
Regensburg 30
Rehsen 89, 96, 145, 179—180
Rheinsberg 139—140, 145
Riesigk 96, 180, 182
Rimini 48
Ringenwalde bei Templin 115
Rom 18, 29, 31—32, 35, 42—54, 66, 68—69, 73—83, 94, 101, 107, 111, 113, 125, 131, 153, 156—159, 163—176, 183—187
Roßlau 11, 122, 179

Salzburg 154
San Francisco 164
Schnepfenthal 162, 187

Schwöbber bei Hameln 86
Siena 55
Split (Spoleto) 40, 48, 54, 109, 111
Stourhead bei London 118
Stowe bei Buckinghamshire 36—37, 109
Strawberry Hill 38, 97, 187
Stuttgart 186
Surrey 31

Taormina 106
Tellford am Severn 108
Terni bei Rom 48
Tilsit (Sowjetsk) 115, 182
Tivoli 48, 50, 54, 67, 111, 182

Torgau 120, 178
Toulouse 58
Traunstein 154
Trevi 48
Trient 30, 154
Turin 55

Übigau bei Dresden 25

Venedig 30—33, 47—48, 85, 184, 187
Verona 46, 154, 159
Vicenza 30, 47, 139
Vockerode 89, 96, 112, 122, 179

Warschau 73, 184
Weimar 7, 11, 91, 99, 128, 161, 166, 184—186
Wien 83, 140
Wittenberg 15, 18, 26, 28—29, 32—34, 117, 178
Wolfenbüttel 154
Wörlitz 7, 10—14, 17—18, 32, 37—43, 48, 51—54, 61—147, 149, 152—187
Worms 162

Zerbst 184
Ziebigk 122, 179
Zwickau 159

Abbildungsnachweis

ADN-ZB (4); Bauakademie der DDR (35); Deutsche Fotothek Dresden (64); Deutsche Staatsbibliothek Berlin (2); Foto Fischer (33); Foto Heider (24); Institut für Denkmalpflege/Meßbildarchiv (2); Ihlow, F. (4); Kadatz H.-J. (84); Museum für Geschichte der Stadt Leipzig (1); Paul, M. (Schutzumschlag); Staatliche Galerie Dessau (13)

Reproduktionen aus:
Accurater Abriß und Vorstellung von 94 der merckwürdigsten und fürnehmsten Städte Europas nach der Natur Situation auf das fleißigste gezeichnet von Friedrich Bernhard Werner, Scenograph, und verlegt von Martin Engelbrecht, Kupffer-Stecher und Kunst-Verleger in Augspurg. München 1966 (6)

Schutzumschlagmotive:
Wörlitzer Park, Pantheon am Großen Walloch. Erdmannsdorff, ausgeführt 1795/96

Wörlitzer Park, Blick zum Venustempel

Einbandmotiv:
Bildnis Friedrich Wilhelm von Erdmannsdorffs (1736—1800). Ölgemälde von Johann Friedrich August Tischbein, 1796